宗教学新论

基督教文化

卓新平 著

中国社会科学出版社

图书在版编目(CIP)数据

基督教文化 / 卓新平著. —北京:中国社会科学出版社,2020.12
(宗教学新论)
ISBN 978-7-5203-7006-6

Ⅰ.①基… Ⅱ.①卓… Ⅲ.①基督教—宗教文化—文集
Ⅳ.①B978-53

中国版本图书馆 CIP 数据核字(2020)第 151289 号

出 版 人	赵剑英
责任编辑	陈 彪
责任校对	李 剑
责任印制	张雪娇
出 版	中国社会科学出版社
社 址	北京鼓楼西大街甲 158 号
邮 编	100720
网 址	http://www.csspw.cn
发 行 部	010-84083685
门 市 部	010-84029450
经 销	新华书店及其他书店
印刷装订	北京市十月印刷有限公司
版 次	2020 年 12 月第 1 版
印 次	2020 年 12 月第 1 次印刷
开 本	710×1000 1/16
印 张	22.5
插 页	2
字 数	335 千字
定 价	138.00 元

凡购买中国社会科学出版社图书,如有质量问题请与本社营销中心联系调换
电话:010-84083683
版权所有　侵权必究

"宗教学新论"总序

宗教是人类社会及思想史上最为复杂和神秘的现象之一。人类自具有自我意识以来，就一直在体验着宗教、观察着宗教、思考着宗教。宗教乃人类多元现象的呈现，表现在社会、政治、经济、信仰、思想、文化、艺术、科学、语言、民族、习俗、传媒等方面，形成了相关人群的社会传统及精神传承，构成了人类文明和民族文化的重要部分，铸就了人之群体的独特结构和人之个体的心理气质。在人类可以追溯的漫长历程中，不难察觉人与宗教共存、与信仰共舞的史实，从而使宗教有着"人类学常数"之说。因此，对宗教的审视和研究就代表着对人之社会认识、对人之自我体悟的重要内容。从人本及其社会出发，对宗教奥秘的探究则扩展到对无限微观世界和无垠宏观宇宙的认知及思索。

于是，人类学术史上就出现了专门研究这一人之社会及灵性现象的学科，此即我们在本研究系列所关注的宗教学。对宗教的各种观察研究古已有之，留下了大量历史记载和珍贵的参考文献，但以一种专业学科的方式来对宗教展开系统的学理探究，迄今则只有不足150年的历史。1873年，西方学者麦克斯·缪勒（F. Max Müller）出版《宗教学导论》一书，"宗教学"遂成为一门新兴人文学科的名称。不过，关于宗教学的内涵与外延，学术界一直存有争议，目前对这一学科的标准表达也仍然没有达成共识。在宗教学的发展过程中，涌现出一大批著名学者，也形成了各种学术流派，并且由最初的个人研究发展成为体系复杂的学科建制，出现了众多研究机构和高校院系，使宗教学在现代社会科学及人文学科领域中脱颖而出，成绩斐然。20世纪初，宗教学在中国悄然诞生，一些文史哲专家率先将其研究视域扩大到宗教范围，以客观、中立、悬置信仰的立场和方法来重点对中国宗教历史问题进行探究，从而形成中国宗教学的基本理念及原则。随着中国现代学术的发展，宗教学不断壮大，已呈现出蔚为壮观之局面。

宗教学作为跨学科研究，其显著特点就是其研究视野开阔，方法多样，突出其跨宗教、跨文化、跨时代等跨学科比较的意趣。其在普遍关联的基础上深入探索，贯通时空，展示出其内向与外向发展的两大方向。这种"内向"趋势使宗教学成为"谋心"之学，关注人的内蕴世界及其精神特质，侧重点在于"以人为本"、直指人心，以人的"灵魂"理解达至"神明"关联，讨论"神圣""神秘"等精神信仰问题，有其内在的深蕴。而其"外向"关注则让宗教学有着"谋事"之学的亮相，与人的存在社会、自然环境、宇宙万象联系起来，成为染指政治、经济、法律、制度、社会、群体、国际关系等问题的现实学问，有其外在的广阔。而研究者自身的立足定位也会影响到其探索宗教的视角、立场和态度，这就势必涉及其国家、民族、地区、时代等处境关联。所以说，宗教学既体现出其超越性、跨越性、抽象性、客观性，也不可避免其主体存在和主观意识的复杂影响。在这种意义上，宗教学既是跨越国界的学问，也是具有国家、民族等担当的学科，有其各不相同的鲜明特色。除了政治立场、学术方法、时代背景的不同之外，甚至不同学派、不同学者所选用的研究材料、关注的研究对象也互不相同，差异颇大。由此而论，宗教学当然有着其继承与创新的使命，而我们中国学者发展出体现中国特色的宗教学自然也在情理之中。

基于上述考虑，笔者在此想以"宗教学新论"为题对之展开探讨，计划将这一项目作为对自己近四十年研究宗教学科之学术积累的整理、补充和提炼，其中会搜集自己已发表或尚未发表的学术论文，以及已收入相关论文集的论文和相关专著中的文论，加以较为周全的整合，形成相关研究著作出版，包括《经典与实践：论马克思主义宗教学》《唯真与求实：马克思主义宗教观中国化之探》《宗教学史论：宗教学的历史与体系》《宗教社会论》《宗教文明论》《宗教思想论》《世界宗教论》《中国宗教论》《基督教思想》《基督教文化》《中国基督教》《反思与会通》等；在马克思主义宗教观的指导下，梳理探究宗教学的历史和宗教学的体系，进而展开对世界宗教的全方位研究。其"新"之论，一在视野之新，以一种整体论的视域来纵观古今宗教研究的历史，横贯中外宗教学的范围；二在理论之新，即用中国特色社会主义理论的创新之举来重温马克思主义经典作家关于宗教之论，探究马克思主义宗教观在当代中国的新发展、新思路；三为方法之新，不仅批判性地沿用宗教学历史传统中比较科学、合理、行之有效的方法，而且对之加以新的考量，结合当代学术最新发展的成果来重新整合；四在反思之新，这就是重新审视自己以往的旧作，总结自己四十年之久宗教研究在理论与实践上的体悟、收获，以及经验和教训，在新的思考、新的形势下积极调适，增添新思和新言。当然，这一项目立足于思考、探索乃实情，而建构、创新则仅为尝试，且只代表自己一家之言，故此所谈"新论"乃是相对的、开放的、发展的，必须持有锲而不舍、止于至善的精神和毅力来继续往前开拓。由于这一研究项目涉及面广，研究难度较大，论述的内容也较多，需要充分的时间保证，也需要各方面的大力支持，故其进程本身就是不断得到合作、得到鼓励和支持的过程。

在此，作者还要衷心感谢文化名家暨"四个一批"人才工程领导小组将本课题列为"文化名家暨'四个一批'人才项目"计划！也特别感谢中国社会科学出版社在编辑出版本项目课题著作上的全力支持！

卓新平
2019 年 5 月

目 录

"宗教学新论"总序 …………………………………………… (1)
前言 …………………………………………………………… (1)

上编　基督教文化

第一章　基督教与欧美文学 …………………………………… (3)
第二章　基督教与绘画雕塑 …………………………………… (62)
第三章　基督教艺术风格及其教堂建筑 ……………………… (89)
第四章　基督教与音乐 ………………………………………… (117)
第五章　基督教与大学教育 …………………………………… (141)

下编　基督教与中西文化交流

第六章　汉译《剑桥基督教史》，推动世界宗教研究 ………… (159)
第七章　基督教在中西思想文化交流中的作用 ……………… (177)
第八章　基督教文化及其中国化发展 ………………………… (192)
第九章　基督教文明史及其思考 ……………………………… (215)
第十章　重新认识基督教在中外文化交流中的桥梁作用 …… (239)
第十一章　基督教信仰与中西文化 …………………………… (244)
第十二章　基督教与中西文化对话 …………………………… (253)

第十三章　在敬天爱神之间中西对话的可能
　　——一种跨文化思考 ………………………………（258）
第十四章　海上丝绸之路与基督教 ……………………（268）
第十五章　西方传教士与中国古代文化 ………………（278）
第十六章　另一种形象
　　——从世界汉学看传教士在沟通中西文化上的作用 ………（293）
第十七章　索隐派与中西文化认同 ……………………（305）
第十八章　基督教与当代中国社会文化的对话 ………（329）
第十九章　基督教思想的中国处境及其文化适应 ……（338）

前　言

　　基督教文化对于基督教信仰体系而言是一种比较宽泛的表述，但其基本内容显然不会脱离因为基督教而形成的思想精神、社会习俗、群体意识及其生存风格。它会体现并见证一种具有信仰维度的群体生活方式及其个我的思维特征，而正是这种共同的精神信仰使不同的民族形成共同的联结，用不同的语言表达共同的意蕴。这在西方文化的发展中极为典型，却又不仅仅局限于西方社会，而在全球有着更广泛的涵括。我们可以看到，这种信仰精神已经渗透到其社会的方方面面，经历了两千多年之久的风云变幻，展示在其思维意向、社会实践、文明构建、艺术创造、心理积淀的各个领域。虽然基督教的信仰表达方式在不断变化，其思想在不断更新和创新，但其信仰的底蕴依然存在，而且已与其文化的多个层面形成了不可分割的交织。因此，我们很难把基督教文化元素从西方文化体系中彻底剥离出来，而必须正视其有机共构，从而理应对之展开深入、系统的探究。此外，文化的交流性、互渗性，以及不同文化之间的相遇、碰撞和吸纳、共融，在基督教与中国文化的关系上同样也是极为复杂的；因此，并没有纯而又纯、绝对封闭的中国文化，在我国文化发展"海纳百川、有容乃大"的进程中，明显也借鉴、吸纳了基督教文化。这样，对基督教文化持一种全然排拒的态度就既不正确，也不应该，其实，在今天世界全球化发展和中国力促人类命运共同体的构建中，也不可能真正做到。所以，我们对待基督教文化必须要有客观、冷静、明智、科学的态度。

实际上，基督教文化也是一种人类社会中许多人所享有的生活方式及习惯。其文化生活及存在形态鲜活、多元，有着大家都共有的喜怒哀乐、悲欢离合，其崇高和伟大在彰显，而其缺陷和不足亦在暴露，故而需要一种平常心的审视和对待。基督教文化与我们日常接触、耳濡目染的文化形态并没有截然分殊的异样，它只是有其独特的彼岸审视、超然追求，它比较深刻地意识到人的有限和局限，明确感觉到靠人自身无法得到自救或解脱，于是提供了一种超越性视域，寻找着一种精神依赖和升华；这是一种与世俗意识不同的另一种世界图景和认知景观。尽管如此，它仍然警告人们把这种信仰不要作为保护伞和挡箭牌，提醒大家即令处于这种信仰之中也绝不可扬扬得意、自认获救，否则大多数人会仍然处于"罪人"之境，所谓"圣人"乃凤毛麟角，不可自诩。这样，基督教文化对自我有着尖锐的批判精神，这种对其信仰传统保守、落后的否定，我们在基督教文化的各种表述中清楚可辨，有时其内部自我批评和否定的程度甚至还大于外在的指责。因此，基督教文化中赞美与批判的共存，是一种非常自然的状态，我们也必须清醒地看到这种"自知之明"。一方面，对自己的信仰文化传统，人们表达了一种自觉的亲情、挚爱，但其深蕴之处乃有其彼岸、超越的维度，其赞美是对神性的赞美，是对人之努力超越自我、走向神圣的讴歌；另一方面，其对这种传统的历经沧桑、蜿蜒崎岖则也有着悲情和叹息、批评和否定，从而表达了一种自我扬弃的态度，希望其文化凤凰涅槃般地新生。这里，我们可以体悟到其文化表达中爱之越深、批之越猛的张力。因此，对自我文化的态度，既应有其自觉的"温情"和"敬重"，也必须保持其自知的"警醒"和"扬弃"。基督教文化在其久远的发展中形成了不少可以成为丰碑的文化品牌，有着其值得自豪的文化记忆，但同样也留下了一些必须淘汰的败笔，有着批判性反思、反省的必要，故其传统特别突出这种"扬弃"之精神意喻及社会实践。如果不了解基督教文化之中的这种超然审视及其辩证之维，不注意其内在持有的张力，则很难洞观或体察其堂奥。

文化学包括人的"整个生活方式"，其探究可从涉及个我的心理学、哲学，拓展到有关群体的社会学、政治学、民族学和人类学。其中既有个我的道德修养和人格精进，也有群体的社会意识和民族气质。对基督教文化的研究及理解，也应该从其关联的多层面来展开。这样，我们对基督教信仰所推动的个人修养、社会责任、民族担当、人类使命，就会有比较清晰、冷静的判断。凡是人类社会存在的都是相对的，基督教文化形态亦不例外，都有着继续其开放性、革新性发展的潜力及必要。必须承认，任何文化都会因其时空之限而有其保守性、封闭性，因为文化的自我意识、品牌意识及责任意识使之必须首先权衡、考虑其所属社会群体、民族国家的切身利益和生存需求，故而有其必须固守、封闭的底线，彻底牺牲自我利益而为其他文化奉献的文化模式在人类历史上不曾存在，迄今也看不到其可能诞生的希望，这对于看似涵括极广的基督教文化同样也不能脱俗。于此，我们就会明白，为什么在倡导"普世价值"、追求普遍得救的基督教文化氛围之社会中，仍然会产生"文化保守主义""文化排他主义"和"文明冲突论"；为什么历史上会出现与基督教相关的"十字军东征"和"宗教战争"；为什么在"全球化"发展中已很难分隔你我的人类命运共同体之"联合国"中，曾起过主导作用的"基督教国家"会率先"退群"，甚至这种举措还能得到其多数民众的拥戴。所以说，人类命运共同体在其文化心态上并不可能根本排除"利益共同体"之意识，而"大同世界"也首先要有"我"的存在。这就是人的处境与现状、人的本性与命运。但是，人类又绝不可能在这种"相对主义"及其相互对抗、相互排拒的绝望中隳沉、毁灭。所以，海德格尔感慨"只有一个上帝才能救渡我们"，因为这需要一种超越的维度、需要一种自我献身的精神。而恰恰在这里，我们也可以发掘、体悟基督教文化精神的精髓。透彻了解基督教文化，我们就可以看到其根本强调的是一种"拯救"精神，而且这种拯救是靠"神"的"道成肉身"之"自我牺牲"来实现。虽然这是一种具有神话色彩的象征性表述，恰如哲学家海德格尔也用"上帝"来表达一种与俗世截然不同的"超越""终极"之维度那样，却不要简单地嘲笑其说法的幼稚、肤浅和过时，因为其中有着值得我们仔细思索的深刻蕴意及现实引申。许多人包括不少基督徒在理解这种"拯救"时太多关注自我的得救，而忘记或根本没有理解这种基督教文化拯救精神的本真和内核，甚至有人将其真正践行者的"忘我"之爱视为一种"愚拙"。所以，尽管不少人接受了这种信仰，却因为其功利性选择而仍然处于"罪"之中。也正是在这一意义上，基督教文化至少给人们揭示了一种"拯救"和"超越"的独有意蕴。由于大多数世人还做不到，因而其成为"愿景""希望"和"信仰"，给人带来了另外一种维度，并使其信仰成为一种历久未衰的文化传承。但不可否认，在基督教文化的实践历程中，的确也有一些信仰者在努力践行这一旨在"牺牲自我、拯救他者"的大爱，甚至在埋头耕耘、只顾投身中让历史湮没、被世人遗忘，故而成为体悟并实施这一精神走过"窄门"的"先知"或"先驱"。"你往何处去"一直在提醒、鞭策着其信者的良心、觉悟。对于人类有这种觉悟和希冀，我们当然应该持一种欢迎，或至少是开明的态度。所以，这两个层面的关照，对于我们客观、正确地评价基督教文化极为重要。

宗教学研究的一个重要内容，就是对宗教文化的关注。因此，笔者对基督教文化有很多思考，并将之与宗教学的问题意识和研究范畴相关联，但在这些方面仍还没有想得很透彻；其"悟"在继续，而对这种大文化景观要想彻底达其"澄明之境"或许还遥遥无期。尽管如此，行进在"思"之路上本身就很有价值，它让人去探寻、享受其"文化熏陶"。于是，笔者在此梳理、归纳了这些年来对基督教文化的研究和思考，形成本卷内容。不过，笔者也意识到自己的思与想还很不成熟，故而仅将之视为自己精神之旅的途中札记而已，多用描述性表达，而不轻率断言，以便留有更大的余地和空间来邀请大家参与思考、提供智慧。全卷分为两大部分，上编为对基督教文化各个方面的探究，包括基督教与欧美文学、基督教与绘画雕塑、基督教艺术风格及其教堂建筑、基督教与音乐，以及基督教与大学教育；下编则侧重基督教与中西文化交流的内容，从中国文化发展的方方面面来对比基督教文化各个领域相应的关联、参与、对话、分歧、融汇和贡献。这样，我们可以尝试从"文化"这一根本上来了解基督教信仰中的个人、社会、群体，以及古今世界。

上编　基督教文化

第一章

基督教与欧美文学

　　基督教作为一种文化现象而体现在西方社会的各个领域，自然也对欧美文学发展起着一定的作用，影响到欧美文学史上许多作家的创作生涯。基督教产生时曾受到犹太教"先知文学""智慧文学"和"启示文学"的启迪与熏陶，它将犹太民族的历史传说、宗教故事、民间风俗、誓言圣咏、爱情诗歌等接受过来，连同自身的福音故事和耶稣门徒事迹等，形成了罗马帝国时期的"圣经文学"及"教会文学"。在罗马后期的拉丁文学创作中，基督教的耶稣故事、圣徒传记、赞美诗歌和祈祷文辞等占了很大比重。其中尤以基督教神学家奥古斯丁作为其"信仰自白"而撰写的自传体著作《忏悔录》影响为大，此书成为罗马晚期拉丁文学的代表作品。

　　中世纪的欧洲文学主要是基督教文学，其写作手法中的"寓意"特点也是得自《圣经》表述中隐喻、比喻等方式。7世纪英国诗人西德蒙所编诗歌《创世记》、8世纪诗人辛纽伍尔夫的《朱莉安娜》《埃琳》和《基督》，以及9—10世纪的法国诗歌《圣女欧拉丽赞歌》《圣徒列瑞行传》《受难曲》等，都属"圣经文学"和"圣徒文学"的范围。欧洲各民族的英雄史诗在流传中也受到基督教的影响，如8世纪英国史诗《贝奥武甫》、11世纪法国史诗《罗兰之歌》、12世纪芬兰史诗《卡列瓦拉》和西班牙史诗《熙德》等，都渗入了耶稣基督或圣母圣徒的故事。这些作品在讴歌其民族历史时也宣扬了基督教的观念，赞颂基督教的英雄。

　　十字军东征后开始兴起骑士文学，形成中古欧洲"第一个出现在历史上的性爱形式"。尽管骑士文学一反基督教的禁欲主义和出世思想，歌唱现世生活与爱情之美，却仍鼓吹为基督教信仰去冒险、圣战和献身，号召为寻找圣徒遗物而四处奔波、浪迹天涯，从而与基督教传统尚保持着密切的联系。

　　文艺复兴时期的欧洲文学以城市文学为主流，它们反映了新兴市民阶级的要求和愿望。例如，卜伽丘的《十日谈》、乔叟的《坎特伯雷故事集》、赖希林的《蒙昧者书简》、伊拉斯莫的《愚人颂》和马娄的《浮士德博士之悲剧》等不仅取材广泛、格调清新，而且语言丰富、文笔精练。这些作品强调人的智慧、伟大和自然的优美、恬静，主张用理性来对抗宗教信仰的无上权威，靠"人学"来取代"神学"，充分体现出历史的进步和欧洲文学的发展。然而，其"复兴"或"创新"并没有脱离中世纪欧洲基督教文化之土壤。人文主义者的许多文学作品仍借用了教会文学的隐喻、寓言或梦境等形式，在思想体系上也或多或少、直接间接地受到基督教神学的支配。如"新时代最初一位诗人"但丁的《神曲》就是按照阿奎那的正统神学体系来构建的，因此有人说《神曲》反映了中世纪社会最基本的知识结构，如其来自亚里士多德的伦理学原则、托勒密的天文学理解，以及来自阿奎那的神学立意等，故此但丁曾有当时文学界的"阿奎那"之称。此外，意大利文艺复兴后期的诗人塔索在其叙事诗《被解放的耶路撒冷》中也通过基督教与伊斯兰教两种思想文化的冲突和较量来显示基督教信仰的力量、表达其对基督教文化的依恋。

　　16世纪马丁·路德的宗教改革不仅改造了基督教，而且也改造了德国文学。他的德译《圣经》及其散文、寓言和赞美诗等"不但清扫了教会这个奥吉亚斯的牛圈，而且也清扫了德国语言这个奥吉亚斯的牛圈，创造了现代德国散文，并且撰写了成为16世纪《马赛曲》的充满胜利信心的赞美诗的词与曲"①。

在基督教旗帜下的"宗教改革"不仅开创了欧洲近代资本主义的新时代,而且也开始了欧美文学发展的新时代。17世纪英国资产阶级革命是在基督教"清教革命"的外衣下进行的,这一"清教革命"又产生了著名作家弥尔顿和班扬。他们的作品都以基督教文化为题材,其《失乐园》《复乐园》《力士参孙》和《天路历程》等体现《圣经》主旨的杰作脍炙人口,流传不绝,已成为欧美文苑的珍品。此外,为寻找信仰自由的乐土、躲避欧洲宗教迫害而渡海移居北美的清教徒们也为北美文学奠定了永久的基础。1640年北美印行的第一本书《英译圣诗全书》(通常称为《海湾圣诗》)即出自清教徒之手,而基督教诗人威格尔斯沃思宣讲教义的长诗《最后审判日》1662年问世后即重版十多次,成为新英格兰的第一部畅销书。这些清教徒的作品成为北美文坛早春二月傲寒怒放的奇葩。

18世纪欧洲启蒙运动文学反映出基督教思想在新时代的微妙变化。德国作家莱辛在其《智者纳旦》中用三个戒指的典故来宣扬宗教宽容思想,认为各种宗教均有其价值,不能持偏狭之见。法国作家伏尔泰也在其《札伊尔》中叙述了伊斯兰教的苏丹奥洛斯曼和女基督徒札伊尔相爱的故事,并借此指出坚持宗教偏见会导致人类生活的悲惨结局。狄德罗在其书信体小说《修女》中对天主教修道生活进行过批评,指责其禁欲主义的不良后果。这一时期西方社会各界人士对基督教的本质和发展已形成了多元理解,因此在欧美文学作品中对基督教的态度也各不一样。

19世纪影响欧美的浪漫主义文学思潮使这种多元倾向进一步展开。积极浪漫主义和消极浪漫主义都从各自的角度论及作为西方文化传统的基督教,而基督教思想发展中的非理性主义思潮也直接导致了浪漫主义文学中神秘主义、直觉主义和超验主义的产生。在德国作家史雷格尔兄

---

① 恩格斯的评价,见《自然辩证法》,《马克思恩格斯文集》(第9卷),人民出版社2009年版,第409页。

弟、诺伐里斯和霍夫曼，英国诗人华兹华斯、柯勒律治和骚塞，以及法国文人夏多布里昂、拉马丁和维尼等人的作品中，可以看到当时基督教思潮的千姿百态。他们在这种非理性主义的支配下用神秘梦幻的格调来描述超自然、超理念的题材，虽因走向极端而把人的内心体验和幻想与大自然的奥妙弄得玄而又玄，不可思议，却也有着"物我合一""归之寰宇"的神秘美感和"湖光山色""幽林深谷"的自然馨香。在美国，浪漫主义作家霍桑曾以写实的手笔在其《红字》中剖析了早期北美清教徒生活中的真与伪，探究了人性命运的罪与罚。而爱默生、阿尔柯特、黎普里等人则在直觉、超验的创作中悠然神往、流连忘返。

19世纪下半叶和20世纪初期乃是欧美社会急剧动荡的时代，一度春风得意的浪漫主义文学也只得让位给洞见到西方社会危机的现实主义思潮。易卜生的戏剧、陀思妥耶夫斯基的小说都曾在基督教中找寻过冲出危机之途，所以他们被20世纪的基督教思想家们尊为"先知作者"。托尔斯泰想靠基督教人道主义来力挽狂澜，结果竟留下了许多惊世巨作。而波兰作家显克微支则借用基督教题材来唤起民族之魂，使其小说诗意隽永、激情灼人，显示出久远的魅力。

在今日欧美文学中，这种基督教思潮的引导和基督教题材的运用已大为逊色，不再构成其主流。但当代文坛仍不时有体现二者关系的佳作问世，从而得以继续保持其存在和发展势头。

一 奥古斯丁的《忏悔录》与传记文学

《忏悔录》（*Confessiones*）是基督教神学家奥古斯丁（Aurelius Augustinus, 354—430）于公元400年前后写成的一部哲学和文学名著。奥古斯丁早年曾信奉摩尼教，后又受到希腊罗马思想的影响，他在罗马帝国走向衰落、时风败坏下曾放荡不羁、沉沦腐化，最后靠皈依基督教而使自己得到灵性的拯救和升华，后还成为了北非希波的主教。这部以夹叙夹议的自传体裁所撰写的《忏悔录》，就是对奥古斯丁一生沉浮、变化之坎坷经历的回忆与剖析。

拉丁文"忏悔录"（confessio）一词，除了有"承认""认罪""悔改"的意思之外，在古代教会传统中主要指"信仰表白""敬神自白"和"确认与颂扬上帝"。而奥古斯丁本人在撰写此书时也是着重于后一种含义，即叙述一生所蒙上帝的恩泽并歌颂上帝的伟大。因此，按其本意若译成《敬神自白》则更为合适。但人们习惯上只注意到此词的"忏悔"之意，而冠以此拉丁文书名的著作在汉译时也往往只被译为《忏悔录》。按此习惯，奥古斯丁这部名著在1954年由吴应枫翻译出版和1963年由周士良翻译出版时也都译作《忏悔录》。

《忏悔录》全书共十三卷，内容上可分为两部分。第一部分为第一卷至第九卷，记述其前半生的思想变化历史。其中第一卷在歌颂上帝之辞后叙述其15岁之前的经历，第二、第三卷记述其青年时代和在迦太基的求学生涯，第四、第五卷叙述其赴米兰之前的教书过程，第六、第七卷论及其思想转变的经过，第八卷记载其内心思想斗争的起因、发展与结果，第九卷叙述其皈依基督教后直至其母病逝时的历史。第二部分为第十卷至第十三卷，重点写了他著述此书时的情况及对《圣经》的注释和阐述。他首先在第十卷中分析了其著书时的思想状况，此后各卷则为《圣经》诠释，侧重于《旧约·创世记》部分。《忏悔录》的第二部分可独立作为哲学论著，其中他对"时间"概念的论述尤为精辟。他从主体上论及真正的时间乃"记忆、感觉、期望"，以补充将时间分为"过去、现在、将来"之不足，并认为上帝是永恒的现在。这种时间乃精神的产物之观念曾对西方思想界产生过深远影响。

在《忏悔录》中，奥古斯丁以细腻生动的文笔和细致入微的描述来刻画自己的内心体验，流露出强烈的基督教情感。其最大特点就是以上帝的神圣、伟大来与世人的弱小、罪过形成鲜明对照，以此来展开对上帝的讴歌及对人类自我的谴责。比如，奥古斯丁在其《忏悔录》中所表白及描述的，一方面是上帝的至高无上、至美至善："主，我的天主，你给孩子生命和肉体，一如我们看见的，你使肉体具有官能、四肢、美丽的容貌，又渗入生命的全部力量，使之保持全身的和谐。你命我在这一切之中歌颂你，'赞美你，歌颂你至高者的圣名'，因为你是全能全善的天主,即使你仅仅创造这一些,也没有一人能够做到:你是万有的唯一真原,化育万类的至美者,你的法则制度一切"①;而另一方面却是人自生即有,从婴儿就开始表现出来的原罪:"婴儿的纯洁不过是肢体的稚弱,而不是本心的无辜。我见过也体验到孩子的妒忌:还不会说话,就面若死灰,眼光狠狠盯着一同吃奶的孩子";"我记不起这个时代的生活,仅能听信别人的话,并从其他孩子身上比较可靠地推测这一段生活,我很惭愧把它列入我生命史的一部分。这个时代和我在胚胎中的生活一样,都已遗忘于幽隐之中。'我是在罪业中生成的,我在胚胎中就有了罪'"②。这种对人之自我的剖析显然极为犀利、尖锐,一针见血,于此使基督教传统的西方传记文学多以自我反省、忏悔为特色。按照基督教文化传统的理解,人在受造时既有人性的完美,亦有意志的自由,这种选择对人有着很大的诱惑力和挑战性。不过,人类始祖首战便输而造成人性的溃败,其经不起诱惑而让其自由意志选择了恶,从此使人陷入原罪之中。显然,这种人性缺陷是人自己所造成的,正是基于这一理解才使基督教文学中有着深刻的忏悔意识,并会进而生动、形象地描述人的各种悔罪行为。所以说,对人的自省而不是讴歌,显然形成了西方文学表述中自我压抑的特点,虽然其带来了一种低沉、灰暗的气氛,却有其深刻及合理之处。这种立意及文风在基督教文学传统中乃始于奥古斯丁,而且是以其《忏悔录》作为其代表作。由此,这部作品在西方世界广为流传,成为罗马晚期拉丁文学的代表作,也被看作教会文学发展中的一个重要里程碑,因此被列为古代西方文学名著之一。

在奥古斯丁之前,基督教的文学表述基本上是以"圣经文学"为代表,其内容来自《圣经》,其描述手段基于《圣经》,其基本思想也以《圣经》神学为指导;而在此范围之外的基督教文学创作则极为罕见。奥古斯丁以其"敬神自白"的方式开始对其一生加以文学性的回忆和描述,从而拓展了基督教早期文学发展的视域及题材,而他的写作

---

① [古罗马]奥古斯丁:《忏悔录》,周士良译,商务印书馆1981年版,第10—11页。
② 同上。

手法也给后期欧美文学中宗教心理的剖析、内心感触的表露和美学理论的探讨等提供了楷模和素材。自奥古斯丁始，西方文人在写个我"自传"时也往往会以题名《忏悔录》为时髦和高雅之举，从而形成西方文化中传记文学的传统。

二 中世纪欧洲基督教文学

欧洲中世纪的文学自然以基督教文学为主，纯然世俗文学乃凤毛麟角，极为稀少。就其文学创作的语言而论，中世纪早期及其鼎盛时期的文学基本上为拉丁文学，但其间也逐渐出现一些中古欧洲各民族地方语言所撰写的作品，包括一些民族的英雄史诗等。而在中世纪晚期，欧洲各民族语言的文学创作则如雨后春笋一般地涌现出来，预示着其向欧洲近代文学发展的过渡。

如前所述，中世纪早期欧洲文学基本上为基督教题材的作品，其中分为圣经文学系列和史传及英雄史诗系列这两大类。在圣经文学领域，可以涵括"圣经文学"和"圣徒文学"两大范围，后者的写作内容会超出《圣经》题材而有所扩展。相关作品包括7世纪英国诗人西德蒙所编诗歌《创世记》，8世纪诗人辛纽伍尔夫的《朱莉安娜》《埃琳》和《基督》，9—10世纪的法国诗歌《圣女欧拉丽赞歌》《圣徒列瑞行传》《受难曲》，13世纪上半叶西班牙诗人贝尔塞奥的诗作《圣母显圣记》《耶稣受难日圣母守灵曲》和《无知的修士》等，以及13世纪末热那亚大主教沃拉吉那的雅各所编《圣徒传》。史传类的创作包括6世纪法兰克人图尔的格列高利所撰写的《法兰克人史》，7—8世纪盎格鲁—撒克逊神职人员比德所著《英格兰人教会史》，12世纪叙利亚推罗的威廉撰写的《耶路撒冷史》等，这些历史著作既有史实之记载，也有故事之创作，所以至少乃一种准文学形式。而欧洲各民族的英雄史诗一般也有基督教信仰色彩，如8世纪英国史诗《贝奥武甫》，8—9世纪日耳曼英雄诗歌《希尔德布兰德之歌》，11世纪法国史诗《罗兰之歌》，12—13世纪的芬兰史诗《卡列瓦拉》、冰岛史诗《旧埃达》、西班牙史诗《熙德之歌》、基辅罗斯史诗《伊戈尔远征记》和德国史诗《尼布龙根之歌》等。这些史诗多以各自的古代民族语言形式写成，如中古英语、中古法语、古俄语、中古高地德语等。它们为欧洲民族文学的崛起奠定了基础。

（一）圣经文学

《圣经》是基督教的经典，其来源广泛的文献包括古代犹太民族和罗马帝国时期地中海世界各民族的神话、传说、历史、体制、律法、祭礼、文学、诗歌、民俗和伦理等相关流传之记载，按其本身结构则大致可以分为《旧约圣经》的律法书、叙事著作、诗歌圣咏、先知书和《新约圣经》的叙事著作、教义书信和启示著作等。其《圣经》文献记载的文学写作体裁则包括"先知文学""智慧文学"和"启示文学"等，由此构成了圣经文学传统。

《旧约》五卷律法书虽然称为"摩西五经"，却并非摩西所写。经《圣经》考证家研究，一般认为律法书文献来源为四种底本资料，即 J 本（耶典）、E 本（神典）、D 本（申典）和 P 本（祭典）。J 本材料最古，可以追溯到公元前 9 世纪，内容为远古纪事史，因其神名用"耶和华"（Jehovah，现已改称"雅畏"Jahweh）而称耶典或 J 本，J 即"耶和华"的起始字母。E 本材料稍晚，产生于公元前 7 世纪前后，为一简要纪事史，在律法书中常与 J 本材料交织在一起，因其神名用希伯来文"厄罗音"（Elohim）而称神典或 E 本，E 即"厄罗音"的起始字母。D 本材料为《申命记》（*Deuteronomy*）的主要部分，约形成于公元前 650 年，故称为申典或 D 本，D 即《申命记》的起始字母。P 本材料乃有关祭司律法与祭礼规定的记录，代表着祭司（Priest）的观点，公元前 6 世纪前后由先知以西结的门徒编辑而成，故称为祭典或 P 本，P 即"祭司"的起始字母。此后人们又从 J 本中分出反映古代游牧时期（Nomadic）的资料作为 N 本，从而形成五底本说等。在其历史发展中，犹太人利用这些底本资料融合加工才逐渐构成现存形式的律法著作。

《旧约》叙事著作亦称"历史书",共约 12 卷,原为犹太人进入巴勒斯坦地之后的历史记载,一直叙述到"巴比伦之囚"以后犹太人重返耶路撒冷的情况。这些文献大多是以犹太古代先知的观点而写成,故称为"前先知书"。

　　《旧约》诗歌圣咏共有 6 卷,源自古代犹太人询问人生哲理,表达男女爱情和从事宗教活动的各类诗歌。比如,《约伯记》本为一篇富有哲理性的诗剧;称为大卫之诗的《诗篇》是经长期积累,多次编选而成;《雅歌》乃古代犹太人的情歌之汇集;而《箴言》则出自古代犹太宫廷教师之手,属于"智慧文学"的典型作品。

　　《旧约》先知书分为 4 大先知书和 12 小先知书,共计 16 卷,由古代先知言论汇编而成,其中既有源自公元前 8 世纪的先知文献,也有犹太教"启示文学"时期的作品。

　　《新约》叙事著作则由 4 卷"福音书"和 1 卷"使徒行传"所组成,记载耶稣的生平和教训,以及耶稣门徒创教传教的活动。据考证,这些文献可能来自"福音书"撰写之前有关耶稣事迹与教诲的口传文学和耶稣语录等,但是否真有这些"原始福音"和"耶稣言论"的存在尚无确证。

　　《新约》教义书信亦称"教义著作",即 21 卷以书信体传世的文献,故有"通函书信"之名。其中以"保罗书信"为主,可能源自保罗弟子们所汇编的保罗书信片断。这些书信在基督教教义神学中有着举足轻重的地位。

　　《新约》启示著作即 1 卷《启示录》。虽然作者自称约翰,但经考证却与《新约》中的"约翰福音"和"约翰书信"文风迥异,乃是犹太"启示文学"的代表作品,其内容由罗马帝国时代在犹太人中流行的"预言""异象"等所组成。

　　《圣经》中比较典型地体现出文学色彩的写作归属于"先知文学""智慧文学"和"启示文学"这三大类。其中"先知文学"(Prophetic Literature)指公元前 8 世纪前后形成的一种古希伯来文学体裁,即以"先知"的言述及著作为代表。《圣经》中的"先知"被视为是来往神、人之间的"神见者"或"先见者",具有"上帝的代言人"之居高地位,其使命是向犹太人传达上帝的旨意,并在犹太社会法律、制度、祭仪中发挥作用、体现出社会所需的标准典范及神圣使命,他们因此也往往成为犹太社会的宗教领袖或政治领袖。此外,这一时期在社会上也会不断出现一些自称"先知"的人宣道传教,"结果是:当时在荒漠中,成千上万的预言家和宣教者提出了无数革新宗教的东西"[①]。这样,先知文学形式的作品就非常多,对圣经文学的早期发展也具有一定影响。

"智慧文学"(Wisdom Literature)是犹太人经历了公元前597—538年被流放异域的"巴比伦之囚"(Babylonian Captivity)之后而出现的思想、文学作品,其内容上更多注重伦理说教、思索其民族命运,并调整其宗教信仰而由此形成其绝对一神的观念,其写作方式上则多采用格言、警句、寓言、比喻、颂赞、诗歌等表达,文学色彩故而会更显浓厚。在《旧约》中,比较典型的智慧文学作品就包括《诗篇》《箴言》《传道书》《雅歌》《约伯记》,以及《圣经次经》所收录的《智慧篇》《德训篇》等。其特点是以"智慧"的形式来表达人们对神圣智慧、德能、本性、目的之向往、钦佩和赞颂。

"启示文学"(Apocalyptic Literature)则为公元前2—2世纪在犹太人及早期基督徒中间流行的宗教性文学体裁及相关题材。"启示"亦称"默示",其希腊文之表述apocalypse指要"拿出"(apo)被"盖住"(kalyptein)的事物,而其拉丁文之表述revelatio则指"再又"(re)揭示"面纱"或"帐幔"(velum)之后的事物。二者在此都是指上帝乃通过相关的言语或行动而向人类披露、揭示其意欲或计划,人获此启示则可相应地回应和行动。这在早期基督教传统中,启示文学比较流行,基督徒以此来理解、体悟"道成肉身"的奇迹及其给人类带来的拯救,故而成为一种极为独特的宗教文学之表现形式。

此外,早期《圣经》的翻译也是一种文学表现形式,如最早的希

---

① 《马克思恩格斯文集》(第3卷),人民出版社2009年版,第600页。

伯来文《圣经》译为希腊文；此后哲罗姆（Hieronymus，约342—420）又将之译为《通俗拉丁文本圣经》（Vulgata），此译本后来成为基督教会的权威拉丁文译本。这种圣经翻译为此后相关时代各个民族语言的翻译及其语言文学意蕴的表达埋下了伏笔。而在圣经文学及《圣经》翻译、诠释的影响下，也衍生出各种与之相关的耶稣受难神秘剧和奇迹剧，包括《亚当的故事》《受难神秘剧》和《台奥菲勒的奇迹》等。

（二）史诗文学

1. 《贝奥武甫》（Beowulf）

这是最古老的英国史诗，共有3182行，分为34个诗节，其内容包括两大部分：一为叙述丹麦王贺罗斯加的身世，以及勇士贝奥武甫追杀妖母而凯旋的经过；二为贝奥武甫在50年之后又与火龙搏斗的故事。这一史诗最早实乃日耳曼民间传说，后来随盎格鲁—撒克逊人而传入英国，成为中世纪最早用中古欧洲方言所写的长诗。诗文描述英雄贝奥武甫年轻时曾率12武士越洋到丹麦为其国王贺罗斯加清除妖魔格兰代尔，在杀死格兰代尔及其妖母之后凯旋回到耶特王其母舅及国王慧阿拉克身边，后又在慧阿拉克与瑞典人交战而亡的情况下辅佐其子成为国王；而在贝奥武甫晚年，有火龙攻击耶特王，他不顾老迈而再次出面迎战，虽杀掉了恶龙，但自己也因重伤而亡，由此而成为全国沉痛悼念的英雄。这一史诗反映了当时日耳曼原有异教文化与基督教文化的相遇及融合，其特点就表现在史诗主人翁贝奥武甫身上。他作为民族英雄突出体现其民族文化所崇尚的勇敢和忠诚，而在基督教文化的影响下，史诗则又展示出贝奥武甫具有去除世俗傲慢的气质，因此生动揭示出中世纪早期欧洲文化逐渐在从异教文化向基督教文化发展变迁的历史场景。

2. 《罗兰之歌》（La Chanson de Roland）

《罗兰之歌》是法国英雄史诗的代表作品，全诗长4002行，共291节，根据查理大帝778年远征西班牙后撤退时其后卫在比利牛斯山遭巴斯克人袭击的史实，用罗曼方言（亦表述为盎格鲁—诺曼底方言）写成。编写者为图罗尔杜斯，可能是11世纪的基督教圣职人员。此作写于1080年前后,即第一次十字军东征之前和法兰西收复英国人占领的诺曼底之后。目前最好的版本为1837年重新发掘出来的12世纪手抄本,现收藏于英国牛津图书馆。

这部史诗描述了信奉基督教的法兰克国王查理大帝率军远征西班牙与伊斯兰教徒作战的故事,诗中塑造出罗兰伯爵这一基督教英雄形象,得到后世法国人民的崇敬。全诗内容可分为三个部分:第一部分讲述查理大帝的妹夫、罗兰的继父伽尼龙投敌叛变的经过。查理大帝远征西班牙7年,只剩萨拉哥斯城还在阿拉伯民族首领马西尔手中。马西尔王遣使求和,表示愿意对查理称臣并皈依基督教信仰。查理的侄子、罗兰伯爵提出让伽尼龙冒险出使敌营,伽尼龙为此而怀恨罗兰,立意报复。他向马西尔王献计,让他诈降后趁查理班师回朝之际歼其后卫。查理不知是计,按伽尼龙的提议而让罗兰担任后卫统帅。第二部分叙说罗兰所率2万骑兵的覆没和罗兰的英勇拼战。罗兰带领的后卫队在隆世福山谷中遭到马西尔10万大军的伏击,罗兰好友奥里佛三次劝其吹角求援,均遭生性高傲的罗兰拒绝。直到全军战至仅剩60武士时,罗兰知道中计,这才吹响号角。查理率军来援,但为时已晚,罗兰枕剑而亡,全军已殁。查理大帝求上帝使太阳暂停西落,让其全力追杀仇敌。马西尔兵败而逃,死于城中,残军降后改信基督教。第三部分描写对伽尼龙的审判,以及对其亲族的惩罚。

《罗兰之歌》虽属英雄史诗,却也为中世纪教会文学的重要作品。全诗贯穿着基督教反对异教的斗争,充满对基督教的赞誉歌颂。而且,诗中多处出现梦兆预感、上帝显灵、天使下凡和宗教礼仪的场面,其内容也不乏渲染基督教信仰气氛的情节,所引《圣经》人物及典故更是俯拾即是。如史诗在描述罗兰临死情景时写道:"他又向上帝忏悔:'天父啊,你是至圣至灵,你从死者中唤回圣拉撒路,你从狮口中救出但以理。求你救我的灵魂出难,赦免我此生的一切罪愆!'他把右手套伸向上帝,圣加百列将它接住,用手腕托着罗兰的头,罗兰合掌停止了呼吸。上帝派来了天使,神丁……簇拥着伯爵灵魂升入天堂。"所以,这部在西方文学史上颇为著名的英雄史诗实乃中古早期基督教文学的典范之一。

3.《熙德之歌》(*Poema del Cid*)

西班牙英雄史诗《熙德之歌》写于 1140 年前后，以卡斯蒂利亚语所写，共 3730 行，是基于西班牙民族英雄罗德里戈·迪亚斯德比瓦尔（？—1099）的历史记述以战功歌的形式而创作，"熙德"是其对手摩尔人送给他的阿拉伯文称呼，意即"主人"。史诗以"流放""婚礼"和"橡树林的暴行"三大部分来描述熙德人生经历的沉浮及荣辱，其社会历史背景即基督教与伊斯兰教的争战。熙德早年被卡斯蒂利亚国王阿方索六世所流放，其妻女则被留在了故乡的修道院。熙德在外四处征战，收复被摩尔人所占大部分土地，在伊比利亚半岛广传威名。随后熙德请求国王允许他与妻女团聚，国王宽恕熙德，并撮合熙德两个女儿嫁给卡里翁的两个儿子。但这两个女婿在战场上懦弱怕死而遭熙德部下嘲笑，二人不仅不反省，反而在橡树林中羞辱毒打其妻，熙德获知后率部复仇而打败了卡里翁的两个儿子，其两个女儿后来也与纳瓦拉、阿拉贡两国王子结婚。史诗以熙德的经历而论述善战胜恶、真实战胜虚伪的道理，也从一个侧面来说明当时基督教走向强大的发展。

4.《尼布龙根之歌》(*Nibelungenlied*)

这一史诗是用中古高地德语写成，其母本源自 791 年前后法兰克国王查理率军东征匈奴人那一时期，可能是在行军期间由其军中的人集体创作，故事取材可以追溯到 5 世纪前后日耳曼民族大迁徙、勃艮第人和匈奴人的关联等史实，特别是 437 年匈奴人推翻了沃尔姆斯勃艮第王国的历史。已经保留下来的现有文本有 30 多种，但这些文本则源自大约 1190—1200 年撰写的文献，可能为当时一位奥地利骑士所重新编纂。全诗共有 39 歌，2379 节，9516 行，分为上、下两部，上部内容为齐格弗里德之死，下部内容则是克里姆希尔特的复仇。尼布龙根（Nibelungen）是尼布龙（Nibelung）之复数形式，源自北欧神话中的 Nilfheim（或 Nibelheim），原初之意即"死亡之国"或"雾之国"，但在此该概念已经人格化，在史诗上部分指齐格弗里德的国家、人民及其财宝，但在其下部分内容中却已成为勃艮第人的别名，甚至乃为一个守金侏儒之称。

　　史诗上部描述了沃尔姆斯勃艮第公主克里姆希尔特与下莱茵河地区的王子齐格弗里德的故事：齐格弗里德不顾父母忠告而执意向克里姆希尔特求婚，其间被克里姆希尔特之兄巩特尔国王的亲信哈根认出；哈根告诉国王齐格弗里德的英雄经历及其具有的奇力、拥有的财宝，于是国王让齐格弗里德帮助他娶到美丽多才的冰岛女王布伦希尔特之后，才答应让其妹嫁给齐格弗里德。这样遂由齐格弗里德伪装代劳，而使巩特尔国王赢了布伦希尔特并娶她为妻。随后齐格弗里德亦如愿与克里姆希尔特结婚。布伦希尔特后来知道实情遂联合哈根一道策划报复，哈根从克里姆希尔特那儿打探到齐格弗里德的致命弱点后设计将他杀害，而悲痛欲绝的克里姆希尔特在勃艮第也遭到冷遇。史诗下部则讲述了克里姆希尔特对哈根及勃艮第人的报复。她先是嫁给匈奴王埃采尔（阿提拉），随之在多年后让埃采尔出面邀请巩特尔国王及哈根来其宫廷，她在宫廷杀死巩特尔和哈根等人，她自己也被骑士希尔德布兰德所杀。这一史诗在德国文化史上影响很大，其悲剧故事乃近代德国瓦格纳著名歌剧《尼布龙根的指环》之蓝本。

　　对于这一史诗是否与基督教有关联的争议较多，不少人认为其反映的是中古欧洲蛮族在没有皈依基督教之前的情形，其文化特质主要折射出古代北欧神话的创意及主题。比如，德国思想家亨利希·海涅就认为，"似乎这部史诗还笼罩着基督教以前的思想方式、感觉方式，粗野的蛮力还没有软化成骑士气质，北方刚勇的斗士还像石像似的挺身屹立，基督教柔和的光芒和道德的气息还没有穿透他们的铁甲"[1]。但不可否认，这一史诗明显地反映出其基本内容与基督教信仰的接触、碰撞及磨合。古代北欧神话的主题多为预兆、复仇、毁灭、悲剧等，在此得到一定的表述，而基督教的原罪、顺从、隐忍、宽容、忠诚等观念在史诗中同样也有着种种反映。这一史诗的背景就是这些民族皈依基督教的

---

[1] ［德］亨利希·海涅：《论浪漫派》，张玉书译，人民文学出版社 1988 年版，第 10 页。

复杂过程。而且，史诗中有近百处涉及基督教的内容，如其从基层到高层的神职人员，各种教堂、修道院、教会礼仪的场景，以及求上帝保佑、怜悯、愿上帝赐福的各种祈愿等。因此，这一史诗实际上也复杂地折射出中世纪欧洲基督教与异教的交往、蛮族皈依基督教、基督徒与异教徒结婚，以及侍奉上帝、护教传教等内容，表达出其对民族自我和当时宗教状况的理解。

（三）骑士文学

中世纪欧洲基督教文学的典型表现之一就是骑士文学的兴起及发展。"骑士"（Knight）在中世纪欧洲最初是指正式受过训练的骑兵，他们来自各地的中小地主或富裕农民家庭，作为职业骑兵而在领主军队中服役，为大封建主打仗，随后获得采邑，包括土地和其他报酬，于是拥有世袭领地，形成固定的骑士阶层。获得骑士称号需要经过一定的训练和社会实践，如从小就上骑士学校学习相关文化知识和骑士技术职能，在七八岁时就给父亲当随从，12 岁到其领主家接受教育培训等。一般世袭骑士都出身于贵族，有基督教信仰。其社会地位的提高是随 11 世纪末西欧组织十字军东征，当时因参加十字军东征及讨伐穆斯林而先后出现了多个骑士组织，如耶路撒冷圣约翰医院骑士团（Knights Hospitaller of St. John of Jerusalem, 1048 年建立）、圣殿骑士团（Knights Templar, 1118 年建立）、圣地亚哥骑士团（Order of Santiago, 1160 年建立）、条顿骑士团（Teutonic Knights, 1190 年建立）等。他们南征北战、闯荡冒险，以及接触东西方文化、了解其他宗教信仰而逐渐形成了所谓"骑士精神"，包括忠君、护教、行侠、尚武的信条，以及崇拜圣母、保护妇女、济困扶危、打抱不平、远游冒险、惩恶扬善等实践。与之相关联的则是骑士文学的兴起，其内容一般以描述骑士冒险事迹和英雄美人之爱为题材，其体裁则大致包括骑士抒情诗和骑士传奇叙事诗这两类。

骑士抒情诗在法国南方普罗旺斯、西班牙等地比较盛行，故有"普罗旺斯抒情诗"之称，其内容多为咏唱骑士或行吟诗人"特鲁巴杜尔"所表达的对贵妇人之爱慕,这类诗歌的典型代表即"破晓歌",以火热的笔触描写骑士与贵妇人幽会至破晓仍难舍难分之情。相关作品还包括德国福格威德的《我坐在岩石上》、冯·斯特拉斯堡的《特里斯坦和伊索尔德》、西班牙门多萨的《菲诺霍萨山歌》、曼里克的《悼亡父》,以及在拜占庭流传的《奥迦生和尼哥雷特》等。这类抒情诗的特点是冲破了中世纪基督教传统的禁欲主义和出世思想,从宗教走回世俗,如用赞美圣母的语言来赞美社会生活中的真实女性,用宗教的虔诚心来表达世俗境遇中对情人的爱慕和忠诚;但这种物极必反则是其在大胆讴歌人间情爱之际却也破坏了社会道德和家庭伦理之秩序。因此,恩格斯对之有着非常客观的评价:"所以,第一个出现在历史上的性爱形式,亦即作为热恋,作为每个人(至少是统治阶级中的每个人)都能享受到的热恋,作为性的冲动的最高形式(这正是性爱的特性),而第一次出现的性爱形式,那种中世纪的骑士之爱,就根本不是夫妇之爱。恰恰相反,古典方式的、普罗凡斯人的骑士之爱,正是极力要破坏夫妻的忠实,而他们的诗人们又加以歌颂的。《Albas》,用德文来说就是破晓歌,成了普罗凡斯爱情诗的精华。它用热烈的笔调描写骑士怎样睡在他的情人——别人的妻子——的床上,门外站着侍卫,一见晨曦(alba)初上,便通知骑士,使他能悄悄地溜走,而不被人发觉;接着是叙述离别的情景,这是歌词的最高潮。北部法兰西人和堂堂的德意志人,也学到了这种诗体和与它相适应的骑士爱的方式,而我们的老沃尔弗拉姆·冯·埃申巴赫也以这种挑逗性的主题留下了三首美妙的诗歌,我觉得这些诗歌比他的三篇很长的英雄诗更好。"[①]

骑士传奇叙事诗也是骑士文学的重要组成部分,而且乃后来欧洲小说发展之滥觞。其内容题材则大多基于不列颠王亚瑟和其圆桌骑士的故事,以及其他传奇系列,包括古希腊罗马故事系列。亚瑟王据传乃6世纪的人物,其所住城堡宴会厅中有一张大圆桌,可坐150个骑士,但圆桌会空出一席留给找到耶稣受难时盛过其鲜血的"圣杯"骑士。这类

---

① 《马克思恩格斯选集》(第四卷),人民出版社1972年版,第66页。

作品的代表人物是 12 世纪法国诗人克雷提安·德·特鲁瓦，作品包括描写亚瑟王的骑士朗斯洛和王后桂纳维尔之恋情的《朗斯洛或小车骑士》以及《依凡或狮骑士》和《帕齐伐尔或圣杯传奇》等。其他作品还有恩格斯所提及的德国诗人沃尔弗拉姆·冯·埃申巴赫的《帕齐伐尔》等三部创作，弗格尔瓦德的《菩提树下》，以及 15 世纪出版的英国骑士文学代表作，托马斯·马洛里爵士所著《亚瑟王之死》等。

（四）文艺复兴文学

中世纪欧洲基督教文学的一大特点，是在写作手法上突出象征、寓意、梦幻和奇迹等，但这些表述手法也被文艺复兴运动用来作为其突破中世纪保守、禁锢之藩篱的重要工具。其中最为典型的就是但丁等人以"梦幻文学"创作所带来的突破和创新。

1. 但丁（Dante Alighieri, 1265—1321）

基督教文学走出中世纪可以说乃始于但丁的创作，因此，恩格斯对其评价极高："封建的中世纪的终结和现代资本主义纪元的开端，是以一位大人物为标志的。这位人物就是意大利人但丁，他是中世纪的最后一位诗人，同时又是新时代的最初一位诗人。"[1]

但丁采用中世纪梦幻文学的独特形式而创造了其不朽之作《神曲》（*Divina Commedia*）。这部脍炙人口的世界文学名著也是中世纪欧洲基督教文学的杰作，诗歌以自叙的语气讲述了但丁在罗马诗人维吉尔引导下游历地狱、炼狱，又在美女贝亚德引导下幻游天国的神奇经过。其人物众多，思想奇特，想象丰富，知识渊博，令人惊讶、敬佩；所以，《欧洲文学与拉丁中世纪》的作者库尔提乌斯曾有如此感叹："但丁指望自己的读者能形成博学的风气（culture）。这便是为何但丁难以理解的原因之一。不过，典型形象仅仅是《神曲》中出现的专有名词的冰山一角。据我所知，整部诗的全体角色尚无人深入研究。然而，分析《神曲》遇到的第一个因素，就是如何给人物介绍身份、分组、分类。

---

[1] 《马克思恩格斯选集》（第一卷），人民出版社 1972 年版，第 249 页。

全诗角色超过五百个";"《神曲》能出现多如牛毛且各不相同的角色,离不开但丁的过人天赋。他把自己的聪明才智,同古代与中世纪遗产——利用当时的历史——结合起来,进行了叹为观止的丰富创造。他召集当时的教皇与皇帝担任判官;此外,还有国王、高级教士(prelate);政治家、僭主、将军;来自贵族和中产阶级,来自行会和学校的男男女女。就连贝拉夸(Belacqua)这样的无名工匠,也可以和盗贼、凶犯、圣徒一样,在彼岸世界拥有自己的一席之地。艺术家与诗人、哲学家与隐士,各式各样、各行各业的人物都一一呈现。《神曲》既是'神的喜剧'(Divina Commedia),也是'人的喜剧'(Comédie Humaine)。其中人无所谓高低贵贱。但丁的诗作完全在超验中行进,但其中无处不弥漫着历史的气息,渗透着当下的热情。永恒与短暂不仅相对相关,而且也相融相织,直至彼此难以分辨。主观体验的历史(subjectively experienced history)带着史诗、神话、哲学、修辞的印记,迅速进入拉丁中世纪的文化世界,创造了决定《神曲》诞生的一系列人物"①。

不过,但丁的《神曲》又仍然体现着中世纪基督教文化的突出特征,所以具有跨时代的意蕴;故而也有学者认为,《神曲》的伦理学来自亚里士多德,天文学来自托勒密,而神学则来自阿奎那,它是中世纪文学与哲学的总汇,但丁因此可被尊为中世纪欧洲文学界的阿奎那。至少在形式上,《神曲》模仿了阿奎那大全神学体系由下而上、递相依属的等级结构,分为《地狱》《炼狱》和《天堂》三部曲,其中每部各有33篇,连同序诗共有100篇,约14233行,且采用三行连环韵诗体而写成,以使其结构匀称、完备、自下而上排列整齐,给人以一种神学上"三位一体"的象征特征和神秘意境。这里,但丁以维吉尔作为理性和哲学的象征,以贝亚德作为信仰和神学的象征,把地下、人间和天上有机连接,共构一体,这既与中世纪的思想特色相吻合,又隐含着对之在精神上的超越和扬弃。

---

① [意]恩斯特·R.库尔提乌斯:《欧洲文学与拉丁中世纪》,林振华译,浙江大学出版社2017年版,第501—502页。

《神曲》在神学立意上采用了基督教有关"拯救"的话题，而其"回头"审视的方式则明显受到了基督教"末世论"的影响，乃为一种"终末"的洞观和鸟瞰。其中关于灵魂、地狱、魔鬼、救主、天使、审判、炼狱、乐园、天堂等理解和描述都是基于《圣经》传统及其神学意义，而诗歌中的众多人物形象也直接取材于《圣经》和基督教历史中的人物。于此，它表达出基督教重要思想观念的艺术化、人格化和具象化；而其表现方式的灵秀活泼、栩栩如生，则又预示着它对其所处时代、传统的突破。以但丁为表率，中世纪后期的人文主义者开始用"人学"来对抗"神学"，以"人曲"来替代"神曲"，讴歌自然、赞美人生。所以说，但丁的《神曲》敲响了欧洲近代文学发展的晨钟，迎来了文艺复兴的晨曦。

2. 彼特拉克（Francesco Petrarca，1304—1374）

彼特拉克亦是处于文艺复兴运动早期的意大利作家，有"人文主义之父"和"诗圣"等尊称。他曾侨居法国普罗旺斯阿维尼翁，因以拉丁文创作叙事长诗《阿非利加》而于1341年在罗马获得"桂冠诗人"之称。此外，他还用拉丁文创作了散文《秘密》，史论《名人列传》和《回忆录》，哲理著作《论孤独的生活》《论宗教超脱》和《两种不同命运之道》，以及《书信集》等。但其文学史意义则更是在于他以本国语言意大利语所创作的《歌集》，包括大部分为十四行诗的366首诗。这一《歌集》虽以爱情诗为主，展示出其人文主义的新思想，却并没有从根本上放弃基督教信仰意趣。在他看来，基督教信仰与世俗生活从根本而言并不矛盾，而有其内在的和谐与一致，认为"上帝给了人巨大的心智和创造潜能，希望人们去充分开发"，而他自己的作品也是喻示"尘世追求与对上帝的虔诚具有趋向一致的热情和炽烈度，虽然现世追求与基督教禁欲主义矛盾，但在潜能发展意义上与上帝的关系并非不可调和"[①]。于是，他以表现爱情的诗歌来赞颂自我、自然与上帝，并在其创作中将古希腊罗马神话与基督教的上帝信仰有机结合，

---

① 刘意青、陈大明编著：《欧洲文学简史》，商务出版社2018年版，第90页。

因而比较典型地体现出中世纪文艺要使古希腊罗马文化传统得到"复兴"之意蕴。

3. 薄伽丘（Giovanni Boccaccio, 1313—1375）

薄伽丘也是文艺复兴运动早期的意大利作家，属于与彼特拉克同时代的"第一代文人"。他热衷于古希腊罗马文学作品，曾参与将《伊利亚特》和《奥德赛》译成拉丁文，并尝试从这一古典文化传统中努力发掘出人文主义的思想元素。他对彼特拉克亦非常敬重，1350年当彼特拉克来访佛罗伦萨时曾专门邀请他来其家小住。薄伽丘一生创作甚丰，包括叙事诗《菲洛斯特拉托》《菲埃索拉的女神》，英雄史诗《苔塞伊达》，抒情短诗《诗集》，长篇小说《菲洛格罗》，爱情心理小说《菲亚美达夫人的哀歌》，讽刺短篇小说《大鸦》，以及拉丁文的15卷《诸神家谱》和意大利文的《但丁传》等。

薄伽丘的代表作是其短篇故事集《十日谈》（*Decameron*），被视为欧洲文学史上第一部现实主义巨著。故事描述7名少女和3名少男为了躲避佛罗伦萨的鼠疫到乡下别墅，约定每人每日讲一个故事，这样十日共讲100个故事，形成此百篇故事集。《十日谈》取材广泛、格调清新、语言丰富、文笔精练，其内容虽有"放纵情欲"之过，却更多凸显其"人文"之主旨，这种表达形式也为意大利近代散文及欧洲近代短篇小说的发展打下了基础、指出了方向。薄伽丘以这种讲故事的方式而揭露了当时封建政权及基督教会的无能、腐败。中世纪欧洲肆虐的黑死病"不仅给人带来肉体上的极度痛苦，而且还对原社会制度和人们的思想与生活方式造成巨大冲击和摧毁"，薄伽丘在《十日谈》中描述当时佛罗伦萨的情景说，"浩劫当前，这城里的法纪和圣规几乎全部荡然无存了"；面对残酷的疫情，"有人以为唯有清心寡欲，过有节制的生活，才能逃过瘟疫；还有人以为唯有纵情欢乐和纵饮狂歌才能有效地对付瘟疫；也还有人为躲避瘟疫逃出城外"[①]，在其生动的描写中，薄伽丘还有其对思想自由、宗教平等的深刻思考，如其以"三只戒指"

---

① 刘意青、陈大明编著：《欧洲文学简史》，第93—94页。

而对犹太教、伊斯兰教和基督教平等关系之喻，就非常富有启迪。这一思想可以说是欧洲近代德国作家莱辛在《智者纳旦》、法国作家伏尔泰在《札伊尔》等作品所主张的宗教宽容、互相理解之精神意味深长的前奏曲。

4. 乔叟（Geoffrey Chaucer, 1343？—1400）

乔叟有英国文学之父的殊荣，其作品亦折射出中世纪欧洲社会体系的颓败，反映出新兴市民阶级精神的清新。他不仅以英语翻译了法国、意大利的一些文学、哲学之名著，如法国作家基洛姆德·洛利的《玫瑰传奇》、罗马思想家鲍埃蒂的《哲学的慰藉》等，而且还以英语创作了不少文学名篇。他的著作包括《公爵夫人书》《声誉之宫》《百鸟议会》《特洛勒斯与克丽西德》和《坎特伯雷故事集》等；其中《坎特伯雷故事集》（The Canterbury Tales）乃是其名垂千古的代表作。这一故事集以一批朝圣的香客为线索，生动地描述了14世纪英国社会各界人士的信仰、民俗和生活习惯。这些在伦敦聚集的香客包括诗人一共30人，计划去坎特伯雷朝觐基督教圣徒托马斯·贝克特的圣祠，沿途每个人要讲两个故事以打发时间，由此汇集成一个故事集。这些故事展示了当时英国社会的人生百态，"他们既是中世纪讽刺文学的一些固定形象，又有明确的个性和真实感。……如相貌似阉人的卖赎罪券者、用假冒的圣徒遗物诈人钱财的恶棍、衣装绚丽的见习骑士、蛮横粗俗的磨坊主、反叛传统的富裕巴斯妇等"，乔叟于此"成功地运用了中世纪文学所有重要体裁，每个故事都得到恰当表现方式，也间接地塑造了讲故事者的形象。如第二个修女的圣徒故事是当时最流行的虔诚文学形式，磨坊主的故事是最粗俗的市民滑稽故事"[①]。显然，随着文艺复兴运动的萌生，可以看到当时基督教内部已经出现在文学、哲学，甚至神学领域的自我批判及改革创新的意向及举动。尽管这些文艺作品的锋芒直指当时的教会及其腐败状况，却仍然不能否定其具有基督教内部革新的性质。

[①] 刘意青、陈大明编著：《欧洲文学简史》，第67页。

三　近代欧洲基督教文学

欧洲近代的发展与中世纪晚期兴起的文艺复兴、宗教改革运动有着直接的关联。如果说宗教改革运动意味着欧洲从中古到近代发展在政治上的联结、过渡和转型，那么文艺复兴运动则意味着这一联结、过渡和转型在其文化上的体现。例如，作为英国文学之父的乔叟在 14 世纪意大利文艺复兴时期曾访问过意大利，而英国本身的文艺复兴则迟至 16 世纪初才开始，而且与英国宗教改革运动亦有复杂关联。因此，从文化发展及其转型而言，欧洲近代也不可能与中世纪在时间段上加以可能截然区分的分割。

（一）英国近代变革时期的基督教文学

1. 莎士比亚（William Shakespeare, 1564—1616）

欧洲文艺复兴时期的英国戏剧大师及诗人莎士比亚为人类文化留下了一份宝贵的遗产。莎士比亚一生创作了若干长诗和短诗，154 首十四行诗，38 部剧作，其中"生存还是毁灭"之问至今仍给世人带来巨大的震撼。而且，他在其创作中还广泛运用了古希腊、罗马神话传说和《圣经》的典故材料。可以说，莎士比亚的创作直接或间接地有着《圣经》的影响。对此，西方学者里奇蒙·诺布尔曾写有《莎士比亚的圣经知识》（亦译《莎士比亚和圣经》）一书，而樊戴克也作过统计，指出莎士比亚每一剧作引用《圣经》的平均数有 14 次之多。这样，其作品可被视为近代欧洲基督教文学的重要代表。

《圣经》是西方文化和文学艺术的重要经典，它以其宗教思想、人物特性而塑造和影响了西方人的情操与心境，乃是其精神、信仰及日常生活的清流甘泉。莎士比亚处在这一文化氛围中，其创作自然不会没有《圣经》的影响。从直接用典来看，人们熟悉的有《威尼斯商人》中犹太高利贷债主夏洛克骂其仆人朗斯洛特为"夏甲的傻瓜后裔"，以及罗兰佐感谢鲍西娅和尼莉莎，称二人"像是散布吗哪的天使，救济着饥饿的人们"。莎士比亚在这里分别引用了《旧约》《创世记》和《出埃及记》中的典故。在《皆大欢喜》中，莎士比亚描写公爵表白其流放生涯时用了"时序的改变，那是上帝加于亚当的惩罚"之典，也源自《创世记》中亚当被逐出乐园前四季常青的故事。另外，在《终成眷属》中小丑戏言"我不是《圣经》上说的尼布甲尼撒大王。他发起疯来，整天吃草"，则出典于《旧约·但以理书》。从间接用典来看，《李尔王》可算一部代表之作。莎士比亚借剧中人物赞美和哀恸考狄利娅之口而表达出《新约圣经》的思想和寓意。例如，法兰西王赞颂考狄利娅说："最美丽的考狄利娅！你因为贫穷，所以是最富有的；你因为被遗弃，所以是最可宝贵的，你因为被人轻视，所以最蒙我的怜爱。"这一段话实质上是喑喻耶稣基督在人世的命运，表达了信徒对基督的理解。莎士比亚在描写此处时显然受到《新约·哥林多后书》第八章第九节的启发："你们知道我们主耶稣基督的恩典。他本来富足，却为你们成了贫穷，叫你们因他的贫穷，可以成为富足。"李尔王的侍臣在劝慰发疯的老王时有一段台词：""你那两个不孝的女儿，已经使天道人伦受到咒诅，可是你还有一个女儿，却已经把天道人伦从这样的咒诅中间拯救出来了。"此处，莎士比亚是用耶稣基督拯救人世的神学喻示来刻画考狄利娅这一形象的崇高。而李尔王哀恸考狄利娅时曾称其为"可怜的傻瓜"，在很大程度上也是借用了《新约》中"十字架上的愚拙"所表述的"神圣之爱"。

在莎士比亚的"十四行诗"中，也多有《圣经》典故和喻指。如"十八"号诗的结语："只要一天有人类，或人有眼睛，这诗将长存，并且赐给你生命！"会使人联想到耶稣基督对世人的奉献和永恒之爱。"五十五"号诗："对你的赞美将在万世万代的眼睛里彪炳，直到这世界消耗完了的末日。这样，直到最后审判把你唤醒，你长在诗里和情人眼里辉映。"又会使人心憧憬《启示录》中那"末日审判"和"新天新地"的场景。了解《圣经》，可以在莎士比亚作品中享受到更多的韵味和美感；而钻研莎士比亚的诗剧，则让人们更深刻地领悟《圣经》在西方文学中的重要地位。

2. 弥尔顿（John Milton，1608—1674）

约翰·弥尔顿是英国清教革命时期的著名作家，少年时就掌握了拉丁文、希腊文和希伯来文，在剑桥大学基督学院受过神学教育，英国革命中曾担任过共和国时期克伦威尔政府的拉丁文秘书，后因过度疲劳而双目失明。他一生写有许多文学与政论作品，体现出基督教人文主义的特色，如《圣诞晨歌》《欢乐的人》《沉思的人》《科马斯》《黎西达斯》《论英国教会的教规改革》《论教会机构必须反对主教制》《论出版自由》《论国王与官吏的职权》《为英国人民声辩》《再为英国人民声辩》《论基督教教义》和《建设自由共和国的现成和简易的办法》等。晚年以诗歌写作为主，其代表作为取材于基督教《圣经》的三部诗体巨著《失乐园》（*Paradise Lost*）、《复乐园》（*Paradise Regained*）和《力士参孙》（*Samson Agonistes*），尤其是《失乐园》在世界文学史中具有重要地位。

《失乐园》分为12卷，全诗长一万余行，取材于《旧约·创世记》第一章至第三章人类始祖亚当、夏娃受魔鬼（撒旦）引诱犯罪而被逐出乐园的故事，以探讨人类的悲剧之源及其意义。《失乐园》中直接引用《旧约》人物典故有913处之多，而且也有490处引用了《新约》的内容。不过，弥尔顿在创作中经过加工改造《圣经》主旨而增添了新的内容和意趣。诗中描述撒旦原为天神（天使），因率众犯上作乱而被上帝打入地狱，成为魔鬼首领。撒旦决心通过引诱人类始祖犯罪来继续与上帝较量，为此他化作癞蛤蟆潜入伊甸乐园，企图唆使夏娃去偷吃禁果。天使发现撒旦的伊甸园之行，将其赶走。上帝遂派天使拉斐尔来伊甸园提醒亚当警惕。不久，撒旦卷土重来，附在狡猾的蛇身上而引诱夏娃偷吃了禁果，使其知道善恶羞耻。夏娃告诉亚当她已吃了禁果，并讲述禁果之妙，劝他同吃。亚当先是抱怨夏娃，十分焦急，随之决心与夏娃同生共死，承受同样的命运，因而也吃下了禁果。上帝闻之大怒，不仅将撒旦及其同类变成蛇虫，而且派天使将亚当、夏娃逐出乐园，并向其宣示人类的苦难命运和未来的拯救。亚当、夏娃接受失掉乐园的这一严酷现实，以沉重的心情携手迈步，开始人类漫长的悲剧历程。在此，弥尔顿指出人类堕落而失去乐园的两大原因，一是撒旦的野心对人的影响，二是人的信仰不坚定和理性软弱；由此而告诫世人一定要服从上帝、坚持至善，在信仰中获得自由。

《复乐园》分为4卷，是《失乐园》的续篇，选自《新约圣经》"福音书"中耶稣经受住了魔鬼的引诱和试探，在世界布道传教、替人类恢复其乐园的故事。其中耶稣与撒旦之辩论的表述极为经典、寓意深刻。这里，弥尔顿谈到了基督的意志及信仰的力量，阐述了当时清教徒的理想人生观和伦理观，认为最高的智慧来自上帝。他主张用坚定的信仰来消除人类存有的软弱、邪恶和情欲，以便得救获胜，复其乐园。

《力士参孙》则是一出诗体悲剧，源于《旧约·士师记》中力士参孙的故事。弥尔顿运用希腊悲剧形式来展示《圣经》内容，以表达清教革命失败后新兴资产阶级的情感和抱负。他描写了以色列民族英雄参孙因贪恋美色而被大利拉出卖给非利士人，落入敌手后又遭受种种折磨和凌辱，以及在敌人威逼他表演武艺时靠神力推倒大殿柱子、最终与仇敌同归于尽的悲剧。该剧借此谈到人因意志薄弱、贪欲好色而会招来不测，号召失败者忏悔反省，克服骄矜，抑制情欲，以便恢复信心，靠坚强有力的行动来弥补其过错和失败，重新走向胜利。这一诗体悲剧乃是英国王朝复辟后作者自己痛定思痛之心态的披露和对资产阶级革命者的苦口告诫。弥尔顿的文学创作，已赋予基督教《圣经》题材全新的时代精神和历史内容。

3. 班扬（John Bunyan，1628—1688）

约翰·班扬也是英国清教徒作家，英国清教革命时期曾参加克伦威尔的议会军，退伍后潜心研读《圣经》，宣传清教思想，因此而两次被捕入狱；他一生完成了十多部著作，包括《丰富的恩典》《坏人先生传》和《圣战》等，其代表作是具有自传性质的宗教寓意小说《天路历程》（*Pilgrim's Progress*）。它表现了清教徒对当时社会人生的看法，以及所追求的理想目标和思想境界。

《天路历程》分为两部。前部叙述了一个背着沉重包袱的"基督徒"为追求天国的光明而抛家离妻、历尽艰辛、战胜妖魔鬼怪、冲破重重困难,最后终于到达天国之门的故事。后部则描写了这个基督徒之妻"女基督徒"也尾随丈夫、寻找天国的经历。全书刻画了基督教徒的虔敬心理,反映了英国清教时代的宗教热情和信仰追寻,批判了社会现实中的丑恶与黑暗,表述了拯救灵魂、超脱尘世的基督教主旨。这部讽喻小说的故事情节虽然跳出了《圣经》题材的范围,但其中心思想则紧紧围绕《新约·马太福音》所宣扬的只有敢走"窄门"、属灵之人才能获得永生、到达天国的宗教道理。因此,书中充满了《圣经》的教诲和箴言,尤其展示出《新约》中的灵性风格。这部小说体现为当时清教文学中与弥尔顿的创作所截然不同的另外一种典型特征。

班扬的《天路历程》在英国文学史上有着重要影响,而且是基督教虔敬主义和灵修文学的著名之作,在近代欧洲广为传播,据说其"发表后的两个多世纪中是除《圣经》外阅读人数最多的书"[①]。

(二) 欧洲浪漫主义文学与基督教

1. 欧洲浪漫主义文学概论

欧洲浪漫主义文学盛行于 18 世纪下半叶至 19 世纪上半叶的英国、法国、德国及意大利等国,它是一股向当时西欧传统挑战的思潮,其特点是"重主观而轻客观,贵想象而贱理智,诉诸心而不诉诸脑,强调神秘而不强调常识,既反对新古典主义的清规戒律,也反对后来兴起的现实主义的直白"[②]。整个浪漫主义文学大体可分为积极浪漫主义和消极浪漫主义两种倾向,但它们都受到 18 世纪兴起的基督教反理性主义神学思潮的影响,因而推崇脱尘离俗的神秘主义、直觉主义和超验主义,写法多矫揉造作和夸张虚饰,作品亦奇想妙构,充满梦境幻觉和灵交神往等主体感受。此外,在其文学创作的题材上,这些浪漫主义作者也常选用基督教的思想内容。

英国浪漫派以其诗歌和散文蜚声世界。积极浪漫主义文学的代表拜

---

① 刘意青、陈大明编著:《欧洲文学简史》,第 164 页。
② [德] 亨利希·海涅:《论浪漫派》,张玉书译,人民文学出版社 1988 年版,第 1 页。

伦（1788—1824）和雪莱（1792—1822）创作了大量以基督教为题材的诗歌及散文，引用了许多《圣经》典故和人物内容。例如，拜伦的作品《该隐》《耶弗他的女儿》《伯沙撒的幻象》《西拿基立的覆亡》《扫罗》《扫罗王最后一战之歌》《约旦河两岸》《在巴比伦河边坐下来哭》等都是直接取材于《旧约圣经》。雪莱创作中与基督教相关的则有诗篇《撒旦挣脱了锁链》《魔鬼出行》和散文《论来世》《论死刑》以及《论基督教》等，他以文学方式讨论了关于"上帝""天国""罪恶""死亡""来世"等基督教信仰之思及其神学命题，并认为在人世中能够以最难以忘怀的方式来影响人类的观念及命运的人，只能是耶稣基督。此外，英国最早的浪漫派诗人之一、精于哲学和版画的布莱克（1757—1827），曾以类似《圣经》"箴言"和"教诲"的文风创作出其精彩的散文诗集《天堂与地狱联姻》，而具有唯美主义倾向的天才诗人济慈（1795—1821）在其抒情诗《夜莺颂》中也引用了《旧约圣经》中的"路得"之典。

英国消极浪漫主义文学即指英国文学史上著名的"湖畔派诗人"之创作。其主要人物华兹华斯（1770—1850）、柯勒律治（1772—1834）和骚塞（1774—1843）都曾从基督教非理性主义思潮中获得过创作灵感，他们本人也是这一开始于18世纪的基督教非理性主义在英国文坛的代表，其见解在近代基督教思想发展史上颇有影响，尤其是柯勒律治以其"诗人的神学"而在这一精神思潮之进程中有其极为独特的位置。

法国消极浪漫主义以夏多布里盎（1768—1848）、拉马丁（1790—1869）和维尼（1797—1863）为代表。他们在其文学创作中力求重新树立基督教的权威，积极倡导基督教神学对文学艺术的指导，希望文学作品在其内容上能够体现出基督教之"真谛"。其中夏多布里盎的论文《基督教的真谛》即这一主张的宣言书。他们以原野的落日、沉寂的自然及宁静的夜景来表述冥冥之中上帝的存在，用高耸入云的哥特式教堂和神权至上的中世纪社会来描绘基督教的理想世界，借玩味孤寂、咏叹死亡和感慨人生来体现基督教的诗意与美感。在创作题材上，维尼的诗歌《摩西》《参孙的愤怒》和《橄榄树山》乃直接运用《圣经》之典。

法国消极浪漫主义认为基督教之"真"恰好就能体现出基督教之"美",所以是值得诗人、艺术家所歌颂的。对此,夏多布里盎曾感慨说:"在一切现今存在过的宗教中,基督教是最富于诗意的、最人道的、最利于自由和文艺的;……它促进了天才,使趣味纯净,发展了美好的情感,使思想充满活力,给予作家以崇高的形式,给予艺术家以完美的楷模。"①

法国积极浪漫主义文学的代表雨果(1802—1885)虽然反对消极浪漫派悲观颓唐、消沉失望的情绪,却同样也对基督教抱有好感,其作品中就憧憬着神秘彼岸的超越与得救。他曾写有歌颂教会的诗歌《颂歌和杂诗》,在其作品中也积极倡导基督教"舍己爱人"的救世精神,并且还常常赞叹《圣经》就像那诗的大海。雨果对传统基督教的复杂心情和对其"仁慈""博爱"之道德观念的理解,在他的历史小说《巴黎圣母院》和社会小说《悲惨世界》中跃然纸上,表露得淋漓尽致。

德国浪漫主义文学基本上属于消极浪漫派,它与基督教有着直接的联系,正如德国诗人海涅在其《论浪漫派》中所言:"它不是别的,就是中世纪文艺的复活,这种文艺表现在中世纪的短歌、绘画和建筑物里,表现在艺术和生活之中。这种文艺来自基督教,它是一朵从基督的鲜血里萌生出来的苦难之花。"② 德国浪漫派主要代表是诺伐里斯(1772—1801)、史雷格尔兄弟(奥古斯特·史雷格尔,1767—1845;弗里德里希·史雷格尔,1772—1829)和霍夫曼(1776—1822)等人。他们的特点是用诗的语言来阐述人生哲理,以及形而上学意义上的绝对与无限。这种由"形而上学地抒情"而产生的"形而上学之诗"就构成了以"诗化哲学"为特色的德国浪漫美学传统,其结果是将诗歌中对个体的形象刻画变为对超个体的抽象思辨,使诗学富有神性,神学充满诗意。对此,诺伐里斯曾自我表白说:"诗人和教士最初是一体的,

---

① 柳鸣九主编:《法国文学史·中册》,人民文学出版社1981年版,第98页。
② [德]亨利希·海涅:《论浪漫派》,张玉书译,第5页。

只是后来的时代才把他们分开了。但真正的诗人却永远是教士，正如真正的教士永远是诗人一样"①，这样而达至其文学创作不离基督教信仰之目的。德国浪漫派的代表作有诺伐里斯的诗集《夜的颂歌》和霍夫曼的小说集《谢拉皮翁兄弟》等。他们虽然因现实社会政治的黑暗而逃向"中世纪的月光朦胧的魔夜"，但仍是"立意在反抗，指归在动作"，所以"在从古堡和修道院中取出的封建酒浆里掺兑了不少滴资产阶级启蒙主义的清醒的水"②。而且，他们在其文学创作中所体现的基督教精神和形而上学探究，对于形成德国近现代哲学和文学中的思辨传统也起过极为重要的作用。

意大利浪漫主义文学亦较深地受到基督教思想的影响。其代表人物佩利科（1789—1854）的悲剧《利米尼的弗朗西斯科》和自传作品《我的囚徒生活》，以及曼佐尼（1785—1873）的组诗《圣歌》和小说《约婚夫妇》等都宣扬基督教的温顺与宽容，主张靠基督教的道德力量和博爱精神来培养人的高尚情操和社会共融，达到人的自我完善，以便能顺应天意，摆脱人生的迷津和绝境。

2. 英国"湖畔诗人"与基督教

英国在近代欧洲浪漫主义思潮的发展中颇为典型且极有特色。在18—19世纪之交，英国文坛上崛起了一个以消极浪漫主义为特色的诗人群体，他们以华兹华斯、柯勒律治和骚塞为核心。这三位诗人因曾长时期居住在英国北部湖泊很多的幽僻地区，故被称为"湖畔诗人"（the Lake poets，亦译"湖畔派"）。

英国"湖畔诗人"在政治理论和文艺美学观点上倾向于18世纪的基督教非理性主义，他们面对近代资本主义社会的发展而很不满意，说其让他们回到了"黑暗的梦境"，故而要对之"无视""回避"或"超越"。这种"回避"使他们希望远离喧嚣的社会而归入自然，宁愿躲在穷乡僻

---

① ［德］亨利希·海涅：《论浪漫派》，张玉书译，人民文学出版社1988年版，第7—8页。

② 同上。

坏去欣赏自然风光,也不要面对惨烈的社会争斗;而他们的"超越"则是在基督教信仰中逃离现实,寻找一种灵性的慰藉。这种排拒现实社会的可能选择,就是倒退到中世纪的生活,把过去加以美化和诗化。

华兹华斯(William Wordsworth,1770—1850)是创立"湖畔派"的关键人物,他于1843年曾得到宫廷桂冠诗人的称号,故而社会影响较大,其主要作品包括《麦克尔》《丁登寺》《我们是七个》《西蒙·李》《痴儿》《山楂树》《康伯兰的老乞丐》《我像一片游云》《孤独的割麦女》《不朽的征兆》和《序曲》(亦译《诗人心灵的发展》)等。他对社会邪恶直言不讳,在其长诗《犯罪与愁苦》中就曾谴责这个世界是坏的,认为它的法律是残酷的,流露出其不满和抱怨。但这种批评并不是现实主义的宣战,而乃忍辱负重、安于现实的退缩。因此,华兹华斯的作品会给人一种灰暗之感,他更多强调的是人自己的恶感和负罪感,其眼中的自然景观故而难觅清秀、罕见晴朗,多是"如血的残阳""死寂的月光""没有人迹的荒地""寥寥无几的牧草"之悲哀、惨烈,让人失落而难受。不过,他也相信人类的命运终究会得到改变,在其长诗《序曲》中也曾激动地写道,"我相信这样的穷途落魄在不久的将来会从此绝迹,我相信我们行见慈母大地将从心所欲来补报这谦顺穷困、刻苦耐劳的孩子",似乎给人带来一线希望。然而,他并不认为这种愿景的实现是通过现实努力和社会革命就可以带来的,而把其实现的希望放在那种颇具神秘主义的"天意"上,由此而使心灵感到"更加清幽",可以"把眼前的景物一直挂上宁静的高天"(王佐良译《丁登寺》中诗句)。这种宗教意识,在其《教会十四行诗集》等作品中也都得到了充分的表现。这里,华兹华斯追求着一种超验主义的解脱,认为以这种境界来面对大自然和大千世界,就能找到"最纯洁的思想的支撑",从而会有"足够的力量"来"使人沉静而服帖"[①]。

柯勒律治(Samuel Coleridge,1772—1834)在近代基督教思想史上

[①] 以上参见刘意青、陈大明编著《欧洲文学简史》,第326页。

可以说乃独树一帜。他作为诗人兼散文作家，在英国浪漫主义文学思潮的诸代表中是唯一可以被视为神学家的人物，故此方有"浪漫派神学"之说，而且他还是基督教非理性主义神学在英国文学界的最主要代表。他于1795年结识华兹华斯，1798年与之合写的诗集《抒情歌谣集》出版。此外，他还留有许多脍炙人口的作品，如《平信徒布道》《文学传记》（亦译《文学生涯》）等；尤其是他的诗作如《无墓的墓志铭》《宗教的沉思》《古舟子吟》《忽必烈汗》《克丽斯塔伯尔》等；此外，他的"交谈诗"（亦称"友情诗"）如《伊俄勒斯之琴》《这个菩提树的荫棚》《霜夜》《沮丧》和《致华兹华斯》等风格独特、充满创意，"可与华兹华斯的《丁登寺》媲美"①。而其《文学传记》也被视为现代文学批评的源头之一。但柯勒律治的作品更多的是体现出基督教信仰的意向。那么，诗歌与宗教究竟是什么关系呢？他认为，诗的使命就在于维持人与"造物主"之间的联系，所见的人间世界其实乃超自然来世之"不完全反映"。这样，就有了"诗歌神授"之见，而诗人因为是神人之间的媒介则乃圣者，能凭借来自上苍的灵感去"瞻视往古，远看未来"。因此，柯勒律治更多地倾向"描写超自然的人与事"，志在表达基督教的信仰用意。他宣称诗作的想象力就来自《圣经》所体现的希伯来文明和基督教传统："热切而沉思的想象力之伟大的储藏室，要数《圣经》与弥尔顿作品中那些预言性与抒情的部分"；他之所以选择这些作家为楷模而没有选择那些古希腊罗马的作家，就是"因后者的异教信仰，把自然予以人化神化了，至于诗人的心智，不能不受束缚于固定的形式，而希伯来人由于拒绝偶像崇拜，免去了这种桎梏。我们的伟大的史诗家弥尔顿，也同样憎恶偶像崇拜……无论他的表面是如何深厚地被古典文学所熏陶，他的内心是希伯来式的，他的一切作为都朝向雄伟。"②柯勒律治还从"第一位的想象力"上谈到了人类创造行为中

---

① 以上参见刘意青、陈大明编著《欧洲文学简史》，第327页。
② 以上参见卓新平《基督宗教与欧洲浪漫主义（下）》，《国外社会科学》2003年第6期。

神圣行为的参与,把上帝无限的、永恒的创造活动与有限的个人心灵关联、结合起来。为了表现这种上帝与世人、超自然与自然、宗教与人生的关联关系,柯勒律治在《古舟子咏》中刻画了犯罪的老船夫从其罪与罚的经历中所窥见的生存"奥秘",所表现的认罪和忏悔不休,以及所接触到的神秘莫测之"超自然"主宰。这样,"《古舟子咏》象征意义十分丰富,在道德、宗教、艺术、心理等方面引出众多评论。它从结构上为浪漫哲学中的迂回史观提供了例证,也体现了纯真—罪孽—救赎这个宗教模式。诗中有关万物共有同一的生命或天人一体的说教符合诗人一贯的泛神思维"[①]。在近代基督教神秘主义的表述中,其关涉自然之论的确往往会让人具有泛神论或万有在神论的种种联想。

骚塞(Robert Southey, 1774—1843)也是当时英国的桂冠诗人,他的创作亦有着消极浪漫主义的意趣,如其在咏史之作《耶路撒冷的毁灭》和《西班牙无敌舰队》中,就凸显出人类命运取决于"天意"和"超自然"之主宰这种基督教信仰观念。此外,他创作的长诗《贞德》也明显表露出对中世纪社会的怀旧之情,表达出一种复古的保守意向。骚塞的诗歌《审判的幻象》《破坏者塔拉巴》《梅多克》《喀哈玛的诅咒》和《最后的哥特人洛德力克》等,都有基督教思想的消极浪漫主义情绪之宣泄。所以说,18世纪基督教思想中的非理性主义和神秘主义对"湖畔诗人"的诞生及其发展起了巨大的催化作用,并使其作品获得了"磨难中的坚忍""失意中的逍遥""纷乱中的幽静""愁惨中的微笑""不幸中的超然"和"痛苦中的极乐""这种人间绝唱的独有魅力"[②]。

(三)德国近代文学与基督教

德国自马丁·路德宗教改革以来开始其近代发展,其文学亦以德语创作为主。以莱辛、赫尔德、歌德和席勒等人为代表的德国古典主义文学,曾兴起了"狂飙突进"(Sturm und Drang)运动。随之接踵而至的

[①] 刘意青、陈大明编著:《欧洲文学简史》,第328页。
[②] 参见卓新平《基督宗教与欧洲浪漫主义(下)》,《国外社会科学》2003年第6期。

则是德国浪漫派文化的发展,但其主流更多体现为一种消极浪漫主义的倾向,而没有继承"狂飙突进"运动的积极姿态。其主要代表包括诺伐里斯、史雷格尔兄弟(奥古斯特·史雷格尔、弗里德里希·史雷格尔)和蒂克等人。不过,在歌德晚年的思想中已经出现了德国积极浪漫主义的发展迹象。而在德国浪漫主义文学发展的后期也产生了荷尔德林(Johann Christian Friedrich Hölderlin, 1770—1843)和海涅等积极浪漫主义作家,由此而推动了其近代文学向现实主义文学的转型发展。

1. 德国古典主义文学与基督教

受英国清教革命和随后出现的启蒙运动影响,德国在18世纪也开始形成启蒙运动的发展,这与德国古典主义文学的蔚为大观有着直接的关联。从高特舍特(1700—1766)、克洛卜施托克(1724—1803)到莱辛,在其文学创作中对基督教信仰则开始有了一种具有启蒙色彩的理解。

莱辛(Gotthold Ephraim Lessing, 1729—1781)被称为德国戏剧第一人,出生在一个基督教牧师家庭,早年曾在莱比锡大学专攻神学,后来才改读医学,但更多精力却投向了对文学、艺术、哲学、宗教的研究。他一生著述范围广、作品多,涉及剧本、诗歌、寓言、政治、教育、美学、宗教、评论等领域,包括《历史与戏剧丛刊》《戏剧文库》《汉堡剧评》《拉奥孔,或论画与诗的界限》《人类的教育》《年轻的学者》《犹太人》《无神论者》《萨拉·萨姆逊小姐》《明娜·冯·巴尔赫姆,或军人之福》《爱米丽雅·迦洛蒂》《智者纳旦》等著作,在不少方面都起了开创作用。从纵向发展上,莱辛从启蒙意义上阐述了人类教育的发展与基督教信仰的关联,指出人类教育的发展与上帝对人的启示密切有关,认为原初阶段其实上帝已经给人类始祖一种一神的观念,但因始祖堕落而使人走向多神信仰及偶像崇拜,故而结束了这一原初阶段;在第二阶段上帝选择了古代希伯来民族,其认知属于人类的幼年时期,因此所受的教育乃幼儿教育,天父、圣子等观念正好适应这一阶段的教育,由此延续了一千七百余年,而《圣经新约》乃是这一阶段的理想教材;但现在已经进入人类理性发展的阶段,人也需要有新的启蒙教育，以便能够在这新的永恒福音阶段获得更好的发展。这样，莱辛以形象的文学表达形式来歌颂启蒙，解释人类过往的发展及其宗教信仰。从横向比较上，莱辛也倡导宗教宽容和平等对待，其《智者纳旦》之作所论"三只戒指"的意义，同样是喻指犹太教、伊斯兰教和基督教之间的平等关系，从而与薄伽丘在《十日谈》中关于"三只戒指"之喻乃有着异曲同工之效。

赫尔德（Johann Gottfried von Herder，1744—1803）的家乡当时曾充满强烈的虔敬主义的新教气氛，他自己早年亦学过神学和哲学，当过康德的学生，1770年与歌德相识，1771年当过新教路德宗的宫廷牧师，1775年担任其教区总监，著有《论德国近代文学片断》《批评之林》《论语言的起源》《莪相和古代民族的民歌》《莎士比亚》《民歌集》《爱情诗集》《中世纪英国诗歌与德意志诗歌的相似性》《论希伯来诗歌的精神》《论神，对话数篇》《关于人类教育的另一种历史哲学》《关于人类历史哲学的思想》和《有关促进人性的书简》（《改进人道的信札》）等作品。他是"狂飙突进"运动中的核心人物，虽然曾批驳了语言出自上帝之说，对基督教传统观念持有异议，如反对中世纪将基督教政治化、体制化之举，其思想却仍然处于一种介乎启示与启蒙之间的复杂状况之中，认为基督教等宗教乃是地球上最为古老而神圣的传统，而人道作为人类本性发展的最终目标也是朝向上帝来不断发展；他明确分开作为"神子"的"耶稣基督"和作为"人子"的"耶稣"，认为"耶稣"乃以其神格的"人化"而表明了一种更具亲和力、情感性，更有理性魅力的存在，而通过耶稣之"人性"亦可使基督教神学成为一种"自由的科学"，使人道得以体现其神圣意义；这样，他的创作就是试图以经验来证明启示真理的意义，说明上帝是贯穿于一切事物之中的最高级、最生动活泼的存在，从而希望能对基督教信仰加以一种人文主义的解释。

歌德（Johann Wolfgang von Goethe，1749—1832）被视为西方文学史上最伟大的文豪之一，曾为"狂飙突进"运动的主角，其著作包括《少年维特之烦恼》《五月之歌》《欢迎与离别》《铁手骑士葛兹》《哀格蒙特》《伊菲格涅亚在陶里斯》《托夸多·塔索》《威廉·迈斯特》《赫尔曼和窦绿苔》《西东合集》《诗与真》《意大利游记》《亲和力》《浮士德》等。

《浮士德》(Faust)诗剧是歌德的代表著作。他对这一诗体悲剧的构思有60年之久,从1768年开始构思创作,经过四易其稿才最终完成这部由诗体韵文写就的、长有一万二千多行的不朽之作,于1832年首次出版。因此,《浮士德》被视为歌德的毕生代表作品。这部享誉世界文坛的巨作已被译成多种文字,其中汉文所译,可以郭沫若、周学普和董问樵等人的译本为代表。

"浮士德"是16世纪德国民间传说中的神秘人物。根据宗教改革家马丁·路德和梅兰希顿等人的记述,浮士德在15世纪之历史上确有其人,他1480年出生于德国维滕贝格的克尼特林根,于1540年前后在布莱斯高自杀身亡。传说他是海德堡的博士,通晓天文地理,曾在克拉科夫研习过魔术,在其流浪生涯中自称为容克贵族、召魂者、星象家、预言家、赐福的魔法师、炼金术家、手相术者、气象占卜人、火灾占卜人和治病的巫师等,并且自夸能恢复柏拉图和亚里士多德著述的文字、再现耶稣基督的奇迹,以及满足人们的任何愿望。还传说浮士德曾与魔鬼订约,把肉体和灵魂卖给魔鬼,而魔鬼则答应为他服务24年,以满足他的一切愿望。这样,他和魔鬼曾上天入地,纵论天文地理,享受人生欢乐。此后,在欧洲各地便有了关于浮士德的种种传说,其中最早流行的是1587年在德国法兰克福由约翰·施皮斯出版的《浮士德博士的生平》,以及英国剧作家马娄1588年创作的《浮士德博士之悲剧》等作品。人们利用这一传说来表达自己对宗教的理解和对宇宙奥秘的探索,表露自己渴求知识的愿望。歌德正是以"浮士德"这一民间流传的题材之名而写出其传世杰作。

歌德在其《浮士德》悲剧中描述了浮士德一生发展的过程,以众多的画面展现出浮士德所经历的知识悲剧、爱情悲剧、政治悲剧、美感悲剧和事业悲剧这五个阶段,并特别突出浮士德用自己的血和魔鬼订约、出卖灵魂给魔鬼,以换得自己在人世间的权利、知识和享乐这一思想主题，从而体现出作者反对传统宗教迷信、推崇知识和创新的时代精神。但是，在《浮士德》全剧的形式、布局和构思上，歌德却不同程度地受到过基督教的启发，故此《浮士德》也被视为基督教文学名篇。

首先，歌德在写作代表《浮士德》全剧总纲的"天上序幕"时，曾模仿了《旧约圣经·约伯记》的形式。全剧以三位大天使的降临而开始其宏论阔谈，从太阳讲到大地，从风雨雷电论及芸芸众生，并以天使的歌唱而引出上帝与魔鬼的对白。他在剧中用上帝来代表"善"的形象，用魔鬼靡非斯陀来代表"恶"的形象，而以浮士德来代表那无限追求、永不满足的"世人"形象。

其次，在塑造浮士德这一艺术形象时，歌德也从基督教中得到过启迪。例如，他曾借浮士德之手而改译《新约·约翰福音》的篇首之句，描述浮士德感觉"道"（言）与"意"都不能达到行动之作为，故而将其反映希腊理性精神的"太初有道"变为表达新兴资产阶级大胆革新、敢作敢为之时代精神的"太初有为"，以此歌颂欧洲"狂飙突进"运动所提倡的积极进取之人生态度。

最后，在《浮士德》全剧结尾处，歌德更是靠基督教《圣经》中的图景和意象来表达其诗意境界，为浮士德灵魂得救升天这一场面加以必要的烘托和渲染。在此，歌德插入了《圣经》中的许多人物、故事和场景。在《歌德谈话录》中，曾记述了歌德自己对怎样会达到这种"奇幻难形笔楮，焕然竟成文章"之巨大成功的表白："得救的灵魂升天这个结局是很难处理的。碰上这种超自然的事情，我头脑里连一点儿影子都没有。除非借助于基督教一些轮廓鲜明的图景和意象，来使我的诗意获得适当的、结实的具体形式，我就不免容易陷到一片迷茫里去了。"①《浮士德》通篇都是借"浮士德"这个人物来表示"信仰得救"之意蕴，歌德描述上帝让浮士德在获救之前得到历练，相信"一个善

---

① ［德］爱克曼辑录：《歌德谈话录》，朱光潜译，人民文学出版社1987年版，第244页。

人即使在黑暗的冲动中也一定会意识到坦坦正途",因此,"浮士德身上有一种活力,使他日益高尚化和纯洁化,到临死,他就获得了上帝永恒之爱的拯救。这完全符合我们的宗教观念,因为根据这种宗教观念,他们单靠自己的努力还不能沐神福,还要加上神的恩宠才行"[①]。

席勒(Johann Christoph Friedrich Schiller,1759—1805)著有《强盗》《斐爱斯柯在热那亚的谋叛》《阴谋与爱情》《唐·卡洛斯》《欢乐颂》《论人类的审美教育书简》《论普通的诗和感伤的诗》《华伦斯坦三部曲》《玛丽亚·斯图亚特》《奥尔良的姑娘》《墨西拿的新娘》《威廉·退尔》等作品,其基督教意趣在于探究"全能的神"与"完整的人"之关系;他在其文学作品中所塑造的形象,就是旨在说明什么才是"完整的人"、怎样成为"完整的人",而这种形成与"全能的神"又是什么关系等问题。在他对上帝的理解中,他反对那种从"现实""真理"层面对神的界说,而认为只能在"审美假象"领域来解释那种自由和审美之神;上帝即一种"审美对象",是人自己把至高无上、极为神圣的东西之理念带入了自身之中,故此上帝乃人之思想的产物,是人自己想象和创造的绝对完善、超越时空的表象,如在古希腊罗马那些人格化的诸神中实质上所看到的恰好是人自己的本有人格。不过,这种假象的上帝作为至高无上、至善至美之神却也让人意识到自己的渺小和微不足道,故而需要按照这种神明形象来升华自我,使人也具有智慧、正义、崇高和神圣;于是,审美之神遂成为道德之神,虚幻的宗教也就成为伦理的宗教,上帝的观念及崇拜在这里就会起到提升人的道德境界之作用,对上帝的崇拜即对其神圣性的崇拜,人不断努力向这种神性靠拢,就能成为"完整的人",也就随之体悟到"全能的神"之作用。所以,宗教信仰就是一种审美之维,一种对尽善尽美的追求,由此让人不断美化、升华。

---

① [德]爱克曼辑录:《歌德谈话录》,朱光潜译,人民文学出版社1987年版,第244页。

2. 德国浪漫主义文学与基督教

在随后出现的德国浪漫派文学发展中,其志趣却表现出了一种逆反。"面对德国古典作家的辉煌成就,德国浪漫派则一味鼓吹神秘化、无理性、天主教的虔诚、中世纪的奇迹、对现实的回避、向幻境的逃遁、夜的朦胧状态的沉湎"①,这种悲观、沉闷、失意、放弃的格调形成与德国古典作家和启蒙学者的鲜明对照,但其中也仍然保留着其深沉、深刻之处。

诺伐里斯(Novalis,原名冯·哈尔登贝尔格 Friedrich von Hardenberg,1772—1801)虽英年早逝却影响颇大,著有《夜的颂歌》《亨利希·冯·奥夫特尔丁根》以及大量格言式随笔,属于德国浪漫主义文学耶拿派的重要代表。他认为人类可以通过诗歌而把握超验与神秘的东西,能够在人与自然万物中体悟上帝的存在:"草木和石头上闪烁着上帝的形象","人类和动物中隐藏着上帝的精神","一在一切之中而一切在一之中"②。

属于耶拿派的作家还有奥古斯特·史雷格尔(August Wilhelm Schlegel,1767—1845)和弗里德里希·史雷格尔(Friedrich Schlegel,1772—1829)兄弟,他们两人共同创办了《雅典女神殿》杂志(1798—1800),奥·史雷格尔著有讲演录《论美的文学和艺术》,弗·史雷格尔则著有随笔《断片》等作品。蒂克(Ludwig Tieck,1773—1853)也是耶拿派的代表,著有《维廉·洛弗尔先生的故事》《法朗茨·斯特恩巴尔特的游历》《穿靴子的公猫》《圣格奴维娃的生与死》和《屋大维皇帝》等。1799 年蒂克将其作品汇集为《浪漫的文学作品》出版,特别突出其"浪漫"之主题。他们创作的一大特点,就是强调基督教信仰观念,且更多倾向于天主教文化,所以才会以一种对待现实的遁世态度而主张回到中世纪,对中世纪社会加以田园诗般的美化,却认为当下"这个世界的意义早已丧失,上帝的精神得以理解的

---

① [德]亨利希·海涅:《论浪漫派》,张玉书译,第 4 页。
② 参见梁工主编《基督教文学》,宗教文化出版社 2001 年版,第 214 页。

时代已一去不复返"①。

德国消极浪漫派的后期发展，则为一批作家在海德堡创办刊物而形成的海德堡派。其代表人物阿尔尼姆（Ludwig Joachim von Arnim, 1781—1831）著有《埃及的伊莎贝拉》《拉托诺要塞发疯的残疾人》，以及与布仑塔诺（Clemens Brentano, 1778—1842）合著的《儿童的神奇号角》等。布仑塔诺也著有《罗累莱》《哥德维》《布拉格的创立》和《忠实的卡斯帕尔和美丽的安耐尔》等作品。此外，属于海德堡派的还有《格林童话》的编辑者格林兄弟（雅科布·格林 Jacob Grimm, 1785—1863；威廉·格林 Wilhelm Grimm, 1786—1859）。属于这一派的作家还包括克莱斯特（Heinrich von Kleist, 1777—1811），著有《德国和革命》《信仰和知识》《欧洲与革命》和《基督神秘主义》等，还编有《莱茵信使报》。1809年阿尔尼姆和布仑塔诺到柏林组织起"基督教德国聚餐会"，形成其晚期的柏林浪漫派。他们还发掘和整理了德国民间文学遗产，促进了民族性文学艺术的发展，有力推动了近代德国文学的不断成熟和逐步完善。

如前所述，德国浪漫主义文学中也有积极浪漫主义的产生和发展。歌德晚年的作品如《浮士德》等就是古典主义与积极浪漫主义的有机结合。此外，荷尔德林（Johann Christian Friedrich Höldrlin, 1770—1843）和海涅（Heinrich Heine, 1797—1856）都是德国积极浪漫主义文学的代表，而他们同样也都表达出基督教文学的意向及特性。荷尔德林早年就读过图宾根大学神学院，著有《许佩里翁，或希腊的隐士》《恩培多克勒斯之死》《漫游者》《归乡》《面包和葡萄酒》《爱琴海群岛》《自由颂歌》《人类颂歌》《致德国人》《祖国赞歌》等。他的诗歌对人生、神人关系等都有很多思考，如其《归乡》中就充分表达了对神的敬重，"该诗中的神'纯洁、快乐'，并且还'乐于赠予生命，/创造欢乐'"；而且"诗中的神有各种称呼，如'上帝''造物主''神

---

① 参见梁工主编《基督教文学》，宗教文化出版社2001年版，第214页。

灵''天父''天神',给人丰富的联想"①。他把神圣之爱视为人之生存的根基,并以这种信仰而浪漫地问答:"神莫测而不可知?/神如苍天彰明较著?/我宁可信奉后者。/神本是人之尺规。/充满才德的人类,/诗意地栖居于这片大地。"② 这种形而上意喻的神性理解及人之呼应引起了海德格尔的极大兴趣,海德格尔把荷尔德林作为其诗与思之对话的原因,曾说,"我的思想和荷尔德林的诗处于一种非此不可的关系"③,以能揭示诗的本质。很明显,荷尔德林突出了诗与思的理想关联,其思考中既有"神性"的超越,又有"人性"的回归,这种"返乡""归宿"的意向,启发了相信有上帝救渡的海德格尔"诗意地栖居"之主题。

海涅有其犹太文化背景,对基督教保持有相对的距离,他著有《歌集》《悲剧——抒情插曲》《还乡集》《旅行记》《新春集》《论德国宗教和哲学的历史》《论浪漫派》《阿塔·特罗尔,一个仲夏夜的梦》《新诗集》《德国,一个冬天的童话》《罗曼采罗》《1853至1854诗集》《自白》《回忆录》和《卢台奇亚》等作品,他对消极浪漫派展开了尖锐的批评,"用鞭笞答谢了老师",以使其梦境破灭,正视现实。所以,海涅与德国浪漫派的关系颇有"山内山外"皆关联之复杂,他自称是"浪漫主义派最后的幻想之王","却又用响亮的声音嘲笑浪漫主义"(梅林的评语),结果使浪漫主义在现实世界上再无容身之地。海涅对德国浪漫主义的研究评价,也使他为之画上了一个句号。

(四)东欧近代文学与基督教

1. 陀思妥耶夫斯基的宗教小说

俄国作家陀思妥耶夫斯基(Fjodor Mikhailovich Dostojevskij,

---

① 参见刘意青、陈大明编著《欧洲文学简史》,第380页。
② 参见梁工主编《基督教文学》,宗教文化出版社2001年版,第213页。
③ [德]海德格尔:《只还有一个上帝能救渡我们》,《外国哲学资料》第五辑,商务印书馆1980年版,第183页。

1821—1881）被20世纪基督教危机神学思潮视为其思想先驱之一。他在19世纪下半叶欧洲从自由资本主义走向垄断资本主义和帝国主义的发展过程及自身的坎坷经历中，看到了西方世界的危机，因而在其文学创作中对其社会罪恶进行了深刻的揭露和批判，向人们提出了警告和劝诫。但他对现实生活完全持悲观绝望的态度，思想上笼罩着宗教感伤主义，因而也只能从传统基督教的观念出发来苦苦求索，让世人最终做出"涤除罪恶，服从命运"的选择。这些思想表述在他一生所写的大量宗教小说之中，因此，他也被现代基督教思想家们称为洞观未来的"先知作家"。

当陀思妥耶夫斯基1846年发表其小说《穷人》时，他曾有过空想社会主义的激情，但其被监禁和险遭死刑的经历让他感悟到"生命是一个礼物"。在其1861年发表的题为《被欺凌与被侮辱的》长篇小说中，陀思妥耶夫斯基借助小说女主人公娜塔莎、涅莉等形象来宣扬基督教受苦受难的精神，劝导人们要从苦难中体验幸福，并以苦难来净化一切。这部小说奠定了他以宗教说教为主旨的小说创作的基础，从此形成了其文学作品中的基督教特色。他1861年还发表了《死屋手记》，1864年发表了《地下室手记》。1866年他的《罪与罚》出版，一时轰动俄国文坛。这部小说以社会犯罪及由此引起的道德后果为题来展开其心理描述和宗教伦理的说教，通过小说主人公穷大学生拉斯科尔尼科夫被自己的犯罪行为所震慑，以及作为其犯罪理论的"超人"哲学之破产，来说明不能靠暴力消除社会邪恶与不平，指出以恶抗恶使人无法逃避内心的惩罚，其结果在毁灭他人的同时也必然会毁灭自身。这一"罪与罚"的主旨，正是基督教对人世说教的核心所在。

此后不久，他又创作了具有宗教寓意的长篇小说《白痴》和《群魔》。《白痴》借主人公梅什金公爵的形象来从正面歌颂基督教的理想人格，号召人们善良、宽容、相互信任和尊重，做"正面的、美好的人"，企图以基督教的信仰和仁爱来唤醒人的良心，避免世人因幻想破灭而自甘沉沦。《群魔》借用1871年无政府主义者涅恰耶夫谋杀案的材料从反面来揭露人性的腐败与邪恶，把人性中阴暗的、兽性的本质加以夸大和渲染，借此劝人认罪忏悔，靠皈依宗教而求得救赎。

陀思妥耶夫斯基的最后一部长篇小说《卡拉马佐夫兄弟》同样是宣扬基督教信仰的宗教文学作品。他以《新约·约翰福音》中"我实实在在地告诉你们：一粒麦子不落在地里死了，仍旧是一粒；若是死了，就结出许多子粒来"这段话作为其卷首题词，围绕旧俄外省地主卡拉马佐夫一家父子、兄弟间因金钱和情欲引起的矛盾冲突，而展示其有关社会、家庭、道德和人性的悲剧主题。书中探索了爱与憎、善与恶之间关系的复杂性及其所蕴含的哲理，剖析了众多社会伦理道德问题，用基督教教义来阐述人生的意义和出路，论证上帝的存在及仁爱、宽恕精神的高尚。此外，这部小说善用心理分析刻画人的内心世界及精神面貌，其对人性的戏剧性冲突之勾勒，曾产生过强烈的艺术感染力和巨大的社会影响。

陀思妥耶夫斯基的主要著作多为宗教小说，其中且直接引用了基督教中的许多神学思想和《圣经》话语。他想在灰暗的现实中从基督教有关顺从、忍耐、仁爱、牺牲的教义中寻找出路，通过其小说所塑造的典型形象而让人们在罪恶的世界中达到灵魂的净化和精神的解脱。俄罗斯现代思想家、宗教哲学家别尔嘉耶夫在评论《卡拉马佐夫兄弟》中"宗教大法官的传说"时曾经指出，这"是陀思妥耶夫斯基创作的顶峰，是他的思想辩证法的桂冠。应该在其中来寻找陀思妥耶夫斯基正面的宗教世界观。这里集中了所有的线索，并解决一个主要主题，人类精神自由的主题。这一主题在《传说》中被隐性地探讨着。令人惊异的是，这一对基督从未有过的有力的赞美的《传说》却是通过无神论者伊凡·卡拉马佐夫之口讲述的。《传说》是一个谜。无论是从讲述《传说》者一方，还是从作者本人一方讲，依然有许多未完全明了的东西。……光明在黑暗中闪亮，在造反的无神论者伊凡·卡拉马佐夫的灵魂深处谱写了一曲基督的颂歌"[①]。

[①] 齐宏伟编：《欧美文学与基督教文化》，辽宁教育出版社2009年版，第206—207页。

2. 托尔斯泰的作品与基督教

俄罗斯文学大师列夫·托尔斯泰（Leo Nikolajewitsch Tolstoj, 1828—1910）与基督教的关系是极为复杂的，他曾在《忏悔录》(1879—1880)、《教条神学研究》(1879—1880)、《我的信仰是什么?》(1882—1884)，以及《教会和政府》(1885—1886) 等作品中揭露和抨击俄国官方东正教会是"有产者政权"的婢女。曾因长篇小说《复活》(1889—1899) 的发表而被指责为反对上帝，不信来世，又于1901年被俄国东正教至圣宗教院革除教籍。然而，若仔细探究其心灵发展的线索和其小说所推崇的理想，就不难看出托尔斯泰从思想到创作都深深受到基督教的影响，体现出一种鲜明的基督教人道主义精神。托尔斯泰是一个富有宗教灵性的作家，生性敏感多虑，曾有过"阿尔扎马斯的恐怖"之奇特经历，即他于1869年9月因事外出夜宿阿尔扎马斯旅馆时，突然感到一种从未有过的忧愁和恐怖，这一经历对于他此后对宗教产生浓厚兴趣起过非常直接的作用。为了弄清人生的意义和目的，以及如何对待死亡等问题，他曾四处走访神父、主教和隐修士，潜心钻研宗教书籍。因此，在他的众多文学作品和论文中，都表露过他对宗教的理解和期望，反映出他本人的宗教情感和心态。

应该承认，托尔斯泰早期的作品并无明显或直接的基督教思想倾向，就是在其史诗般的长篇巨著《战争与和平》中，也仅仅流露出一些主张逆来顺从、不与邪恶抗争的宗教情绪。但从其反映现实生活题材的长篇小说《安娜·卡列尼娜》开始，托尔斯泰作品中的宗教意识逐渐明朗，其后的创作遂展示出他从悲观失望、怀疑人生意义而走向在宗教信仰中寻求精神归宿的心灵历程。在《我的信仰是什么?》《天国在您心中》(1890—1893) 等作品中，托尔斯泰一方面表明自己反对官方东正教会的态度，另一方面则宣传他的新的基督教世界观，即主张用基督教的博爱和自我修身来对待社会邪恶。他反对采取暴力斗争的方式，却希望能从宗教伦理所倡导的为善、宽恕及人道主义中找到解决社会矛盾的办法。在其《黑暗的势力》(1886) 和《光在黑暗中发亮》(1911) 等剧作中，他进一步宣扬其不用暴力抗恶而靠宗教拯救灵魂的说教。其中短篇小说《柯尔涅依·瓦西里耶夫》（1905）乃陈述其用博爱和宽恕来摆脱邪恶的基督教人道主义观念，而《魔鬼》（1911）、《舞会之后》（1911）和《谢尔基神父》（1912）的主旨则是强调宗教禁欲主义和灵性觉悟，反对世俗社会中性爱和情欲的极端倾向。此外，他所撰写的《民间故事》（1881—1886）等也充满着宗教伦理的说教和对俄国农民宗法制古风遗习的美化，这类小说1907年被德国人叶道胜译成中文时因而曾冠以《托氏宗教小说》之名。

在其晚年最有成就的长篇小说《复活》中，托尔斯泰最集中、最明显地展现了其作品的基督教思想特色。不仅《复活》这一书名本身表达了基督教反复阐述的拯救、复活、升华之神学教义，而且，他在全书开头还引用《新约圣经》福音书中的四段话来作为题词，以便说明自己的创作意图和所要达到的目的，宣扬基督教宽恕、自责、忍让、谦卑的伦理精神。小说的女主人公卡秋莎·玛斯洛娃最后被男主人公贵族青年聂赫留道夫良心忏悔和立意赎罪的决心所感动，靠"宽恕"精神而达到了自身灵魂的"复活"，而聂赫留道夫也在基督教福音书中找到了救己救人的良方。这部使人屏息凝神、感叹不已的小说，虽曾一度被指责为违背传统宗教信仰之作，实际上却透彻地表述了托尔斯泰所推崇的罪人靠自我忏悔而得救、受害者靠宽恕他人而升华的基督教人道主义之理想。《新约圣经》的福音书对托尔斯泰有着巨大的影响，由此而使他有着"对神不改变绝对理想的一份深沉的尊重"；而且，他还按照这一理想去身体力行，"托尔斯泰在'福音书'中所遇见的道德理想，如同火焰般地吸引着他，后来因为他达不到这些理想的失败，至终吞噬了他。正如'重洗派'一样，托尔斯泰竭力要按照字面来遵守'登山宝训'，……比如，当他读到耶稣命令财主舍弃一切，托尔斯泰就决定把所有的奴隶都释放，放弃他的版权，并把他大笔的财产分送给人，他穿上农民的衣服，穿上自己做的鞋子，在田里做工"[①]。托尔斯泰力争在这种信仰践行上达到完美，但现实的诱惑也使他屡屡失败，加之他与俄

[①] 齐宏伟编：《欧美文学与基督教文化》，辽宁教育出版社2009年版，第223页。

罗斯东正教会的矛盾冲突，使他毕生实际上却是"一个深深不快乐的人"。

纵观托尔斯泰的晚期作品，可以清楚地看出其创作中既矛盾又相联系的两种典型倾向：一方面，他无情揭露、批判现实社会的各种罪恶现象，发展出当时俄国"最清醒的现实主义"；另一方面，他则竭力宣扬"良心""博爱"之说，提倡"勿以暴力抗恶"，而以"宽恕""自我修养"来救人救世，形成其主观唯善的"基督教人道主义"。

3. 显克微支的作品与基督教

显克微支（Henryk Sienkiewicz, 1846—1916, 亦译"显克维奇"）是波兰著名的批判现实主义作家，著有《徒劳无益》《沃尔瓦皮包里的幽默作品》《老仆人》《哈妮娅》《旅美书简》《火与剑》《洪流》《伏沃迪约夫斯基先生》《你往何处去》《十字军骑士》等。其中以《你往何处去》最为著名，使他享有国际声誉。这是他于1896年发表的长篇历史小说。此书的标题原为拉丁文"Quo vadis"（意即"你往何处去"），引自《新约·约翰福音》第13章第36节中耶稣与其门徒告别时彼得所问："主啊，你往何处去？"而且，整部小说都以《新约圣经》所展开的历史为背景，描写了古罗马暴君尼禄时期的罗马社会各阶层的生活和早期基督教徒受难殉道的故事，并着重讲述了使徒彼得在罗马传道和殉教的曲折经历。

《你往何处去》全书包括两条线索：一条是以尼禄皇帝为代表的信奉异教的罗马统治者与以基督使徒彼得为代表的奴隶们之间的斗争，另一条则是描写罗马皇族维尼裘斯锲而不舍地追求蛮族留下的人质黎吉亚姑娘的曲折而痛苦的过程。黎吉亚虔信基督教，而维尼裘斯原本信奉罗马众神，充满异教思想，他在苦苦追求黎吉亚的过程中逐渐改变了信仰，最后站到了黎吉亚一边。这样，书中的两条线索又自然而然地重合起来。作为罗马青年将领又是奴隶主的维尼裘斯，最初只是被蛮族公主黎吉亚的美色所迷住，不过是想把她抢过来当作一名情妇玩弄而已。当时，黎吉亚带着护卫乌尔苏斯寄居在奥鲁斯将军府。但她得知维尼裘斯策划的阴谋后设法逃走，躲入使徒彼得的居所。维尼裘斯恼羞成怒，千方百计打听到黎吉亚的下落，打算用武力把她抢回家来加以凌辱。但黎吉亚的护卫勇猛过人，维尼裘斯带去的打手白白送命，他自己也折断了臂膀，差点被打死。天仙般的黎吉亚本着基督教爱敌如邻的宗旨，救了维尼裘斯的性命，并精心看护、照料着他，帮他养好了伤。由于黎吉亚以德报怨，使维尼裘斯深受感动，其占有的欲念因此也净化为真挚纯洁的爱，使他决心皈依基督，改邪归正。这时，尼禄皇帝大肆搜捕基督教徒，黎吉亚和其护卫也不能幸免。尼禄召开斗兽大会，将被捕的基督徒供猛兽搏噬，并叫维尼裘斯也列席观看。在刽子手和猛兽的袭击下，基督徒像绵羊一般地死去，不作任何抵抗。最后，尼禄命令将黎吉亚裸体绑在一头日耳曼野牛的巨角上，然后放牛让黎吉亚的护卫来搏斗。这个护卫正准备恭恭顺顺地死去，但一见野兽的巨角上绑着他的女主人，立即又振作精神奔了过去，以意想不到的勇气竟赤手空拳打死了野牛，救下了黎吉亚。全场观众见状大为震惊，维尼裘斯也跃入斗兽场、袒示自己为罗马征战而留下的伤痕，大声呼吁满场罗马市民主持正义，保全黎吉亚的性命。市民深受感动，表示支持。尼禄害怕众怒，不得不同意放人。此后，尼禄继续迫害基督徒，并派人四处搜捕从事地下传教的彼得。由于情况危急，彼得在大家的劝告下被迫于黎明前离开罗马城和在那里殉道的同门教友。途中他见基督迎面而来，忙跪下问道："主啊，你往何处去？"基督回答说："你既然遗弃了我的人民，我便要到罗马去，让他们第二次把我钉上十字架。"彼得听之愕然，立即重返罗马，与保罗等人会合。不久，彼得被捕，死在十字架上。临死前他为罗马城和这个世界作了祝福，并预言基督教将繁荣发展，赢得人类。彼得死后，罗马城陷入大乱，尼禄也被迫自杀，而彼得播下的信仰种子却在悄悄地成长，并且日益强大。

显克微支的这部小说文笔生动，寓意深刻，作为历史题材的《圣经》故事和早期教会传说被加以改编、扩充和发挥，全书写得悲壮惨烈，深沉感人。作品通过书中所描述的被压迫者的正义斗争和为真理献身的精神来唤起19世纪末叶波兰人民的觉醒，坚定其民族斗争的决心，鼓励人们为了解放和独立而前仆后继，奋战到底。所以，此书出版后立刻在社会上引起了强烈的反响，显克微支也因此获得了 1905 年的诺贝尔文学奖。这部小说已作为世界名著拍成电影，并且被译成多种文字的版本流行各国，其中常见的中译本就有侍桁所译，上海译文出版社 1980 年出版，以及林洪亮所译，上海文艺出版社 1983 年出版等版本。在波兰社会浓厚的天主教信仰氛围中，显克微支的这部名著成为其基督教文学的典范。

四　现代基督教文学简论

（一）现代欧美文学中的基督教意趣

20 世纪以来的欧美文学世俗化的趋势比较明显，但基督教意趣的文学创作也并未从其文学舞台上退出。20 世纪对于人类而言是一个动荡混乱的世纪，一个饱经战争折磨的世纪，也是一个人们重抱希望和期待的世纪。这种情绪在文学创作中也充分体现了出来。面对世界的动乱，爱尔兰作家叶芝（William Butler Yeats，1865—1939）在其《基督重临》一诗中曾如此表述说，这个社会"一切都四散了，再也保不住中心，世上到处弥漫着一片混乱"[1]，而要想实现社会的重建、改变人类的命运，则需要等待基督的再次降临。传统观念中的上帝按照尼采之说在现代社会已经"死了"，以往的神性表述现代人已很难接受，但是，"无神"的世界在西方文化传统中也让人无法适应，从其心理精神分析来看，"无神"者面对死亡或是一死百了的坦然，或因人生的终结而恐慌，其随后可能留下的仅有他人的记忆；而"有神"者则相信神、人永存，他们虽会因其"世罪"而自责、害怕，却仍有"来世""永生"的期望，死亡对其来说不是终结而仅是其生存方式的转型，故还可以等待未来"末日审判"时的"复活"及随之而有的"永生"或"永罚"，于是人们在迷茫之中就仍在等待、坚持。这种心态在"第二

---

[1] ［爱尔兰］叶芝：《基督重临》，郑克鲁编《外国文学作品选》，袁可嘉译，复旦大学出版社 1999 年版，第 178 页。

次世界大战"结束后德国作家施努雷的作品中得到了形象的表示,他的小说《葬礼》就描述了人们为一个名叫"戈多"(Gott,德文意思就是"上帝")的人举行了葬礼,而小说中也意味深长地表达了人们仍在"等待戈多"的状况,反映"希望迟迟不来,苦死了等的人"[①] 之心态。所以,20 世纪在这种氛围中是以尼采"上帝死了"之惊呼和对基督教的失望为开端,但这种忧虑和恐慌也仍然是来自基督教文化之源,故此艾略特声称"只有基督教文化,才能产生伏尔泰和尼采"[②]。

由此而论,基督教文学在 20 世纪出现了转型,但并没有消失,而且仍保持了一定程度的活跃。当然,其文学主题、题材及意欲则更加多样化、复杂化。例如,俄罗斯 20 世纪初出现的社会巨变,使勃洛克等人的象征主义诗歌得到其现代发挥,他的作品《十二个》把耶稣基督及其 12 使徒作为赤卫军的意象,借早期基督教运动来歌颂十月革命的社会政治风暴;马雅可夫斯基的长诗《穿裤子的云》(原名《第十三个使徒》)将宗教思想与未来理想融贯起来。而侨居巴黎的梅列日列夫斯基却感到"如今整个世界充满朦胧的睡意",而世人会在睡梦中死去,从而坠入地狱,故而需要复活的声音将世界唤醒。"第二次世界大战"以来,德国作家托马斯·曼的著作《约瑟与他的兄弟们》用《圣经旧约》人物约瑟一家的经历来讲述犹太人的不幸遭遇及其善良品行,借此抗议纳粹的排犹暴行。作家卡夫卡也在其作品中以《圣经旧约·约伯记》所表达的思想感情及其审美意趣来展示人若没有信仰则会陷入的尴尬处境,以及感受到的无聊和荒唐。虽然已经步入现代,这些作家却显得对现实更感无望,阴暗、灰茫已成为现代社会图景的底色。"第二次世界大战"之后,C. S. 路易斯(C. S. Lewis, 1898—1963)在欧洲文坛掀起了一种灵性复兴,希望在现实社会中为基督信仰再作见证,

---

① 参见[爱尔兰]塞缪尔·贝克特(Samuel Beckett, 1906—1989)著《等待戈多》,施咸荣等编《荒诞派戏剧集》,译文出版社 1980 年版,第 5—9 页。

② [英]艾略特著:《基督教与文化》,杨民生等译,四川人民出版社 1989 年版,"中译本序"第 3 页。

其作品包括《太空》三部曲、《纳尼亚传奇》七部曲、《天路回归》《地狱来信》《返璞归真》《痛苦的奥秘》《四种爱》等,被视为当代"最伟大的牛津人"。笔者在牛津访问时也偶尔拜访一下路易斯常去的小酒馆,以寻找一下当年的氛围及感觉。在美国,基督教文学可以追溯到"五月花"号船上的清教徒来美洲大陆后形成的"清教文学",霍桑的《红字》对之曾有生动描述。而基督教灵性复兴的"大觉醒"运动则给美国后来重返灵性及灵修的文学发展带来重要启迪。爱默生以其超验主义思想而形成回归自然、走向神秘的北美浪漫主义文学,走出找寻上帝"超越性"和"内在性"的另类途径。惠特曼以名作《草叶集》而反映出其尝试成为"现代的弥赛亚"诗人,以便能够"直接站在上帝和众生之间,诉说永恒的智慧与美"[①]。福克纳寻求在"迷惘的一代"之"喧哗与骚动"中重新勾勒"现代耶稣"的形象,但在失去乐园、"精神的东西已不复存在"之处境中,"福克纳笔下的这些耶稣式人物虽然形态各异,性格迥然不同,但都已不是《圣经》中至善至爱、无所不能、普救世人的耶稣基督,而是被严重扭曲变形之后的形象了"[②]。而海明威已知人类失去了信仰和依靠,只能靠《老人与海》所描述的那样一种单打独斗,留下其人可被毁灭,但不能被打败的悲壮。艾略特则是代表着现代基督教文学里程碑般发展的人物,曾活跃在美英文坛,而其代表作《荒原》也以其醒目的标题表露出这种精神上的"荒凉",人世只剩下"一堆破碎的意象"。此外,美国现实主义文学奠基人豪威尔斯在其《赛拉斯·拉帕姆的发迹》《从阿特鲁利亚来的旅行家》和《穿过针眼》等作品中推崇过基督教的社会主义,热衷宣称基督教的社会福音,以此来给美国社会打气鼓劲。此外,从麦尔维尔的《白鲸》、奥尼尔的《永无尽头的岁月》和《长日入夜行》、菲茨杰拉德的《了不起的盖茨比》、斯坦贝克的《愤怒的葡萄》、K. A. 波特的《被遗弃的韦瑟罗尔奶奶》《盛开的犹大花》和《灰色马,灰色的骑手》、厄普代

---

① 洪增流:《美国文学中上帝形象的演变》,中国社会科学出版社2009年版,第43页。
② 同上书,第133页。

克的《贫民院的义卖会》《兔子，跑吧》和《一个月的星期天》，到莫里森的《所罗门之歌》《宠儿》和《天堂》等作品，也都是典型的基督教文学创作。

1. 艾略特的《荒原》

艾略特（Thomas Stearns Eliot, 1888—1965）被视为西方"现代派诗歌之父"，且具有世界声誉，是现代欧美基督教文学的典型代表。他出生在美国密苏里州，其祖父为当地脱离新教主流教会的神格一位论派的牧师，父亲则为公司总裁，他先后在哈佛大学获得文学硕士和哲学博士学位，其间曾去巴黎法兰西学院听课，颇受柏格森的思想影响；他于1914年在英国结识著名诗人庞德，1922年又率先在英国发表其代表作《荒原》（*The Waste Land*），此诗被誉为"西方现代诗的里程碑"，成为所谓"现代""先锋"文学的"标准"。艾略特于1927年皈依英国国教的高教会派（Anglo-Catholicism，亦称英国公教主义），并于同年加入英国国籍，于1948年获诺贝尔文学奖。在艾略特于1928年的作品中曾有他自己非常形象地自我剖析，即他自称在政治上是保守主义，在宗教上是公教主义，在文学上是古典主义。但所谓"古典"却被他以一种现代思潮的"先锋"意识来诠释，反而成为吸引文学界关注的标新立异。他的其他作品还包括《普鲁弗洛克和其他观察》《诗集》《圣林》《诗的功能和批评的功能》《追求异神》《大教堂凶杀案》《阖家团聚》《四首四重奏》《鸡尾酒会》《机要秘书》《论诗和诗人》《政界元老》《批评批评家》《基督教社会思想》《关于文化定义的札记》等。因其作品充满着基督教意蕴，艾略特也获得了"玫瑰园中的诗人""教义诗人"和"大教堂中的诗人"等称谓。

《荒原》原名为《他用不同的声音读警察报告》，最初于1922年10月发表在其主编的《标准》杂志创刊号上，一个月后由纽约《日晷》转载，同年年底在美国出版其单行本。《荒原》由"死者葬仪""对弈""火诫""水里的死亡"和"雷霆的话"五部分组成，共433行，使用七种语言；1936年中国著名基督教神学家赵紫宸之女赵萝蕤将《荒原》译为中文，乃其第一个汉译本。《荒原》的最基本立意就是描述人、神分离之后现代社会因失去信仰而出现的堕落。这个世界正形成"城邑成为战场,家园成为废墟"之悲凉场景,而负有原罪的世人也已被神恩抛弃故在逐步走向死亡,这一景象即说明世界乃有"荒原"之状。在艾略特的笔触里,"这里没有水,只有岩石,岩石,没有水,有一条沙路在群山中蜿蜒而上,岩石堆成的群山没有水,……这里人不能站,不能躺,不能坐,……只有阴沉通红的脸庞在嘲笑与嚎叫";本来,春天是万物复苏、讴歌生命的季节,而艾略特却写道,"四月是最残忍的月份,哺育着丁香,在死去的土地里,混合着记忆和欲望,拨动着沉闷的根芽,在一阵春雨里"①,这里充满着"残忍""死去""欲望"之压力,是人类"失乐园"的生动写照。这种凄惨、死寂之意向好像是诗人对现实社会极为绝望的否定和抗议,表达出个人在这种处境中的无力无奈和孤立无援。不过,艾略特在此也表达出向往伊甸园的"记忆"、渴望着"春雨"的降临,流露出精神复活的求生意识。显然,这也是基于基督教信仰而表达出的在悲观中、痛苦中的向往及希望,因此可"将伊甸园的节拍反向共振到《荒原》的诗行中:因为我们曾经拥有,所以我们现在失去了;因为我们曾经幸福过,所以我们现在痛苦着"②。

当然,艾略特在现代社会中已经透彻意识到基督教文学与现代世俗文学的明显区别,承认现代人基本"默认文学和神学之间没有联系",中世纪基督教神学鼎盛时期的文学把其在当时的一些基本认知过度拔高,反而会带来使这些观念衰落的发展结果,即成为"引起人们反感的东西",被当前这一代人感到很看不惯。他说:"在一个接受某种严格的基督教神学的时代,大家共同遵循的准则可能是相当正统的:当然即便是在这样的时代,共同的准则也可能把'荣誉''光荣'或'复

---

① 相关译文参见[英]艾略特《四个四重奏》,裘小龙译,漓江出版社1985年版,第67—96页。

② 梁工主编:《圣经与欧美作家作品》,宗教文化出版社2000年版,第240页。

仇'这一类的观念抬高到基督教所难以容忍的地位。"[1] 他指出人们所理解的"宗教文学"其实有三种不同含义,第一种与"历史文学"或"科学文学"相类似,即把《圣经》文本当作文学来讨论,如把英文《圣经》的钦定译本视为"英文散文最高贵的不朽作品",但这种过度溢美的结果就会导致《圣经》的"文学"影响宣告结束,于此"只是在赞赏它作为基督教坟墓上不朽的纪念碑罢了"[2];第二种是指"宗教诗歌","这类诗歌是一种特殊的宗教意识的产物";不过,"对于大多数爱好诗歌的人来说,'宗教诗歌'是一种类型的次要诗歌:宗教诗人并不是用宗教精神来处理全部诗歌题材的一位诗人,而是只处理全部诗歌题材中一个有局限性的部分的一位诗人:这位诗人排除了人们通常认为是人类特性的一些主要激情,因此也就承认了他对这些激情的无知"[3];第三种则乃"真诚地渴望促进宗教事业的人们所写的文学作品:这类作品可归为宣传文学的范畴"[4]。但艾略特对这种宗教文学的发展也有非常冷静的审视和分析,承认现代文学已经经历过了这种逐渐世俗化的进程,并认为这一进程有三个阶段:第一阶段文学把当时人们的信仰还看作理所当然,不过已将之排除在其描述的生活画面之外;第二阶段文学对信仰开始表示怀疑、不安和争议;而在第三阶段即现代人的阶段,当"人们在说到基督教信仰时,总是把它看作一件过了时的东西"[5]。

尽管如此,尤其是尽管在艾略特的文学作品中有那么多的悲情、沮丧和失望,他仍是作为一个具有虔诚基督教信仰的作家而存在。他对此曾表白说:"作为基督徒,也作为文学的读者,我们的职责是知道我们应该爱好什么。作为诚实的人,我们的职责是不要假定我们所爱好的任何东西是我们应该爱好的东西;作为诚实的基

---

[1] 齐宏伟编:《欧美文学与基督教文化》,辽宁教育出版社2009年版,第4页。
[2] 同上书,第5—6页。
[3] 同上书,第7、6页。
[4] 同上书,第8页。
[5] 同上书,第9页。

督徒，我们的职责是不要假定我们一定爱好我们应该爱好的东西。我绝不情愿世间存在着两种文学，一种为了基督徒的消费，另一种为了异教人们的需要。我认为对于所有的基督徒来说，他们义不容辞地有责任自觉地坚持文学批评的某些标准和尺度，这些标准和尺度优越于世间其他人所运用的；……我们必须记住我们当前的读物当中更大的一部分是那些对于一个超自然的秩序没有真正信仰的人们为我们所写的，……他们不仅自己没有这种信仰，而且甚至不知道世间还有人如此'落后'，或如此'古怪'，还继续相信这种东西。只要我们意识到固定在我们自己和大部分当代文学之间的鸿沟，我们或多或少地受到保护，免受当代文学的危害，这样我们就能够从当代文学当中提取它所能为我们提供的任何教益"[①]。同理，艾略特也深刻认识到基督教文学在现代世俗文学氛围中的边缘化，意识到周边人们对他们的冷眼、嘲讽和不屑一顾，也正是在这种处境中，艾略特在悲观之中仍然异常冷静地找寻其信仰文学的安身立命之地。

2. 埃科的《玫瑰之名》

《玫瑰之名》（*Il Nome Della Rosa*，英译本 *The Name of the Rose*，德译本 *Der Name der Rose*）是意大利当代作家昂贝托·埃科（Umberto Eco, 1932—2016）1980 年出版的长篇小说，曾以 35 种语言出版，全世界发行达 1600 万册；埃科曾于 2007 年到中国访问，其他作品还包括《波多里诺》《玫瑰之名注》《诠释的界限》《诠释与过度诠释》《悠游小说林》等。

《玫瑰之名》以欧洲中世纪历史为背景，描述了意大利北部一所有着中世纪最大图书馆的本笃会修道院。小说中描述的故事发生于 1327 年，这个修道院的修士们被怀疑有秽行异端，方济各会的英国教士威廉遂奉奥匈帝国皇帝之命前去调查，威廉的学生阿德索亦与之同行。全书

[①] 转引自齐宏伟编《欧美文学与基督教文化》，辽宁教育出版社 2009 年版，第 17 页。

即以阿德索手稿的形式写成，记述了他们在这个修道院七天调查的奇特经历。

威廉一行受到修道院长的热情接待。院长告诉威廉这里有一位修士几天前死于非命，请求他协助破案，并允许他在修道院内通行无阻，只是不能进入迷宫般的图书馆。威廉调查期间，人命案接踵而至，而且死因都与一本前半部为淫秽和异端内容、后半部是亚里士多德传世孤本《诗学卷二》的怪书有关。院中最老的修士阿利纳多警告威廉，修院里还会不断出事，此乃上帝按《新约·启示录》中七个吹喇叭天使的预言在惩罚罪人。威廉最后通过破释暗语而进入图书馆密室，发现凶手乃是40年前的图书馆馆长、现已瞎眼的老修士约尔格，他在这本违背基督教教义的怪书上涂了剧毒，凡翻阅者在用唾液润湿指头揭页时就会中毒身亡，而发现这一怪书和知其内容者也已被他悄悄干掉。约尔格在与威廉搏斗时把怪书撕成碎片塞进口中，以使之与他本人一同毁灭。他还将蜡烛扔向书堆，结果引起一场大火，将这个藏书丰富的图书馆和整个修道院都烧成灰烬。幸免于难的威廉带着学生怅然离开，昔日巍峨壮观的修道院，从此只剩颓垣断壁，一片废墟。

《玫瑰之名》是中世纪社会思想文化状况与基督教修院生活的生动写照，其故事背景反映了当时天主教教宗与世俗国王之间在政治上的冲突与权力之争；而书中描写其主角威廉教士所具有的知识学问，又展示了中世纪亚里士多德的哲学、阿奎那的神学和培根的经验科学之发展与流行情况；尤其是对本笃会修道院及其图书馆的生动叙述，再现了当时天主教的修院生活，以及欧洲中世纪经济文化发展的情景，对理解中世纪提供了感性认识和重要启迪。作者曾研究中世纪社会文化有30年之久，他深入钻研了基督教经典著作、古代语言学及符号学、中世纪学者的《圣经》注释、中世纪编年史的写作和体裁，以及中世纪社会的习俗与文风，并融其研究成果于文学创作之中。因此，《玫瑰之名》不仅被誉为一部不可多得的侦探—哲理—历史小说，而且还被视作一部反映中世纪欧洲人情风貌的百科全书。

《玫瑰之名》这一书名究竟意味或象征着什么？这曾引起许多读者

的好奇和询问。作者回答说，此乃他在研究中世纪基督教思想时所得到的启发。他曾在《玫瑰之名后记》中提到了取此名称的两个缘由：一是 12 世纪本笃会修士伯尔纳多·莫兰尼西斯在其《论藐视世界》中的一段六音步诗句"他们在哪儿：过去的伟人、盛名的城市、美丽的妇女？一切都已烟消云散……"，使他感叹一切壮丽景物在消逝之后都只留下了空名；二是 12 世纪著名唯名论哲学家阿伯拉尔的名言"没有玫瑰花"，令他想起语言名称能够表述业已消失和不复存在的事物。按照阿伯拉尔的观点，假如一个名称所标志的具体事物已不再存在，这一名称将失去它作为此事物的具体性质及其客观作用，但在人们的思想理智中仍保持着它的意义，所有的具体的玫瑰花都不存在了，而"玫瑰"之名仍在人们思想中保持着它的含义。所以，埃科用《玫瑰之名》来表示对早已逝去的中世纪社会加以回顾和追寻，至于对之究竟应该寻找出什么结论，则留给读者自己去思考和回答。

《玫瑰之名》问世后曾获得意大利两个最高文学奖和法国"梅迪西奖"，被誉为"写法最妙、内容最有趣的"当代"最佳小说"之一，它于 1985 年由德、意、法三国巨资合作拍成电影，并获得了奥斯卡大奖。这部小说目前已被译成三十多种文字，畅销世界各地，其中译本由林泰、周仲安和威曙光翻译，重庆出版社 1987 年出版。埃科的《玫瑰之名》已经被视为现代基督教文学中的经典之作。

（二）现代中国与基督教文学

1940 年朱维之撰写《基督教与文学》一书，基督教文学在现代中国的发展及其研究开始得到关注。朱维之在论及其写作意图时曾说："基督教是最美、最艺术的宗教，旧教对于造型艺术，如建筑雕刻、图画等特别发达，新教对于文学、音乐，有特别的贡献，和近代世界艺术关系非常深切。历史上有许多基督教的图画、雕刻、建筑、文学、音乐……都是诚于中而形于外的宗教情绪表现，是真正的艺术，不是一般商业化的、虚饰的作品可比。故此，托尔斯泰在《艺术论》里，竭力说基督教的艺术才是真正艺术,基督教文学才是真正伟大的文学。"①于此,朱维之等人不仅开始对欧美基督教文学展开系统研究,而且也勾勒了基督教文学在中国的大致发展状况。

  基督教文学作为一种外来文化形式,在 20 世纪初中国"新文化"运动前后开始有其自我意识的萌生。1922 年陈独秀、胡适、周作人等撰文讨论基督教文化与中国现代文化的关系问题,表达了中国文化应对之"容忍""了解"的基本态度。他们观察到基督教文学对现代中国文学有着一定影响,如周作人就曾指出:"《马太福音》的确是中国最早的欧化的文学的国语,我又预计它与中国新文化的前途有极深的关系。"②他还认为现代文学中的人道主义思想基本上也都是从基督教精神出来的。鲁迅虽然认为以宗教救国乃不切实际,但文艺家却很有必要了解宗教。他有对"宗教乃向上之民的精神产物"的基本定调,认为"希伯来之尼,大观天然,怀不思议,则神来之事与接神之术兴,后之宗教,即以萌蘖。虽中国志士谓之迷,而吾则谓此乃向上之民,欲离是有限相对之现世,以趣无限绝对之至上者也"③。闻一多则宣称宗教精神可以反映出一种健全的民族精神,表达了强者的意志及气质。他说:"往往有人说弱者才需要宗教,其实强者才能创造宗教来扶助弱者,替他们提高生的情绪,加强生的意志。就个人看,似乎弱者更需要宗教,但就社会看,强者领着较弱的同类,有组织地向着一个完整而绝对的生命追求,不正表现那社会的健康吗?"④闻一多主张宗教精神的弘扬而不强调宗教形式的保留,认为"没有宗教的形式不要紧,只要有产生宗教的那股永不屈服、永远向上追求的精神,换言之,就是那铁的生命意志"⑤。除了承认"五四"运动前后在社会流行的圣经文学与中国新文化发展的密切关联之外,中国学者也注意到基督教小说戏剧对中国文学

---

① 朱维之:《基督教与文学》,上海书店 1992 年版,"导言"第 1 页。
② 周作人:《艺术与生活》,岳麓书社 1989 年版,第 45 页。
③ 《鲁迅全集》(第 1 卷),人民文学出版社 1981 年版,第 59 页。
④ 《闻一多全集》(第 2 卷),湖北人民出版社 1993 年版,第 363 页。
⑤ 同上书,第 365 页。

的影响,而且这种"引入"还与历史上印度佛教文学传入中国相呼应、相衔接。闻一多认为,中国文学发展受两种外来文化的影响较大,"第一度佛教带来的印度影响是小说戏剧,第二度基督教带来的欧洲影响又是小说戏剧"①。

综而观之,中国作家在现代中国文学发展中,曾创作了不少具有基督教思想意蕴或对之深刻批评的作品,如小说创作包括许地山的《缀网劳蛛》《商人妇》和《玉官》,巴金的《家·春·秋》和《火》之第三部《田惠世》,郭沫若的《落叶》,茅盾的《耶稣之死》,郁达夫的《南迁》《胃病》和《马缨花开的时候》,张资平的《约檀河之水》《双曲线与渐近线》和《上帝的儿女们》,汪静之的《耶稣的吩咐》,老舍的《老张的哲学》《二马》《柳屯的》和《四世同堂》等;诗歌创作包括胡适的《耶稣诞节歌》,闻一多的《祈祷》,冰心的《傍晚》《黄昏》《夜半》《黎明》《清晨》《他是谁》《天婴》《客西马尼花园》《髑髅地》《使者》《生命》《沉寂》《何思》《爱的实现》《最后的使者》《月光》《繁星》《春水》《宇宙的爱》和《十字架的园里》,徐志摩的《决断》《最后的那一天》《爱的灵感》《这是一个懦怯的世界》《人种由来》和《卡尔佛里》,陈梦家的《我是谁》《自己的歌》《致一伤感者》《古先知耶稣告诉人》《当初》《露之晨》《只是轻烟》《城上的星》和《摇船夜歌》,梁宗岱的《晚祷》,冯至的《蝉与晚祷》,艾青的《一个拿撒勒人的死》《病监》《马槽》《播种者》《火把》《太阳》和《光的赞歌》等;戏剧创作包括曹禺的《雷雨》和《日出》等。这些作品中既反映出信仰的激情,也有着批评的张力。巴金欣赏基督教"爱"的精神及其人格魅力,但不同意其"对于危害之宽恕"。徐志摩用"爱"来联结生、死,要"为爱而生,为爱而死",却也意识到神圣之"爱"乃一种灵性追求,只是属于希望和未来,当其表现为一种现实时则会让人悲伤,形成悲剧。陈梦家作为牧师之子和赵紫宸的女婿,是公开宣称"我是一个牧师的好儿子"的诗人,其对基督教的虔诚信仰已化作其创

---

① 梁工主编:《基督教文学》,宗教文化出版社2001年版,第403页。

作中的"一种修养","一种对生命奥秘的深切感悟、人格的自我塑造","一种对宇宙神秘的体验、对超然之爱的崇敬"①。艾青的诗作充满着耶稣的声影和《圣经》的文句,是以基督教的精神形象来寻求其"诗艺净化"。曹禺的戏剧有着用强化赎罪、皈依宗教的基督教意蕴,幻想靠宗教达成的自我道德完善来实现社会问题的解决。老舍主张基督教"背负十字架"的牺牲精神,由此而蔑视那种实用主义地依赖"上帝言好事、耶稣保平安"的"吃教"态度。张资平的作品则折射出基督教作为一种道德尺度既可增强道德批判力量,在现实中有时也可能构成某种具有讽刺意喻的艺术效果。

在不少作品中,就恰如冰心的诗歌那样,作者充分表达出了基督徒作家那种充满爱心的情感,其尽情讴歌"上帝是爱的上帝,宇宙是爱的宇宙",表示在上帝的"严静光明"里"我心安定"。冰心还认为可以从《圣经》那儿获得一种特别美的感受,说:"《圣经》这一部书,我觉得每逢念他的时候——无论在清晨在深夜——总在那词句里,不断有含有超绝的美"②。与此同时,也有一些作品对基督教的传统持一种批评性审视、辨析之态度,如许地山就强调宗教的真精神体现在信者的生活态度中,而不是在外表的仪式上;故此许地山"不满于现代教会固执的教义和传统的仪文。……许先生眼中的历史基督,不必由'童生''奇事''复活''预言应验'等说而发生信仰,乃在其高超的品格和一切道德的能力所表现的神格,更使人兴起无限的景仰崇拜,信服皈依"③。而萧乾、郁达夫等人的作品则直接表明了他们对基督教的尖锐批评。

在以基督教思想文化为媒介的中外文学比较中,"周作人从基督教中发现了自由独立的人格意识、冰心发现了'博爱'、许地山发现了'宽容'、郭沫若发现了'复活'、郁达夫发现了'忏悔'、巴金发现了

---

① 许正林:《中国现代文学与基督教》,上海大学出版社2003年版,第129页。
② 《生命》第1卷第8册,1921年3月15日。
③ 《许地山选集》(上),人民文学出版社1958年版,第88—89页。

'人类至上'、曹禺发现了'神秘'、鲁迅从基督教（文化）中发现了'反叛精神'和'道德的自我审判'"①。纵观中外基督教文学的发展，无论是欧美还是中国，无论是过去还是现今，无论是基督徒作者还是非基督徒作者，这种基督教题材的文学创作既有给基督教信仰的歌功颂德，同样也有对基督教内腐败、保守的尖锐批评。这种对基督教文学辩证、客观的审视因而也是非常重要的。

（本文基于卓新平主编《基督教文化160问》，东方出版社2006年版相关内容修改、充实而成，亦参考了卓新平著《宗教理解》社会科学文献出版社1999年版相关部分。）

---

① 许正林：《中国现代文学与基督教》，上海大学出版社2003年版，第26页。

第二章

基督教与绘画雕塑

　　基督教艺术在基督教文化中也占有重要地位，这种宗教艺术反映出其信仰的文化气质及特色。从广义上来理解，基督教艺术包括其在时间中表现的艺术和在空间中表现的艺术这两大类，前者主要体现为基督教的音乐和诗歌，而后者则可大体分为绘画艺术、雕塑艺术和建筑艺术。音乐和诗歌乃是在持续的时间之流中展示其思想内容和艺术之美，绘画表现为平面空间中的艺术造型；雕塑和建筑等则突破了平面之限，成为立体空间中的造型艺术。不过，这种划分也仅是相对而言，不可绝对划分，因为许多艺术形式是相通的，或是相互关联的，此即中国古代文化早已注意到的"诗中有画、画中有诗"之境。此外，人们通常谈到基督教艺术时，主要是指其宗教绘画、雕塑和建筑这类造型艺术，而基督教音乐则作为另一大类宗教艺术来处理，有其专门的研究领域及话语体系。

　　所谓基督教艺术，乃指它们都以基督教的《圣经》、教义、神学主张、神话故事和历史传说等为题材，其内容和形式都是"基督教式的"。按照基督教的说法，这种艺术的特点是突出基督教的象征、抽象和超越意义，其艺术造型都是为了用"可见的东西"和形象来表达宗教的信仰和激情，让人们去感受"不可见之上帝"的"存在""伟大"和"完美"，达到"领悟灵性的真理"之目的。

(一) 基督教绘画艺术

基督教与西方文化发展的密切联系，自然使欧美许多绘画艺术具有明显的基督教信仰及审美倾向。在西方绘画发展的不同时代和不同流派中，都产生过许多关于基督教题材的绘画作品，反映出其时代及地域的文化特色。早期基督教在犹太教法规的影响下曾一度禁止形体象征性艺术的创作，以避免有偶像崇拜之嫌。甚至在8世纪的拜占庭帝国，也还有过短期的圣像破坏运动，即由皇帝下令将圣像移出教堂，并刷掉其建筑墙壁上的各种宗教绘画。不过，随着基督教与古代地中海世界各民族文化的接触，许多民族的文化因素融入基督教文化，打破了其传统观念，充实了不少具象及造型内容和其丰富的表现形式，基督教绘画艺术的产生，也就成为必然之势。

1. 罗马帝国和中世纪早期的基督教绘画

在古罗马帝国时代，欧洲绘画艺术对于基督徒来说，乃是其宗教信仰和情感的表露。由于古希腊罗马文化传统中留有丰富的宗教造型艺术作品，尤其是其神话想象的杰作，因此，在绘画题材上最早曾出现基督教传说与古代异族神话相结合的现象，如古希腊的牧神亚里斯提尤斯被用来喻指基督的好牧人，菲顿的四骑战车转为表现先知以利亚肉体升天之景，而装有达娜厄在大海中漂荡的木箱则被用作描绘洪水中的诺亚方舟。早期基督教强调绘画中应该注重灵性内容的表述，人物形体等往往寓以象征的含意，如基督教信仰的典型象征图画就是十字架底下的一只羔羊。此外，鱼或善良的牧羊人被用来象征基督，鸽子象征心灵和圣灵，船象征教会，孔雀象征永恒，心脏象征仁爱等。最初的基督教绘画乃是墓穴壁画，内容多为上述象征符号和庆宴圣餐场面、先知历史传说，摩西以杖击石出水，以及耶稣基督传教行奇迹的故事如鱼与饼的奇迹、基督使拉撒路复活等。此后，描绘圣史和圣徒故事的图画进入教堂，既可作为堂内装饰之用，又能反映其信仰教育上的意义。而起初当作祈祷中之辅助物的圣像也逐渐变为祈祷的对象本身，从此构成基督教的各种教堂中常有着设立主题画像和祭坛画的传统。另外，其信徒们也多用生动的形体象征来表达基督教《圣经》福音书各卷。比如，2世纪的基督教教父伊里奈乌率先用人象征《马太福音》、用鹰象征《马可福音》、用牛象征《路加福音》、用狮象征《约翰福音》。这些象征图像成为欧洲早期绘画的重要内容。

中世纪欧洲绘画中圣像雕刻、镶嵌画的制作极为普遍，以《圣经》为内容的手抄本绘画即细密画和教堂建筑中的湿壁画也相继出现。镶嵌画的著名作品有5世纪罗马的《犹太人反抗摩西》、拉文纳的《基督为好牧人》，以及此后威尼斯圣马可大教堂中的系列镶嵌画作品。手抄本绘画主要是用于《圣经》等基督教经典抄本的封面、扉页，或篇首大写字母的描绘，以及书中插图之需。这是欧洲中世纪早期及加洛林王朝时期基督教绘画的主要特点，其绘画题材及内容包括：《大洪水》《出埃及》《大卫王作为舞蹈者和音乐家》《以赛亚的祈祷》《先知以西结见死者复活之幻象》《西奈山上摩西领受十诫》《朝拜羔羊》《基督受洗》《拉撒路的复活与基督进入耶路撒冷》《基督与彼拉多》《四福音作者》等。这些绘画因受基督教突出精神化倾向的影响而形体比例失调，人物表情呆板凝滞，缺乏肉感、动态和生活气息。然而，正是这种寓意、象征和抽象性的基督教艺术作品，表达了基督教灵性追求的精神化意向，突出其精神体悟的倾向，这种主张曾汇成了中世纪早期欧洲绘画的主流。

中世纪基督教绘画艺术的一大特点，就是玻璃画的流行及发展。在罗马式教堂转向哥特式教堂的发展进程中，教堂建筑中宽敞的窗户取代了过去窄小幽暗之窗，并开始大量使用玻璃窗采光，这样就形成了极为独特的玻璃窗绘画艺术。哥特式教堂的玻璃窗或是呈长方形、上圆下方，或是有着玫瑰花形状；而其玻璃上则会用蓝色、红色、紫色和黄色等构成各种图画，其题材基本上会是《圣经》故事或圣徒传说等，特别是多用"耶稣生平"的内容。这种比较典型的玻璃窗绘画包括法国夏特尔大教堂的花玻璃组画《耶稣受难》《玻璃玫瑰组画》，圣艾蒂安大教堂的花玻璃组画《耶稣见彼拉多》《浪子回头》，特鲁瓦圣乌尔班教堂的《耶稣进耶路撒冷》组画，瑞士图尔高古代修院教堂的"圣诞玻璃窗组画"《基督的降生》，奥地利施特拉斯恩格尔朝圣教堂玻璃组画《圣母领报》和《圣母进殿》等。

2. 东正教的圣像画

9世纪拜占庭帝国结束圣像破坏运动之后，"圣像画"这种从古希腊肖像画和抄本插图画演变而来的画在木板上的蛋胶画一度盛行。"圣像"（Icon）指基督教会中对耶稣基督、圣母和圣徒的画像的专称，圣像画因而是在东正教中比较独特的宗教艺术形式，俄罗斯东正教思想家布尔加科夫认为"圣像是一种特殊的教会传统，只不过它不是口头的和文字的，而是以色彩和形象体现的"①。布尔加科夫还指出通过圣像画这种表现形式，说明"东正教民族，首先是拜占庭和俄罗斯……具有洞见神灵世界之美的才能"②。726年拜占庭皇帝利奥三世下令取下挂在君士坦丁堡查尔克皇宫大门上的救主圣像，由此以反偶像崇拜等为理由而出现圣像破坏运动，这一运动断断续续直至843年才基本结束。

东正教圣像就其艺术风格的基本成熟而言乃始于6世纪，以拜占庭圣像为代表，其早期作品以西奈山圣卡特琳娜修道院所保存的圣像为主，包括《全能者基督》《使徒彼得》《宝座上的圣母与圣徒西奥多和乔治》等，其中《全能者基督》的圣像造型成为基督圣像的重要典范，对东正教艺术发展产生了重大影响。在圣像破坏运动结束之后出现了马其顿王朝时期的复兴，其中即包括圣像创作的逐渐恢复，在10世纪的圣像作品中有《使徒达太与国王奥加里及圣徒》《被基督祝福的使徒菲力》《圣尼古拉与边框上的圣徒像》等得以传世。12世纪以来，圣像画创作开始形成高潮；12世纪最著名的圣像画作品即《弗拉基米尔圣母像》，其在君士坦丁堡得以问世，1131年前后被运到基辅，1155年被运至弗拉基米尔保存，故此而得名。12世纪的圣像作品还包括《宽容的全能者基督》《全能者基督》《显灵者圣格列高利》《下地狱》《圣母升天》《天梯》等。13世纪的著名圣像画则有《指路者圣母像》《圣

---

① ［俄］布尔加科夫：《东正教》，商务印书馆2001年版，第175页。
② 同上书，第161页。

卡特琳娜及其生平》《全能者基督像》《使徒雅各像》《下地狱》等。拜占庭圣像的后期作品乃14—15世纪的创作，包括《十二使徒像》《圣母与圣子像》《灵魂拯救者基督像》（反面为《钉十字架》）、《灵魂拯救者圣母像》（反面为《报喜》）、《指路者圣母像》《全能者基督像》《圣三位一体像》等。拜占庭帝国消亡后，希腊东正教文化氛围中的圣像画创作仍在继续，如克里特画派的圣像画作品留有《圣母进堂》《全能女皇圣母像》《全能者基督像》《受难修道院圣母像》《牧羊人的朝拜》《圣母升天像》《路加画圣母像》《贤士的朝拜》和《最后的晚餐》等，阿托斯山画派的圣像作品包括《阿托斯的亚大纳西像》《看门人圣母像》《带有阿托斯山全能者修道院外景的变容》和《伊维尔—蒙特利尔圣母像》等。这一风格的圣像画创作一直延续到近现代。

自10世纪以来，俄罗斯圣像画异军突起，影响不凡。以基辅圣索菲亚大教堂的圣像为模本，开始了俄罗斯圣像画的发展，经历了由最初的向拜占庭圣像模仿到后来的自我创新之转型，其早期作品包括《全圣的圣母像》《救主以马内利与天使长》《祈祷》《金发救主像》等。12世纪，诺夫哥罗德画派形成，至15世纪达到鼎盛，其作品包括《乌斯秋戈的报喜》《天成救主像》《金发天使像》《圣徒阶梯约翰、乔治和弗拉西》《圣尼古拉像》《圣三位一体像》《基督在田野诞生》《先知以利亚像》《圣母像显灵》《圣乔治斗恶龙的神迹》《圣母庇佑》等。从14世纪开始，俄罗斯圣像画又先后形成普斯科夫画派，其作品包括《圣母堂》《米罗日的圣母》《指路者圣母与圣徒大巴西尔和基尔》《圣徒帕拉斯凯娃、瓦尔瓦拉和乌里扬娜》《下地狱》等；罗斯托夫—雅罗斯拉夫尔画派，作品包括《托尔加圣母像》《圣尼古拉·扎莱斯基像》《圣徒叶夫斯塔菲与菲拉克像》等；特维尔画派，作品包括《圣徒鲍里斯和格列勃像》《救主像》《天使长米迦勒像》《圣母升天》《使徒保罗像》等，以及最有影响的莫斯科画派。

莫斯科画派受14—15世纪流行的东正教静修主义之影响，即主张以沉默无语的静修来直观上帝，以此来推行反复念颂耶稣之名的"耶稣祈祷"，相信直觉领悟的神秘主义。莫斯科画派以费奥方·格列克、安德烈·鲁布廖夫和季奥尼斯这三位代表而形成了"俄罗斯圣像画的黄金时代"。费奥方·格列克（约1340—1405）的代表作是其为诺夫哥罗德以利亚街救主变容教堂创作的壁画，包括圆顶画《基督—全能者》、祭坛壁画《三天使显现》（《亚伯拉罕待客》）、《柱头苦修者》和《荒野修道士》等，其他作品还包括《顿河圣母像》（背面为《圣母升天》）等。安德烈·鲁布廖夫（约1360—1430）的作品包括《变容》《最后审判》《旧约圣三位一体像》《救主像》《天使长米迦勒像》《使徒保罗像》《福音书作者马太的象征天使》等。季奥尼斯（约1440—1503）的作品则包括《白湖的圣基里尔像》《都主教彼得像》《都主教阿列克西像》《钉十字架的基督》《为你道喜》《启示录》（《天王大军颂》）等。

16世纪以后，俄罗斯圣像画形成多元发展，其风格也逐渐出现变化。作为基督教绘画，圣像画的人物形象以耶稣、圣母、使徒、圣徒为主，故其形象多会刻画得朴实、宁静、安详、典雅，其圣像画的底色一般也多用白色、浅色、金色或红褐色等，而从16世纪中叶开始，圣像画的色彩却越来越暗，其底色则改为以黑色、黄棕色、绿色、深棕色、深樱桃色、深橄榄色或深赭石色为主，给人一种宗教的紧张感、沉重感和神秘感。但随着近现代社会世俗化发展趋势的呈现，圣像画也更多地体现出现实性关切，如圣像人物不再局限于其神秘意义的披露，而有着更明显的人性意义之揭示，其画面也显得更加细腻、精致，着色则更为浓艳、鲜明。这种艺术得以保留至今，成为基督教艺术的重要构成[①]。

3. 文艺复兴时期的基督教绘画

欧洲文艺复兴以来，人文主义者在创作形式上虽然放弃了中世纪传统中那种象征、超脱、空灵的绘画手法，在绘画内容上却仍大量保留了基督教题材。但其创作意图上的人本主义和写实主义，又使基督教内容的绘画作品得到了新生，尤其是突出健康、完美的人物形象之描绘，神明形象及神圣人物亦以现实社会生活中栩栩如生的人类形象来表现，从

[①] 此处圣像画内容参考了徐凤林著《东正教圣像史》，北京大学出版社2012年版。

而为人类艺术宝库留下了不少稀世珍品。

欧洲文艺复兴时期基督教题材的绘画内容相当丰富，其创作主题大体包括圣母的故事、耶稣的生平、创世的神话、最后的审判，以及关于基督教先知、使徒、圣徒、英雄和教宗的事迹或人物肖像等。其中著名之作有拉斐尔的《西斯廷圣母》、达·芬奇的《最后的晚餐》、米开朗琪罗的《创世记》和《最后的审判》、丢勒的《四圣徒》、菩提彻利的《圣奥古斯丁像》和委拉斯凯兹的《教宗英诺森十世像》等。

虽然欧洲中世纪的发展中曾先后经历了"加洛林王朝文艺复兴"和"12世纪文艺复兴"，但从其文学艺术的鼎盛发展来看，这种全方位，并且最终导致欧洲社会巨变及转型的文化艺术复兴，则是在13世纪欧洲中世纪经院哲学成熟之后的发展。而且，这种最早的文艺复兴活动乃出现在意大利，它随后带来了整个欧洲的艺术繁荣及其社会天翻地覆的变化。

乔托（Giotto di Bondone, 1266—1337）是意大利文艺复兴早期绘画艺术中最突出的代表，被誉为"第一个奠定了现代绘画传统的天才""近代一切人物画的创始者"。他一生创作了几百幅绘画作品，大多为教堂壁画，内容涉及基督教的各种主题，如耶稣生平、圣母生平、《圣经》故事、阿西西圣方济各的事迹和其他圣徒传说等。

乔托早年的创作尚属晚期哥特式艺术，其特点是开始注重对相关宗教人物的情感理解，努力体现鲜活的人物形象，但在解剖、透视方面的关注尚显不足。其作品主要为他在阿西西圣方济各教堂所作《圣经》故事系列壁画，如《以撒为雅各祝福》《以撒拒绝为以扫祝福》《原罪》《约瑟被卖》《从便雅悯口袋中搜出银杯》《耶稣十二岁进殿》《耶稣受洗》《哀悼基督》《基督复活》《基督升天》和《圣灵降临》。这些壁画现多已残缺不全。此外，乔托在罗马和佛罗伦萨创作的两幅木板画《基督被钉在十字架上》和《圣母圣婴图》也属哥特式风格。

乔托一生许多时间都在阿西西作画，所以其创作也常表现阿西西圣方济各的生平及传说，如《方济各受到敬重》《方济各送披风给穷人》

《梦见宫殿》《受十字架的告诫》《放弃财产》《英诺森三世之梦》《批准创立修会》《火光马车之幻象》《宝座的幻象》《方济各驱赶鬼怪》《火的考验》《心醉神迷》《圣诞节的马槽》《泉水的奇迹》《圣方济各与小鸟》《策拉诺骑士之死》《拜见洪诺留三世》《出现在阿斯修会小教堂》《伤痕》《方济各之死》《向其兄弟和主教显现》《查明伤痕》《善男信女们的哀悼》《敕封圣徒称号》和《向格列高利九世显现》等。其中尤以《圣方济各与小鸟》一图遐迩闻名，画中表现一群小鸟从空中飞下，聆听方济各的讲道。其生动别致的构图布局和真实感人的形象描绘，开始展示出文艺复兴艺术风格的巨大魅力。

乔托在帕多瓦阿累那礼拜堂创作的几十幅表现圣母玛利亚和耶稣生平的壁画，乃其最为突出，也最吸引人的《圣经》组画。画中关于圣母生平的有《玛利亚的诞生》《玛利亚进殿》《玛利亚的婚礼》《圣母领报》和《回家探亲》等，关于耶稣生平的则包括《基督降生》《三王朝拜》《耶稣进殿》《逃亡埃及》《伯利恒婴孩遭戮》《耶稣十二岁时进殿》《耶稣受洗》《迦拿的婚礼》《拉撒路的复活》《进耶路撒冷城》《洁净圣殿》《犹大的叛卖》《最后的晚餐》《为门徒洗脚》《犹大之吻》《耶稣进公堂受审》《耶稣遭鞭笞》《去各各他之途》《耶稣受难》《下十字架》《耶稣复活》《耶稣升天》和《圣灵降临》。其中最著名的为《逃亡埃及》和《犹大之吻》这两幅珍品。在这些壁画中，乔托习惯把主题人物放在画幅对角线的交叉点上，以使之个性突出，形象鲜明。他还用生动的笔触勾勒出圣母的贤淑、基督的神圣、信者的虔敬和叛徒的卑鄙。此外，乔托在这一教堂内创作的大型壁画《最后审判》及众先知图像等，也是文艺复兴运动早期的知名画作。

在其晚年，乔托还在佛罗伦萨、阿西西等地教堂创作了有关耶稣、圣母、圣徒事迹的众多壁画，如《圣母荣耀图》《抹大拉》组画、《施洗约翰》组画、《福音使者约翰》组画、《圣母圣婴图》《耶稣生平》组画、《圣方济各》组画，以及《圣经》所载古代先知、天使和圣徒像等。

与乔托同时期的艺术家也创作了不少基督教题材的绘画，包括契马部埃的《基督砾刑图》和《圣母子图》，杜绰的《复活后的基督向门徒显现》，马丁尼的《受胎告知》，洛伦采蒂的《下十字架》和《圣母子》，卡发里尼的《最后审判》，以及马索的《下十字架》等。

15世纪是文艺复兴运动的鼎盛时期，意大利的艺术家形成了群星灿烂的局面，留下了诸多艺术珍品。在这一发展中，应该说佛罗伦萨地区的艺术家们有着重大贡献。例如，出生在佛罗伦萨附近的马萨乔（Masaccio，1401—1428）就恢复并发展了乔托面向自然、返璞归真的传统，给中世纪艺术带来清新之风气。其代表作是《失乐园》和《贡钱》，前者描绘了上帝造人后又将之逐出乐园的场景，以反禁欲主义的精神画出了亚当、夏娃的裸体形象，意喻着人失去乐园，也失去尊严后的悲痛，其勾勒出的生动、鲜活之人体，开了当时欧洲绘画的一代新风；后者则是马太福音书中的故事描绘出耶稣及其门徒在迦百农遇到税务官的情形，他在同一画面上描绘出三种不同的时空情景，令人震撼。此外，他还有《旧约故事》《基督传》等壁画创作。波提切利（Sandro Botticelli，1445—1510，其实"波提切利"本来是其绰号，为"小桶"之意）则为佛罗伦萨画家中的佼佼者之一。他一生创作了众多画作，其中《春》《维纳斯的诞生》都非常著名，而代表其基督教绘画题材的作品则包括《摩西的青年时代》《基督的诱惑》《东方三博士来拜》《受胎告知》《玛尼菲卡特的圣母》《神秘的降诞》《托比亚和三位大天使》《拿石榴的圣母》等。而这一时期最负盛名的则是被称为"文艺复兴三杰"的达·芬奇、米开朗琪罗和拉斐尔这三位艺术家。

达·芬奇（Leonardo da Vinci，1452—1519）是意大利文艺复兴时期百科全书般的人物，多才多艺，在绘画、雕塑、建筑、数学、医学、文学、制图、机械等方面都造诣颇深，令人敬佩，故而有着"全能的人"（Homo Universalis）之称号。他在绘画上有许多如"晕涂法"（sfumato）、"明暗法"（chiaroscuro）等创新发明，其绘画作品中以《蒙娜丽莎》最为著名，她那"神秘的微笑"让古今中外无数人难以忘怀。

达·芬奇在基督教绘画方面的作品包括《基督受洗》《玛利亚领报》《三王朝拜》《丁香圣母》《岩间圣母》《圣母、圣婴和圣安妮》《圣母、圣婴和施洗小约翰、圣安妮》等，而其具有艺术史丰碑意义的代表作品则为《最后的晚餐》。

《最后的晚餐》是达·芬奇为米兰圣玛利亚修道院食堂所作的一幅壁画，创作于1495—1498年，取材于《圣经·新约》福音书中犹大出卖耶稣的传说故事，大概花了四年多时间才完成这幅高4.6米、宽8.8米的巨作。画面描绘耶稣与其门徒们共进最后一次晚餐的情景，其内容是表现耶稣在餐席上向其门徒说出"你们当中有一个人要出卖我"这句话时全场人物的内心反应，展示十二门徒各自表情的激烈变化。耶稣话音一落，顿时打破晚餐的平静气氛。十二门徒的情绪产生激荡，有的惊愕、有的愤怒、有的悲叹、有的痛心、有的表白、有的询问，显出鲜明的个性特征。在整个构图上，餐桌两端的门徒以耶稣为中心各分两组、左右呼应，把画面布置得天衣无缝。左端第一组的三个门徒面向耶稣，如像在等待耶稣讲述详情；其中左端第一个门徒马太两手按立桌面，对这一意外事件感到怒不可遏；第二个门徒小雅各则伸出左手从后面劝第二组的彼得不要鲁莽行事；第三个门徒安得烈闻之大惊，抬起双手，一时竟无言以对。左侧第二组的三个门徒表情各异，形成强烈的反差；其中左边第一个门徒彼得左手按在紧靠耶稣左侧的约翰肩上，右手紧握餐刀，身子前倾，情绪激动，大有立杀叛徒、速除内患之意；彼得身前的犹大如突遭雷击、惊慌失措，全身后侧，紧靠桌边，右手握着钱袋，显得格外恐惧和心虚，画面着色在犹大身上也比较阴暗；而坐在耶稣旁边的约翰则把头靠向彼得，显出悲愁沮丧之态，似乎在让彼得拿出主意和决断。画面右端第一组的三个门徒似在小声议论、商量对策；其中右端第一个门徒奋锐党的西门伸出双手，像要大家镇定、冷静；第二个门徒达太面对西门，似在与之交流意见，共谋良策；而第三个门徒巴多罗买虽把身子探向西门，却将双臂伸向耶稣，好像抱怨门徒中间竟会出现这种败类。右侧第二组的三个门徒或是怀疑，或感惊讶，或在表白自己，如右边的腓力双手按胸、力陈自己的清白和忠心，紧靠耶稣的大雅各伸开双臂，显得愤慨和烦躁，而他身后的多马则探头伸指，似是要让耶稣明言相告、弄个水落石出。整个画面有如一场戏剧达到扣人心弦的高潮。为了突出画面中心人物耶稣的形象，达·芬奇运用其高超的画技而使一切透视线都集中在耶稣头上。位于中央的耶稣泰然自若、庄重静穆，在群情中独显其安详和超脱，加之背后衬以明亮的窗户和充盈的光线，更使画面中的耶稣光明磊落、熠熠生辉。此画布局匀称，互相呼应，色彩调和，对比鲜明，立意上匠心独到，技术上臻于完美，为世界绘画史上交口称誉的杰作。这幅壁画久经历史沧桑，拿破仑率法军攻占米兰时该食堂曾被法军作为马厩，故使画面损坏严重。1977—1999年，意大利文物修复师巴西隆女士率领其团队花了二十多年的时间将此画修复[①]；笔者于1985年和2004年曾先后两次在米兰获得机会欣赏这一名作，尤其是2004年还由该修道院主事神父亲自为笔者一行对此画作了详细的讲解，使笔者获益匪浅，深有感触。

米开朗琪罗（Michelangelo Buonarroti, 1475—1564）也是集绘画、雕塑、建筑等于一身的文艺复兴艺术大师，有"'刻'与'画'入微的创世天才"之称。其基督教绘画作品包括《圣家族》《圣殇》《基督受钉刑》《扫罗悔改》《圣彼得受钉刑》等，他最著名的基督教绘画作品则是《创世记》和《最后的审判》。

《创世记》是米开朗琪罗受教宗朱理亚二世之托于1508—1512年在梵蒂冈西斯廷小教堂天顶壁上所绘的一组图画。这组穹顶画长40米，宽14米，共约343个人物形象，整个画面占有超过300平方米的面积，距离地面有20多米高。米开朗琪罗花了近五年的时间，在上面绘出《旧约·创世记》故事内容的9幅连续性主题画，描述上帝创造天地万物、人类始祖犯罪失去乐园，以及关于洪水和挪亚的传说。其核心画面分为3组共9个主题，每组各3幅主题画：第一组为"上帝创造宇宙"，包括《分出光明与黑暗》《创造植物、太阳与月亮》《分出大海与陆

[①] 为此［意］巴西隆写有《达·芬奇和我的一生》一书，张利译，清华大学出版社2016年版。

地》三画；第二组为"上帝创造人类"，包括《创造亚当》《创造夏娃》《原罪与失乐园》三画；第三组为"洪水与挪亚的故事"，包括《挪亚献祭》《洪水毁灭世界》《挪亚醉酒》三画；在其大洪水的场景中就生动描绘了六十多个人物形象。这些组画中最为突出和著名的是《创造亚当》这一画面。米开朗琪罗抛开传统宗教绘画神奇说教的俗套，把人文主义的美好理想作为此画的构思，以充分体现人的健美和伟大。他把亚当画成一位身材魁伟、体格雄建、具有深沉力量的青年，而把上帝画成一位既威严又慈祥的老人。被天使簇拥着的老人横越天际，其灰白的胡须象征着其神圣权威，他正向亚当伸手，并以坚毅的目光凝视着亚当；而充满勃勃生机和无限力度的亚当则好像就要从不知不觉的睡幻之状中苏醒，在瞬间站立起来，获得巨大的生命活力和驾驭自然的光荣使命；其注目天父的眼光流露出敬仰和顺服。在这 9 幅主题画的四周，米开朗琪罗还画有取材于《圣经旧约》的 12 幅先知图和 12 幅拱边三角画，其中先知图包括《先知约拿》《先知耶利米》《利比亚女先知》《波斯女先知》《先知但以理》《先知以西结》《库梅女先知》《埃里特拉女先知》《先知以赛亚》《先知约珥》《特尔斐女先知》和《先知撒迦利亚》，拱边三角画的内容包括《哈曼的十字架》《敬拜铜蛇》《大卫与歌利亚》和《犹滴与何乐弗尼》这 4 幅故事图，以及《所罗门》《耶西》《罗波安》《亚撒》《俄西亚》《以西迦》《所罗巴伯》和《约西亚》这 8 幅人物画。

《最后的审判》则是米开朗琪罗奉教宗保罗二世之召于 1534—1541 年继续为西斯廷小教堂所作的祭坛画。他在祭坛墙壁上先后工作了 7 年，才完成这幅巨画。祭坛画以《圣经新约》中"最后的审判"为主题，整个画面围绕着中心人物耶稣基督的巨像而刻画了四百多个不同姿态和大小的人物，他们是好像听到那震耳欲聋的号角声而从四面八方涌来，有的欢快、有的欣慰、有的升腾、有的沉落、有的祈求、有的呻吟、有的悲切、有的挣拼，神情各异、充满活力，原形毕露、尽显本色。其内容包括正中部的"耶稣基督主施审判、赏善罚恶，圣母玛利亚位于其侧"，上部的"上帝与圣灵""大天使加百列率众抬来十字架"

和"天使抬来鞭笞之柱",中部的"圣徒和蒙福者在审判时位于基督宝座之右"和"耶稣门徒与殉道圣者位于基督宝座之左",以及下部的"七天使吹号角、打开案卷与生命册""末日审判时死者肉体复活、义者蒙拣选升天"和"犯死罪遭受永罚者的徒劳挣扎、地狱之河摆渡者哈龙将恶灵赶入冥水深渊"等,栩栩如生、惟妙惟肖。俄罗斯当代著名艺术史家伊·多尔果波洛夫曾如此评价说,"米开朗琪罗在《最后的审判》中描绘出无数种情绪——俯首听命,低声下气,心惊胆战,吓得半死,卑躬屈膝,怒气冲天,所有这些都反映在等候着判决的不幸的人们的动作和眼神中,而高高地凌驾在整个人世间的不幸和苦难的深渊之上的是满脸凛然正气的威严的审判官,他铁面无私、绝不手软,他强有力的手掌已高高举起。只消再过一分钟,就会发生一件意想不到的可怕的事情。可是,一瞬间,在上帝的惊天动地的雷声轰响前毕竟还有一瞬间,那些在至高无上的神的四周临近死亡的人惊悸得呆住了";而作为其审判背景的,则是"疯狂的号角在不停地吼叫,神的四周青烟缭绕,诗琴弹奏着赞美造物主的颂歌,斯迪克司的波浪拍打着哈隆用以摆渡罪人的木船的船舷"[①]。米开朗琪罗在创作这幅巨画时大胆打破了中世纪教会的禁欲主义,借宗教题材来表现人体美、自然美、所画人物多为裸体,几乎为人体百图。所以,罗马教廷司礼官当时就对此深感不满,教宗也要求米开朗琪罗为这些人体画上衣服,而倔强的米开朗琪罗坚持不改,并回答教宗说:"请陛下照料人的灵魂,让我来处理人的肉体吧!"结果祭坛画完成后迟迟不能公开,后来教廷不得不派当时罗马的折中主义画家伏尔泰拉来给画上的裸体人物加画衣服等遮挡物,使整个画面改变了原有的艺术格调。从此,伏尔泰拉在西洋画史上就有了"裤子画家"或"穿裤子的人"之绰号。1596年教宗克莱门特八世也曾想下令销毁此画,只因罗马圣路加美术学院的画家们极力劝阻,力陈此画的重要艺术价值,才使之幸免厄运、保留至今。而这种价值就在于

[①] [俄]伊·多尔果波洛夫:《名画的诞生》,蔡汀等译,金城出版社2010年版,第78—79页。

"米开朗琪罗开创了一个新天地，它直到今天还在给千千万万个画家、诗人和作曲家以灵感。你凝视着壁画《最后的审判》，你就可以看见戈雅、籍里柯、德拉克洛瓦和杜米埃的作品，你就可以听到贝多芬、柏辽兹、柴可夫斯基和斯克利亚宾的乐曲，感到歌德、拜伦的诗歌的巨大力量，宏伟的气魄，这一切都来源于邦内罗提的画笔"[①]。

拉斐尔（Rapheal，1483—1520）的绘画也代表着意大利文艺复兴时期绘画的最高水平，他在短暂的一生中创作了数不清的基督教主题绘画和其他神话及世俗主题的绘画，而其创作的众多美丽的"圣母画像"则更是世人为之倾倒的艺苑奇葩、画坛绝笔。"与达·芬奇不同，他的笔下的人物往往是温柔的圆脸，既有纯真的人的情感，又升华到了一种崇高的完美和宁静境界。他也与米开朗琪罗有异，因为他希望发展一种更为优雅而又更为亲切的风格"，故此而有"拉斐尔的'优雅'"之说[②]。

所以，拉斐尔的"圣母"被艺术评论家们誉为"真正是不朽的作品""是对人类的想象力的创造"，在世界绘画史上享有盛名。他一生作有《坐着的圣母与睡着的圣子》《阅读着的圣母与圣子》《圣母子与圣徒》《为圣母加冕》《圣母领报》《圣母的婚礼》《圣母子与小约翰》《圣母怀抱看书的圣子》《圣母子捧书图》《圣母抱子图》《圣母与三儿童》《端坐着的圣母抱子图》《圣母加冕图》《宝座上的圣母子》《北布鲁克圣母》《奥尔良圣母》《绿色圣母》《立着的圣母子与圣徒》《卡德利诺圣母》《雅迪涅圣母》《埃斯特哈齐圣母》《卡尼青安尼圣母》《布里奇沃特圣母》《科隆圣母》《巴尔达奇诺圣母》《坦佩圣母》《考珀尔大圣母》《阿尔多布兰迪尼—加尔瓦赫圣母》《托雷圣母》《戴冕状头饰的圣母》《阿尔巴圣母》《福利尼奥圣母》《西斯廷圣母》《坎德拉布里圣母》《英潘拿塔圣母》《塞迪亚圣母》《坦达圣母》《佩斯克圣母》

---

① ［俄］伊·多尔果波洛夫：《名画的诞生》，蔡汀等译，金城出版社2010年版，第79页。
② 丁宁：《西方美术史十五讲》，北京大学出版社2003年版，第147页。

《帕塞乔圣母》《魁西亚圣母》《圣爱圣母》《玫瑰圣母》等圣母画像。这些"圣母像"已不再是中世纪绘画艺术所表现的消瘦、痛苦、呆板之模样,也不像威尼斯画派笔下那种放荡、轻浮、随便之极端,而是显出恬静、安宁、慈祥、贤淑、秀美的神态,既能给人以美的感受和遐想,又能使人油然而生出崇敬之情。

《西斯廷圣母》为拉斐尔"圣母像"中的代表作,它以甜美、悠然的抒情风格而名扬遐迩。这幅画是教宗朱理亚二世送给皮亚琴察西斯廷教堂黑衣修士的礼品,拉斐尔受托而为这一教堂的祭坛作画,故有《西斯廷圣母》之名。画面表现圣母抱着圣子从云端降下,两边帷幕旁画有一男一女,身穿金色锦袍的男性长者乃教宗西斯克特,他向圣母圣子做出欢迎的姿态。而稍作跪状的年轻女子乃圣母的信徒渥娃拉,她虔心垂目,侧脸低头,微露羞怯,表示了对圣母圣子的崇敬和恭顺。位于中心的圣母体态丰满优美,面部表情端庄安详,秀丽文静;趴在下方的两个小天使睁着大眼仰望圣母的降临,稚气童心跃然画上。拉斐尔的这幅名画对美丽与神圣、爱慕与敬仰的把握都恰到好处,画面充分表现了圣母温柔、贤淑、秀美、高雅的情态风度,洋溢着甜美、悠然的抒情韵味,显示出雅致、柔媚、和谐、明快的格调,因而使人获得一种清新、纯洁、高尚、升华的精神享受。

此外,拉斐尔所创作的名画还包括《教权的建立和巩固》等,这幅画是拉斐尔自1508年起在布拉曼底推荐下受教宗朱理亚二世委托而为梵蒂冈宫教宗签字大厅所创作的一组装饰壁画。拉斐尔用三年时间在这个大厅天顶的四块三角形空间中画了位于圆形构图之内象征《神学》《法学》《哲学》和《诗学》的四个人物形象,以及在每个人物下面的墙壁上画了顶端呈半圆形构图的相应壁画:《神学》下面为《圣礼的辨析》,表现教宗及神学家们讨论圣礼教义的情景;《法学》下面有展示"道德""教法"和"民法"的三幅壁画:半圆顶壁画为《三种主要美德》,图中用三位妇女形象代表"勇敢""智慧"和"节制"三主德,用天空、火炬和小爱神代表"信、望、爱"三神德;其下的《教法》和《民法》分别表现教宗格里高利九世颁布神圣教律和东罗马皇帝查士丁尼颁布法典的场面；《哲学》下面为《雅典学院》，表现苏格拉底、柏拉图、亚里士多德等历代哲学家的聚会；《诗学》下面则为《帕尔纳斯山》，展示阿波罗和缪斯女神向诗人们赠送桂冠的盛况。这组壁画高度概括了西方文化的主要因素和发展历程，其构思布景也被视为文艺复兴绘画艺术的典范和楷模。

在上述艺术创作中，天主教中心地区梵蒂冈为之提供了一个重要场景，仅以梵蒂冈的西斯廷小教堂为例，就可看到其集中了许多著名绘画作品。西斯廷小教堂是梵蒂冈宫的教宗礼拜堂，也是天主教选举新教宗和举行全球性主教会议的地方。它以堂内众多的绘画杰作而闻名于世，成为丹青妙笔、精华荟萃的艺术之殿，其中即包括米开朗琪罗、波提切利等文艺复兴时期著名艺术大师的作品。西斯廷小教堂的入口在东边，进门后首先可以见到对着正门的西边祭坛后米开朗琪罗创作的大型壁画《最后的审判》，画中上百个人物，个个性格鲜明、栩栩如生。小教堂的顶部是米开朗琪罗创作的巨大穹顶组画《创世记》，其核心为可组成3组的9幅主题画，四周辅以众多的先知巫女图像和《圣经》中有关故事及人物的系列画作，使之浑然一体，天衣无缝。西斯廷小教堂内祭坛两侧的南、北墙上各有6幅壁画，加上东门入口上方的2幅壁画，分别构成《旧约》中的摩西故事组画和《新约》中的耶稣故事组画。南墙上的摩西组画从西往东分别为：(1) 平图里乔与佩鲁吉诺创作的《摩西前往埃及》、(2) 波提切利创作的《摩西与叶忒罗的女儿》、(3) 科西莫·罗赛利创作的《以色列人与法老军队在红海》、(4) 科西莫·罗赛利创作的《摩西给以色列人带来"十诫"律法》、(5) 波提切利创作的《惩罚可拉党》、(6) 西尼奥雷利创作的《摩西之死》。东墙南侧的壁画也属摩西组画，题为《有关摩西尸体的争执》，原为西尼奥雷利所创作，1522年遭到毁坏，后由马太·达·利彻在1571—1572年重新画好。小教堂北墙上的耶稣组画从西往东分别为：(1) 佩鲁吉诺创作的《耶稣受洗》、(2) 波提切利创作的《耶稣受试探》、(3) 基尔兰达约创作的《耶稣招收门徒》、(4) 科西莫·罗赛利创作的《耶稣登山宝训》、(5) 佩鲁吉诺创作的《耶稣传给圣彼得天国的钥匙》、(6) 科西莫·罗赛利创作的《最后的晚餐》。东墙北侧的壁画也属耶稣组画，题为《耶稣的复活》，原为基尔兰达约的作品，但于1571—1572年时由阿里哥·帕路达诺重画。在西斯廷小教堂上方窗户的两侧还有众多的教宗画像，这些画像是由基尔兰达约、波提切利、迪阿曼特、科西莫·罗赛利等艺术家共同完成的。此外，西斯廷小教堂在重大礼仪场合或举行会议时，其侧墙的下方常用描绘《圣经》故事和使徒行传的系列性绘图挂毯来遮蔽。挂毯上的绘画图案等都是由拉斐尔设计而成，从而使这位艺术大师也为西斯廷小教堂增添了光彩。

在意大利文艺复兴的鼎盛时期还有着威尼斯画派异军突起之涌现，其代表有贝里尼、乔尔乔内、提香、维罗奈塞和丁托莱托等人，他们也有不少著名的基督教绘画作品传世。综合而论，意大利文艺复兴时期的基督教绘画名作还包括贝里尼的《圣母和圣婴》和《神圣的寓言》，乔尔乔内的《背着十字架的基督》《犹滴》《宝座上的圣母子与圣列别拉里和圣方济各》《圣母子》《三王朝拜》《牧人朝拜》《圣母子风光图》《摩西之证》《所罗门的裁决》《天使怀中的受难基督》和《圣母阅读图》，提香的《圣母子与樱桃》《马利亚升天图》《纳税钱》《圣母和使徒、佩扎罗家族成员在一起》《基督的荆棘冠》和《哀悼基督》，基尔兰达约的《三王朝拜》《马利亚的诞生》《基督收彼得和安德烈为徒》和《最后的晚餐》，巴尔托罗梅的《哀悼基督》，西诺列利的《摩西的祝福与逝世》和《反基督徒的历史》，培鲁基诺的《基督交给彼得天国的钥匙》，罗塞利的《以色列人与法老军队过红海》《摩西为以色列人领受十诫》《耶稣登山训众、治病救人》和《最后的晚餐》，孙约列里的《最后审判图》，柯雷乔的《夜》（《基督诞生》）、《礼拜圣婴》和《圣母》，丁托莱托的《圣马可的奇迹》《圣马可遗体的发现》《基督受洗》《马利亚参拜圣堂》《苏撒拿与二长老》《耶稣在十字架上》《彼拉多面前的耶稣》《天上圣食》《摩西从岩石中引出水泉》《膜拜铜蛇》《逃亡埃及》《天堂》和多幅《最后的晚餐》，维罗奈塞的《基督受洗》《最后的晚餐》（后改称《利未家的宴会》）、《惩罚哈曼》《迦拿的婚宴》《背负十字架》《耶稣在以马忤斯显现》和《三王朝拜》，斯托尔莫的《玛利亚往看以利沙伯》，巴米齐安诺的《长颈圣母》，卡斯塔格诺的《最后的晚餐》，以及巴罗奇的《基督的诞生》和《基督被钉十字架》等。

欧洲文艺复兴时期其他国家的基督教绘画作品则包括德国丢勒的《（约翰、彼得、马可、保罗）四使徒》《玫瑰花环节》《亚当与夏娃》《万圣图》《最后的晚餐》《哀悼基督》和《大天使米迦勒与大龙的激战》，格吕内瓦尔德的《基督的复活》和《圣母领报》，霍尔拜因的《市长迈尔家的圣母图》《圣母带圣子进殿》《鞭打基督》和《最后的晚餐》，阿尔特多弗尔斯的《旷野中的福音约翰与施洗约翰》，以及舍费莱恩的《最后的晚餐》。西班牙文艺复兴的基督教绘画作品有埃尔·格列柯的《基督医治盲人》《基督驱赶神殿中的商贩》和《抹大拉的玛利亚》等。这一时期还有荷兰画家凡·埃克兄弟的《根特祭坛画》，凡·德尔·谷斯的作品《朝拜圣婴》和《圣母之死》，博斯的《七种死罪》和《人间乐园》，布勒格尔的《通天塔》和《盲人引导盲人的寓言》，以及格尔特根的画作《施洗者圣约翰》等。

4. 近现代的基督教绘画

近代基督教艺术始于德国马丁·路德发起的宗教改革运动，开始一种简朴、明快、洗练的艺术新风。但天主教不久兴起抗衡宗教改革的政治及文化运动，特别是在17世纪的欧洲推动了"巴洛克"艺术发展，其艺术风格上承文艺复兴晚期的矫饰主义，下启18世纪的洛可可艺术发展，在绘画上则是突出重彩浓墨，以饱和的色调配以强烈的动感，给人富丽堂皇、豪华夸张的印象，同时亦有博采众长、艺术折中的倾向。因此，相关创作也多为天主教教堂或宫廷殿堂中的穹顶画、祭坛画和各种壁画。这一时期的基督教绘画作品始于意大利巴洛克风格确立者之一的画家安尼巴莱·卡拉齐，包括其画作《法尔乃塞宫大厅的壁画》《逃亡埃及》《基督升天》《主啊，你往何处去》和《哀悼基督》等。"他将一切美好的东西熔于一炉，把拉斐尔的优雅与素描、米开朗琪罗的博识与解剖术、科雷乔的高贵和大方、提香的色彩以及朱利奥·罗马诺、安德列·曼泰尼亚的创意等集于一身"①，开创了一个新的艺术时代。此后，相关画作还包括卡拉瓦佐的《逃亡埃及途中的小憩》《圣马太传》《彼得传》《保罗传》《基督呼唤使徒马太》《圣彼得的死难》《戴念珠的圣母》《圣母之死》《基督降生》《基督受刑》《安葬基督》和《以马忤斯的晚餐》等，雷尼的《圣彼得的受难》，以及阿洛里的《犹滴》。法国巴洛克风格的基督教绘画包括普桑的《圣母升天》《牧人朝拜》《拜金牛犊》《跨越红海》《圣伊拉斯谟的殉难》《基督治愈盲者》《最后的晚餐》《哀悼基督》和《婚配圣礼》等，洛朗的《哈该与天使》和《示巴女王登舟图》，以及西蒙·沃的《圣布鲁诺的幻象》等。西班牙巴洛克风格的基督教绘画包括格里柯的《洁净圣殿》《基督被捕》《圣母升天》《第五印的揭开》《十字架》《复活》和《尊耶稣之名》，委拉斯凯兹的《东方三博士朝拜》《基督在马太家》和《教宗英诺森十世》，牟利罗的《双重的三位一体》和《纯洁受胎》，苏巴朗的《圣彼得的解救》，比利时（弗兰斯）巴洛克风格的基督教绘画包括鲁本斯的《竖立十字架》《下十字架》《最后审判》《参孙与大利拉》《乘夜色逃往埃及》和《圣母领报》，以及凡·代克的《彼得上十字架》《浴中的苏撒拿》和《哀悼基督》等。荷兰巴洛克风格的基督教绘画则包括伦勃朗的《天使阻止亚伯拉罕为上帝牺牲以撒》《伯沙撒王的筵席》《参孙的婚礼》《参孙失明》《大卫与押沙龙和解》《达娜厄》《浪子归来》《苏撒拿入浴》《苏撒拿与长老》《天使降临圣子之家》《博士朝拜》《雅各的祝福》《基督下十字架》和《使徒保罗》等，据统计伦勃朗所画《圣经旧约》题材的画作就有32幅之多。

　　18世纪之后，欧美宗教题材的绘画作品减少，但基督教绘画仍然占有一定比重。其中"洛可可"风格的基督教绘画就包括法国画家华脱的《十字架上的基督》，意大利画家皮脱尼的《基督的诞生与圣父圣灵》，提埃波罗的《天国的荣耀》，以及德国画家特罗格尔的《圣母升天》等。在新古典主义艺术发展时期，与基督教历史相关联的著名画

---

① 丁宁：《西方美术史十五讲》，北京大学出版社2003年版，第234页。

作则包括法国画家雅克—路易·大卫的《拿破仑加冕典礼》等。在近现代欧美绘画艺术发展中，基督教主题仍屡见不鲜。例如，英国浪漫主义画家布莱克画有《太初》和《约伯记》插图，雷顿爵士画有《圣母》，亨特画有《世界之光》和《逃亡埃及》，罗赛蒂画有《受胎告知》，米莱斯画有《在双亲家的基督》，比亚兹莱画有《莎乐美》插图等；其他相关作品还包括美国画家萨尔曼的《看哪！我站在门外叩门》，希克斯的动物画《和平的王国》；德国画家科内留斯的《最后审判》，费尔巴哈的《哀悼基督》，冯·柯尔内里乌斯的《约瑟见圣友》和《启示录中的骑士》，科林特的《红色的基督》；以及法国画家莫罗的《莎乐美之舞》《雅歌》和《哀悼基督》，德拉克洛瓦的《十字架上的基督》和多雷的《圣经》插图230余幅。此外，荷兰画家梵·高的《好撒玛利亚人》为印象主义的宗教绘画，法国画家保罗·高更的《雅各与天使搏斗》和《黄颜色的基督》具有象征主义色彩、英国画家萨特兰的《十字架受难》体现出抽象主义风格，西班牙画家达利的《耶稣受难像》则表达了超现实主义意趣。

概言之，文艺复兴和欧洲近现代艺术家一般常选用如下几个方面的基督教题材来表达其宗教或世俗主题，体现自然主义和现实主义的艺术风格及审美情趣。

一是选用圣母的故事。除了拉斐尔创作的众多圣母形象之外，这类代表作还有基尔兰达约的《玛利亚的诞生》，画面展示了一个普通平民家庭生活的场景，描绘了一个小女孩的诞生给全家带来的喜庆和欢乐；提香的《圣母升天》，以其独有的色彩手段来表现人物温馨、愉悦的精神境界，整个画面洋溢出一个人间凡俗女子的欢乐情景；以及西班牙画家牟利罗的《纯洁受胎》图，借《圣经》中玛利亚因神启受胎而生耶稣的故事来描绘出一位俊秀柔美的少女和一群活泼可爱的儿童形象。

二是借用耶稣的生平。例如，达·芬奇的《基督受洗》，柯雷乔的《圣夜》《东方三博士来拜》《礼拜圣婴》，乔托的《逃亡埃及》《犹大之吻》《哀悼基督》，马萨乔的《博士来拜》《纳税银》，弗兰西斯加的

《鞭笞基督》《基督复活》，曼坦那的《在客西马尼祷告》《东方三博士朝拜》《哀悼基督》，拉斐尔的《基督变容》，鲁本斯的《竖立十字架》和《下十字架》等，这些绘画借此或是展现人生的悲欢离合、或是描写大自然的静谧安宁，充满了人间生活的真实及意趣。

三是利用创世记传说，包括米开朗琪罗的《创世记》著名组画，马萨乔的《失乐园》等。

四是采用最后审判的主题。这一题材以米开朗琪罗的西斯廷小教堂祭坛画为最突出代表。此外，较有名气的还包括安吉利科的《最后的审判》，画面以人物排列有序、场景对比鲜明、线条流利清晰而著称。西诺列利的佳作《反基督徒的历史》也以反基督徒在最后审判时被天使击毙的场面来描绘千姿百态的人体，有着人物众多、气魄宏伟之特点。鲁本斯的《最后审判》一画以打入地狱的场景，更是把基督教关于人因犯罪而在末日审判时会受到惩罚的说教用来表现芸芸众生为了活命求生而进行的挣扎，展示了色彩鲜明、形体艳丽的人之动态。

五是根据《圣经》和基督宗教历史事件的动人情节。比较典型的如弗兰西斯加的《示巴女王会见所罗门王》《君士坦丁之梦》，曼坦那的《圣赛巴斯先》，贝里尼的《圣马可布道》，丁托列托的《苏撒拿》《圣马可的奇迹》，勃鲁盖尔的《赴骷髅地的行列》，等等。

六是描绘先知、使徒、圣徒形象和基督教历史人物肖像。著名作品有丢勒的《四使徒》，拉斐尔的《立奥十世与两位枢机主教像》，克拉纳赫的《马丁·路德肖像》，荷尔拜因的《鹿特丹的伊拉斯漠像》，波提切利的《圣奥古斯丁像》，以及委拉斯凯兹的《教宗英诺森十世像》。据传教宗本人看了委拉斯凯兹惟妙惟肖的描绘后也曾感叹且不安地说："画得太逼真了！"

在西方绘画史上，基督教绘画有着悠久的历史，占据很大比重，如果不了解其中的基督教这一文化元素，则根本不可能对之加以客观描述和透彻把握。

（二）基督教雕塑艺术

基督教在西方建筑雕塑及工艺美术发展中举足轻重，影响深远，以基督教为主题的雕塑作品乃西方雕塑艺术中的一个重要组成部分。这类雕塑的题材内容一般涉及基督、圣母、天使和圣徒的形象与事迹，以及有关《圣经》故事的系列性描绘。它们多为教堂、墓地、宫廷、园林、博物馆、市政厅等建筑中的大型浮雕作品或人物雕像，以及古代各种王冠权杖上、圣书封面上和圣徒遗物宝匣四周的小型工艺装饰作品。这些大型雕塑所用材料多为大理石、青铜，以及其他砖、石、木料等建筑用材。而用贵重的金银、珠玉、象牙、宝石等雕琢而成的小型及微型宗教艺术品通常则被归入工艺美术品之类。不少基督教艺术大师的雕塑之作均构图考究，主题突出，形象生动，人物逼真，有着耐人寻味的宗教意义和永恒不朽的艺术价值；因此，基督教雕塑乃人类文化艺术的重要构成。

比较典型的基督教雕塑作品兴起于欧洲中世纪。其中早期雕像以基督圣像、圣母子像、耶稣受难像和众圣徒像为多，较为著名的有10世纪德国科隆大教堂中的《耶稣在十字架上》和11世纪法国图卢兹的大理石浮雕像《荣耀归于宝座上的基督》等。受基督教题材影响的浮雕作品则多为《圣经》故事的系列描绘，如11世纪德国希尔德斯海姆大教堂青铜门上的《亚当与夏娃》和《耶稣生平》浮雕组画，以及梵蒂冈圣彼得大教堂内的《彼得被钉十字架》浮雕群像等。

在欧洲文艺复兴运动中，以《圣经》题材和人物作为雕塑对象的作品不断增加，并出现了一些传世绝作。文艺复兴初期的雕塑杰作有意大利艺术家奎尔查在波伦亚圣彼得尼奥教堂青铜门上创作的装饰浮雕《被逐出乐园后的亚当夏娃》，以及同时代的雕塑家多那太罗创作的青铜雕像《大卫》。

多那太罗（Donatello，1386？—1466）是意大利文艺复兴初期的著名雕塑家，一生创作了许多基督教雕塑作品，包括哥特艺术风格的大理石雕像《大卫》和《圣约翰坐像》，其在《圣马可》《圣乔治》等雕塑作品中开始彰显其艺术个性，在浮雕《圣乔治屠龙》中首创平雕法，以其表面微妙起伏而由浅显深、明暗对照，达到一种独特的艺术效果；而他的铜雕作品《希律王之宴》《圣母领报》等雕像则为其著名的《大卫》铜雕创作奠定了基础。此外，他还创作了大理石浮雕《耶稣安葬》、木雕《圣约翰像》和青铜浮雕《莎乐美》等基督教雕塑作品。他所创作的青铜雕像《大卫》取材于《圣经·旧约》故事，是载誉西方艺术史的著名雕刻作品之一。大卫是古代犹太历史上英勇善战的国王，他与其子所罗门王统治时期，犹太王国在政治、军事、经济和文化等方面的发展曾达到过鼎盛。当少年大卫还是一个牧羊童时，正值强敌压境，其民族处于危难之际，他毅然挺身而出，一举杀死其民族之敌非利士族的巨人歌利亚，使敌人闻之丧胆，望风而逃。多那太罗的《大卫》雕像即以大卫杀死歌利亚后含蓄而矜持的喜悦神情来展示这位牧羊少年的姣好稚气和英勇无畏。这一雕刻作品的特点是不把大卫作为一种具有理想美的高大英雄来刻画，而是注重人物形象的写实意义和人间情趣，使之英姿飒爽，栩栩如生，给人以生动逼真之感。雕像所表现的大卫面目清秀，充满稚气，而其裸露的身躯更是显出孩童的单纯可爱，天真无邪。少年大卫在被砍下的歌利亚的巨大头颅之上，右手握着已成战利品的歌利亚的宝剑，叉腰的左手上拿着一块他曾用之战胜强敌的圆石头，其头上戴有一顶用月桂叶装饰的帽子，象征着胜利者所获得的桂冠。整个雕像造型高雅，匠心独到，生活气息浓厚，充分表现出少年大卫那种初生牛犊不畏虎的英勇气概。

另一意大利人基贝尔提于1425—1452年在佛罗伦萨洗礼堂青铜门上以"约瑟救灾"为题而创作出高5.65米、共有10块作品组成的《圣经》故事浮雕组画，作品匠心独到，非常精致，而且相互呼应，前后协调，它们曾使米开朗琪罗流连忘返，并被其誉为"天堂之门"。

米开朗琪罗在文艺复兴鼎盛时期也创作了大量的基督教雕塑作品，其中包括大理石浮雕《阶梯圣母》，被称为"博洛尼亚小雕像组"的大理石雕像《烛台天使》《圣普罗库尔》和《圣佩特罗尼乌斯》，被称为"皮可洛米尼祭坛雕像"的大理石群雕，包括《圣彼得》和《圣保罗》

等，大理石雕像《布鲁日圣母》，大理石浮雕《塔代伊圣母与子》，大理石浮雕《皮蒂圣母与子》，大理石雕像《圣马太》，被称为"教宗尤里乌二世陵寝"群雕的作品、上组为《女先知》《圣母子》和《预言家》，下组为《拉结》《摩西》和《利亚》，以其中的《摩西》像最为出名，大理石雕像《复活的基督》（《扶着十字架的基督》），大理石雕像《圣母与子》，大理石雕像《佛罗伦萨的哀悼基督》（《佛罗伦萨圣殇》），大理石雕像木雕《隆达尼尼的哀悼基督》（《隆达尼尼圣殇》），以及各种人物雕像如《圣格列高利》和《圣庇护》等。其雕塑作品的代表之作则是梵蒂冈圣彼得大教堂中的《圣母哀悼基督》、罗马圣彼得镣铐教堂中的《摩西》和佛罗伦萨学院画廊中的《大卫》这三座大型雕像，它们不仅使米开朗琪罗享誉千秋，而且也为后人带来了不尽的美感和遐思。可以说，这三座雕像代表着米开朗琪罗的雕塑风格和其雕塑创作的最高成就。

《圣母哀悼基督》亦称《圣母与躺在膝上的基督》或《罗马圣殇》，是米开朗琪罗在1498—1500年为罗马圣彼得大教堂而作。这座大理石雕像以《圣经新约》中马利亚哀悼耶稣蒙难的情节为题，表现圣母因失去圣子而陷入无限的悲痛和哀悼之中，其圣母造型细致入微地表达出慈母在失去爱子后的一种欲语无言的痛苦和伤感。当时才二十多岁的米开朗琪罗尚不为罗马人所熟识，为了让罗马人了解他这位初出茅庐的天才艺术家，所以他在雕像搭过圣母肩头的肩带上刻写了自己的名字"佛罗伦萨人米开朗琪罗·波纳罗蒂"，从而使之成为他唯一署名的作品。这一作品不仅给人以肃然起敬的神圣之感，而且有着一种淡雅的艺术韵致。因此，这件珍品虽说是米开朗琪罗初出茅庐之作，却被誉为"罗马最美的大理石雕像"。

《大卫》雕像是米开朗琪罗1501—1504年重返佛罗伦萨时，利用一块闲置在老宫门前已46年之久的优质大理石创作而成，将之加工成高达5.1米的雕像。其主题取材于《圣经旧约》以色列少年英雄大卫的故事。米开朗琪罗根据大卫迎战其民族顽敌巨人歌利亚的情景而雕成了一尊全身裸露、体格雄伟健美、神态勇敢坚强的美男子立像。雕像中的大卫全身裸露，双眉紧蹙，目光向左前方怒视，左手扶着肩上的甩石机，右手作随时握拳之势，展示出他镇定成熟、意志坚强、力量无限，必克顽敌的英雄气质，从而与多那太罗所雕刻的充满稚气的少年大卫风格迥异。《大卫》雕像随之成了佛罗伦萨人引以骄傲和自豪的艺术宠物，为了保护这位美少年的玉体，他们于1873年将之移入佛罗伦萨学院画廊内，而在其市政厅的原址上安放了一个复制品。

《摩西》雕像为米开朗琪罗创作于1513—1516年，是"教宗尤里乌二世陵寝"群雕中的组成部分，立于罗马圣彼得镣铐教堂之内。米开朗琪罗以此刻画出《旧约·出埃及记》所记载的古代以色列民族英雄摩西从西奈山领得上帝颁布的"十诫"之故事，从而雕塑出这尊颇有威严的摩西形象。摩西为古代以色列人的领袖，他带领其民族出埃及、过红海，摆脱埃及法老的奴役，开创了以色列民族历史的新纪元。米开朗琪罗以摩西来表达他自己理想中的完美形象。在这一摩西造型中，其长垂卷曲的美髯刻画了摩西的德高望重，其头顶的双角象征着他身上放射着非凡的神光，让人望而生畏；其严厉的表情、凛然的目光，显示出他对不义之举和民族败类的愤怒和谴责，而那强健发达的筋肉则表达了他的大智大勇、大力大能。他右手紧握的两块"十诫"石板更是标志着他乃上帝神圣律法的维护者。整个雕像勾勒出摩西的智慧和威力，表达了人们理想中大智大勇的英雄形象。这一精确逼真、威仪感人的摩西雕像创作表现了一种理想之美，刻画出巨人般的划时代英雄，突出其人物造型所包含的无限力量与激情，也充分展示出艺术家本人的雕塑之技已达炉火纯青、出神入化之境。

近代以来，基督教对西方雕塑艺术的影响有增无减，尤其是曾为"巴洛克"艺术风格增辉添彩，使之风靡一时。例如，罗马圣彼得大教堂及其四周的基督教历史人物群雕把其"巴洛克"式广场装扮得威武雄壮，使之成为天下一大艺术奇观。这一时期特别值得一提的是17世纪意大利的建筑家和雕塑家贝尔尼尼（Gianlorenzo Bernini, 1598—1680），他是著名的"巴洛克"艺术大师。而他所生活的年代也正值天主教推行针对宗教改革运动的种种反制举措的时期。为了打破中世纪艺术风格的低迷局面，改变因文艺复兴和宗教改革运动而给基督教艺术带来的萎靡状态，他大胆采用了当时方兴未艾的巴洛克艺术风格，积极参加了罗马圣彼得大教堂的设计建造和各种体现基督教主题思想的雕塑创作，结果给当时的基督教艺术发展带来了勃勃生机，他自己也留下了许多富有艺术美感的珍贵之作。例如，贝尔尼尼创作的《大卫》大理石雕像、《圣德烈萨的迷醉》组雕和圣彼得大教堂主教宝座《天使》群雕等都已成为代表那个时代的传世之作。

在建筑方面，贝尔尼尼修改了罗马圣彼得大教堂的钟楼设计，并在教堂前设计兴建了巨大的巴洛克式椭圆形广场，使之成为世界天主教徒朝圣和集会的著名场所，也成为各地人们慕名而来的观光胜地。在雕塑方面，贝尔尼尼创作了众多的基督教人物和天使雕像，其作品充满激情和活力，达到一种强烈的戏剧性效果。例如，他所设计和完成的圣彼得大教堂中的祭坛华盖雕饰和螺旋形柱雕，为这一天主教徒所仰慕的圣地和世界最闻名的大教堂增加了富丽堂皇之感，创造出一种雄伟豪华的气势。

贝尔尼尼在圣彼得大教堂中创作的各种基督教题材的群雕及人物雕像，也为这一世界著名的艺术殿堂增添了奇光异彩。他的雕塑代表作即圣彼得大教堂中的《圣德烈萨的迷醉》祭坛组雕。这一大理石雕像以被天主教会封为圣女的16世纪西班牙修女德烈萨为人物原型，既表达出基督教灵性之爱的纯真高洁和其强大的感染力，也将当时天主教会反宗教改革运动的思想和巴洛克艺术风格的意趣有机地结合起来，巧妙地融为一体。这一雕像以圣女德烈萨面对一个小爱神模样的天使手持金箭刺来时的神情，来表现一种强烈的灵与爱之精神气氛。他在作品中既不回避人间爱情与独身修道的矛盾，又以灵性之爱来超越这一矛盾，使二者达到和谐与统一，形成一种理想境界中的升华。因此，人们可把这一雕像理解为德烈萨忍受爱情的折磨而砺志修行，也可看作她在追求灵性之爱时虽感痛苦却又无限甜蜜的表情。贝尔尼尼对其艺术作品的表述和处理，为人们深入理解巴洛克时期的基督教艺术主题和风格提供了最好的典范。

此外，这一时期颇值一提的基督教雕塑作品还有16世纪德国艺术家格哈德在慕尼黑创作的青铜雕像《天使米加勒》，17世纪意大利艺术家杜切斯诺在圣彼得大教堂创作的《圣安德烈》雕像，18世纪德国艺术家阿桑姆兄弟在韦尔腾堡修院教堂创作的《神圣天界》《圣乔治》和在奥古斯丁教堂创作的《玛利亚升天》等雕像，19—20世纪的法国艺术家罗丹在巴黎创作的翻铜浮雕《地狱之门》和《圣徒约翰》雕像；此外还有奎尔查的装饰浮雕《被逐出乐园后的亚当夏娃》，以及基贝尔蒂创作的青铜浮雕《祭献以撒》《以扫与雅各》《约瑟救灾》等。

值得指出的是，在20世纪以来的现代社会中，基督教雕塑在表现主义、立体主义、超现实主义和构成主义等现代艺术流派及其抽象风格中也有着各种体现，其著名作品有德国雕塑家珂勒惠支的青铜雕像《圣母怀抱圣子》，旅居法、美的立陶宛雕塑家利普希茨创作的青铜组雕《雅各与天使决斗》，英国雕塑家亨利·摩尔创作的黑硅石雕像《圣母与圣婴》，以及美国雕塑家鲁本·奈基安创作的灰泥雕塑《下十字架》等。

（本文基于卓新平主编《基督教文化160问》，东方出版社2006年版相关内容修改、充实而成，亦参考了卓新平著《宗教理解》，社会科学文献出版社1999年版和《圣经鉴赏》，宗教文化出版社2000年版相关部分。）

第三章

基督教艺术风格及其教堂建筑

　　从基督教的历史发展和地域分布来看，基督教艺术在不同历史时期和不同国度或地区表现出不同的艺术风格。古罗马帝国时期的基督教建筑艺术以"巴西里卡"和"罗马式"为主，其他艺术形式也都体现出"罗马式"风格。东罗马帝国则形成了"拜占庭式"的基督教艺术风格，流行于地中海地区欧亚交界各国。其后，在东欧等地又出现糅合"罗马式"与"拜占庭式"而成的"斯拉夫式"基督教艺术。在中世纪的西欧，"哥特式"和"文艺复兴式"艺术风格曾一度流行于基督教绘画、雕塑及建筑等领域。自宗教改革运动以来，受新教观念影响较深的北欧形成了以"廉俭""朴实"为特色的"宗教改革式"艺术风格，而南欧天主教的反宗教改革运动则促成了"豪华""夸张"的"巴洛克"艺术风格。步入近代之后，体现"阳刚""雄浑""怪诞"的"巴洛克"艺术风格逐渐演变、衰落，终于让位给以"柔媚""纤细""烦琐"和多用"螺旋"图案为特征的"洛可可"艺术风格。这些艺术之流冲破了新教与天主教的界限，遍及绘画、雕塑、建筑、音乐等艺术形式，并使宗教艺术与世俗艺术交融互渗，形成了西方艺术繁荣发展和走向多元的局面。此外，"新哥特式""古典式""青年式"以及"印象主义""象征主义"等现代艺术手法和风格也影响到基督教艺术在近现代的发展。在基督教文明两千多年的历史发展中，不同流派的古今艺术家们以基督教为题材，创作了无数的不朽之作，使基督教艺术在世界艺术史中占有着极为重要的一席。

　　这些艺术风格不仅体现在西方文化艺术的众多领域，而且在基督教教堂等宗教建筑中得以凸显。教堂乃基督教徒举行宗教礼仪的建筑物之称。西文中"教堂"与"教会"（英文 Church，德文 Kirche，法文 eglise）本为一词，它的原义为"信仰社团"，其词源即拉丁文 ekklesia，意指"蒙召者的聚会"，译自希腊文 kyriake，指"属主者的聚会"，乃希伯来文 kahal（意为"社团聚会"）的引申义。中世纪以来，人们开始称基督教的主教座堂为"大教堂"（cathedral）；此词源自拉丁文 cathedra，意指"主教之座"。德文中亦称"大教堂"为 Dom（源自拉丁文 domus Dei，即"上帝的居所"）或 Munster（从拉丁文 monasterium，即"修道院"引申而来，原指修道院的总体布局或其"大礼拜堂"）。中国天主教常称其教堂为天主堂，而中国新教习惯上也称其教堂为礼拜堂。

　　古代犹太教的圣殿、会堂等宗教礼拜场所，在其意义和形式上曾影响到早期基督教会选择固定的地点作为公众聚会处来举行其宗教仪式，从而开始了基督教教堂建筑的漫长历史。最初，罗马帝国境内的基督徒因受迫害而处于地下状态，并没有公开的礼拜场所。他们往往利用教徒家里比较宽敞的房间，如餐厅、客厅等作为其秘密举行礼仪之处，在此基础上形成早期教会的所谓"宅第教堂"。另外，早期基督徒因相信肉体的复活，所以死后一般沿袭希伯来古风实行土葬，不采用希腊、罗马传统中的火葬方法，这样便形成了一组组基督徒的"地下墓穴"。而这些地下墓穴同时也就成为基督徒们秘密集会、举行宗教仪式之地，它们构成一种独特的地下教堂。墓穴中饰有宗教铭文、壁画和十字架图形，保存了大量的早期基督教艺术珍品。

　　基督教被立为罗马帝国国教后，从秘密变为公开，由地下转为地上，从此有了专门的教堂。起初，教徒们对异教的神庙和其他较为宽敞的场所加以改造利用，作为临时性教堂；同时，他们也模仿古罗马审案、集会之用的长方形大会堂形式而开始建造自己独有的基督教堂，由此兴起了基督教建筑艺术。

从教堂建筑的历史发展来看，最早在4世纪上半叶开始正规的教堂建筑。观其艺术风格，当时多为上述呈长方形状的"巴西里卡"教堂，其主体分为中殿和侧廊，后殿为半圆形。5世纪起，东罗马帝国出现"拜占庭式"教堂建筑，常用圆顶、拱形结构。加洛林王朝时期，教堂建筑开始采用十字形布局，并逐渐向"罗马式"建筑风格过渡。9—12世纪，西方教堂建筑因模仿古罗马流行的建筑式样而被称为"罗马式"建筑风格。12世纪以来，在法国北部最先出现"哥特式"教堂建筑，因其垂直形框架结构给人以伟岸挺拔、高耸入云之感。文艺复兴运动之后，复古之风和世俗化的官邸宅院等建筑特色也影响到西欧的教堂建筑。16世纪的宗教改革运动使新教与天主教在教堂建筑及其布局、装饰上分道扬镳，走上各自独立发展的道路。

自中世纪以来，欧洲西部教堂建筑以"罗马式"和"哥特式"为主，而欧洲东部教堂建筑则大多为"拜占庭式"和"斯拉夫式"。南欧在反宗教改革运动中兴起了"巴洛克"式教堂造型，除其"豪华""怪诞""波动"之状引人入胜外，其常见的"洋葱头"式堂顶也往往使人感到似有几分东方情调，可与"拜占庭式"和"斯拉夫式"教堂外形相映成趣。18世纪以后，晚期"巴洛克"式教堂内部的装饰逐渐被"洛可可"艺术风格所取代。

总体而论，近现代的教堂建筑已呈多元发展之势。19世纪多有"古典式""新哥特式""新罗马式""新文艺复兴式"和"新巴洛克式"艺术风格的教堂问世，"青年式"和其他世俗化建筑风格也影响到教堂的设计和建造。而20世纪建成的法国龙尚豪特圣母教堂、巴西奥斯卡·尼默耶尔为新首都巴西利亚设计的大教堂，西班牙巴塞罗那仍在建造的圣家族教堂，以及日本东京的圣母大教堂等都造型独特，对比鲜明，色彩强烈，个性突出，具有显著的时代感、民族感和典型的现代宗教意识及审美意趣，远远超出过去的教堂建筑风格和套式。这些独具匠心的现代艺术杰作，使基督教的教堂建筑又进入了一个全新的时代。

一 "巴西里卡"建筑风格

拉丁文"巴西里卡"（basilica）一词源自希腊文 basilikos，本有"房间""大厅""神殿""道路"等义，后常用来专指雅典的王宫大厅，为一种长方形的大会堂建筑形式，故而称为"长方形会堂"。古罗马帝国时期，自监察官波西乌斯于公元前184年率先在罗马市中心建成其"巴西里卡·波西亚"大厅，这种建筑式样遂蔚然成风，流行于罗马全城，贵族、商人乃至皇帝等都对之模仿，争先建造，在罗马市区形成"巴西里卡"建筑鳞次栉比，有日渐增多之势。"巴西里卡"大厅被罗马人用作多种场所，如贸易集会的市场、审判案件的法院、商讨军机等政务的会议大厅等，故而成为古罗马时期的一种公共建筑物，也是罗马公众生活的中心。而一些基督徒在其宗教获得合法地位之前亦曾在这种属于私人大宅第的类似大厅中悄悄举行过其宗教礼仪。这种建筑风格的特点在于其平面乃长方形布局，中间通常有两排列柱，将其分为中堂和两侧堂，而在室内的一端或两端构设有高起的平台，或在一端有半圆形的后堂。

基督教成为罗马帝国国教后，人们开始模仿这种长方形大会堂形式来建造基督教堂。据传罗马皇帝君士坦丁大帝在位时就曾建造过三座大型巴西里卡式教堂。从此，"巴西里卡"便用来专指古代教会这一长方形式样的教堂，称为"长方形教堂"，表达出一种独特的早期基督教建筑风格。"巴西里卡"的教堂结构在古代曾被视为最完美的教堂建筑形式，在教会史上流行达数百年之久。其教堂布局为一长方形大厅，入口在西端，门前有一个露天庭院，四面被回廊所围。通向教堂正厅的门厅多为不能进入教堂参加礼仪的忏悔者和慕道友所设。作为教堂主体建筑的大厅被两行柱子分隔成中殿和侧廊，通常中殿两边各有两个侧廊。中殿末端为教堂圣所，祭坛就设在圣所前沿，圣所后部则为半圆形的后殿。在中殿和后殿之间一般有一交叉甬道将之分开。外墙无窗，光线从中殿上部窗口透入。中殿和侧廊之上为木架屋顶，而半圆形后殿上则为拱形圆顶，但早期巴西里卡教堂中除罗马的主教座堂外，一般并无这种拱形圆顶结构。教堂内部采用大理石拼花地板，在连拱柱廊和圣所上部装饰有以圣像和《圣经》故事为内容的镶嵌画。

最早的巴西里卡教堂为君士坦丁大帝于颁布《米兰敕令》的313年命令在罗马建造的拉特兰圣约翰教堂。君士坦丁大帝在巴西里卡建筑风格的教堂建造中让其教堂结构增添了一个新的部分，即在后堂前部增建一个横向的耳堂，这样能够使教堂的平面呈现为十字架的形状。此后，欧洲中世纪教堂建造一般都保持这一标准模式。此外，这种教堂的前厅一般都有柱廊，10世纪之后教堂建筑中又增建有圆形或方形的钟楼。虽然巴西里卡风格的教堂建筑外形比较简朴，其整体结构及其由中堂、侧堂和后堂所构成的平面布局，却成为此后基督教堂建筑模式的基础，形成人们审视教堂建筑一种不言而喻的标准。罗马圣彼得教堂始建于324年，其最早的教堂建筑样式就是巴西里卡建筑风格的典型代表，它直至1506年才被拆毁重建，成为保留至今的圣彼得大教堂。其他较为著名的巴西里卡建筑风格之教堂还有385年建造的罗马圣保罗教堂（19世纪遭火灾后重建），4世纪在巴勒斯坦建成的伯利恒圣诞教堂，以及6世纪在拉文纳建成的圣阿波利纳教堂等。

二 "罗马式"艺术风格

9—12世纪，西欧兴起"罗马式"艺术风格，主要体现在建筑、雕刻、绘画及工艺美术等方面。"罗马式"（Romanesque）词意指"罗马的影子"，最初由19世纪法国历史学家德热维尔从语言学角度用来指使用罗马语（拉丁语）系的各国，如用意大利语、法语、西班牙语的西南欧各国，但自1824年起被法国艺术史学家德科蒙（de Caumont）用作表达一种受到古罗马文化影响的欧洲中世纪早期艺术风格。"古罗马"（Roman）文化艺术是指公元前753—476年逾千年的罗马帝国文化艺术之发展，而"罗马式"艺术（Romanesque art）则指8—13世纪的西欧艺术风格。如果要更为精确地界定，"罗马式"艺术则主要是指8

世纪末至 10 世纪初的加洛林王朝文化艺术；而从整个西欧中世纪的发展来看，则可以说其鼎盛时期应该是 1050—1150 年这百年西欧文化艺术的发展及其特色。

就其艺术特色而言，"罗马式"艺术应该是涵括古罗马艺术、加洛林艺术、奥托艺术、拜占庭艺术和中北欧地方日耳曼艺术传统的综合体。其主要精神乃体现出一种厚重、宏伟和强有力的艺术观念，有古代罗马帝国的身影和遗风。这种理念及其技艺主要反映在建筑、雕塑、绘画，以及工艺美术等方面。

罗马式建筑萌芽于加洛林王朝时期，其最为风行的时期为 1000—1150 年，大概于 1075—1125 年在意大利、法国、德国和英国达到其发展高潮。其建筑主要为基督教的教堂、教会府邸和修道院建筑等。这种以罗马式教堂为典型代表的建筑风格在主体设计上曾受到"巴西里卡"教堂形式的影响，即多用长方形会堂布局，但因其模仿古罗马凯旋门、城墙、古堡等建筑式样，采用了古罗马式的券、拱等才有此名，从而与"巴西里卡"式建筑本质有别。罗马式教堂的主要特征为厚实的石墙、狭小的窗户、半圆形拱门、低矮的圆屋顶、逐层挑出的门框，上部饰以圆弧形拱环、交叉的拱顶结构，以及层叠相重的连拱柱廊等；这通常是在窗、门和拱廊上采用半圆形"罗马式"拱顶，或用厚墙上的筒形拱顶及其交叉构建来支撑其内部结构。因这种教堂建筑大量使用立柱和各种形状的拱券，有厚实的窗间壁和墙壁而达到了一种敦实厚重、均衡安稳、力度饱满、结构完整的美学效果，给人一种结实、强有力之感。但由于其窗户既小又少，教堂内部光线黯淡，故而容易给人一种压抑、神秘、幽暗之感。罗马式教堂的典型之例在西欧各地均有一些：在意大利有建于 1063 年的比萨大教堂和建于 1098 年的米兰圣安布罗斯教堂；在法国有建于 1070 年的卡昂圣艾蒂安教堂和建于 1080 年的图卢兹圣沙宁教堂；在德国有建于 987 年的美因茨大教堂和建于 1110 年的沃姆斯大教堂；1133 年建成的英国达拉姆大教堂也突出体现了 12 世纪罗马式建筑的精华所在。

在罗马式艺术时代，雕塑和绘画都是服务于建筑的，即为建筑主体之延伸或其局部之点缀。从雕塑作品来看，具有纪念性质的雕刻以人像艺术为主，它们主要为罗马式教堂大门上的半圆形额板浮雕、柱头和柱底雕刻、柱身圆雕及圣坛或座椅上的装饰雕刻。这些雕塑作品记录着其信仰传统、教义精神和历史事件，其额板浮雕一般以《圣经》中的"最后审判"为题材，浮雕中心为审判世界的耶稣基督雕像，周围则乃比例较小的各种人物雕像。这类作品中艺术价值较高的有法国南部莫伊萨克的圣皮埃尔修院教堂正门上的《最后审判》浮雕。其中央是头映椭圆形灵光环的基督，四周为福音书的象征图像，两旁站立着天使，下方为先知、长老、蒙福者和受罚者等众多人物雕像。法国奥顿大教堂中的额板浮雕《最后审判》则用夸张的人物造型刻画出立于蚌形光环之中的基督，其右边为轻歌曼舞的天堂生活，左边为惩罚罪恶的地狱判决，下方则由各种善善恶恶的灵魂群雕构成横贯门顶的水平浮雕饰带。而法国图卢兹圣沙宁教堂中的大理石浮雕《荣耀归于宝座上的基督》也是罗马式雕刻之精品。教堂建筑中的柱头、柱底、柱身及其他装饰雕刻大多以基督教历史事件、人物和《圣经》故事为题材。此外，在教堂浮雕、青铜门组雕、圣物箱雕刻、石碑石棺雕刻，以及牙雕、骨雕、木雕等手工艺雕刻中，"耶稣诞生""圣母与圣子""十字架上的耶稣"等也是罗马式艺术作品的重要主题。

绘画在罗马式艺术中不太突出，主要为教堂内的彩色玻璃嵌画、镶嵌画和湿壁画，以及当时流行的圣书手抄本中的细密画插图。彩色玻璃嵌画以圣像和圣徒故事为主，用以装饰教堂窗户。它开始于加洛林王朝，在哥特式艺术时代达到鼎盛，以法国夏特尔大教堂12世纪的花玻璃组画最为著名。镶嵌画主要受到东罗马帝国拜占庭艺术风格的影响，以意大利威尼斯圣马可教堂中的宗教镶嵌画为典型代表，亦流行于托斯卡纳、罗马、西西里等地。教堂湿壁画因绘画材料的限制而保存完好者甚少，比较著名的有西班牙塔忽尔圣克莱门小教堂中的壁画《主的威严》，表现基督作为世界救主而具有的神圣性。手抄本《圣经》插图常用装饰性、图案式方法来表现画中人物的衣纹，给人一种衣纹紧贴肉身、如同从水中走出的感觉，故有"湿衣褶风格"之说，其典型作品为12世纪英国的《朗贝斯圣经》和《布利圣经》插图。

三 "哥特式"艺术风格

中世纪欧洲在12—15世纪达到鼎盛,其经济和社会产生了深刻的变革,而在其思想、文化和艺术等领域也达到了空前的发展。这一时期的艺术风格,通常被称为"哥特式"风格。"哥特式"(Gothic)一词的来源颇难说清,因为"哥特"本是来自斯堪的纳维亚、当时处于尚为"野蛮"社会发展状况的游牧民部落之名称。哥特人自1世纪开始南迁,并定居多瑙河地区,但在其后漫长的岁月中并未能发展出这种高水平的艺术风格。比较普遍的解释是,文艺复兴时期的意大利著名画家拉斐尔在其给教宗利奥十世的信中首先用到"哥特式"一词,借以批评文艺复兴之前中欧及北欧的建筑样式,即把"哥特式"一词作为"野蛮"的同义语,从而将凡是从阿尔卑斯山以北传来的东西都称为"哥特式"的。此后,16世纪的意大利艺术评论家乔尔乔欧·瓦萨里把介于欧洲古代与文艺复兴之间的所有艺术都贬称为"哥特人的创作",但无论其褒贬之论是否合适,"哥特式"之名由此却在艺术史上沿用至今。其实,哥特式艺术与哥特人并无任何联系,它乃"罗马式"艺术的更高发展,为中世纪基督教神学观念在艺术上的一种反映。

实际上,人们讨论研究"哥特式"艺术风格,比较集中关注的主要是"哥特式"大教堂之建筑特色。现代西方艺术史家在论及这种代表欧洲艺术极高水平的大教堂之本源时,认为其乃"复杂而多层面的作品",包含有多种元素:"就大教堂的整个结构而言,北部日耳曼(北欧Nordic)元素提供了结构部件,好似骨架;所谓的哥特式(西欧)元素提供了'诗意';地中海(南欧)元素提供了全面而人性的元素……从历史上讲,这些元素并非在大教堂修建时同时出现,而是以上述顺序出现……第三个元素从一开始就发挥了作用,但它最初与其他元素叠加在一起,在很大程度上作用不大。只有到1180年后第三个元素(地中海元素)才活跃起来,进而确立了大教堂的'古典阶段',但自

1250年开始，它又受到了坚决压制。因此，'古典'大教堂成功地融合了三个民族最优秀的特点。就艺术而言，它创造了'法国性'；而就这种充分的融合而言，它具有最高意义的欧洲性。"① 由此可见，多元整合乃创新发展之基础。

12世纪上半叶，在法国中北部最先出现哥特式建筑。巴黎周边地区当时有"法兰西亚"之称，这一历史上曾被叫作"法兰西岛"（Ile de France）的地区才是哥特式艺术的真正发源地。巴黎之北的圣丹尼修道院院长苏热尔（Abbot Suger of St. Denis）在1140—1144年组织了其修院教堂唱诗坛的重建工作，他率先提出教堂建筑要表现光、高、数这三个理想，这种建筑遂被视为是"应用神学的里程碑"。建筑师按此要求而试探在建堂中采用向高处延伸、增大窗户和改变比例的方法，其体现出的建筑风格正是哥特式艺术之首创。就这种教堂建筑的发展比较而言，"13世纪的哥特式大教堂与12世纪的罗马式建筑在许多方面迥异：尖拱取代圆拱，扶壁取代土墙，空间分明的薄墙取代没有窗户的厚墙，网眼窗格取代梯级式或壁龛式表面，最重要的是创造了统一的空间，而非仅仅按照当时的惯常做法增加空间单元"②。从此，这一风格的教堂建筑在欧洲各地得到广泛采用。

哥特式建筑当时在法国得到了普遍的推崇和好评。巴黎在11—12世纪的发展中已取代罗马而成为中世纪基督教世界的中心，而基督教信仰的虔敬气氛，教会权力的至高无上，以及中世纪经院哲学所强调的通过理智的探索，通过复杂而精微的思考去得到上帝的感召等因素，都在高大、明快、奢华的哥特式教堂建筑之神学意境和审美情趣中得以表述和体现，所以这种艺术风格深受法国人的青睐。法国哥特式建筑的成熟标志乃是始建于1163年的巴黎圣母院。它由教宗亚历山大三世亲自奠

---

① ［德］罗尔夫·托曼（Rolf Toman）主编：《哥特风格：建筑，雕塑，绘画》（Gothic: Architecture, Sculpture, Painting, h. f. ullmann publishing GmbH），中铁二院工程集团有限责任公司译，中国铁道出版社2012年版，第8页。

② 同上书，第16页。

基，于1345年才最后完工。"这座建筑堪称哥特式建筑的原形。这么说并不是因为它是哥特式建筑的第一座教堂……而是因为这是第一次尝试建造一座新式的标志性建筑，其具备哥特式特征，而又独具匠心。巴黎圣母院有约130米长（426英尺），从地面到拱顶有35米高（115英尺），远远超出了哥特式教堂的惯用尺寸"①，其宽度则达48米，堂内4排直径5米的大圆柱将中堂的空间划分为5个纵厅；中堂两边的双侧堂在后堂形成一条双回廊，并以半径递增的方式向外扩展，形成一种匀称协调之美；其长廊上面有高侧窗，堂内的玫瑰花形圆窗极大，其直径约达10米，具有极好的采光效果。因此，巴黎圣母院不仅是法国哥特式教堂建筑的杰作，而且还成为后来欧洲建造哥特式教堂的典范。法国文豪雨果在其名著《巴黎圣母院》中论及该教堂的正面时曾如此描述："巴黎圣母院至今仍不失为巍峨壮美的建筑。……尽管她年事已高而风韵不减，……建筑史上再也没有比这更为绚丽的篇章了。从正面望去，只见三座并排的尖顶拱门，上面有一层锯齿状雕花飞檐，一溜儿排着二十八尊列王塑像的神龛，飞檐上居中是花棂的巨型圆窗，左右护拥着两扇侧窗，好像祭师身边的两名助手：执事和副执事；再往上看，便是那亭亭玉立的修长的三叶形拱廊，那一根根纤细的圆柱支撑着沉重的平台，还有那赫然矗立，带有青石瓦披檐的两座黑沉沉的钟楼；纵观整个门脸儿，雄伟的五个层次，上下重叠，在恢宏的整体中布局和谐，一齐展现在眼前，又丝毫不给人以紊乱之感，甚至那难以计数的细部，诸如雕塑、浮雕、镂刻，无不强有力地凝聚在宁静而伟大的整体上；可以说这是石头谱成的波澜壮阔的交响乐，是一个人和一个民族的硕大无朋的作品，整个儿既浑然一体，又繁复庞杂，……这也是一个时代所有力量凝结的神奇产物，每一块石头都千姿百态，鲜明地显示由艺术天才所统摄的工匠的奇思异想；一言以蔽之，这是人的创造，伟壮而丰赡，赛似

---

① ［德］罗尔夫·托曼（Rolf Toman）主编：《哥特风格：建筑，雕塑，绘画》（Gothic: Architecture, Sculpture, Painting, h. f. ullmann publishing GmbH），中铁二院工程集团有限责任公司译，中国铁道出版社2012年版，第44页。

神的创造,似乎窃来神的创造的双重物质:繁丰而永恒。"① 可以说,巴黎圣母院已经成为古老巴黎的一个重要象征。非常遗憾的是,2019年4月15日巴黎圣母院发生火灾,其塔楼尖顶被大火吞噬折断,损毁严重;祈愿这一具有标志性的文化古迹能够早日得以修复。

此外,1194年之后重建的夏特尔(亦译"沙特尔")大教堂,建于1211年的兰斯大教堂和建于1220年的亚眠大教堂也都是欧洲哥特式教堂的典范。夏特尔大教堂被法国著名雕塑家罗丹称为"法兰西的卫城",于1194年6月被大火摧毁后重建,约1220年基本完工;重建的夏特尔大教堂为十字形设计,中殿长128米,教堂东头由回廊环绕,并以此建有呈辐射状的5个半圆形礼拜堂,其飞扶壁高达16米,教堂拱顶为当时法国教堂拱顶之最高,故此教堂被视为中世纪欧洲哥特式建筑鼎盛时期的代表作。"这座大教堂不仅是当时最大的一座哥特式教堂,而且是最为宏伟壮观的一座,甚至其最细微之处都体现了这一特点。因而尽管沙特尔的拱顶很高,甚至高于巴黎圣母院的拱顶,但其所呈现的并不是巨大或者缥缈,而是厚重与强大。与此同时,它并未丧失精妙之性:八角形与圆形的墩柱更迭交替,圆形壁联柱攀附于八角形墩柱的中心,反之亦然。因为这种差异性延续至壁联集柱,而壁联集柱又一直延伸至拱顶,所以中堂的整个墙面拥有精巧而令人难以察觉的韵律。"②

兰斯大教堂也是因1210年被大火摧毁后重建,为了确保国王顺利举行加冕典礼,故于1211年就奠基重建,于1241年基本完工。自1223年的路易八世至1825年的查理十世,先后有24位法国国王在此举行过加冕典礼,圣女贞德曾参加1429年查理七世在此教堂的加冕礼。新建的兰斯大教堂以其"花饰窗格的形式取代了沙特尔大教堂中高侧窗上错综复杂的玫瑰花窗。这让兰斯的大教堂顺理成章地划入哥特式建筑,因为窗户开口中的这种精美花饰窗格有利于丰富彩色玻璃窗的表面形式

---

① [法]雨果:《巴黎圣母院》,古敬译,西藏人民出版社2001年版,第98—99页。
② [德]罗尔夫·托曼主编:《哥特风格:建筑,雕塑,绘画》,第50页。

和窗户的装饰"①；其雕塑布满教堂的大门、后殿、各小礼拜堂及高侧窗，追求一种"华丽的极致"，教堂整体显现出动感、飞升之势，给人以"大教堂似火焰那样升腾"（罗丹之语）的感觉，由此亦意味着法国教堂建筑有着火焰哥特式风格之走向。

老亚眠大教堂本为罗马式建筑，1218年毁于火灾，1220年在其主教主持下重建，1288年主体部分基本完工，但教堂南塔和西塔则分别于1366年和1402年添加完成，而教堂最后部分包括其十字耳堂顶上尖塔则迟至1533年才最终完成。新建的亚眠大教堂充分体现出哥特式建筑的特点，教堂有深深的门廊，开放式拱廊，拱座上有充满立体感及活力的大量雕刻及装饰，其玫瑰窗的纹饰更为复杂，富有动感，给人一种火焰四射、流光溢彩的印象，教堂整体呈现出"火焰哥特式"的风格。法国人在其哥特式建筑艺术中创造了由三层同心圆组成的圆花窗和"火焰式"窗饰，这样，当外界的光线从玻璃窗花中透入时，能使教堂内闪烁绚丽夺目、飘忽不定的神秘光彩。而其创立的教堂尖塔上之透雕棱饰，则更加丰富了哥特式建筑宏伟华丽、优雅飘逸之姿。亚眠大教堂的特色还表现在其"一根根细长的支柱支撑着中堂四壁，而尤为引人注目的叶形蛇腹层又将墙壁上部的连拱廊分隔出来，因而墙壁看似被分成了许多高不可攀的空间。与此同时，幽深而高耸的中堂就像是一条长长的隧道，将唱诗班席推向远方。如此一来，从正门看去，亚眠的内部给人以强大的震撼之感"②。正因为这种美感而使罗丹把亚眠大教堂看作"一位令人崇敬的女子，是圣母"③。

在英国，来自法国的建筑师威廉·桑斯（William of Sens）于1174年开始按哥特式风格设计坎特伯雷大教堂。其原有罗马式风格的大教堂1130年才完工，但在1174年毁于大火，由此才使之获得了成为英国第一座哥特式大教堂的机遇。新建的坎特伯雷大教堂于

---

① ［德］罗尔夫·托曼主编：《哥特风格：建筑，雕塑，绘画》，第59页。
② 同上书，第63页。
③ 参见朱子仪《欧洲大教堂》，上海人民出版社2017年版，第105页。

1184年竣工，它成为"英国第一座对唱诗堂进行哥特式加宽的建筑"，而且，"教堂楼廊的高拱廊被改造成法式风格，教堂外墙上面细长的柱身并不附着在墙面上，而是腾空而起，产生一种飞檐走壁的效果"①。

体现同一风格的英国教堂还有建于1220年的索尔兹伯里大教堂和建于1245年的威斯敏斯特大教堂。"索尔兹伯里大教堂的平面图完全由长方形构成，中间长长的耳堂把整座教堂一分为二。从教堂外部来看，耳堂顶部的塔楼起到了这样的分隔作用。在耳堂以东位置，还建有另一座稍小的耳堂。这座小耳堂的后面是唱诗堂，构成唱诗堂的几座建筑高度自西向东依次递减：较高的唱诗堂、长方形回廊、低矮的东边小教堂"；但与法国哥特式教堂建筑风格不同的是，索尔兹伯里大教堂的墙壁非常厚实，而且"更注重建筑结构之间的宽度，更在意建筑所呈现出的灿烂与辉煌"；其"在墙壁、拱顶和玻璃上使用的装饰"乃别具匠心，"内部装饰显得非常华丽丰富，……再加上在拱券和拱顶上的彩色绘画，以及精细的彩色玻璃，就形成了英国哥特式建筑五彩斑斓、奢华大气的内部装饰风格"②。此外，尽管其拱顶要比法国哥特式教堂明显要低，却有着高123米的尖塔，这也是当时中世纪最高的石构建筑尖顶。以此，英国建筑师实际上乃创造了"垂直式"风格，以加强哥特式教堂垂直上升、高耸入云的效果。

位于英国首都伦敦的威斯敏斯特大教堂在中文中习称"西敏寺"，是应国王亨利三世的要求而建，大约在1269年基本完工，但因1298年教堂因火灾部分损毁，后来的修建断断续续，直到1388年才基本修好，而其最后完工则一直拖到了18世纪末。这一教堂"总长156米，宽22米。它的外观充满了尖拱门窗、小尖塔、巨大的飞扶壁等标准哥特式风格的表述，还有西立面的双塔结构和突出的壁柱，半圆形的后殿等，都

---

① ［德］罗尔夫·托曼主编：《哥特风格：建筑，雕塑，绘画》，第124页。
② 同上书，第119、121页。

可以从法国的哥特式大教堂找到渊源"①;不过,威斯敏斯特大教堂也有其独特之处,如其"英国式的拱肋雕饰密布,拱顶悬垂下许多漏斗形花饰,极为精巧。大面积的彩色玻璃窗使人几乎感觉不到墙壁的存在"②。可以说,威斯敏斯特大教堂"楼廊窗格的设计和无壁间通道的薄壁明窗设计""耳堂的正立面由透孔拱肩的巨大玫瑰形窗户装饰,一组飞扶壁支撑着中堂高高的外墙"③ 等设计都是当时全新的创意。

这种哥特式风格尤其是其"火焰哥特式"也曾影响到1386年兴建的意大利米兰大教堂,它的一簇簇高高耸立的尖塔和两边的支撑拱架好似象牙雕刻而成,精美无比。不过,米兰大教堂的建造经历了5个世纪之久,直至1858年才算完工,此后又不断整修、维护,以保持原貌。其特点是整体为砖石结构,以大理石贴面,故而被美国作家马克·吐温誉为"用大理石写成的一首诗"。米兰大教堂长约157米,宽92米,高约45米,教堂最高处为中央尖塔上的4米高镀金圣母像,其离地高度为109米;此外,整个教堂为山形墙、小尖塔、飞扶壁所围绕,其外观共装饰有2245尊雕像、135个尖顶、96个怪兽形状的滴水嘴,让人眼花缭乱、目不暇接。这在哥特式教堂建筑中乃别具一格,引人关注。

德国哥特式建筑起步较晚,其中最为壮观的乃是始建于1248年的科隆大教堂,至1880年才基本完工,这乃归功于19世纪欧洲哥特式建筑的复兴,否则可能难以完工。科隆大教堂的典型特色是拥有世界教堂中最高的双塔,其塔尖高约157米。而建于1377年的乌尔姆教堂单峰尖塔高达161.6米,成为世界上最高的教堂,在1908年之前也曾为世界最高建筑。德国哥特式教堂拔地而起,直插云霄的高塔建筑产生出强烈的飞腾升华、超脱尘世的效果,使人叹为观止。

哥特式雕塑艺术主要表现为教堂门楣中心的浮雕群像,以及门券里和立柱上的圣母、基督及圣徒立像。这些雕刻作品的典型代表有巴黎圣

---

① 朱子仪:《欧洲大教堂》,上海人民出版社2017年版,第31页。
② 同上书,第32页。
③ 引自[德]罗尔夫·托曼主编《哥特风格:建筑,雕塑,绘画》,第136页。

母院正面中门上的《最后审判》群雕和夏特尔大教堂正门的《众圣徒》圆柱体雕刻群像等，其特色是形体修长，姿态拘谨，以人物头部的前倾后仰、左顾右盼来表现动作。另外，哥特式人物雕刻还有注重衣饰刻画和线条间紧张感的特点，它们多采用圣母圣子形象造型。其中著名者有14世纪波希米亚的《克鲁莫圣母》雕像，以结构明快清晰，线条优美雅致著称。以"哥特式摆动"而闻名的法国阿维尼翁维勒夫教堂的《圣母子像》则利用象牙的弯曲度来把人像雕成扭动的姿态，给人一种呼之欲出、栩栩如生的感觉。

由于哥特式教堂窗户扩大，壁面减少，所以其绘画艺术以彩色玻璃窗画为主，仅在意大利等地教堂留下了一些以宗教为主题的大型壁画。彩色玻璃窗画以《圣经》故事为内容，用红、蓝、紫等颜色的小块彩色玻璃镶嵌而成。最突出的作品即夏特尔大教堂和布鲁日教堂中的玻璃窗画。哥特式壁画的名作有14世纪西蒙·马蒂尼为锡亚那大教堂创作的祭坛画《天使报喜讯》。处于哥特式和文艺复兴式艺术风格过渡时期的著名艺术家乔托，早期曾为佛罗伦萨新圣母教堂创作木板画《基督被钉在十字架上》，此画虽在构图和色彩上有大胆革新，但仍属晚期哥特式绘画艺术。此外，哥特式艺术还表现在中世纪盛行的圣骨盒与圣体匣的制作、金银珠宝的雕饰，以及宗教内容的挂毯图案和书籍插图之中。

四 "拜占庭式"艺术风格

"拜占庭"（Byzantine）艺术因以东罗马帝国的首都"拜占庭"为中心而得名。它开始于4世纪罗马皇帝君士坦丁将拜占庭更名为君士坦丁堡时，此后一直延续到东罗马帝国的衰亡。其影响遍及小亚细亚、巴尔干半岛、希腊、南斯拉夫、俄罗斯及意大利的部分地区。

拜占庭建筑艺术主要表现在"巴西里卡"教堂结构的进一步发展，即采用"集中式"和"十字形平面式"布局，多为圆形或八角形样式，其主教座位设在圣坛后面，由此构成后殿结构，后殿被回廊环绕，中殿两边有侧廊屋顶作穹隆形，由独立的支柱加帆拱来构成，教堂内部则多以镶嵌画来装饰墙壁。这种圆顶、拱形结构遂成为拜占庭式建筑的特色，其典型代表首推兴建于532年，于537年落成的圣索菲亚（Hagia Sophia）大教堂。该堂亦称Megale Ekklesia，意即"大教堂"，是其在君士坦丁堡同名教堂的第三次重建而成，教堂构设是在方形平台上覆盖圆形穹顶，圆顶直径达33米，由4根支柱和4个大圆拱支持，圆顶下面基座为一圈通光窗口，这40扇拱形窗使堂内光线达到一种奇特的效果。558年圣索菲亚大教堂的圆顶因地震而坍塌，后在稍有缩小的圆顶基座上建起比原有建筑高6米的圆顶，保留至今。奥斯曼帝国时期，圣索菲亚大教堂曾被改建为清真寺，四周竖立起4座高73米的宣礼塔，并以伊斯兰教的半月标志取代了其穹顶原有的十字架。20世纪30年代，这一建筑改为博物馆，人们得以重新辨认其圣索菲亚大教堂的原貌，找寻其基督教时代的痕迹。此外，拜占庭风格的教堂还包括拉文纳的圣维莱塔教堂、威尼斯的圣马可大教堂，以及后来莫斯科所建圣巴西勒教堂等。

莫斯科的圣巴西勒教堂也称"瓦西里教堂"，全称为"护城河上的圣母升天教堂"，习称"代祷主教堂"，因为教堂中的一个圆顶以被视为"圣愚人"的圣徒巴西勒命名，故此而有"圣巴西勒教堂"或"祝福者圣巴西勒教堂"之称。该堂坐落在莫斯科红场的南边，曾为莫斯科城市的标志性建筑，有"盛开在红场的石头花"之称。圣巴西勒教堂建于1555—1561年，体现出俄罗斯式拜占庭建筑风格，即拜占庭艺术与斯拉夫艺术风格的有机融合。其典型特点即洋葱头似的圆顶，当时沙俄伊凡雷帝建教堂的目的就是为了庆祝其对外作战的胜利，宣称每取得一次胜利就给教堂增建一个圆顶，因其一共取得了9次胜利，故而这个教堂有9个圆顶。该教堂的设计乃匠心独到、构思巧妙，整体乃由在十字架平台上各自看似独立的9个教堂聚合而成，其外壁起初为白色和金色，17世纪以后改为现在的图案和色彩；其组合体中的最高教堂高约46米，具有帐篷顶构设的八角形尖塔上是一个洋葱头形镀金圆顶，其周围的8个小教堂则按照几何图形来建造，其洋葱顶造型亦折射出伊斯兰教的建筑风格，反映出多元文化之聚合和交汇。

拜占庭艺术之雕塑作品因受726—843年的圣像破坏运动之影响而所剩无几，现有艺术品文物多为反映宗教生活的浅浮雕与人物头像。而其绘画艺术，在西方美术史上则有着重大的意义。拜占庭风格的镶嵌画独树一帜，它色彩明快，造型生动，富有极大的艺术感染力，堪称镶嵌画中的一绝。其典型作品有圣索菲亚大教堂中的《圣母子与君士坦丁和查士丁尼大帝》，拉文纳圣维莱塔教堂中的《查士丁尼及其随从》，新港圣阿波利纳教堂的《殉教女圣徒之行列》和《殉教男圣徒之行列》，旧港圣阿波利纳教堂中饰有金星十字架、飞翼天使和12只羔羊的《圣阿波利纳之祝福图》与《基督变容图》。在拜占庭式绘画中，还有不少细密画和湿壁画作品，但总的成就尚不及镶嵌画。如湿壁画与之有着几乎相同的内容和风格，但色泽上却稍逊一筹。其特点则在于它可用晕染的方法来把握画面的浓淡变化，达到一种立体感效果。

拜占庭艺术中极为突出的是其圣像画的创作。它是在东罗马帝国结束圣像破坏运动之后广泛流行的一种画在木板上的蛋胶画，从古希腊肖像画和抄本插图演变而来，其内容多以《圣母像》为主，特点是线条明快，构图简洁，着色深厚，人物表情慈祥、温柔，其著名之作乃12世纪君士坦丁堡的《符拉基米尔圣母》。这种圣像画艺术迄今仍流行于俄罗斯和东欧各国。

从总体上来看，拜占庭式艺术风格与东正教的发展变迁密切相关。随着东正教传入东欧的斯拉夫各民族，拜占庭艺术与罗马式风格相结合，从而逐渐演化出新的斯拉夫式艺术风格。因此，我们可以看到拜占庭式艺术风格与斯拉夫式艺术风格有直接且密切的关联。

五 "斯拉夫式"艺术风格

斯拉夫艺术因东欧斯拉夫各民族的艺术风格而得名，其中以东斯拉夫人中的俄罗斯艺术最有成就，也最为突出。由于斯拉夫各族大多信奉东正教，因此斯拉夫艺术也主要表现为东欧的东正教艺术。从其历史形成过程来看，斯拉夫式艺术来自罗马式与拜占庭式艺术风格的结合与发展。随着东、西罗马帝国的分裂及其相继衰亡，东正教传入东欧广大地区的斯拉夫语民族之中，而与东罗马帝国密切相关的拜占庭艺术则逐渐演变出斯拉夫艺术，结果在原有基础上开始了东正教艺术的新生。二者的区别，在于拜占庭艺术基于古代地中海世界的希腊语文化，而新兴的斯拉夫艺术则与斯拉夫语文化圈的发展变迁休戚相关。

斯拉夫建筑艺术在很大程度上受到拜占庭建筑风格的影响，因而也被称为"仿拜占庭式"或"晚期拜占庭式"。在其典型的教堂建筑上，斯拉夫式教堂也多采用穹顶式或八角形加圆顶式的设计，并有着罗马式建筑的厚重之感，但在整体布局和塔顶设计上却另有新意，显出自己独有的风格。例如，斯拉夫式教堂一般建有多层圆顶，形成大小不一的蘑菇群状。而且，这种顶端立有十字架的圆塔建筑或是半圆形金顶，或是雕饰成洋葱头式和椰壳式，因此比拜占庭式建筑显得更为富丽堂皇和美观豪华。斯拉夫式教堂的早期代表作品有建于1037年的基辅索菲亚大教堂和建于1045年的诺伏哥罗德索菲亚大教堂，比较典型的代表作品则有建于1479年的沃洛科拉姆斯基约瑟夫修道院教堂群体建筑，建于1475年的莫斯科克里姆林宫内的圣母升天大教堂和建于1883年的圣彼得堡耶稣基督复活教堂等。17世纪以来，随着彼得大帝的社会改革和对外开放政策的推行，斯拉夫建筑亦受到西欧艺术风格的影响，较为典型的就是巴洛克风格被引入斯拉夫式门洞建筑之中，如基辅著名的劳拉修道院巴洛克式门洞等。而建于18世纪的彼得堡彼得罗·巴甫洛夫斯克大教堂钟楼和斯莫尔尼教堂等，也体现出西欧宫廷艺术的风格。

斯拉夫雕塑主要依附于其建筑，与之构成密不可分的统一体，较著名的教堂雕塑作品有创作于18世纪的彼得罗·巴甫洛夫斯克大教堂尖塔上的《有翼天使》雕像等。斯拉夫式宗教绘画则以圣像画为主。它源于拜占庭艺术中的圣像画传统，但已有新的突破和发展，其特点是作品更加富有人情味，而且也不再局限于《圣母像》这一题材。比较突出的作品，有15世纪著名画家洛布约夫为莫斯科大天使米迦勒大教堂创作的《大天使米迦勒》圣像画等。

此外，自斯拉夫各民族皈依基督教之后，也逐渐形成了斯拉夫式教堂音乐风格。它分为西斯拉夫式教堂音乐和东、南斯拉夫式教堂音乐：前者受西方教会音乐影响，采用拉丁文的西方礼仪音乐，并形成以"基辅圣礼音乐"为代表的格列高利风格，通行于东欧的一些天主教会，后者则受拜占庭教会音乐影响，并将宗教礼仪所用的希腊语译成各种斯拉夫语言，形成了以"西里尔字母"为其语言体系的教堂音乐传统，通行于东欧各地的东正教会。

六 "文艺复兴式"艺术风格

"欧洲文艺复兴"作为欧洲著名的文化复兴运动在世界历史发展中深有影响，前面对之已有详述，故此只在这里就其艺术风格特点加以简述。文艺复兴式艺术风格指发源于意大利、在14—16世纪影响遍及全欧的一种富有革新精神的人文主义艺术风格。"文艺复兴"一词来自法文Renaissance，原意为"重新出生"，在此则指"古典文化的再生"，最初为19世纪的法国历史学家尤利·米歇勒和瑞士文化史学家雅科布·布尔克哈特（Jacob Burckhardt）所用，尤其是因为雅科布·布尔克哈特1860年出版《意大利文艺复兴之文明》（Civilization of the Renaissance in Italy）一书而被人公认和通用。但其渊源则来自被誉为"艺术史之父"的16世纪意大利人瓦萨里（G. Vasari，？—1574）撰写14—16世纪意大利艺术家评传时所用 rinovare（意指"更新"）、rinascere 和 rinascita（意指"再生"）等词，借此与"哥特式"和"拜占庭式"艺术区别开来。

文艺复兴艺术的开端，可追溯到14世纪初期意大利人比萨诺父子的雕塑、契马部埃的绘画及其弟子乔托的绘画和建筑设计。他们的作品开始突出"人本主义"的思想，在内容上大胆肯定人与自然，在形式和技巧上注重对人与自然的科学研究，并借"回到古代去"之口号来摄取古希腊罗马的建筑、雕刻和绘画经验，在风格上则体现出哥特式艺术与古典艺术的结合，以及在此基础上的新突破。其建筑重采希腊、罗马古风，多用希腊式石柱和罗马式圆顶；其雕刻出现古典雕塑圆润、自然之势；其绘画则致力于人物性格和表情的刻画，富有人间情趣。这种艺术新风自从意大利刮起后，迅速传遍欧洲，尤其在尼德兰、德国、法国、英国、西班牙等地获得更进一步的发展。

文艺复兴式建筑最早兴起于意大利佛罗伦萨，其历史意义上的创始人为布鲁涅斯奇（Filippo Brunelleschi, 1377—1446），他率先将存在于古希腊罗马等古典建筑中的一些形式发掘出来作为其创新元素而加以运用，当时即获得一种令人耳目一新的效果。这种建筑风格随后传入威尼斯、罗马等城及法、德等国。不过，最初这种风格的建筑多为世俗的官邸、别墅，表现为按照古典柱式比例、采用半圆形拱券和以穹隆为中心的建筑形体，其典型之例有佛罗伦萨的美帝奇府邸、维琴察的圆厅别墅和法国的枫丹白露宫等。但不久这种风格亦渗透基督教的教堂建筑之中，人们在建堂时重新采用古希腊式石柱和罗马式的圆顶穹隆。在教堂内部结构上，其圣坛和中殿也不再分开，大厅面积扩大，座位增多，世俗色彩加重。例如，布鲁涅斯奇设计的圣劳伦佐教堂就以罗马式建筑样式为基调，对其拱券式回廊结构加以新的改造，而其设计建造的佛罗伦萨大教堂的八角形圆顶，在其灯笼状冠顶的正中央就有希腊式圆柱的尖顶塔亭。建筑师亚伯第也曾参照古罗马万神殿风格和古希腊三角山墙式样来设计佛罗伦萨郊外的圣安得列亚教堂。1506年动工重建的罗马圣彼得大教堂更是罗马式和文艺复兴式艺术风格有机结合的杰作，许多著名艺术大师如勃拉芒特、拉斐尔、米开朗琪罗、桑迦洛和贝尔尼尼等都参加过该堂的设计与施工。

在雕塑上，文艺复兴初期的杰作有被米开朗琪罗叹为"天堂之门"的佛罗伦萨洗礼堂第二大门上28块浮雕组画《以撒的牺牲》和第三大门上10块浮雕组画《约瑟救灾》，均出自基贝尔蒂之手。多那太罗的《圣乔治》《大卫》和《抹大拿的玛利亚》等雕像也极为著名，体现出从文艺复兴艺术向矫饰主义风格的发展。而米开朗琪罗创作的大量雕塑作品，则使文艺复兴式雕刻艺术达到其发展顶峰，尤其是他的大理石雕像《圣母哀悼基督》《摩西》和《大卫》，迄今仍不失其艺术魅力，葆有超群绝伦之姿。

文艺复兴的绘画艺术呈现出最为繁荣的局面。著名画家乔托被称为"近代绘画之父",他所创作的基督、圣母及其他《圣经》人物生平组画形象逼真,栩栩如生,代表着晚期哥特式艺术已过渡到文艺复兴式艺术时代,其《逃亡埃及》《犹大之吻》和《圣方济各与小鸟》等壁画让人惊叹不已,交口称誉。意大利文艺复兴初期的绘画可分为佛罗伦萨画派、西耶纳画派、帕图亚画派、威尼斯画派、费拉拉画派和米兰画派等。文艺复兴鼎盛时期反映基督教主题的著名绘画作品则包括达·芬奇的《天使领报》《岩间圣母》和《最后晚餐》,拉斐尔的《圣礼的辨析》和以《西斯廷圣母》为代表的众多圣母画像,以及米开朗琪罗的穹顶画《创世记》和祭坛画《最后的审判》等。意大利文艺复兴晚期的艺术作品中开始出现"矫饰主义"倾向,绘画上亦以模仿文艺复兴盛期大师为主,即所谓"米开朗琪罗的造型,拉斐尔的构图,提香的色彩"等。德国文艺复兴式艺术受到宗教改革运动的影响,产生了丢勒、小荷尔拜因、卡拉纳赫和格吕奈瓦尔德等著名画家。

文艺复兴艺术集大成之作可以罗马圣彼得大教堂为典型范例,其前接罗马式、哥特式艺术风格,下启巴洛克艺术特色,在文艺复兴艺术之表达上得到了非常集中的体现。圣彼得大教堂亦译圣伯多禄大堂,位于罗马梵蒂冈,是世界最大教堂之一,也是世界天主教会的中心。传说大堂原址乃使徒彼得的墓地,故有此名。圣彼得大教堂始建于4世纪20年代,最初为长方形大会堂式结构,体现出"巴西里卡"建筑风格。1506年大堂拆毁后重建,于1626年完工,遂形成今日的规模与风格。重建后的大堂长212米,宽137米,中殿高46米,圆顶直径42米,其上十字架顶尖离地137米,平面面积为1942平方米。教堂平面呈纵长十字形,横向三跨,于十字形交叉处上覆穹隆顶,其下为高圣坛,地下保存着圣彼得的圣骨匣。

圣彼得大教堂的设计和建造正值文艺复兴鼎盛时期,当时许多著名建筑师和艺术家如勃拉芒特、米开朗琪罗、拉斐尔、小桑迦洛等人都参加过这项工程,其教堂风貌因而多有文艺复兴艺术之特色,如大堂采用了罗马式的圆顶穹隆和希腊式的石柱等。最初由勃拉芒特负责设计大堂主体，原设计为正十字形。勃拉芒特死后由拉斐尔、乔康和桑迦洛等负责建造，他们将平面改为纵长十字形，其横向由柱墩分隔为三跨。此后，小桑迦洛和米开朗琪罗又先后担任过总建筑师。米开朗琪罗在逝世前已基本完成大穹隆顶的座圈，教宗西克斯图斯五世时，穹隆顶得以完成；教宗格列高利十四世时，又加建了穹顶亭。而在教宗克莱芒八世时，老教堂的后堂被拆除，建成了新的高圣坛。直到教宗保罗五世时，大堂设计采用了马代尔诺的方案，才基本上完成了纵长十字形的教堂主体。

圣彼得大教堂的主体完工后，贝尔尼尼于1655—1667年在堂前设计并兴建了巨大的巴洛克式椭圆形广场。其环形回廊由4排共284根古希腊式圆形大石柱组成，回廊顶端和教堂正面墙顶立有众多的巨型人物雕像。广场中央为一顶端立有十字架的方尖碑，两侧各有喷泉水池加以点缀。整个广场以方尖碑为中心呈现出向外辐射之状，造成一种宏伟、宽阔、豪放的气势。

此外，圣彼得大教堂的正门两侧还立有拿着钥匙的圣彼得雕像和手持宝剑的圣保罗雕像。教堂内部则有众多的著名雕刻和绘画作品，形成丰富多彩的基督教造型艺术之胜景。其中特别突出的如米开朗琪罗创作的《圣母哀悼基督》大理石雕像、贝尔尼尼创作的《圣德烈萨的醉迷》和《天使》群雕、拉斐尔创作的《基督显圣容》镶嵌画，以及坎比欧创作的《彼得》青铜雕像等，都已成为世界艺术宝库中的珍品。

七 "宗教改革式"艺术风格

宗教改革式艺术风格指16世纪欧洲宗教改革运动兴起后在新教地区流行的一种艺术风格，它在艺术史上一般被归入文艺复兴艺术风格的范畴而不单独列出。但文艺复兴式艺术既包括天主教地区，又包括新教地区的艺术，而二者相比，宗教改革式艺术则有着与众不同的特点和格调。

欧洲宗教改革运动以后，新教废除了天主教礼仪中的弥撒，以圣餐礼拜来代替。其礼拜仪式的简化遂促使新教的教堂建筑也趋向简朴，从而形成一种不同的建筑风格。宗教改革式教堂建筑崇尚俭朴之风，具有"廉""俭"及简洁明快的特色，教堂内部以圣餐桌取代祭坛，并反对悬挂带有神秘色彩的圣画和陈列雕塑圣像作品。这类教堂以中欧和北欧地区为多，一般都比天主教堂显得矮小和简朴。在新教传入北美新大陆后兴建了一些大堂，但传统上的建堂原则仍得以保留。目前北美最大的新教教堂有始建于1892年的纽约圣约翰大堂和1930年建成的河滨大堂，其主体结构多采用新哥特式，而堂内装饰则较为朴实无华。

由于路德和加尔文等宗教改革家反对教会内的偶像崇拜，因此受其影响的新教雕塑艺术几乎毫无建树，而绘画作品的主题和立意也与天主教绘画迥然不同。当然，路德承认作为"纪念的或观看的"耶稣受难像和圣徒形象也是"值得赞美并受尊敬的"。这样，宗教改革式绘画艺术以圣徒形象和改革者肖像画为主，并充分体现了"人本主义"和"因信称义"的新教寓意。

改革者肖像画以卡拉纳赫和小荷尔拜因的作品为主。卡拉纳赫是路德的好友，也是宗教改革的积极支持者。他乃德国萨克森画派的代表，其为当时人文主义者和宗教改革领袖所画的肖像画中以《约翰·库斯宾宁》和《马丁·路德与梅兰希顿》最为突出。小荷尔拜因生于奥格斯堡，在巴塞尔度过其青年时代，晚年定居英国，成为推行英国宗教改革的亨利八世的宫廷画师。在他创作的众多肖像画中以其为基督教人文主义者伊拉斯谟所画的《鹿特丹的伊拉斯谟像》最为著名。此外，他还根据"改革的"宗教艺术来表现路德的神学观念，其代表作为油画《新、旧约全书的寓意》。画面形象化地表现了天主教与新教的教义差别与对立，并用摩西律法与基督救世的对照来说明《旧约》与《新约》的关系。

圣徒形象则被丢勒表达得最为完善。丢勒自1519年起成为狂热的路德崇拜者，他所创作的名画《四圣徒》由三个耶稣门徒和一个福音传教士的形象所组成，其左端画板上的主要形象是路德所"最喜爱的"

圣约翰，他遮住了罗马教会的创始人圣彼得之像，在端画板上的主要形象则为站在圣马可前面的圣保罗，他代表着新教运动精神上的领袖。此外，丢勒还有为《新约·启示录》所作的15幅木刻插图、铜板画《骑士，死神与恶魔》，以及《十字架上的基督》《亚当与夏娃》等绘画作品，达到了当时宗教改革艺术的高峰。为此，丢勒成为了宗教改革艺术最为典型的象征，歌德对其思想精神及艺术评价非常之高，认为当人们明白了丢勒的时候，就可以因享受其崇高艺术而生活在真实、高贵，甚至丰美之中；而丢勒的成就及其价值，也只有最伟大的意大利人才可以与之相匹配。

八　"巴洛克"艺术风格

"巴洛克"（亦译"巴罗克"）代表着17—18世纪的一种欧洲文化特色，与天主教的反宗教改革运动及其文化促进有着直接的联系。此外，它作为一种艺术风格，在当时欧洲的建筑、雕塑、绘画，乃至其音乐和文学中都有着充分的体现。所谓巴洛克文学指17世纪天主教会内部流行的宗教故事、圣徒传和抒情诗歌等，以宗教神秘主义和虔敬主义为特点，但在西方文学史上影响不大。

关于"巴洛克"一词的来源有两种说法：一说源自葡萄牙文 barocco，西班牙文 barrueco 或意大利文 barucco，意为"畸形的珍珠"或"奇特而不规则的圆"；另一说源自中世纪拉丁文 baroco，意指"荒谬的思想"。18世纪的新古典主义理论家曾用此词来嘲笑流行于17世纪意大利的艺术风格，认为它背弃了生活及古典传统。于是，人们习惯上多用"巴洛克"来指17世纪以南欧为中心的一种夸张、豪华、重彩、怪诞、猎奇的艺术风格。但在19世纪末叶，瑞士艺术史学家沃尔夫林赋予巴洛克艺术极为肯定的意义，认为它显示出表现动势、追求无限、虚实一体和明暗突出等艺术特色。

巴洛克作为一个艺术时代，大体可分为三个阶段：文艺复兴艺术中出现的矫饰主义可以作为巴洛克艺术风格的初期，有人认为在米开朗琪罗的艺术创作中这种巴洛克风格就已经始见端倪；17 世纪为巴洛克在全欧的鼎盛时期；18 世纪流行的洛可可艺术则可归为巴洛克的晚期。巴洛克艺术的特点是一反文艺复兴盛期的严肃、含蓄、平衡等艺术风格，倾向于以鲜明饱和的色调及起伏动荡的曲线来表现人体的肉感和景物的华丽，形成一种强大的艺术生命力和其令人惊讶的冲动性；甚至在教堂及宫殿的设计建造中，其艺术表现会融建筑、雕塑和绘画为一体，在这三个方面都追求豪放的气派、强烈的动势和巨大的起伏，造成幻象和奇景，打破时空界限，丢弃传统认知。这种艺术特色的形成，除了因近代资本主义的产生而导致的享乐主义审美情趣外，还由于天主教会将中世纪禁欲主义的艺术变为具有巨大诱惑能力和感官刺激性的写实主义艺术，造成一种强大的文化艺术声势和气氛，以应付宗教改革运动的冲击，抵制其带来的信仰分裂及教会危机。所以，巴洛克艺术风格以其多变的光线来造成一种明暗交织的精神氛围，以其写实的技法来展示基督教与人间生活的密切联系，以其复杂的形象刻画来剖析人物的性格、心理及气质，以其浮夸、矫揉、怪诞的构图来产生种种幻觉，渲染宗教之神秘莫测，追求一种戏剧性的效果。

巴洛克建筑艺术最初以意大利罗马为中心。被誉为"巴洛克建筑之父"的是当时活跃在罗马建筑界的波罗米尼（Borromini），他以正弦弧和反弦弧构成的多变状曲线外形而设计成罗马圣卡尔罗教堂，该教堂凹凸分明的复杂构图及其布满十字形、八角形、圆形、四方形和弧形图案的椭圆状穹顶，真正体现出巴洛克艺术"畸形的珍珠"之寓意。罗马巴洛克建筑最杰出的作品乃梵蒂冈圣彼得大教堂及其椭圆形大广场：米开朗琪罗设计了教堂的大圆顶，贝尔尼尼则设计出以方尖碑为中心、由两个相对应的半圆形大理石柱廊围绕而成的堂前广场。其规模宏伟，想象奇特，堪称世界巴洛克艺术一绝。这种风格受到各地宫廷和天主教会的欢迎，不久即传遍整个西欧。其典型之例，在法国有巴黎的凡尔赛宫及其独具匠心的公园，它的问世形成讲究庭院布局和人工巧饰的"法国式公园"与推崇自然风貌的"英国式公园"之鲜明对照；在奥地利有维也纳的美泉宫（Schloβ Sch？ nbrunn，音译"申布龙宫"）、望景宫（Belvedere，音译"贝尔韦德拉宫"）和卡尔大教堂；在德国有奥格斯堡市政厅、慕尼黑的特亚蒂纳教堂、多瑙河畔的梅尔克修道院教堂；在西班牙则有圣地亚哥大教堂和格拉纳达的卡尔特修道院教堂。

巴洛克雕塑以贝尔尼尼的成就最大，他的代表作有罗马圣彼得大教堂中的祭坛华盖雕饰和螺旋形柱雕、《圣德烈萨的醉迷》祭坛组雕、主教宝座《天使》群雕，罗马天使堡前天使桥两侧的众天使雕像等。西班牙人托梅的托莱多大教堂祭坛组雕，德国人阿桑姆的《圣乔治》雕像、彼特尔的《圣抹大拉》雕像，以及弗希特迈尔的《施洗者约翰祭坛》组雕等，也都是巴洛克雕刻艺术的珍品。

巴洛克绘画作品极多，尤以教堂穹顶画所展现的宏伟场面和波动气势而著称。有时创作者将画中人物造型与雕塑艺术结合起来，给人以强烈的立体感和真实感。比较著名的巴洛克绘画之作，在意大利有巴佐创作的罗马圣依纳爵教堂穹顶画《圣依纳的光荣》、卡拉瓦乔创作的宗教画《圣马太的殉难》和《埋葬基督》，以及提埃波罗所作乌迪内大主教宫装饰壁画《所罗门的裁决》。在尼德兰，布吕格尔的名画《建造巴别塔》已体现出矫饰主义向巴洛克风格的过渡，而著名画家鲁本斯的祭坛画《竖立十字架》《下十字架》等则描绘出健康饱满的人体、华丽多彩的色调和恢宏壮观的场面，使其一跃而为欧洲巴洛克绘画的突出代表。荷兰画家伦勃朗的宗教画《基督治病及驳斥法利赛人》《浪子回头》《参逊的婚礼》和《苏撒拿入浴》等在光线的运用技法上也体现出一定的巴洛克特色。法国巴洛克风格的画家普森主要在意大利度过其艺术生涯，留有宗教画作《最后的晚餐》和《婚配圣事》。南德巴洛克绘画的代表之作，则有阿桑姆在英戈尔施塔特马利亚教堂创作的穹顶画《马利亚带来神恩》等。

值得一提的是，16—18世纪的欧洲音乐也以"巴洛克音乐"为主流。它源自意大利的歌剧和有低音伴奏的独唱风格，通常为教堂音乐，如圣剧、唱诗和受难曲，随之发展出多声部合唱，有着强烈的主体表现和人文主义情调。而且，16世纪出现的多声部牧歌式表演又促进了丰富多彩的器乐曲之创作，如大协奏曲、赋格、组曲、托卡塔、前奏曲、幻想曲和三重奏鸣曲等。巴洛克音乐的早期以意大利为主，盛期以法国和德国为主，后期则已流行于整个欧洲。

九 "洛可可"艺术风格

"洛可可"（Rococo，亦译"罗可可"）一词源自法语（Rocaille，意为"贝壳形"或"旋涡式"），最初指建筑装饰中的一种贝壳形图案，因1699年艺术家马尔列在金氏公寓的装饰设计中大量采用曲线形贝壳纹样而得名。洛可可艺术出现于法王路易十四执政的晚年，他于1695年让建筑师门赛尔修改其宫廷室内装饰设计，提出要使之"处处流露出童稚般的天真趣味"。此为洛可可艺术之发端。路易十五登基后继续倡导这一风格，所以洛可可式亦称"路易十五式"。由于它与巴洛克艺术有着渊源与承接关系，因此人们常把洛可可称作"晚期巴洛克式"或"女性化的巴洛克风格"。它主要流行于法、德、奥地利等国，其特征是具有纤细、轻巧、华丽及烦琐的装饰性，喜用C形、S形或其他曲线形的花草、贝壳、旋涡纹样和轻淡柔和的色彩，但失去巴洛克艺术所具有的张力感和豪放气势。

洛可可建筑以世俗宫廷建筑为主，典型之例有法国巴黎的苏比斯府第、德国慕尼黑林芬堡（Schloβ Nymphenburg，亦译"水仙宫"）中的阿玛丽宫（Amalienburg）和波茨坦的桑苏西宫（Schloβ Sanssouci，亦译"无愁宫"），其繁缛而秀丽的装饰充满女性的柔媚。其园林布景中有时甚至会糅入当时刚传入欧洲的一些中国文化元素。在18世纪欧洲的教堂装饰中，这种风格亦到处可见。洛可可雕刻除了用在宫廷、剧院的装饰外，多以教堂，尤其是修院小教堂和朝圣教堂内部的装饰为主，如法国斯特拉斯堡圣托马斯教堂内的墓碑雕刻，德国上巴伐利亚的韦斯朝圣教堂中之雕饰、莱茵河畔罗特本笃会圣马利亚修院教堂中的唱诗坛和穹顶雕饰，以及维尔茨堡主教府第中的雕饰等。法国雕刻大师勒莫安的雕像《基督受洗》，也为洛可可雕塑的上乘之作。洛可可绘画的主流则已趋向世俗化之意趣，它们大多是借用古希腊神话故事来表现丰腴娇媚的女人形体,故有"香艳体"之称。其为数不多的宗教画中以穹顶画为主,影响较大的有特罗格尔创作的布里克森大教堂穹顶画《圣母升天》和提埃波罗创作的一些以基督教为主题的宫廷、府第穹顶画等。

(本文基于卓新平主编《基督教文化160问》,东方出版社2006年版相关内容修改、充实而成,亦参考了卓新平著《宗教理解》,社会科学文献出版社1999年版相关部分。)

第四章

基督教与音乐

欧美音乐极受基督教传统的影响，它的起源和发展在很大程度上都是以基督教音乐为基础。基督教的圣剧、圣乐曾是中世纪欧洲音乐的主体，这种被称为"教堂音乐"的基督教音乐体系在欧美古今音乐中都占有极为重要的地位。可以说，如果不了解基督教音乐，则无法从整体上把握和欣赏欧美音乐。

一 基督教音乐的起源及其早期发展

早期基督教音乐来源于古希伯来音乐传统。从其历史渊源来看，基督教文化产生于两希（希伯来和希腊）文明的结合，而其中的希伯来人是罕有的喜好音乐的民族。由于他们的宗教禁止雕刻神像、从事形体崇拜，在空间造型艺术方面的发展故有其限制，因此他们将对艺术的爱好转注到诗歌和音乐方面，更多关注时间的艺术，从而发展出独特的宗教音乐体系。例如，《旧约·创世记》4章21节就有"犹八是一切弹琴吹箫之人的祖师"之记载，而《旧约》中的《诗篇》《雅歌》等更是希伯来音乐的典型作品。犹太人在圣殿献祭和后来在会堂的聚会中，都有其音乐表现形式，以使"上帝的荣光充满圣殿"。据《旧约圣经》描述，"他们出圣所的时候，歌唱的利未人亚萨、希幔、耶杜顿和他们的众子、众弟兄都穿细麻布衣服，站在坛的东边敲钹、鼓瑟、弹琴，同着他们有一百二十个祭司吹号。吹号的、歌唱的都一起发声，声合为一，赞美感谢耶和华"（《历代志下》5章12—13节）。而且，犹太人在诵唱《诗篇》时也采用了"应答式""直接式""交替式"等演唱形式。当基督教在罗马帝国时期从犹太教之母体中诞生时，它也接受了这一音乐传统，并使之发生了质的飞跃。

古希腊人的音乐本来也是很发达的，尤其是其以韵文为歌词的单声性声乐非常突出。但罗马人在继承希腊音乐后却使诗歌与音乐相分离，把音乐交给了下层民众，而上流社会只是在音乐里寻找感官刺激和快乐，结果使音乐在罗马地位下降，失去了昔日的荣耀和神圣。然而，当时处于罗马社会下层，且又注重内心灵性生活和精神升华的基督教却利用其社会地位和社会氛围来将音乐纳入其宗教活动之内，从而为音乐自下而上的发展创造了有利条件。在古代犹太史作家斐洛和罗马学者普林尼等人的著述中，都有关于早期基督教音乐活动的记载，如其集会颂诗、启应对唱等。这为基督教音乐发展打下了一定基础。

罗马帝国的基督徒一方面借用了犹太人的诗歌和圣歌，另一方面又发展出自身宗教礼拜之用的赞歌。如早期教父大巴西尔、德尔图良、亚历山大的克莱门特和尼斯的格里高利等都曾论及教会唱颂《诗篇》与自编赞歌的活动。他们强调"要用灵歌唱"，因此最初的基督教音乐发展以清唱为主，禁用乐器，以避免因与异教音乐形式相同而有偶像崇拜之嫌。早期教会音乐以赞美诗为主，"赞美诗（Hymnus）是用来丰富礼拜仪式中心的内容的。赞美诗首先发达于东方，在东方教会礼拜仪式中，赞美诗通常占有较重要的地位。早期基督教的赞美诗在保罗的书信《以弗所书》《歌罗西书》中业已提及。最早显然是由2世纪前后的诺斯替（Gnosticism）派开始的，叙利亚的巴德撒尼（Bardesanes，154—222）及其儿子哈莫尼奥斯（Harmonios，约3世纪）（或门徒）写了一个完整的诺斯替诗篇（Gnostics Psalter）。它的成功致使基督教教徒们群起模仿而蔚然成风"①。因此，这种赞美诗最初的发展兴起于叙利亚，

---

① 陈小鲁：《基督宗教音乐史》，宗教文化出版社2006年版，第13页。

当地的圣厄弗冷（Ephraem，约 306—373）被视为基督教赞美诗之父，他以叙利亚的诗歌和音乐为基础而开创了基督教的赞美诗，其创作遂成为希腊正教会赞美诗之源，并扩散到古代亚美尼亚、拜占庭、科普特等地。

这种宗教赞歌体系最著名的倡导者和实践者就是奥古斯丁的老师、公元 4 世纪末意大利米兰的主教安布罗斯（Ambrosius，约 339—397）。他规定了教会教历节日礼仪中所唱的歌曲，形成了安布罗斯圣咏歌调（Cantus Ambrosianus）。他利用叙利亚、安提阿等东方教会的一些唱答曲调而创立了由两个合唱班一唱一答之用的颂调和赞歌，从而确立了教会在崇拜礼仪上所需要的圣乐体系。他本人乃是当时著名的诗人和作曲家，其音乐体系故被称为安布罗斯圣咏调，此乃西方教会圣礼颂调之始，它构成了中世纪教堂音乐体系格列高利平咏调的前身。安布罗斯一生还创作了许多赞美诗，包括《万物永恒造主》《万物的创造主》《已到第三时辰》《万民的造主，请来！》等。其作品中最有影响力的为教堂平咏"赞美你，上主"，据传由安布罗斯为奥古斯丁施洗时的颂词发展而来，但对之是否出自安布罗斯亦有争议。奥古斯丁对安布罗斯的思想理论及教会实践赞不绝口，在其《忏悔录》中也充满着对安布罗斯赞歌圣颂的溢美之词。鉴于安布罗斯对教会音乐的开创性作用，他被誉为"西方教会音乐之父"。

二 教堂音乐与西方中世纪音乐传统

西方音乐发展曾受到基督教传统的巨大影响，其早期音乐的内容及体系基本上为基督教音乐。而这一音乐的奠基及成形则是在中世纪完成的。在此阶段，基督教的圣剧、圣乐及其崇拜礼仪中的音乐等形成了别具一格的教堂音乐，并在社会得以流行。当然，它的形成和发展与整个基督教文化的历史变迁息息相关。早期基督教会在其宗教礼仪中接过了犹太教的音乐传统。由于犹太人的宗教禁止崇拜偶像、发展形体艺术，所以他们侧重于诗歌和音乐的发展，其《诗篇》《雅歌》等本来就是歌曲，有些还需用乐器伴唱，这被犹太教所强调，亦被基督教所重视。因此，基督教从一诞生就注重并突出宗教音乐；早期教堂音乐以唱诵《旧约》传统的《诗篇》为主，同时又根据《新约圣经》的"福音书"而创造出许多"福音颂歌"，如根据《路加福音》而创作的《尊主颂》《以色列颂》《大三一颂》《西面颂》等，分别用作基督教的感恩颂歌、降临节赞歌、圣餐礼仪及晚祷音乐。至罗马帝国后期，教堂音乐开始形成以赞歌颂诗为主的独特体系。而在6世纪末叶，罗马教宗格列高利一世改进了当时的教堂音乐，主持编订了《格列高利颂歌谱》。从此，古代教会将这种简朴优雅的"格列高利歌调"定为"教堂歌调"，当作各地教会宗教礼拜音乐的范本。这种歌调流行上千年，至今仍作为弥撒礼仪音乐而通用于天主教会。

1. "格列高利歌调"对西方音乐发展的作用

6世纪末叶，格列高利一世（St. Gregorius I, 约540—604年，590—604年在位）任职罗马教宗，他是著名的早期基督教拉丁教父，其家族属罗马元老院贵族，571年曾担任罗马执政官，573年辞职退居隐修院，590年9月3日就任罗马教宗，是天主教隐修士被选为教宗的第一人。他上任之后加强了教务管理，有著作《伦理丛谈》35卷、《司牧训话》4卷。他认为原有的教堂音乐过于造作、柔媚，遂对之进行了淘汰、改造，并加上自己新作的曲调、素歌（Plainsong 或 Plainchant），整理、汇编成册，从而形成"格列高利歌调"（Gregorian Chant，亦称"格列高利颂歌谱"或"格列高利圣咏"）。格列高利一世借此明确制定了教会礼仪音乐演唱的统一原则，将所收集的歌调按照宗教年度排好次序，记录在《唱经本》中。这部中世纪权威性的教会音乐经典象征性地搁置在罗马圣彼得大教堂的祭坛上，并有一条金链将之系住，被尊为罗马天主教会的音乐准则。由此，格列高利一世在一定程度上改变了古代教会的颂唱风格。"最早，在天主教会中有一个传统，在宗教仪式中，会众直接参与到颂歌唱咏中来，如《荣耀颂》《阿门颂》《求怜经》和《颂歌》等均属此例。在6世纪末至7世纪初时，这项此前一直被安布罗斯保护的表达信仰的权利，在罗马教皇格列高利的改革中不断被减弱,礼拜时的会众集体咏唱逐渐转变为只由牧师们咏唱"①。在"格列高利歌调"确定之后,全世界天主教会的音乐从此就以格列高利歌调为原则,它对于中世纪教堂音乐乃至整个欧洲音乐的发展都有着非常重要的历史意义。

格列高利歌调的基本音阶由 sol、la、do、re、mi 这五音构成,为吟诵式颂歌,最初专用于男声演唱,其特点是单音无伴奏,不分拍子与小节,而依歌词字音的长短唱出节拍,节奏自由,没有和声。其歌词采用无韵散文形式,取自拉丁文的《诗篇》。这种歌调作为单声部音乐,分为齐唱和启应对唱两种形式,包括宣叙调和旋律歌调,前者一字一音,用来咏唱《福音书》《使徒书信》《诗篇》。《祈祷文》等经文,后者一字多音,用来颂唱《哈利路亚》等赞美歌词。在演唱中,独唱与合唱轮换进行的方式称为"应和",而仅以合唱各半相轮换的方式则谓之"对答"。格列高利歌调根据教会的宗教仪式而分为两大类,以耶稣最后晚餐与受难为内容的乃"弥撒曲",而当作赞美歌用于每日祈祷的则为"祷告曲",故而习惯上会将之称为"专用"或"常规"两种。它是天主教会日课仪式的有机组成,在弥撒礼仪中则是神职人员进入礼拜程序和奉献礼仪时的伴唱音乐。格列高利歌调在 9 世纪时已流行于欧洲,12 世纪前后在英、法等国被称为"平调",译自拉丁文 cantus planus,其名后来也用来泛指所有古代东西方教会的颂调。

格列高利歌调是中世纪教会音乐的灵魂与核心,并对整个欧洲音乐的发展起过重大作用。例如,格列高利歌调开始了欧洲乐谱记录的历史,创立了许多音乐术语、方法和影响广远的音乐理论体系。正是在格列高利记谱法的基础上,11 世纪的达雷佐修士奠立了四线谱记录法,构成 13 世纪五线谱的雏形;而其《圣施洗约翰颂》也为歌唱音阶由 do,re,mi 来发音之源。在西方复调音乐的诞生与发展过程中,格列高利歌调曾起过探索和扶持的作用。它为 9 世纪复调音乐的萌芽和 14 世

---

① 参见 [德] 阿尔伯特·施韦泽:《论巴赫》(Albert Schweitzer: *Johann Sebastian Bach*),何源、陈广琛译,华东师范大学出版社 2017 年版,第 4 页。

纪复调音乐的确立提供了前提和保障。而且，在教会圣咏歌唱的时代，格列高利歌调更是成为教会音乐家创作旋律的重要源泉，其曲调动机和主题常给人们带来灵感和启发。路德在宗教改革时曾经利用格列高利歌调来建立其新教音乐体系。近代音乐家巴赫的作品亦受到格列高利歌调的影响，如其弥撒曲中就常用格列高利的曲调作为主题。莫扎特在创作其著名交响曲《朱庇特》（Jupiter，即《C大调第四十一号交响曲》，《朱庇特》之名为后人所加。）时，其结尾的赋格曲曾参照过格列高利歌调。柏辽兹也曾用格列高利歌调而构思其《幻想交响曲》的终曲部分。此外，圣桑、舒伯特、肖邦、格里戈等欧洲音乐家在其音乐创作中都曾受到过格列高利歌调的启迪及影响。至于根据其歌调而谱写的协奏曲、变奏曲等更是多如繁星、不计其数。所以，有些音乐史家认为，格列高利歌调在西方音乐史上曾为单调往复调的发展过程中起到过承上启下的作用，它本身则为西方单调音乐最完美的形式。

2．"奥尔加农"及中世纪鼎盛时期的教堂音乐

9—10世纪，欧洲音乐家在"奥尔加农"（organum）的名下开始了复调音乐的试验，到16世纪达其发展的高潮。"奥尔加农"一词最初见于拉丁文的《圣经》中，原意为"乐器"。如《旧约·历代志上》23章5节有用"乐器颂赞上主"（canentes Domino in organis）之句。9世纪爱尔兰哲学家埃里金纳（Johannes Scotus Eriugena）最早论及此词的意义。中世纪教会曾用"奥尔加农"作为代表重要节日所唱歌曲之名词，后则用来专指一种二声部至四声部的最古老的复调声乐曲，它的主体乃是以格列高利歌调为根据。这种教堂音乐以多声部重唱或合唱为主，后又形成各种无伴奏合唱的赞美诗歌，它们被用于基督教重要节日的演唱，此即"奥尔加农"。中世纪教堂音乐以"福音颂歌"和"受难曲"为其两大主题，自13世纪以后，人们将之加以扩大，用戏剧的形式表现出来，在此基础上逐渐发展出近代基督教的圣剧，即清唱剧。

在欧洲音乐史上，基督教的复调音乐曾形成过多种流派，如巴黎乐派、罗马乐派和尼德兰乐派等。其中巴黎乐派在12世纪曾居复调音乐的领导地位，其代表人物、巴黎圣母院乐师雷翁南曾写有一大本《教

仪音乐》，曾被作为教堂音乐的典范。而16世纪罗马乐派的代表人物帕勒斯特里那则将中世纪清唱式的教堂音乐广泛发展，使这种宗教音乐达到了其发展顶峰；他谱写了众多的合唱曲，其中包括《教宗玛赛之弥撒》等弥撒曲93部、各种经文歌260余首。这些清唱式的合唱曲适用于表现群体信徒那庄严、肃穆、纯洁、超然、神圣的宗教气氛，对天主教会的礼仪音乐有着深远的影响。此外，帕勒斯特里那还为欧洲音乐中的美声唱法及和声唱法等奠定了重要基础。16世纪尼德兰乐派的大师拉索斯曾在意大利、英国、法国、比利时、德国等地活动，一生创作了50多部弥撒曲和1200多首经文歌、赞美诗歌，其中如《忏悔诗篇》《上主神圣》等都脍炙人口、极为闻名。

中世纪的教堂音乐在其发展中逐渐构成了如下四种形式：（1）经文歌，为单音无伴奏合唱。（2）弥撒曲，为教堂大型礼仪音乐。其代表作有《求主怜悯颂》《荣耀颂》《信经颂》《三圣文》和《上帝羔羊颂》等。这种形式的音乐创作也影响到宗教改革之后信奉新教的作曲家，他们也谱写了大量的弥撒曲，其中最杰出的作品为巴赫1733—1738年创作的《b小调弥撒曲》等。（3）赞美诗，为复调的分节歌曲，用拉丁文演唱。（4）合唱赞美诗，即四声部合唱圣歌，多用德文演唱。

三 宗教改革之后的基督教音乐发展

在欧洲宗教改革运动期间，宗教改革家马丁·路德（Martin Luther）"不仅仅是一位宗教改革家，还是一位艺术家。他的整套改革思想，是想按照最简朴的家庭仪式的流程来操办教堂的宗教仪式，按照这种设想，会众唱咏就是唯一能在教堂里出现的音乐形式"[①]。为此，他在吸收民间宗教歌曲的基础上自写歌词，自谱曲调，为新教赞美诗的发展开创了道路。这种对音乐的酷爱，使路德曾"颇为坦率而清晰地指

[①] [德] 阿尔伯特·施韦泽：《论巴赫》，何源、陈广琛译，华东师范大学出版社2017年版，第28页。

出，音乐仅次于神学，居其他各人文科学和技艺之首"①。他创立了新的教会音乐形式"众赞歌"，其代表作《上主是我坚固保障》(*Ein feste Burg ist unser Gott*，亦译《一个坚固的堡垒就是我们的上帝》) 后被诗人海涅誉为"宗教改革的《马赛曲》"。"路德处理众赞歌旋律的标准与他选择唱词的标准相似。只要能达到传道的目的，他不会介意使用稍显古奥的旋律，他也'改进'这些旋律，而且旋律的变动要比唱词的变动大得多，因为他的首要关切在于旋律是否便于咏唱及容易掌握与否。"②德国新教歌曲如路德的《快乐、快乐、我们靠主应当快乐》，哈斯勒的《噢！满是伤痕的头》等以这种革新的旋律而曾广为流传，它们深深影响近现代德国民族音乐的诞生和发展。

德国宗教改革运动中出现了一批新教圣咏曲集。这些曲集多用本民族语言写成，收集了大量的传统民歌和宗教歌曲。路德的朋友和音乐顾问瓦尔特于1524年出版了第一部新教的合唱赞美诗集。此外，新教音乐家勃顿夏兹、杰修斯、卡尔维修斯和普莱托琉斯等人也创作了大量宗教歌曲，从而奠定了新教教堂音乐的基础。其中尤以爱卡尔德创作的一些由五声部合唱构成的新教圣咏曲调和哈斯勒所作的四声部《诗篇歌集》等效果突出，不同凡响。这些曲调表露了崇高真挚的宗教情感和静谧安详的灵性诗意，有着巨大的艺术感染力，它们已成为人们广为吟唱、流传不绝的音乐佳品。

17世纪以来，中世纪流行的教堂音乐"神秘剧"和"仪式剧"逐渐演变为近代意义上的各种"圣剧"，它们曾风靡一时、蔚为大观。1600年第一部圣剧即卡瓦利埃里创作的宗教歌剧《灵魂与躯体之表现》在罗马公演成功，从此开始了"圣剧的时代"。17世纪的圣剧分为"通俗圣剧"和"拉丁圣剧"两种，用拉丁文的称为"拉丁圣剧"，多为传统宗教题材，以罗马人卡里西米为代表，其创作多以《圣经》内

---

① [德] 威廉·亨利希·瓦肯罗德：《一个热爱艺术的修士的内心倾诉》，谷裕译，生活·读书·新知三联书店2002年版，第58页。

② 参见 [德] 阿尔伯特·施韦泽《论巴赫》，何源、陈广琛译，第15页。

容为题材；用意大利文的则为"通俗圣剧"，它在其发展过程中逐渐脱离教堂音乐、自成一体，促成了欧洲世俗歌剧的诞生。此后，德国的圣剧独占鳌头，在近代宗教音乐中举足轻重。近代教堂音乐以圣咏、清唱剧、弥撒曲、受难曲、安魂曲及各种宗教交响曲为主，其中清唱剧以韩德尔的《弥赛亚》影响最大。弥撒曲除上述之外较著名的还有贝多芬的《C大调弥撒曲》和《D大调庄严弥撒曲》，受难曲以巴赫的《马太受难曲》和《约翰受难曲》最为突出，而安魂曲则以莫扎特和威尔第等人的同名作品最享盛誉。德国新教音乐家巴赫代表着欧洲音乐史上的一个全新时代。此外，在欧洲近代基督教音乐发展中，韩德尔和威尔第等音乐家也有着独特贡献。

1. 韩德尔（George Frideric Handel，1685—1759）

17世纪末18世纪初，圣剧的集大成者为英籍德国音乐家韩德尔。他生于1685年2月23日，是巴洛克文化发展后期在德国出生的英国作曲家，从小酷爱音乐，曾在汉堡参加歌剧院管弦乐队小提琴及拨弦键琴的演奏，1705年在汉堡主持其第一部歌剧《阿尔米拉》的首演；1706—1710年曾在意大利学习音乐创作，曾创作两部歌剧、一部清唱剧、众多意大利文康塔塔（Cantata，指巴洛克风格的声乐体裁，包括宣叙调、咏叹调、独唱、二重唱、合唱等）和一些拉丁文教堂音乐，1710年回德国后担任汉诺威的宫廷乐长，1711—1712年去英国演出均获得巨大成功，后因汉诺威亲王于1714年出任英国国王（乔治一世）而随之终生定居英国，他于1718年担任钱多斯公爵的音乐总监，1727年入英国籍。他毕生致力于音乐创作，共写有清唱剧32部、歌剧46部、康塔塔100部，以及众多的声乐、器乐曲等。

韩德尔音乐作品中影响最大的乃其清唱剧（亦称"圣剧"或"神剧"）。他所创作的清唱剧大多以《圣经》内容为题材，仅有少量取自古希腊、罗马神话。这些以《圣经》为主题的清唱剧主要借用了《圣经》"旧约"及"后典"的英雄故事和典型人物，剧情感人肺腑，歌声婉转动听；其特点是以表现故事中的动人场景和炽热感情为主，而不注重故事情节的贯穿与发展。韩德尔的清唱剧由独唱、重唱和合唱所组成。其独唱声乐形式以咏叹调为主，或是以特定人物的独唱来表达剧中主角的思想和情感，或是以合唱中的领唱来代表来自众人的意见与心声，并表达作者的题外之音。重唱比重不大，多以二重唱或三重唱来表现剧中的不同人物。合唱在其清唱剧中最为突出，表现出一种磅礴的气势和史诗般的画面。此外，管弦乐曲的演奏在其清唱剧中也具有重要的地位。

韩德尔最成熟的清唱剧包括《以斯帖》《以色列人在埃及》《扫罗》《弥赛亚》《参孙》《犹大·马加比》《约书亚》《所罗门》《耶弗他》等，其中以《弥赛亚》一剧影响最大、流传最广，被视为其清唱剧的代表作。

《以斯帖》为韩德尔的第一部清唱剧，1731年年初演于伦敦。剧情取自《旧约圣经·以斯帖记》：犹太美女以斯帖被选入波斯王宫，以其聪明智谋战胜仇敌哈曼而拯救了波斯境内的犹太民族，形成犹太人过"普珥节"的传统。韩德尔原想在戏院演出此剧，但因伦敦的僧侣们禁止在舞台上表演《圣经》故事而改以音乐会的形式上演。

《以色列人在埃及》于1739年年初演于伦敦。剧情取自《旧约圣经·出埃及记》：以色列人在埃及遭受法老的奴役与压迫，后由其民族英雄摩西率领众人出埃及，渡红海，到达西奈山区。韩德尔借此表现一个民族兴衰、奋争的历史，剧中多用男声二重唱和女声二重唱，并以英雄性赋格来表现广大群众欢呼胜利的热烈气氛和高昂情绪。

《扫罗》于1739年年初演于伦敦。剧情取自《旧约圣经·撒母耳记》：扫罗在少年时被先知撒母耳选为以色列王，其为王之后因打亚玛力人时手下留情而使撒母耳大怒。撒母耳欲以大卫取代扫罗，扫罗遂迫害大卫，使之投奔非利士人。扫罗在与非利士人争战中终因兵败、负伤而自杀。韩德尔在此剧中展示了人世间的恩恩怨怨和悲欢离合，其中一段《死的进行曲》尤为著名。

《参孙》于1743年年初演于伦敦。剧情取自《旧约圣经·士师记》：参孙为以色列士师，力大无穷，但因中被非利士人买通的大利拉美色之计而被其剪掉头发，失去力气，落入非利士人之手。他虽身陷图围，且被剜去双眼，却卧薪尝胆，毫不气馁，最后利用被押去献艺的机会而推倒神庙支柱，与敌人同归于尽。韩德尔写此剧时曾参考过英国诗人弥尔顿所作长诗《力士参孙》中的情节，并自认是其清唱剧中最优秀之作。《参孙》的戏剧性极强，运用了和咏叹调中的广板相类似的合唱，其中的《送葬进行曲》也很有名。

《犹大·马加比》于1747年年初演于伦敦。剧情取自《圣经后典·马加比传》：犹大继承父志，成为犹太起义领袖，他曾率军夺回耶路撒冷，恢复圣殿祭祀，推翻叙利亚人的统治，后不幸在作战中阵亡。剧中充满英雄性的咏叹调，既有男声独唱的阳刚雄壮，又有奏乐合唱的宏伟激昂，而其以独立的管弦乐所表现的进行曲也非常壮观动听，令人振奋。

《约书亚》于1748年年初演于伦敦。剧情取自《旧约圣经·约书亚记》：嫩的儿子约书亚继承摩西之位，率领以色列人走出旷野，进入迦南境域。韩德尔以清唱剧形式而展示了犹太民族的命运转折点。

《所罗门》于1751年年初演于伦敦。剧情取自《旧约圣经·列王纪》：以色列国王所罗门以其智慧闻名天下，他断案如神，明察秋毫，在其执政期间圣殿得以重建，疆域不断扩大，各地名门望族、达官贵人和富商大贾都慕名而来，整个王国达到空前繁荣和昌盛。该清唱剧以音乐形式而描述了这一热闹场景。

《耶弗他》于1752年年初演于伦敦。剧情取自《旧约圣经·士师记》：基列之子耶弗他被立为部族的首领，他在出师征战亚扪人之前为祈求上帝支持而起誓发愿：若得胜而归，必将第一个从家门出来迎接的人献祭给上帝。当他凯旋归来时，其最为疼爱的独生女儿第一个出门迎接；耶弗他无奈，只得忍痛将她献为敬神的燔祭。《耶弗他》充满了悲剧色彩，韩德尔用其音乐语言来刻画复杂的情感变化、内心矛盾冲突和精神上的折磨，以表达剧中人物屈服命运、生死离别时的痛苦和悲哀。

《弥赛亚》亦称《救世主》，是韩德尔最为成功、最受欢迎的清唱剧。剧情取自《圣经》"新约""旧约"的先知言论和福音故事。"弥赛亚"（Messiah）的希伯来文原意为"受膏者"，指上帝所派为王者，后被基督教作为"救世主"耶稣基督的称呼。全剧分为三部：一为"预言与完成"，叙述犹太先知们关于弥赛亚降生的预言和耶稣之诞生，其中包括著名的《田园交响曲》和咏叹调《他必像牧人喂养其羊群》；二为"受难与得胜"，描述耶稣的传教布道、受难、复活和其福音的流传，其结尾处的《哈利路亚合唱》气势磅礴，雄壮激昂，感人肺腑，使全剧达到了高潮，成为不朽之曲；三为"复活与光荣"，赞颂耶稣的复活与永生，其中包括著名的咏叹调《我知道我的救世主活着》和《阿门颂》等。《弥赛亚》于 1742 年 4 月 13 日在都柏林首演时获得了极大的成功，引起空前的轰动。此剧于 1743 年 3 月 23 日在伦敦首演时再获成功，英王乔治二世亲自到场。当听到《哈利路亚》合唱曲时国王为之所动，情不自禁地肃然起立，全场听众亦随之起立，此举遂成惯例。1759 年韩德尔也因参加演奏《弥赛亚》而在剧院里虚脱，8 天后于 4 月 14 日即与世长辞。《弥赛亚》以其大规模的合唱、优美的宣叙调和流畅舒展的咏叹调而成为韩德尔清唱剧的代表杰作，被视为达到了这类宗教音乐的发展顶峰。

2. 巴赫（Johann Sebastian Bach, 1685—1750）

到 18 世纪，德国新教音乐家巴赫创立了欧洲音乐史上的一个全新时代。他所创作的圣咏、康塔塔、经文歌和受难曲等使当时流行的"巴洛克"音乐风格达到了顶峰。巴赫乃被视为"巴洛克"音乐风格的集大成者，因而获得"巴洛克音乐大师"之称，也被后世尊为近代欧洲"音乐之父"。巴赫一反自格列高利一世以来"女人在教堂应守缄默"的教会音乐传统，而是创造条件让妇女登台参加教会合唱演出，结果产生让人"既看不够，又听不腻"的效果，从而改变了基督教音乐存在的基本格局。不过，这种开放性并没有改变巴赫宗教音乐之本真，"他的作品表达的是最纯粹的宗教情感，这为全人类所共有，……这种情感是无限和超拔的，语言总是难以找到确定的表述，唯有艺术的表达有可能做到"。在这一意义上，"巴赫是最伟大的布道者。他的康塔塔和受难曲将我们的灵魂调谐到能够把握万物的真理和元极的高度，使我们克服卑微而得以卓越，不受凡俗的牵绕"[1]。

巴赫于1685年3月21日出生在德国图林根爱森纳赫的一个音乐世家，少年时曾参加其教堂学校男童唱诗班，1702年已成为宗教音乐作曲家和管风琴演奏家，青年时代已通晓路德宗礼仪音乐和赞美诗歌，且博采众长，最早把北、南德国音乐风格融在一起，甚至还熟悉法国和意大利等地的音乐风格及特色。所以说，"巴赫出生在音乐史上一个有利时机，得以全面概括前几代人发展的一些主要风格、形式和民族传统，集各家之大成，并通过综合使之更为丰富多彩"[2]。他于1708年在魏玛担任宫廷乐队队员和管风琴师，1714年升任乐队队长，1717年年底辞职后移居哈雷附近的克腾，1723年担任莱比锡教堂音乐的乐正及圣托马斯教堂乐长和其教会学校唱诗班指导，1736年成为萨克森选帝侯的宫廷作曲家，1750年7月28日在莱比锡去世。

巴赫深受基督教文化传统的影响，一生创作了大量的音乐作品，其中器乐以世俗作品为主，而声乐作品则主要表现了宗教内容。他说明这些作品所表达的就是"对上帝只有赞美"这一意愿，认为他的所有音乐的目的及其始终不变的动机，就是赞颂上帝、纯洁灵魂，而无他求。所以，他将"为歌颂上帝而创作一种经过整顿的教堂音乐"视为自己创作的最终目的，为此共创作了400余首合唱赞美诗（"众赞歌"）、230余首康塔塔（绝大多数为宗教内容），以及众多的《圣经》经文歌、清唱剧和受难曲等，包括《圣母曲》《b小调弥撒曲》《圣诞清唱剧》《耶稣躺在枯骨堆中》《玛利亚尊主颂》《马太受难曲》《约翰受难曲》和《马可受难曲》（已佚失）、《耶稣升天清唱剧》和《上帝在天堂赞美》等，因而成为欧洲宗教音乐的一代大师。

巴赫的合唱赞美诗基于路德赞美诗的传统，他力求借此把自己高深的音乐艺术和群众的情感相联系，使其音乐能为大众所接受，得以创作

---

[1] ［德］阿尔伯特·施韦泽：《论巴赫》，何源、陈广琛译，华东师范大学出版社2017年版，序言第4—5页。

[2] 《不列颠百科全书》2（国际中文版），中国大百科全书出版社1999年版，第113页。

出一种"易于理解的宗教音乐"。在这一基础上，巴赫创作了大量合唱赞美诗组曲和前奏曲，以及以《圣经》为内容的康塔塔、清唱剧、受难曲等。

巴赫最早谱写的有准确时间的康塔塔题名为《上帝就是我的主宰》（1708），此乃他生前唯一印刷出版过的声乐曲。当时莱比锡的基督教堂在每个星期日的宗教礼拜中都要演唱一部康塔塔，因此巴赫曾为教会的宗教年度谱写了五整套康塔塔乐曲。在现存的二百多首康塔塔作品中，较著名的有第四首《耶稣躺在枯骨堆中》，根据路德的众赞歌写成；第六十一、第六十二首《快来吧，神圣的救世主》；第八十首《宗教改革》，这也是根据路德名曲《上主是我们的坚固堡垒》而写成；第一百〇六首《上帝的时机是最好的时机》；而第一百四十首《醒来，一个声音在高喊》则是其最优美动听的康塔塔之一，内容取自《马太福音》25章1—13节中五个聪明童女和五个愚拙童女半夜迎接新郎的寓言故事，为巴赫康塔塔中一篇充满诗意的神秘主义作品。

巴赫创作的清唱剧比较而言并不多，主要为圣诞节、复活节和升天节清唱剧。其中最有名的是作于1734年的《圣诞清唱剧》，巴赫称此曲为《基督诞生时节清唱剧》，实际上是由六首康塔塔组成，分为六天演唱，即圣诞节三天、元旦、元旦后的礼拜日及主显节（1月6日），后又改为分两天或一天演唱。其中第四首康塔塔的序曲采用了牧歌形式，可称为《田园交响曲》，在欧洲音乐史上享有盛名。

巴赫一生还创作了4首短弥撒曲和著名的《b小调弥撒曲》。其《b小调弥撒曲》以天主教弥撒仪式的拉丁文歌词谱成，全曲分为"上主怜我"（Kyrie elison，亦称"慈悲经"）、"荣耀经""信经""三圣文""羔羊颂"这5个乐章，采用了合唱、重唱、咏叹调等音乐形式，以流畅的旋律、庄严的气氛来表达其宗教理想的崇高和神圣。巴赫在这部《弥撒曲》中包含有24段音乐，其中合唱曲15首、咏叹调16首、二重唱3首，从而使其成为了教堂音乐"弥撒曲"中的经典之作。

在巴赫音乐中，对后世影响最大的是其根据《圣经》福音书中耶稣受难的悲剧故事而编写的"受难曲"，包括《约翰受难曲》（1724），

《马太受难曲》(1727)和《马可受难曲》(1731)。最后一曲已遗失,传世的为前两曲。其中尤以《马太受难曲》影响最广。所谓"受难曲"是指为了纪念耶稣被钉十字架受难而写的大型套曲。巴赫的《约翰受难曲》借鉴了当时汉堡受难乐——清唱剧的风格,集中地、戏剧性地叙述了耶稣基督被出卖和受磔刑而死的受难故事;《马太受难曲》则以较长的篇幅和更为抒情的手法表现了全部受难史的戏剧性变化。

  作为其代表作,《马太受难曲》是一部旷世杰作,全曲分为约 24 段场景,其中由众赞歌表现 12 段小场景,由咏叹调表现 12 段大场景,在突出表现受难故事情节的同时亦强调歌曲中仪式性祈祷元素。"作品的戏剧结构既简洁又精巧。基督受难的故事被塑造成一系列图画。每每到了需要塑造画面形象的地方,叙事就会暂停,而刚刚发生过的场景,会成为虔诚沉思的对象。这些段落通常由咏叹调表现,它们由一段类似咏叹调的宣叙调引出。在短小的间奏段落,基督徒旁观者的感受,通过众赞歌诗节来表达,……恰恰是这些过渡性的众赞歌诗节,充分展示了巴赫诗性触觉的全部深度。在德国教会的所有赞美诗中,没有哪一首比巴赫选择的歌词更切合具体情景。"[1] 巴赫按照不同曲调和音响来精心组合各个声部,使人们能透过表现死亡和葬礼的音乐,以及晚间音乐和临终乐曲而看到永存的生命,领悟基督教中"受难"与"拯救"的寓意。例如,它以史诗般的合唱展示了耶稣背负十字架游街、人群聚集拥挤、天地震怒、闪电雷鸣等宏大场面。曲中以男高音用宣叙调来叙述其故事情节,采用新教众赞歌的方式来答唱,其中"噢,他的头已是血迹斑斑,伤痕累累"一曲的旋律直接源自 16 世纪宗教改革运动中哈斯勒同名作品的曲调,它所表露的深情厚谊感人肺腑、催人泪下。而其"当我要离去时,愿他不要离我而去"的乐曲也有着帮助弱者、安慰不幸者的感人之力。尼采在一周连听三遍此曲后曾说:"每一次都有同样无法估量的惊叹之感。要是有人忘记了基督教义,那他在这里确实可以

---

[1] [德]阿尔伯特·施韦泽:《论巴赫》,何源、陈广琛译,华东师范大学出版社 2017 年版,第 574 页。

像听一部福音书一样听到它。"① 这一乐曲充满着对苦难的忧虑、对生活的向往、对和平的祈祷及对人世的热爱，它想帮助人们承受命运之苦难，给予人们福音之安慰。因此，柏辽兹在回忆他 1843 年在柏林观看《马太受难曲》演出的情景时，曾充满激情地说："要是有人从巴黎来，并且了解我们这里的音乐习惯，他就一定会目睹德意志的听众是以怎样的聚精会神、敬畏和虔诚的心情来聆听这样一部曲子的。每个人都在用眼睛跟踪歌本上的词句，大厅里鸦雀无声，没有一点声音，既没有表示赞赏，又没有指责的声音，更没有鼓掌喝彩。人们仿佛是在教堂里倾听福音歌，不是在默默地听音乐，而是在参加一次礼拜仪式。要听音乐，就应该是这个样子。人们崇拜巴赫，信仰他，须臾都不怀疑他的神圣性。如果出现异议者，那肯定会引起人们的唾弃，对此无须赘述。巴赫就是巴赫，正像上帝就像上帝一样！"②笔者在德国留学期间曾在教堂音乐会中欣赏到《马太受难曲》等巴赫作品的演出，回国后也在北京歌德语言学院和德国学术交流中心（DAAD）驻北京办事处聆听过有关巴赫《马太受难曲》等作品的讲座，德国学术交流中心（DAAD）驻京办原主任施密特先生是一位巴赫迷，他讲起巴赫来如数家珍、声情并茂，且一段一段地边放音乐边讲解，非常注意细节，给笔者留下了深刻印象。

3. 威尔第（Giuseppe Verdi, 1813—1901）

威尔第是 19 世纪意大利著名歌剧作曲家，1813 年 10 月 10 日出生在布塞托附近勒龙科勒的一个贫穷家庭，1831 年到米兰音乐学院求学因超龄未果，遂在拉斯卡拉歌剧院乐师指导下学习音乐，1834 年回布塞托担任社区音乐总监，随后创作了几部歌剧但未获成功，直至 1842 年其创作的歌剧《纳布科》首演成功才一举成名，此后又创作了多部与基督教历史传统相关联的歌剧，如讲述十字军故事的《伦

---

① ［德］维利巴尔德·古尔利特：《约翰·塞巴斯蒂安·巴赫》，胡君亶译，人民音乐出版社 1988 年版，第 65 页。

② 同上。

巴第人》(后改称《耶路撒冷》)、描述法国天主教史人物的《圣女贞德》等。威尔第一生创作了28部歌剧,其中宗教题材的并不多;此外,他于1874年为纪念意大利著名作家及诗人曼佐尼逝世写过《安魂弥撒曲》,在其晚年他还创作了包括《圣母颂》《圣母玛利亚赞歌》《圣母悼歌》和《赞美颂》的《圣母四首》。1901年1月27日威尔第在米兰去世。

威尔第的成名之作《纳布科》(Nabucco)的最初剧本由索莱拉(Solera)撰写,由威尔第于1841年编写为四幕歌剧,取材于《旧约圣经》有关古代犹太民族遭受"巴比伦之囚"的历史记载,"纳布科"实际上就是巴比伦国王尼布甲尼撒(Nebuchadnezzar)的意大利语发音;公元前597年新巴比伦国王尼布甲尼撒二世首次攻陷耶路撒冷,将数千犹太人掳往巴比伦;公元前586年尼布甲尼撒二世再次攻陷耶路撒冷,灭掉犹太王国,将其民众及王室成员和祭司等都掳往巴比伦,故而"巴比伦囚掳"成为犹太民族亡国为奴的民族羞辱之喻。《纳布科》就是以歌剧形式描述了犹太民族被掳往异国他乡、成为奴隶后,怀念祖国、渴望得到自由解放的情景,在当时奥地利统治意大利的处境中有着巨大的反抗异族统治、追求独立解放的爱国主义情怀。因此,《纳布科》等作品"可被作为威尔第早期政治题材歌剧的典型代表。这些作品显然出自一位热血青年之手,它们直率、朝气,节奏铿锵,笔法硬朗,虽有时不免显得粗糙和生硬,但就体现那种如火如荼的'时代精神'而论,确乎不愧是当时意大利民族的心声实录"[①]。

1842年3月9日《纳布科》在米兰斯卡拉歌剧院首演引起轰动,尤其是其第三幕中被囚犹太奴隶大合唱《在幼发拉底河岸》(亦用其首句歌词而称《飞吧,我的思想,展开金色的翅膀》)让观众激动不已,要求重唱三遍仍意犹未尽。这首主题合唱的歌词大意是:"飞翔吧,思想,乘着金色的翅膀,去到那深山峡谷的地方,就在那里散发着芳香,那是我们家乡,亲爱家乡。致敬啊,向着你约旦河致敬。致敬吧,向着

[①] 杨燕迪:《歌剧的误会》,广西师范大学出版社2018年版,第74—75页。

锡安山我的母亲。怀念我们美丽的祖国，怀念我们家乡，苦难家乡。告诉我，先知的金色竖琴为何不响，为什么被挂在那柳树上，告诉我竖琴啊为何你沉默不响，为什么你不为我们歌唱？让我们再唱故乡的歌曲，让我们再唱消逝的以往。我们饮过多少的苦酒，流过多少辛酸泪辛酸泪。神圣的祖国啊快给我力量，让我们坚持到生命最后时光。"这首歌在当时被意大利人视为其第二国歌，广为流传，它点燃了人们的"爱国主义之火"，鼓舞了意大利人反抗奥地利帝国统治、奋力摆脱其桎梏的斗志，因而使威尔第"成为意大利人心向往的统一大业的代言人"[①]。甚至在威尔第去世时，人们也唱着这首歌来纪念他。实际上，这首歌的基本思想创意及其动情的语言表述乃来自《圣经旧约·诗篇》137首"以色列人被掳的哀歌"："我们曾在巴比伦的河边坐下，一追想锡安就哭了。我们把琴挂在那里的柳树上，因为在那里，掳掠我们的要我们唱歌；抢夺我们的要我们作乐，说：'给我们唱一首锡安歌吧！'""我们怎能在外邦唱耶和华的歌呢？耶路撒冷啊，我若忘记你，情愿我的右手忘记技巧。我若不记念你，若不看耶路撒冷过于我所最喜乐的，情愿我的舌头贴于上膛"。由此可见，基督教音乐在西方文化中的作用不只是怀旧，而更有着其丰富的古为今用之蕴涵。笔者在香港学术访问时曾被浸会大学的朋友邀请欣赏《纳布科》的演出，其"飞翔吧，思想，乘着金色的翅膀"之合唱及其场景的确气势磅礴、令人震撼。

4. 余论

回顾历史，可以看到基督教音乐在欧美古典音乐中占有很大比重；除了上述名家及其作品之外，比较著名的乐曲还有海顿的《创世记》圣剧、《降B大调弥撒曲》和《哈利路亚交响曲》，莫扎特的《加冕弥撒曲》和《安魂曲》，贝多芬的《感恩圣歌》《橄榄山上的基督》和《D大调庄严弥撒曲》，舒曼的《c小调弥撒曲》，柏辽兹的圣剧《基督的童年》和《安魂曲》，圣桑的歌剧《参孙与大利拉》，舒伯特的《A^b

---

[①] 《不列颠百科全书》17（国际中文版），中国大百科全书出版社1999年版，第482页。

大调弥撒曲》和《圣母颂》，施特劳斯的歌剧《莎乐美》，斯特拉文斯基的《诗篇交响曲》和《安魂曲》，以及伯恩斯坦的《耶利米交响曲》等。

而近现代以来的教堂音乐除了基督教在崇拜仪式中的音乐外，也包括在教堂音乐会和各种非礼仪性宗教集会上演出的以基督教信仰为主题的各种声乐、器乐节目。这样，自19世纪始，基督教音乐已经突破传统教堂音乐之限而有着更为宽泛的内容，如现代基督教音乐在欧美社会中已开始了与民族音乐和流行音乐的有机结合，比较典型的还有美国教堂音乐中兴起的黑人灵歌及福音圣歌，其节奏明快、和声效果强烈，给人留下深刻印象。其他各地教会中也都吹入了民族音乐、地域音乐、乡村音乐、流行音乐的阵阵清风。欧美社会圣诞节期间歌唱的圣诞歌曲，也多由民歌改编而成，脍炙人口的有《平安夜》《圣诞树》《美哉小城小伯利恒》《神之羔羊》《万福玛利亚》等作品。此外，供教堂音乐中伴奏之用的乐器，也由传统的教堂管风琴发展到庞大的管弦乐队和各种现代电子风琴等的伴奏或演奏。因此，目前教堂音乐已呈多元发展趋势，形成了现代化、民族化和地方化的纷繁局面。

综上所述，我们可以看到基督教在一定程度上奠定了欧美传统音乐的基础，曾在其形成过程中起过主流作用，并影响到它的发展方向和艺术特色。教会对音乐的重视和提倡为欧美音乐在群众中的普及和在专家中的提高及创新提供了源源不绝的动力和能量，教堂音乐本身为欧美民间音乐及传统音乐的保存和升华做出了不朽贡献，而其宗教灵性活动对音乐的需求又孕育出许多优秀的作曲家、音乐演奏家，产生了无数具有永恒意义的音乐作品及旋律。这在西方文明形态中是不可忽略的重要元素。基督教会的音乐实践为中世纪欧洲音乐确立了模式、方法和风格，而近现代以来欧美世俗性音乐的发展，其交响乐及歌剧等形式，都与传统上的基督教音乐存有着千丝万缕的联系，迄今在精神境界和审美情感上也仍受其影响和感染。因此，要揭示欧美音乐的真谛，透彻了解西方音乐发展历史，就必须进入基督教这一深奥而神秘的领域。

四 基督教音乐在中国的传播

基督教的音乐传入中国，按已知史料考证，最早可以追溯到8世纪唐代景教盛行时期。在现存景教文献中有作于8世纪的《大秦景教三威蒙度赞》和《大秦景教大圣通真归法赞》，前者作为景教赞美诗歌词乃中国最早的基督教赞美诗，按其"无上诸天深敬叹，大地重念普安和"之歌词，此即《荣归主颂》（Gloria in Excelsis）的最早中译文，中国教会在1936年出版《普天颂赞》时曾将之放在第二首，现亦收入《赞美诗新编》之中；后者作为景教赞美诗歌词则是景教用于耶稣显圣容日的颂辞，其经文根据《马太福音》17章1—9节，故有"敬礼大圣慈父阿罗诃，皎皎玉容如日月，巍巍功德超凡圣"之表述。景教在唐武宗时遭禁后，匿于道教的景教徒亦曾将景教赞美诗影响道教经文，如道教吕祖派所传《救劫证道经咒》中即杂有景教叙利亚文赞美诗歌词汉文音译的段落。此外，唐代传入日本的"越殿乐"、唐代诗人卢纶的《慈恩寺石磬歌》等，也被认为存有受景教音乐影响之痕迹。

元朝时期，随着景教在中国内地的复活和天主教传教士的东来，基督教音乐对中国的影响得以再现。在柏朗嘉宾、鲁布鲁克等传教士的东行纪中均有天主教赞美诗在华流唱的最早记载。而来华第一位天主教主教孟高维诺在其14世纪初的书信中更是自述了他翻译《诗篇》及《圣歌》30首，其收养诸童中已有11人知悉祭圣乐曲等情况。此外，在新疆高昌发现的叙利亚文景教祈祷书片段被认为是元代景教"处女玛利亚赞美诗"歌词抄本，而在北京午门城楼上发现的叙利亚文景教前后唱咏歌词抄本亦被鉴定为元代景教礼拜仪式使用的赞美诗。

明末利玛窦等耶稣会传教士来华，开始了近代西乐东传的历史。1601年年初利玛窦一行到达北京，曾向皇帝贡献欧洲古钢琴（"西琴一张"），并应宫中太监之邀作《西琴曲意》，讲授西洋音乐，由此使基督教音乐传入明朝皇宫。据考证，利玛窦用汉文撰写的《西琴曲意》八章是明清最早中译的天主教赞美诗歌词。此后，毕方济、艾儒略、卢安德等传教士在北京、福建等地传教，亦将基督教音乐及其器乐演奏技巧传入中国。至明末崇祯十三年（1640），传教士汤若望在明朝宫廷珍宝库偶然发现利玛窦所献西琴，引起崇祯帝的兴趣，据传"汤神父就上钢琴奏了一曲，又讲了几帧像的意思，见皇上听得颇有兴味，就奉上一个乌木匣，匣中藏的，是一座蜡制的三王朝主像，皇上听了音乐接过像匣，非常满意"①，遂令汤若望修琴制琴，而汤若望借此机会亦将琴座上利玛窦当年书写之西文译出，即《诗篇》150 首 5 节和 149 首 3 节。

清初基督教音乐在中国的传播始于汤若望。1652 年宣武门天主教新堂（"南堂"）在其督建下落成，堂内所装置的管风琴乃北京拥有这种教堂乐器之始，故此京城出现"天主堂开天籁齐，钟鸣琴响自高低"的景观。康熙年间，传教士南怀仁、徐日升、德理格等人先后给康熙帝讲解西洋音乐，其中徐日升在担任宫廷音乐教师期间曾给宣武门天主堂重装了一座更大的管风琴，并撰写了西洋乐理著作《律吕纂要》，而德理格则"修造新书"，留下了中国刊行的第一部汉文西洋乐理著作《律吕正义·续编》、创作了《小提琴奏鸣曲集》。此外，清代天主教神甫吴渔山创作了《天乐正音谱》，共有南北曲九套、拟古乐歌二十章，其内容即用中国传统音乐的曲牌和古歌填词而成的弥撒和赞美诗歌词。这是迄今所知道的中国人自己创作最早的、具有中国艺术风格的、规模较大的弥撒和赞美诗歌词。吴渔山收入《墨井集》的赞美诗歌词《仰止歌》亦采用仄起七律吟诗调，此词在 1920 年被配以中国传统乐曲"云淡"，1936 年刊印在《普天颂赞》中为其第 30 首，1983 年又被收入《赞美诗新编》，为第 386 首。可以说，吴渔山乃创作天主教音乐歌词的第一个中国人。

基督教新教音乐在中国的传播则始于 1807 年英国伦敦会传教士马礼逊的东来。他到广州后因不能公开、直接传教而转入译经、编书活动，并于 1818 年编译了基督教新教来华后的第一本中文赞美诗《养心神诗》。这一诗集共 27 页，收有赞美诗 30 首，首印 300 册，对中国基

---

① 陶亚兵：《中西音乐交流史稿》，中国大百科全书出版社 1994 年版，第 60 页。

督教赞美诗的编译产生了重要影响。例如，马礼逊以此集而在华开了将"赞美诗"（Hymn）汉译为"神诗"的先河，此后基督教新教来华初期编辑的不少赞美诗集都将这种表述作为标准译法。

鸦片战争以来，基督教音乐在华影响愈益扩大。1840年麦都思模仿马礼逊编译赞美诗集，收有赞美诗71首，共46页，亦取名为《养心神诗》。1851年英国长老会传教士宾为霖在华编译赞美诗集《神诗合选》，收有赞美诗68首，共30页。1852年长老会传教士养威廉在厦门编译出版《养心神诗》，收有13首赞美诗，共10页。这本小集后不断增补再版，成为1934年基督教闽南大会编修的《闽南圣诗》之前身。基督新教赞美诗与天主教赞美诗在汉译上的一大不同，就是完全采用汉文翻译歌词，而不用汉字为拉丁文注音的方法。而且，基督教还采用地方方言、少数民族语言来翻译赞美诗歌词，如养威廉曾用罗马字母拼写闽南话的方法来拼写赞美诗歌词，宾为霖亦用汕头方言编译了《潮腔神诗》、用福州方言编译了《榕腔神诗》和用厦门方言编译了《厦腔神诗》等。19世纪基督教来华传教士编译的赞美诗集还包括麦卡地编《麦卡地赞美诗》、蓝克勒用文言所编《养心神诗》、马丁用罗马拼音注宁波语所编《圣诗集》等。基督教圣诗乐谱、乐法在这一时期亦传入中国。1861年刊行的天主教《圣事歌经简要》传入了四线谱，而英国基督教耶稣圣会女传教士狄就烈（狄考文之妻）则于1872年编著刊行《圣诗谱·附乐法启蒙》，传入符号五线谱并介绍以这种谱式记谱的赞美诗。此外，李提摩太夫妇曾以字母谱教中国人唱赞美诗，美国基督教传教士都春圃亦曾在1898年再版的《颂主诗歌》集前讲述字母谱识谱方法、"指明新法之规矩法则"。《颂主诗歌》即一部以字母谱刻印的四声部赞美诗集，收有四百多首基督教歌曲，于1895年在北京出版。还有一些基督教传教士则深入云南等少数民族地区，用简化的拉丁字母等为当地民族语言注音，并用作赞美诗乐谱的音符。在这种基督教与中国文化相适应的过程中，逐渐出现了"赞美诗中国化"的发展。

中国基督教徒参与编译赞美诗的工作始于第一位中国基督教牧师梁发，他曾于1816年前后在马六甲编著布道小册子《救世录撮要略解》，其中收有3首赞美诗。而中国基督教徒自己创作赞美诗曲调，则以席胜魔为第一人。他于1883年创作的《我们这次聚会有个缘故》乃中国赞美诗创作之开端。1912年基督教内地会将席胜魔创作的诗歌结集出版，题为《席胜魔诗歌》，收其创作的76首歌词。这些赞美诗曲谱大都采用民歌曲调调式，体现出浓郁的山西地方民歌风格。

在太平天国运动中，基督教音乐亦得到发展。受基督教礼仪音乐的影响，在其集会和礼拜上歌唱赞美诗乃拜上帝会和太平天国宗教仪式中必需的组成部分。其《天条书》以行政法令的方式规定"七日礼拜颂赞皇上帝恩德：赞美上帝为天圣父，赞美耶稣为救世圣主，赞美圣神风为圣灵，赞美三位为合一真神"。这些赞美颂辞被太平天国作为其《赞美颂》而流传，麦都思等人所编译的《养心神诗》，以及罗孝全在广州传教时自创的《三一颂》等则被太平天国作为《赞美诗》而广为应用。

进入20世纪以来，基督教音乐的"中国化"有了较快发展。中国基督教神学家赵紫宸曾与美国基督教音乐家范天祥合著了一本《民众圣歌集》，"负责歌词创作的赵紫宸采用古诗词如浪淘沙、花月吟、如梦令等词牌结构，有的模仿民谣风格，因此唱起来亲切、上口；负责选曲的范天祥则收集了许多中国民歌作为圣歌的主旋律，再配以四部和声"[①]。1936年中国基督教会编辑出版了为中国人通用的赞美诗集《普天颂赞》，由杨荫浏、刘廷芳、范天祥等人共同担任编委。这本赞美诗集共收集512首诗歌，其中包括用中国民间曲调加以改编和中国人自己创作的赞美诗72首。1983年中国基督教协会在改革开放的新形势下又编辑出版了《赞美诗（新编）》，新编赞美诗集共收入400首赞美诗，其中有102首为中国基督徒写词谱曲或采用中国风格曲调的赞美诗，有56首是近年来中国基督徒的新创作。此外，南京金陵神学院还办有不

---

① 田青主编：《中国宗教音乐》，宗教文化出版社1997年版，第182页。

定期刊物《圣歌选集》，刊登中国基督徒的大量圣乐新作。这样，基督教音乐在中国已进入一个新的发展时期。

（本文基于卓新平主编《基督教文化160问》，东方出版社2006年版相关内容修改、充实而成，亦参考了卓新平著《宗教理解》，社会科学文献出版社1999年版相关部分和刊登在《中国宗教》2007年第8期的《基督宗教音乐在中国的传播》一文。）

第五章

基督教与大学教育

在古希腊文明传统中，曾有过"学院"（Academy）这种教育形式。不少学者如苏格拉底、柏拉图、亚里士多德等都曾收徒授课、建校立派。古希腊各种学派的争鸣辩论，对西方文化产生过深远的影响。不过，古希腊的学校多为私人授课形式或专科学校规模，尚未形成现代意义上的"大学"。欧洲教育史上体态完备、分科分系，并有一定学位制度的大学，是从中世纪的教堂学校发展而来的。这种高等教育的体制后来则被引入，推广到西方各国，乃至世界许多地区。

中世纪的学校可追溯到8世纪法兰克王国鼎盛之际的查理曼统治时期（768—814）。法兰克宫相查理·马太尔和其子矮子丕平在统一欧洲过程中建立起"加罗林王朝"（752—887），"加罗林"（Carolingian）王朝因丕平的儿子查理曼（号称查理大帝）而得名，查理（Charles）之拉丁文即"加罗尔"（Carolus）。公元782年查理曼把兴办教育的任务交给了教会，由神职人员阿尔古因主持宫廷学校、训练皇室及贵族子弟，并负责管理全国由教会所办的学校。在这些学校中确立了称为"七艺"的七门功课：文法、修辞、逻辑、几何、数学、天文、音乐。这一学校文化的复兴，便是西方史学家所盛赞的"加罗林王朝文艺复兴"，它为欧洲中世纪的学校制度奠定了基础。

11世纪以后，教会开始广泛办校立教的活动。1179年教宗亚历山大三世在召开第三次拉特兰会议时还专门指示所有教会都应大力兴办学校。这样，在教会的倡导和赞助下，就形成了中世纪教育的繁荣景象。20世纪著名学者、美国哈佛大学教授哈斯金斯（Haskins）称此为"12世纪文化复兴"，他的这一研究也成为当代的一门"显学"。正因为12世纪这一文化教育的复兴，才为13世纪经院哲学的鼎盛创立了条件。中世纪教育以法兰西为中心，在12世纪初，仅法兰西各修道院就附设有70多所学校。当时高一级的学校一般都附属于修道院或大教堂，这些"修道院学校"和"大教堂学校"，便是中世纪大学的雏形。当然，中世纪的教会学校最初还墨守查理曼宫廷学院的陈规，其课程包括七艺，即把文法、逻辑、修辞称为三科，算术、几何、天文、音乐称为四科。其中逻辑最为重要，被作为学校的主要科目。所谓中世纪哲学辩证法，即以"逻辑"的形式或术语来表达。但随着学校教学内容的不断丰富和课程设置的逐渐增加，旧的樊篱就被冲破了。为中世纪大教堂学校等发展成真正的大学提供了契机的，还有12世纪欧洲城市的迅速发展，古罗马法于11世纪下半叶的重新发现，以及阿拉伯文明经西班牙、西西里等地传入欧洲，并间接传入了古希腊文明中的哲学、文学和自然科学。尤其是亚里士多德等人哲学著作被大量翻译成拉丁文而流入欧洲，在中世纪大学教育中迅即产生出不同凡响的效果。

欧洲最古老的大学是意大利的博洛尼亚（Bologna）大学，建立于1158年。著名罗马法学者艾尼利阿斯在博洛尼亚讲学，首次使法律从神学中分立出来，成为独立学科；而其讲学活动也在教会学校范围之外形成了专业学院。不过，从严格意义上讲，博洛尼亚大学当时尚不是一所综合性大学，而只是一所法学院。而正式由国家所创立的那不勒斯（Neapel）大学建于1224年。与此同时，巴黎圣母院大教堂学校和巴黎附近的夏特尔大教堂学校，也逐渐转化为中世纪的大学。12—13世纪，在法兰西、意大利、西班牙、英格兰、波兰、匈牙利各大城中相继成立了一批大学，其中最著名的便是巴黎大学（1200年建立）和牛津大学（1214年建立）。这些大学都由中世纪罗马教廷直接控制和管理。14世纪，在中古德意志范围的布拉格、维也纳、海德堡等城市也成立了大学。15 世纪以后，欧洲建立的著名大学还有比利时鲁汶大学等。具体来看，中世纪以来由各地国王或天主教罗马教宗所批准建立的大学包括在西班牙及葡萄牙地域于 1220 年建立的萨拉曼卡（Salamanca）大学，1250 年建立的巴利阿多里德（Valladolid）大学，1290 年建立的里斯本（Lissabon）大学；在法国于 1219—1229 年建立的图卢兹（Toulouse）大学，1309 年建立的奥尔良（Orléans）大学，1339 年建立的格勒诺布尔（Grenoble）大学；在意大利于 1264 年建立的帕多瓦（Padua）大学，1303 年建立的罗马（Rom）大学，1308 年建立的佩鲁贾（Perugia）大学，1328 年建立的摩德纳（Modena）大学，1343 年建立的比萨（Pisa）大学，1349 年建立的佛罗伦萨（Florenz）大学；在北欧、中欧及东欧地区于 1348 年建立的布拉格（Prag）大学，1364 年建立的克拉科夫（Krakau）大学，1365 年建立的维也纳（Wien）大学，1367 年建立的佩奇（Pécs - Fünfkirchen）大学，1386 年建立的海德堡（Heidelberg）大学，1388 年建立的科隆（Köln）大学，1389—1390 年建立的奥芬（Ofen）大学，1392 年建立的埃尔富特（Erfurt）大学，1409 年建立的莱比锡（Leipzig）大学，1419 年建立的罗斯托克（Rostock）大学，1422 年建立的多尔（Dôle）大学，1425 年建立的鲁汶（Löwen）大学，1456 年建立的格赖夫斯瓦尔德（Greifswald）大学，1457 年建立的弗莱堡（Freiburg i Br.）大学，1460 年建立的巴塞尔（Basel）大学，1472 年建立的因戈尔施塔特（Ingolstadt）大学，1473 年建立的特里尔（Trier）大学，1477 年建立的美因茨（Mainz）大学、乌普萨拉（Uppsala）大学、杜宾根（Tübingen）大学，1479 年建立的哥本哈根（Kopenhagen）大学，1502 年建立的维滕堡（Wittenberg）大学，1506 年建立的法兰克福（Frankfurt a. d. O.）大学等[1]。这些大学大多延续发展至今，为欧洲文明的演变、进步做出了独到的贡献。

"大学"（University）一词原义为"行会"，指当时的游学青年和

---

[1] 参见［德］库特·加林等主编《宗教的历史与现状》卷 6（Kurt Galling hrsg. : *Die Religion in Geschichte und Gegenwart*, Bd. 6, J. C. B. Mohr, Tübingen 1986），第 1166 页。

教师们为了共同抵制外在的压力、求得生存和发展而组织起来的"团契"。最早的中世纪大学以神学、法学、医学为基本分科，随后又发展出哲学、艺术、历史、物理、机械、天文等学科，就读的学生真正学完毕业的比例较小，有65%—75%的学生都学不到毕业；但如果能够学完，一般都会给毕业的学生授予学位，包括学士（Baccalaureat）、神学学士（Licentiat）和硕士（Magister）等学位，中世纪的博士学位则主要为荣誉性质的。

欧洲宗教改革运动以后，在德国的马堡等城最早出现新教徒主办的大学。这些大学包括1527年建立的马堡（Marburg）大学，1544年建立的柯尼斯堡（Königsberg）大学，1558年建立的耶拿（Jena）大学，1576年建立的赫尔姆施泰特（Helmstedt）大学，1607年建立的吉森（Gieβen）大学，1621年建立的林腾（Rinteln）大学等；而各地世俗政权也相应地建立了一批大学，包括1580年建立的阿尔特多尔夫（Altdorf）大学，1584年建立的赫尔博恩（Herborn）大学，1622年建立的斯特拉斯堡（Straβburg）大学等；此外，在瑞士宗教改革家加尔文也于1559年建立了日内瓦（Geneve）大学。而天主教尤其是新成立的耶稣会等修会为了应对宗教改革所带来的社会文化变化而改造并新建的一批大学，其经过改造重建的大学包括弗莱堡大学，因戈尔施塔特大学，美因茨大学，科隆大学和特里尔大学；其新建的大学则包括1551年建立的迪林根（Dillingen）大学，1576年建立的奥尔米兹（Olmütz）大学，1582年建立的维尔茨堡（Würzburg）大学，1586年建立的格拉茨（Graz）大学，1614年建立的帕德博恩（Paderborn）大学，1618年建立的莫尔斯海姆（Molsheim im Elsaβ）大学，1648年建立的班贝格（Bamberg）大学，1669年建立的因斯布鲁克（Innsbruck）大学，1702年建立的布雷斯劳（Breslau）大学等。

此外，一些大学开始打破教派之间的隔阂与分殊，形成对话、汇聚的发展态势。例如，自1566年以来，一些天主教的大学就允许其大学设立新教如路德宗的教授席位，海德堡大学自1685年以后则既有天主教神学，亦有新教神学专业及其讲座教授。受德国宗教改革运动的影响，大学也出现了跨国度、跨民族，以及跨教派的发展，如在欧洲各地受基督教传教影响而出现的大学包括受新教影响而于1575年建立的莱顿（Leiden）大学，1614年建立的格罗宁根（Groningen）大学，1632年建立的阿姆斯特丹（Amsterdam）大学，1636年建立的乌得勒支（Utrecht）大学等。在17世纪上半叶"三十年战争"（1618—1648，亦称"宗教战争"）中，以"天主教联盟"为主的哈布斯堡王朝战败，影响到近现代国际关系的《威斯特伐利亚和约》签订，结果在战争结束后又涌现出一批颇具独立性的地方大学，包括1665年建立的基尔（Kiel）大学，1694年建立的哈雷（Halle）大学，1734年建立的富尔达（Fulda）大学，1737年建立的哥廷根（Göttingen）大学，1743年建立的埃尔兰根（Erlangen）大学，1760年建立的比措（Bützow）大学，1777年建立的波恩（Bonn）大学，1780年建立的明斯特（Münster）大学等。而在近代基督教海外传教和欧洲往外移民的浪潮下，在东北欧创立的大学包括1546年建立的普雷斯堡（Preβburg）大学，1632年建立的多尔帕特（Dorpat）大学，1635年建立的蒂尔瑙（Tyrnau）大学，1640年建立的阿布/图尔库（Abo/Turku）大学，1666年建立的隆德（Lund）大学，1661年建立的伦贝格（Lemberg）大学。天主教在海外传教建立的大学包括1538年建立的圣多明哥（Santo Domingo）大学，1551年建立的墨西哥（Mexico）大学和利马（Lima）大学，1562年建立的危地马拉（Guatemala）大学，1573年建立的波哥大（Bogotá）大学，1580年建立的米却肯（Michoacana）大学，1598年建立的库斯科（Cuzco）大学，以及1611年建立的马尼拉（Manila）大学等。在北美等地也有由新教徒们资助或创办的大学，如美国著名的哈佛（Harvard）大学于1636年建立，耶鲁（Yale）大学于1701年建立，而圣公会也于1693年建立了威廉及马利亚（William and Mary）学院等。英、法和加拿大等国的宗教力量亦促成了北美等地相关大学的出现，如1787年建立的弗雷德里克顿（Fredericton）大学，1818年建立的哈利法克斯（Halifax）大学，以及1829年建立的蒙特利尔（Montreal）大学等。

当然，一些宗教背景的大学在近代世俗化及城市化的过程中也在城市中得以重建或扩建，其宗教背景则逐渐淡化，如1811年所建布雷斯劳（Breslau）大学，1826年所建慕尼黑（München）大学，1833年所建苏黎世（Zürich）大学（该校于1867年有第一位女生获博士学位），1914年所建法兰克福（Frankfurt a. M.）大学，1919年所建汉堡（Hamburg）大学和科隆（Köln）大学等[①]。上述大学的历史都与基督教历史变革有着直接或间接的关系。

基督教传教士在来华传教中，也曾以办学校、办医院等方式来推行其基督教教育，传播西方文化。不可否认，这些基督教大学在中国的高等教育事业发展上是有一定的历史地位和积极贡献的。从中国基督教大学的发展来看，1877年美国圣公会在上海创立了圣约翰书院，1882年美国长老会在山东登州创立了文会馆，1888年美国美以美会在北京创办了汇文书院（亦称汇文大学，英文名为Peking University），1889年美国公理会在北京建立了潞河书院，1893年美国长老会在杭州创立了育英书院。这些书院的创办为中国基督教大学的发展奠定了基础。1903年潞河书院更名为华北协和大学。1904年山东联合书院教师队伍成立，为山东基督教大学创办之雏形，后发展为齐鲁大学。此外，在20世纪初，北京的汇文学院等合并而为燕京大学，杭州的育英书院发展为之江大学。1900年苏州东吴大学成立。1905年华北协和女子学院在北京创立。1906年上海的沪江大学开始筹办。1906年南京几所基督教书院合并组成宏育书院，并于1910年发展为金陵大学。广州岭南大学早在1893年就有了基督教大学的资格，但其真正成为大学则是在1910年。1903年文华大学在武昌得以形成，于1924年发展为华中大学。1910年华西协合大学在成都创办。1914年雅礼学院在长沙建立。1914年华南女子（文理）学院在福州成立。1915年金陵女子（文理）学院在南京建立。1916年福建基督教大学开学，后发展为福建协和大学。此外，

---

① 参见［德］库特·加林等主编《宗教的历史与现状》卷6，第1167—1168页。

天主教耶稣会也于 1922 年在天津建立了工商学院，该院于 1947 年更名为津沽大学。

在这些基督教大学中，较有名的教会大学南有震旦、圣约翰，北有辅仁、燕京等。震旦大学 1903 年由天主教徒马相伯创建于上海，1905 年被耶稣会接管；马相伯离校后另办复旦大学，为今天复旦大学的前身。圣约翰大学是美国圣公会施若瑟主教于 1877 年在上海筹建，原名圣约翰书院，它曾为中国的经济、商业、哲学等领域培养了不少人才。北京的辅仁大学（今北京师范大学）于 1925 年创立，最初为天主教大学；而燕京大学则是由美国长老会、美以美会、美以美妇女会、公理会、英国伦敦会这五个基督新教差会于 1916 年合办而成的，美国传教士司徒雷登（1876—1962）于 1919 年 1 月 31 日被任命为燕大校长，因而有些资料乃以 1919 年为燕大建校年份。这些大学曾系统引进了西方的教育体制，而且也为中国现代社会培养出许多政治、经济、外交、文化等方面的风云人物。最初，中国基督教大学的校长都由西方传教士来担任，但随着基督教在华中国化的进程，越来越多的中国人出任这些大学的校长，包括福建协和大学校长杨昌栋，金陵女子学院校长吴贻芳，华中大学校长韦卓民，沪江大学校长刘湛恩，金陵大学校长陈裕光，华西协合大学校长张凌高，华南女子学院校长王世静，燕京大学校长吴雷川，震旦大学校长马相伯，辅仁大学校长陈垣等著名学者。

无论是从西方教育史还是中国教育史来看，基督教与教育尤其是大学教育都有着密切的关联，甚至"大学"这种教育形式本身就是基督教文化在欧洲中世纪的发明，因而在最初的大学理念中有着诸多基督教信仰元素。而且，从大学教育的课程构设、学科分类、学分及学位制度等形成，都与基督教思想文化有着千丝万缕的联系。不过，基督教创办大学，其宗旨并不是局限于为教会服务，也不是简单地为了传授各种专业知识，而主要是为了培养学生的基本素质，正如 19 世纪英国著名基督教教育家纽曼（John Henry Newman, 1801—1890）所考虑的，大学教育的基本目的并不是仅仅为"专业教育"（professional education），而更多的是旨在一种"博雅教育"（liberal education），即为了培养学生的心智、气质，也就是我们今天所言的"素质教育"。对此，纽曼曾有如下的表达：在基督教会与大学的关系层面，纽曼说："我是这样看大学的：它是教授全面知识的地方。这说明了它的宗旨，一方面，是心智性的，而非精神性的；另一方面，是对知识的普及和扩展，而非提高。如果大学的宗旨在于科学发现和哲学探索，我就看不出它为何需要学生；如果意在宗教训练，则它又如何能够成为文学和科学的中心呢？""这种宗旨就是大学的本质，是独立于教会的大学的本质。然而，事实上，正像我所描述的那样，如果没有教会的帮助，大学就无法适当地实现其宗旨；抑或，用一个神学术语来说，教会对保证大学的'完整性'是必要的。这一结合并不意味着大学的主要特性会有所改变：它仍然具有心智教育的功能；但在发挥这种功能时，教会可以起到稳定的作用。"[1] 按照这种理念，教会大学并不是神学院，也不会局限于宗教教育，而乃有着更开阔的眼界。实际上，中外基督教会所办的大学一般也都体现了这种开放性和综合教育的特点，故不可对教会大学的教育仅作宗教教育的狭隘之解。而在教会所办大学的教育宗旨及教学内容上，纽曼则强调，其办大学"最主要的，也是最直接的目标，并不是科学、艺术、职业技能、文学和知识发现本身"，对于学生更重要的"而是要调教其性情，培养其道德，增强其心智"[2]。这种高等教育所极需的，就是"心智的力量、稳定性、理解力和各种才能，以及对自身能力的控制，对眼前事物的正确判断"，这是其教育所必须实施的，因为尽管有些年轻人可能确有天赋，但上述素质及能力"没有经年累月的努力和训练通常是无法得到的"[3]。于是，纽曼解释说："这才是真正的心智培养；我不否认其中包含了一个绅士特有的优秀品质。它们理应被包括

---

[1] [英] 约翰·亨利·纽曼：《大学的理念》（John Henry Newman: *The Idea of a University*, Yale University Press, 1996），高师宁等译，贵州教育出版社 2003 年版，第 21 页。

[2] 同上书，第 22 页。

[3] 同上书，第 25 页。

在内,对此我们不必感到羞报,因为古诗有云:'潜心研习博雅艺术,可使行为风度优雅。'博雅教育还能够修养心性,因为心智和身体一样需要塑造。……同样,他们的气质也需要调教。"[1] 纽曼认为这才是大学教育应致力追求的。在他看来,"一旦心智经过正确的训练和塑造,从而获得一种连贯的见解和对事物的领悟力,它就会通过对个人相应的特殊品质和才能或多或少的影响,显示出它的力量。对大多数人而言,它表现为健全的见识、清醒的思维,理性、公正、自制和稳定的见解,这些都是它的特性。它在一些人身上培养出工作的习惯,影响他人的能力和聪明才智;在另一些人身上则发掘了哲学思考的天赋,并且在不同的心智领域中将心智引上高峰。对所有的人来说,它都是较轻易地进入任何思想的主题的保证,也是胜任任何学科或职业的保证"[2]。纽曼把素质教育放在知识教育之前,认为这是掌握任何知识和技能的前提,也是有效发挥所学知识和技能的保障,而基督教会则应该为之提供或创造条件,而不可把教育局限于宗教之内。所以,我们研究基督教文化,也应该清楚地认识到这种基督教文化教育的有机共构及其对于外在世界的开明和开放。

附录 天主教曾用名誉博士头衔(后列人名)[3]

"敏锐博士"(Doctor Acutus),格列高利·里米尼(Gregorio di Rimini);

---

[1] [英]约翰·亨利·纽曼:《大学的理念》(John Henry Newman: *The Idea of a University*, Yale University Press, 1996),高师宁等译,贵州教育出版社2003年版,第25—26页。

[2] 同上书,第26页。

[3] 卓新平著《基督教思想》曾收录了在中世纪相关文献中记载的名誉博士头衔,本目录则收录了包括上述部分的天主教曾用名誉博士头衔,并列出获得头衔的人名,相关内容引自[德]弗朗兹·埃尔勒编写的《中世纪经院哲学学者的名誉头衔》(Franz Ehrle: *Die Ehrentitle der scholastischen Lehrer des Mittelalters*, Verlag der Bayerischen Akademie der Wissenschaften, München 1919)第37页;古寒松主编《基督宗教外语——汉语神学词语汇编》,台北,辅仁神学著作编译会,光启文化事业2005年版,第297—298页。

"机敏或光照博士"（Doctor Acutus sive Illuminatus），弗朗西斯·马龙（Franciscus Maronis）；

"希腊阿里亚或不可辩驳博士"（Doctor Alias Grecorum vel Irrefragabilis，即其后所列"不可辩驳博士"），哈里斯的亚历山大（Alexander der Halis）；

"精准博士"（Doctor Amenus），沃索尔·伯利（Waltherus Burley）；

"天使博士"（Doctor Angelicus），托马斯·阿奎那（Thomas de Aquino）；

"使徒博士"（Doctor Apostolicus），洛伦佐·达·布林迪斯（Lorenzo da Brindisi）；

"真实博士"（Doctor Authenticus），格列高利·里米尼（Gregorio di Rimini）；

"简洁博士"（Doctor Breviloquus，或译"洁言博士""短言博士"），格威多（Gwido，Carmelica，或 Guido de Perpignan）；

"盲人千眼博士"（Doctor Caecus Oculatissimus，或译"极明眼的盲博士"），法尼亚尼（Fagnani Boni, Prospero）；

"基督教博士或叶茂博士"（Doctor Christianissimus, folio，或译"最像基督博士"），约翰·格尔森（Johannes Gerson 或 Jean Charlier de Gerson）；

"推理博士"（Doctor Collectivus，或译"综合博士"），兰多尔夫（Landolffus 或 Caracciolo, Landolfo）；

"共有博士"（Doctor Communis，亦译"公共博士""通传博士""全才博士"或"大众博士"），托马斯·阿奎那（Thomas de Aquino）；

"良知博士"（Doctor Conscientiosus，或译"良心细腻博士"），哈西亚的亨里克（Henricus de Hassia 或 Heinrich Heinbuche von Langenstein）；

"谋略博士"（Doctor Consiliativus），雷蒙德（Raymundus）；

"矛盾博士"（Doctor Contradictionum），甘斯福特（Gansfort, Johannes Wessel）；

"教令及司法博士"（Doctor Decretalium et Magister Legum），博纳格

拉提（Bonagratia）；

"教令博士"（Doctor Decretorum，或译"法令博士"），库萨的尼古拉（Nicolaus Cusanus）和埃吉迪奥·福斯卡拉利（Egidio di Foscarari）；

"至热心博士"（Doctor Devotissimus），罗贝尔（Robert de Sorbon）；

"虔诚博士"（Doctor Devotus），波拿文都拉（Bonaventura）；

"严峻博士"（Doctor Difficilis），里帕的约翰（Johannes de Ripa, Minor）；

"推论博士"（Doctor Discursivus），杜朗德尔（Durandellus）和霍尔科特（Holkot, Anglicus）；

"博士的博士"（Doctor Doctorum），巴伦西亚（Valencia, Gregorio de）；

"教会博士"（Doctor Ecclesiae，或译"教会圣师"）；

"超拔博士"（Doctor Ecstaticus），勒伊斯布鲁克（Jan van Ruysbroeck）和狄奥尼修斯（Dionysius the Carthusian）；

"感恩（礼）博士"（Doctor Eucharistiae），金口约翰（Ioannes Chrysostomus）；

"福音博士"（Doctor Evangelicus），威克里夫（John Wycliffe）和安东尼·帕多瓦（Antoni di Padua）；

"非凡博士"（Doctor Eximius，亦译"卓越博士"），约翰·埃尔富顿斯（Johannes Erffordensis）和苏亚雷斯（Suárez, Francisco de）；

"经验博士"（Doctor Expertus，或译"精英博士"），大阿尔伯特（Albertus Magnus）；

"阐释博士"（Doctor Expositivus），尼古拉·葛兰姆（Nicolaus Gorram）；

"魅力博士"（Doctor Extaticus），卡特豪塞尔的丢尼修（Dionysius der Kartäuser）；

"灵巧博士"（Doctor Facilis），托马斯·阿根廷（Thomas de Argentina）；

"雄辩博士"（Doctor Facundus），彼得·奥莱奥里（Petrus Aureoli）；

"著名博士"（Doctor Famosus），伯特伦（Bertramus）；

"至稳定博士"（Doctor Fundatissimus），埃斯蒂乌斯（Estius, Guilielmus）和艾吉丢·罗马（Egidio di Roma）；

"奠基博士"（Doctor Fundatus），彼得·纳瓦拉（Petrus de Navarra）；

"恩典博士"（Doctor Gratiae，亦译"恩宠博士"），奥古斯丁（Augustinus Aurelius）；

"威望博士"（Doctor Gratiosus），雅可布·维特尔比（Jacobus de Viterbio）；

"等级博士"（Doctor Hierarchicus），亚略巴古人丢尼修（Dionysius Areopagita）；

"光照博士"（Doctor Illuminatus，或译"光耀博士"），迈伦的方济各（Franz von Mayronis 或 François de Meyronnes）；

"光彩博士"（Doctor Illustris），亚当·马什（Adam of Marsh）；

"构思博士"（Doctor Informativus），雅可布·福拉津（Jacobus de Voragine）；

"天资博士"（Doctor Ingeniosus，或译"天才博士"），彼得·阿奎拉（Petrus de Aquila）、亨里克·赫尔沃迪（Henricus de Hervordia）和约翰·佩卡姆（John Peckham）；

"雅致博士"（Doctor Inter Omnes Sequentes Subtilior），杜朗多（Durandus）；

"常胜博士"（Doctor Invincibilis），奥卡姆（William of Ockham）；

"不可辩驳博士"（Doctor Irrefragabilis），哈里斯的亚历山大（Alexander von Hales）；

"慷慨博士"（Doctor Largus），亨里克·奥伊塔（Henricus de Oyta）；

"反异端之锤博士"（Doctor Malleus Hereticorum），奥古斯丁（Episcopus Augustinus Aurelius）；

"敬爱玛利亚博士"（Doctor Marianus），邓斯·司各特（John Duns

Scotus）；

"流蜜博士"（Doctor Mellifluus），圣伯尔纳德（Sanctus Bernhardus 或 Bernard de Clairvaux）和亨利希·弗里玛（Heinrich von Friemar）；

"奇特博士"（Doctor Mirabilis，或译"奇异博士""可钦博士"），罗吉尔·培根（Roger Bacon）；

"稳健博士"（Doctor Modernissimus），彼得·堪地亚（Petrus de Candia）；

"稳健博士"（Doctor Modernus，或译"现代博士"），马斯留·英格亨（Marsilius de Ingehin）和迪朗都斯（Durandus de Saint Porciano）；

"伦理博士"（Doctor Moralis），杰拉笃（Geraldus）；

"纯粹博士"（Doctor Natius），海诺（Hayno, Germoti）；

"至尊博士"（Doctor Nobilissimus），帕兹马尼（Peter Pázmáy）；

"和平或有用博士"（Doctor Pacificus aut Proficuus），尼古拉斯·博内图斯（Nicolas Bonetus）；

"透明博士"（Doctor Perspicuus），米尔古（Jean de Mirecourt）；

"清晰博士"（Doctor Planus aut Utilis，或译"一般或有用博士"），尼古拉·利拉（Nicolaus de Lira）；

"深入浅出博士"（Doctor Planus et Perspicuus），沃尔特·伯利（Walter Burleigh）；

"超群出众博士"（Doctor Praestantissimus），托马斯·内特（Thomas Netter）；

"精致博士"（Doctor Preclarus），瓦荣（Warro）；

"深邃博士"（Doctor Profundus，或译"精深博士"），托马斯·布拉德沃丁（Thomas Bradwardine）、雅科布·埃斯克洛（Jacobus de Esclo）和托马斯·布拉德沃丁（Thomas Bradwardine）；

"深谋远虑博士"（Doctor Providus），安福列笃斯（Anfredus Gonteri）；

"罕见博士"（Doctor Rarus，亦译"稀有博士"），赫尔维斯（Herveus 或 Harvey, Nedellic）；

"柔软博士"（Doctor Resolutus），约翰·培根托尔朴（John Baconthorp）；

"可尊博士"（Doctor Reverendus），亨里克·甘达沃（Henricus de Gandavo）；

"经院博士"（Doctor Scolasticus，或 Doctor Scholasticus，Subtilis "经院的精微博士"），雨果·诺沃（Hugo de Novo Castro, Minor）；

"撒拉弗博士"（Doctor Seraphicus，即"六翼天使博士"，亦译"炽爱天使博士"），波拿文都拉（Bonaventura）和亨利希·弗里玛（Heinrich von Friemar）；

"独有博士"（Doctor Singularis），威廉·奥卡姆（Wilhelmus Ockam）；

"隆重博士"（Doctor Solemnis），根特的亨利（Heinrich von Gent）和戈特弗里多·方提布（Gotfridus de Fontibus）；

"坚固博士"（Doctor Solidus，亦译"稳定博士"），理查德（Richardus 或 Richard of Middleton）；

"显明博士"（Doctor Spectabilis），彼得·塔兰塔西（Petrus de Tharantasia）；

"观测博士"（Doctor Spectulativus），科吞（Cothon）；

"崇高博士"（Doctor Sublimis），方济各·巴科（Francisco de Bacho）和布雷韦科撒（Brevicoxa）；

"精细博士"（Doctor Subtilis），邓斯·司各脱（Johannes Duns Scotus）；

"精确博士"（Doctor Succinctus），方济各·马尔卡（Francesco della Marca）；

"至高博士"（Doctor Summus），方济各·佩鲁贾（Francesco di Perugia）；

"超精微博士"（Doctor Supersubtilis），利巴特兰索内（Ripatransone, Giovanni da）；

"编构博士"（Doctor Textualis），克莱恩克罗特（Cleynchrot, Augustinensis）；

"全能博士"（Doctor Universalis，亦译"普世博士""百科博士"），大阿尔伯特（Albertus Magnus）和阿兰·利勒（Alan of Lille）；

"尊敬的博士"（Doctor Venerabilis），托马斯·阿奎那（Thomas de Aquino）；

"可敬博士"（Doctor Venerandus，亦译"当敬博士"），彼得·堪地亚（Petrus de Candia）和戈特弗里·方丹（Godefroy de Fontaines）；

"多言博士"（Doctor Verbosus），艾吉丢·罗马（Egidius de Roma）；

"吟诗博士"（Doctor Versificativus），拉巴努（Rabanus）；

（本文基于卓新平著《宗教理解》，社会科学文献出版社1999年版相关部分扩充而成。）

下编 基督教与中西文化交流

第六章

汉译《剑桥基督教史》，推动世界宗教研究

中国的改革开放，迎来了文化、学术的繁荣发展，其中一个重要标志就是汉译世界名著工作的系统展开，从而使当代中国进入一个全新的大翻译时代。与这一系统翻译工作密切相关的重要文化工程之一，即"剑桥历史"系列丛书的汉译出版，而作为其宗教史翻译主要内容的《剑桥基督教史》汉译作为国家社科基金重大项目也得以积极实施。

基督教是世界第一大宗教，其信徒众多、覆盖面广，经历了两千多年的发展演变，对人类文化的历史进程有过重要影响，迄今仍在国际社会中发挥着重大作用。中国走向世界，其必要准备之一就是要对世界文化尤其是宗教文化有较透彻的了解，而了解基督教文化则是其重中之重。中国面对世界文化，势必要与基督教有深层次来往，而中国自身社会改革发展的深化，也不可能回避基督教的国际存在及其"中国化"问题。由于种种原因，国内社会各界包括学术界尚缺乏对基督教的全面研究和透彻了解。因此，全景观地系统深入研究基督教文化应是我们今天义不容辞的学术任务，而《剑桥基督教史》的汉译则可为我们这一方面的研究提供重要资料和学术启迪。

一 《剑桥基督教史》的基本内容

《剑桥基督教史》共九卷，由英国剑桥大学出版社在2006—2009

年陆续出版,其中卷一为《从起源到君士坦丁》,卷二为《从君士坦丁到公元 600 年》,卷三为《中世纪早期基督教,公元 600—1100 年》,卷四为《基督教在西欧,公元 1100—1500 年》,卷五为《东方基督教》,卷六为《宗教改革及扩张,公元 1500—1660 年》,卷七为《启蒙、觉醒与革新,公元 1600—1815 年》,卷八为《世界基督教,公元 1815—1914 年》,卷九为《世界基督教,公元 1914—2000 年》,每卷约 30 章,700 余页。现对其内容及意义作如下分述。

(一) 《剑桥基督教史(卷一)——从起源到君士坦丁》 (The Cambridge History of Christianity, Volume 1: Origins to Constantine)

本卷对 3 世纪前地中海地区基督教产生和早期发展过程中的关键事件、人物、地点与问题进行了回溯、描述和概括,提供了文化史意义上古代基督教的大全景观。此卷所涉及的内容为基督教的诞生及其时代背景、社会处境及思想传承。其中三十余篇论文关注了从耶稣诞生到基督教成为罗马帝国官方公认的主流宗教这段历史,为人们深入研究早期基督教奠定了基础。从文化关联及交汇的意义上来看,基督教的形成并非某种单一性发展的结果,而乃多种文化的汇聚,除了希伯来文化这一直接主线之外,希腊化时期多元文化的交流亦极为关键。其多源头、多色彩的文化元素可以追溯到古代埃及文化、两河流域文化、波斯文化以及古希腊罗马文化。而最早形成的基督徒群体及其组织建构也同样是多元、多样的存在形式。因此,必须在这些古代多元文化中找到基督教文化的基本素材,了解基督教社会组织的原初实践。探讨这些问题,梳理清楚早期基督教发展的源头及其传布的脉络神髓,是厘清其日后发展和各种走向的基本前提。从其地域特点而言,原初基督教在其萌芽时期具有典型的亚洲区域文化特色,但其地域色彩却并非单一的、单调的,而乃跨越亚非、连接欧洲的地域串联;这样,基督教从一开始就呈现出多民族、多语言的多元文化气质,这使它得以发展成为世界宗教,其开放性、开拓性和扩散性为之准备了得天独厚的有利条件。

正是这种跨民族、跨语言、跨地域和跨文化的发展,为基督教从一开始就具备了其后来成为世界性宗教的基本素质准备了温床,有了丰富的思想文化积累,乃是当时地中海区域世界文化共构之缩影。与早期基督教相比较,当时作为人类早期宗教之代表的各种古代宗教基本上都为民族宗教,与相关的古代民族之政治及文化命运紧紧地绑在了一起。不少相关宗教都因其民族的消亡而跟着销声匿迹、不复存在。而基督教却在古代民族的迁徙、扩展、变迁或存亡中不仅顽强地存活下来,而且还不断发展壮大。基督教实际上是在接触、吸纳其他宗教文化中增强了自身的生命力,确保了其穿越古代民族的生生灭灭、躲避了它们先后消亡的厄运而得以独存。作为其得以诞生之基本母体的犹太教虽也奇迹般地得到持续发展,成为古代民族性宗教之硕果仅存,却毕竟因其民族宗教的封闭性、保守性而没有出现质的突破,仍保留在其民族宗教的基本范畴及属性之内,不愿也没能发展成为跨民族的世界性宗教。在此意义上,基督教突破最初其狭隘的民族之限,并在吸纳和融合其他民族宗教、思想文化的基础上实现了其跨界发展,从而最终提升为世界第一大宗教,形成风靡全球的基督教文化存在形式。但在基督教的早期嬗变及转身中,其最早失去的是其亚洲的一些原初特点,与亚洲古代宗教文化传统渐行渐远,而更多充满了欧洲的社会文化元素,在吸纳这种文化成分的同时也改变了欧洲的文化形态,甚至可以说是导致了欧洲古代文化脱胎换骨之变,从而使基督教自身也得以脱亚入欧,迈出了其世界化发展的关键一步。其结果是基督教得以从起初弱小的亚洲民族宗教一跃而为具有世界宗教特色、日渐强大的罗马帝国国教。因此,这一卷著作的文化历史意义,就在于其寻根溯源,揭示了基督教这一世界第一大宗教的来龙去脉,多源头地梳理出其思想文化之汇流的过程,以及其诞生和早期发展的各民族社会历史背景、罗马帝国"万神庙"般地对这些多元文化、多族形态的汇聚、熔炼。这里揭示的是一种还原式的历史文化发展图景,它使我们清楚地认识到,基督教作为世界宗教从一开始就走了综合、汇聚各种民族及地域文化之道，因而有着广泛的社会、经济、民族、语言、文化、思想等历史关联。而在罗马帝国中，基督教从被压迫者的宗教走向其帝国统治者之国教的发展，也是其由综合到整合、由汇聚到熔铸的文化共构进程。

（二）《剑桥基督教史（卷二）——从君士坦丁到公元600年》
(*The Cambridge History of Christianity*，*Volume 2：Constantine to c. 600*)

本卷所描述的基督教文化历史为这一世界性宗教的自我意识真正得以完全呈现、其社会形态之教会建构终于得以承认和在社会全面亮相的历史景观。全卷在描述这一历史进程中特别突出了基督教思想所起的作用，勾勒出基督教在被罗马帝国承认这一历史过程中思想认知、文化精神的促进及转化意义和影响。于此，早期基督教思想家即被称为基督教"黄金时代"的早期教父们不仅奠定了基督教神学发展的基础，而且在基督教之社会文化传播上也有着筚路蓝缕之功。当然，这一历史过程是漫长而曲折的，此卷内容就展示了基督教思想体系从其诞生的初创阶段到其逐渐完备和基本奠立的复杂发展过程。基督教思想在这一进程中不仅在不断地自我完善、自我塑造，而且还在潜移默化地影响、感染古代罗马社会。在经历了长达三百年的苦难历程、即被基督教思想家奥古斯丁所称为"十次大迫害"的罗马统治者高压迫害其宗教之后，基督教以其"殉教者"的鲜血铺路才最终获得其合法的身份，得到了罗马帝国统治者的庇护，并且变成了其独一无二的国教，有了至高无上的宗教地位，而随之也就形成了对当时其他古代宗教的取代和排拒。本卷内容生动地呈现出基督教在这一重要历史发展阶段的经历，细致地描述了当时社会所发生的种种变化，形象地勾勒出当时古罗马社会的动荡、战乱，以及由此而导致的波澜壮阔之历史变迁。这一社会文化景观涉及基督教伴随着罗马帝国由盛至衰这个过程而所形成的逆向发展，其由弱至强的发展体现在文学、艺术、哲学、神学、政治、社会、宗教、文化、语言、习俗等多个方面；基督教的博采众长和海纳百川使之获得了自身的强大，并没有被罗马帝国的衰败所拖垮，其综合及包容之途故而越走越宽广，越来越多的罗马民众、异族奴隶在纷纷皈依基督教，在罗马帝国境内开始出现大型教会，其从地下走向公开说明了当时之民心所归。

此外，本卷还专门探究了在罗马帝国外部各种基督徒群体的涌现及其在各地不同社会文化处境中的演变。如前所述，在这一进程中基督教思想的演化格外活跃，其不同神学思想的标新立异也特别突出，由此而出现了所谓教会正统神学理论体系的奠立及对"异端"思潮的排拒和打压，明显形成基督教作为底层被压迫群众的宗教和作为上层统治者的官方宗教之根本不同及其矛盾对立。可以说，这一时期基督教的演变、转型发展乃极富戏剧性。本卷对之有着生动而清晰的描述。基督教早期发展所经历的社会文化巨变颇值得我们深思，因此我们对基督教社会文化现象的观察必须具有历史唯物主义和辩证唯物主义的正确审视。其历史洞观之意味深长的启迪，即必须意识到同一名称及源头的宗教却会因其社会处境、阶级依存的变化而发生根本的移位，其内部甚至会因为这种社会政治文化的分殊而走向分道扬镳的"裂教"。所以，我们研究宗教就要密切关注这种历史及社会处境的演变，根据其社会存在处境来对相关宗教及其社会依存的真实关系加以名实相符的描述和客观科学的解说。一切随时间、地点的变化而变化，对于基督教的研究评估也必须遵循这一基本原则及其辩证方法来进行。

通过这一卷的描述说明，也充分揭示出宗教的社会依属决定其社会性质，基督教一旦被统治阶级所把握，就成为其实行统治治理的社会工具及思想武器，这并非基督教的本原性质，但其本质却不离这种社会依存及阶级依靠，从基督教最初作为"被压迫阶级的宗教"演变为统治者的宗教，乃其社会变化使然。同样，我们还必须注意的是，基督教在这种被动的历史时代变迁、社会地位转变中也并非消极无为，而是以其精神资源、灵性追求即宗教信仰来为其统治者提供理论、价值体系和社会道德伦理规范，有着其主动的适应和靠近，从而在客观上也充实、巩固了罗马上层的统治地位，并在一定程度上奠立了人们当时所需要的思想文化体系，维系了当时社会的发展和稳定。所以，基督教在罗马帝国之社会地位上发生的巨变，是其宗教与其社会一拍即合的结果。

(三)《剑桥基督教史(卷三)——中世纪早期基督教,约600—约1100年》(*The Cambridge History of Christianity*, *Volume 3*: *Early Medieval Christianities*, *c. 600 – c. 1100*)

本卷描述的是基督教所经历的跌宕起伏之历史转型,这是基督教文化史上第一次大的跨历史分期发展,从而了解其在古代奴隶社会的存在转向、在欧洲中世纪封建社会中的发展。在宗教对社会的依存中,不少民族宗教都因其民族的消亡、国家的毁灭而寿终正寝,但基督教却屡屡逃脱其"历史终结"之命运,这一宗教文化现象非常值得我们认真研究。本卷的内容就基本涵括了基督教从古代罗马晚期到中世纪第一次十字军东征开始这段历史。西方罗马帝国消亡后,西欧由具有奴隶制性质的古代社会进入体现封建主义色彩的中世纪社会。在这一重大历史转型时期,基督教告别了其古代时期曾赖以生存的跨越三大洲发展的罗马帝国,自己却逐渐强大成为欧洲中世纪的宗教帝国,其历史的启迪意味深长。基督教正是抓住了西欧社会文化重建这一机遇而得以重新崛起,其帮助西欧社会的发展建设不仅促成欧洲走出古代文明破败之后而陷入的所谓"黑暗时期",出现中世纪的"文化复兴",而且也使基督教作为"西方文化"的代表名正言顺地成为西方社会的主体精神、主流文化。不过,这一时期的历史变迁也充满了社会阶层的变动及国际局势的不稳,基督教则从本来较为单一的早期状态而呈现出多元发展、多种演变的势头。所以说,至少从西罗马帝国解体以来,貌似统一的基督教实质上就变异为复数的形态,尤其是官方正统的基督教与民间底层的"异端""邪说"形成了巨大差异,出现了尖锐对抗。这样,基督教内部在中世纪社会就出现了声势浩大、党同伐异的"反异端"、灭巫教运动,本来一统的基督教出现内部阶级、地域等分裂。而同一具有官方地位的基督教也因为东、西罗马帝国的社会分裂最终导致"东西教会大分裂",成为基督教历史上第一次大规模的"裂教"。

此外,基督教生存的社会外部环境在这一时期也发生了巨变,即

第六章 汉译《剑桥基督教史》,推动世界宗教研究 165

面对着其他世界性宗教的挑战。7世纪后随着伊斯兰教的兴起及"伊斯兰革命"的扩张,基督教诞生之"圣地"被"异教"所"侵占",穆斯林军队在其世界性发展的进军中几乎所向披靡、席卷东西,并深入西欧社会的腹地。遭受挫败的西方天主教和国王贵族不甘心这一局面,遂组织了多次十字军东征,企图"收复失地""夺回圣城",实现其"重新征服"。其结果,此卷所描述的时空更多为社会动荡、战乱所充满。尽管如此,这种发展中也充满文化上的革新及创造,这一时期的文化进展可圈可点。这就是说,基督教在这一阶段推动了两个方面的发展,一方面是在欧洲内部导演了"加诺林王朝文化复兴",当时封建王宫、天主教堂、修道院的教育、文化复兴使西欧社会开始苏复,使之得以走出中世纪早期的"黑暗时代";另一方面则在欧洲之外协助准备了"十字军东征"的扩张,但客观上也推动了东西方的社会文化交流。在这一大的时代氛围中,基督教的发展亦有更宽广的辐射。因此,本卷所涉及的历史文化内容还包括从阿富汗到冰岛地区的基督教发展,有其在教会体制与神学教义上的特色描述,以及其思想文化层面的不同表达。

此外,在此期间基督教学术、教育等领域,出现了许多令人耳目一新的学科,比如性别研究、手稿学、考古学、人类学等在这一卷的研究写作中都得到了很好的运用,加强了史料学、科学方法论的添入。实际上,这些全新的解释也颇具学术创新的意义,因为它们借此挑战或突破了一些关于这一阶段基督教发展的传统看法,尤其是在探讨东方、拜占庭和西方基督教的关联及差异的过程中,这一卷内容重点突出,提供了新的认知,如该卷特别强调了基督教与犹太人、穆斯林、异教徒的关系问题,提出了不同宗教对话、比较、碰撞、交流的最早话题及其历史模式,文化交流的意蕴故而更加浓厚。特别值得一提的是,在本卷中东方基督教的问题开始映入人们的眼帘,这使我们更能全面地洞观、体悟基督教文化形态的多元性。而在其文化学术方面,此卷的思路也触及律法、教育、礼仪、崇拜、修道、朝觐、教义、神学等方面,有着对这一时期基督教全貌较为客观、精准的把握和描述。

(四)《剑桥基督教史（卷四）——1100—1500 年的西欧基督教》
(*The Cambridge History of Christianity, Volume 4: Christianity in Western Europe, c. 1100 – c. 1500*)

　　本卷涉及中世纪西欧文化最为关键的发展时期，也是其中世纪鼎盛时期的社会文化之描述，并注意到中世纪因为社会阶级矛盾不断激化而出现的解体、崩塌之征兆。继"加诺林王朝文化复兴"之后，西欧基本摆脱了"黑暗时代"之阴影，出现了多层面的文化复兴。例如，自 11 世纪以来，欧洲的大学得以兴起，高等教育脱颖而出，且引发了文化发展如雨后春笋般的繁荣，其理论发展以神哲学为主，科学、人文在法学、解剖学等领域都有着非凡的进步，并在"十二世纪文化复兴""经院哲学"的崛起中高潮迭起，突飞猛进。这些文化发展开始为西方社会文化新的转型准备条件、积累能量、奠定基础，由此让人意识到西方中古与近代发展之"连贯"或"联结"。西方文化历史并非断裂的历史，也不是跳跃性的"倏忽"发展。当然，这种与时俱进的文化形态已经不能满足于旧社会框架的束缚，一场新的社会、思想革命已在酝酿，西欧社会再现着"山雨欲来风满楼"的革新预兆。

　　本卷的内容因而极为丰富，同时也纷繁多样，其主体乃探讨中世纪晚期欧洲社会及与欧洲基督徒相关联的教会体制、实践和精神体验等。一方面，教会的社会发展已逐渐完备，使之得以相应推出其系统的神职体系，形成自上而下递相依属的教阶等级，此即教权的建立，教宗制度的逐渐完备；而对于普通信徒来说，地域性的教区信仰实践却更为重要，他们日常所需的宗教礼仪是其精神生活的基础，但与此同时他们又并不满意教会礼仪日趋复杂的繁文缛节，故而也在追求更为多样的宗教生活，寻觅能够增加其信仰灵性的其他多种途径。另一方面，教会生活在趋于内向，宗教神秘主义开始盛行，对中世纪的理性逻辑直接提出挑战。这是"神学大全""哲学大全"得以奠立的时代，基督教神学思想体系的构建似乎已登峰造极、日臻完善。但对这种冷静之理性逻辑的反抗也此起彼伏，被虔敬激情所左右的宗教神秘主义在趋向泛神论发展的同时，也在驱动哲学层面的唯心论向唯物论的转化。而且，神秘主义这种反观心性的内向发展开始为新的社会及教会革命准备心理积淀。在中世纪后期，教会异端频频出现，各种教会改革和社会革新的思潮开始在整个欧洲躁动，社会及宗教危机一触即发。与西欧大一统的天主教势力相对抗，民族意识在滋长，民族语言在出现，民族文化在萌芽，这种具有民族独立性质的宗教及社会革命往往会由一些教会领袖所发起，甚至也得到了相关国度世俗君主的支持。与民族独立、民族意识相伴随的，全新的资产阶级革命在以宗教改革的形式出现，"宗教外衣"被各种势力所利用，整个欧洲社会大变革已迫在眉睫。

（五）《剑桥基督教史（卷五）——东方基督教》（The Cambridge History of Christianity, Volume 5: Eastern Christianity）

本卷将重点转向东方，注重描写东方基督教文化的意趣及情调。具体而言，本卷主要关注了东正教的发展全貌，有着对其历史、地域上的系统梳理。在以往的基督教历史文化探究中，一般不太注意东正教的发展，对其描写及论述大多处于边缘地位。但这一卷却花了很大篇幅来描述东正教的跌宕起伏、复杂演变，除了东方教会的早期历史之外，此卷对君士坦丁堡、罗斯、亚美尼亚、埃塞俄比亚、埃及和叙利亚等地区东正教会从中世纪后期到当代的发展历程有非常详尽的阐述。于此，基督教的多样性再次得以淋漓尽致的体现。本来，东方与基督教早期传统有着更为密切的关联，最早的五个基督教会中除罗马教会之外其余四个都在东方，后来也各自形成属于东正教范畴的教会发展，有着鲜明的东方文化色彩，但其中没有任何一个东方教会独占鳌头，有着君临天下的权威，故此只能形成各东正教会的多元发展，无法与大一统的西方罗马教会相抗衡。甚至基于东罗马首都的君士坦丁堡教会，其牧首也只有名誉上的"首席"地位，却无任何教会权力可言，其在与世俗政权的关系中也处于弱势的地位，几乎没有任何主导权和决定权。可以说，各种东正教会在文化多样性的处境中更有其各自的独特体悟和思索，因此其发展与西方天主教的大一统分道扬镳，更多体现出其地域性、本土性的民族文化发展。

自君士坦丁堡教会以来,以东正教为代表的拜占庭文化得以形成,而在政治上则有东西教会的抗衡与博弈。东正教随着1054年"东西教会大分裂"而与天主教完全分离,主要依存其民族关系而走向多元发展之途,故在语言上就呈现出希腊语、斯拉夫语等变迁。这种东正教的民族性乃一以贯之,延续至今。相比之下,希腊正教有着更为古老的历史,但中世纪以来因受伊斯兰教文化圈的强大影响而突破不多、作为不大。相比之下,东正教在各斯拉夫民族中则得到蓬勃发展,在文化上也出现了从拜占庭文化到斯拉夫文化的转型发展。这样,东正教中的圣像艺术、教堂建筑、神秘主义等遂独树一帜,蔚为大观。为此,这一卷的基本内容展示了东正教的文化特色,同时还关注了东正教的很多社会文化形式及其在当代的生存性问题。而按照相关学者的见解,东正教其实具有"超越东西方"的文化连接,其特色奠立于东罗马帝国以迁都于君士坦丁堡以来的发展,特别是后期拜占庭为这种东正教特色的存续提供了可能,并以拜占庭及后来的斯拉夫思想、艺术、文化、风俗、信仰及精神的力量来维系其存在与发展,并以此来面对后来时代及社会各方面的挑战。由于其地理位置及文化处境,东正教也有着与东方各种文化更多的对话及交融。

(六)《剑桥基督教史(卷六)——改革与扩展(1500—1660)》(*The Cambridge History of Christianity*, Volume 6: Reform and Expansion 1500–1600)

本卷所描述的内容反映出基督教又进入了一个新的跨时代、跨文化时期。此时的基督教将告别与之一同生存、壮大的封建社会形态而以其主导性来进入西方近代的资本主义时期。为此,本卷主要展示了欧洲宗教改革运动这一波澜壮阔的历史大事变和社会大飞跃,并非常具体、生动地呈现了基督教从新教改革到天主教革新这段波诡云谲、惊涛骇浪的历史。基督教的宗教改革运动虽然时间相差不是很大,却因其不同社会处境及不同社会关系而结局不同,特色迥异。其中以德国、瑞士和英国的宗教改革为典型特征,发展出不同的教会传承和政教关系,故而形成后来基督教新教中路德宗、加尔文宗和英国圣公会的三派鼎立,各有所属。宗教改革运动是人类历史上的大事件,它们改变了欧洲乃至整个西方社会发展的命运,影响到人类的近现代进程。其中,西方天主教的再度分裂、新教各派的崛起及其并行不悖的近现代发展,天主教自身的革命及其对海外宣教的推动,政教关系的变化及其新型模式的出现等,都是本卷的焦点话题和讨论热点。宗教改革运动后基督教各派实质性的外扩,才使基督教真正成为现代意义上的世界宗教,并基本形成其延续至今的全球布局。因此,宗教改革运动既是教会发展历史上的重要一笔,也是人类社会发展进步的一个标志性的里程碑。欧洲社会转型、英国资产阶级革命等,都与宗教改革运动有着直接的关联,在不少情况下实际上也是被宗教改革运动所推动或完成。于此,这一卷内容主要侧重于16世纪欧洲的政治和教会变革,凸显出其神学的重大转型和理论侧重的不同。在思想文化及意识形态领域,传统"神学"亦被扬弃,新的神学思潮从此开始观照,甚至隐蔽性地让位给"人学",它们把眼光从天上而转视人间,"人的发现""主体意识"遂成为此后理论思索的重要主题词。此卷的探讨还特别注意细节,集中讨论了这一历史上教会分裂对整个拉丁教会传统的影响、面对革新思潮天主教的相关回应,以及此后对于东方社会中政教关系发展的影响等。天主教面对宗教改革运动掀起的惊涛骇浪并没有退缩,而是有着深刻的反思和积极的对应,故此所谓"反宗教改革运动"实质乃为"天主教会的革新运动",由此形成鲜明的历史对照及文化呼应。本卷研究的触角还涉及相关社会的政治、文化、思想、神学、礼仪、圣职、艺术、习俗等多个方面。另外,这一卷还以更加广阔的视野探讨了欧洲及欧洲以外基督教与犹太教、印度教、佛教之间的关系,真正进入了跨宗教对话的时代,亦是一种全球宗教史的初期书写。

(七)《剑桥基督教史(卷七)——启蒙、觉醒与革命(1600—1815)》(*The Cambridge History of Christianity*, Volume 7: *Enlightenment, Reawakening and Revolution*, 1600–1815)

本卷是对近代基督教文化的生动写照,其中有着对近代基督教思想革新发展的独特关注。在其内容上,本卷涉猎范围遍及欧洲乃至全世界的启蒙运动对于基督教觉醒运动的影响。应该说，"启蒙"与"理性"作为关键词对于近代基督教冲击极大，但并没有彻底脱离基督教的思想文化框架和理论范畴，而是描述了基督教文化体系在走向成熟、得以发展健全，而所谓"狂飙突起"也只是基督教思想文化语境内的风暴，在一定程度上主要代表着基督教在社会、教会结构上的重大转型。特别引人注目的是，18世纪后期及19世纪早期全世界范围的政治及社会动荡挑战了以往封建君主制的神圣性和权威性，从西方社会及教会内部产生了民主、人权和宗教宽容的思想理念，一种对话、宽容、和谐的宗教理解在形成，新的宗教氛围由此产生，而基督教的外在权威性开始动摇，人们更倾向于以他们的主体感觉和内心体验作为他们信仰的基础，宗教成为人们"绝对的依赖感"和追求"神圣"体验的觉悟。与此同时，法治的形成、科学的发展，也使以往基督教所宣称的"绝对权威"不复存在。

不过，新的社会发展并非理想时代的到来，新兴资产阶级在革命成功后不久就撕开其虚伪的面纱，开始疯狂的殖民扩张和掠夺，在根本上与基督教的本真精神相悖。而在这个阶段基督教也随着欧洲的殖民扩张而全球传教，使之得以快速传播，在成为世界最大的宗教之同时也受到多种批评和谴责，基督教明显在"世俗化"，世俗社会体制的僵化及腐败也在基督教建构内时隐时现，撼动了其在人们心目中本来不可置疑的神圣性。在与不同的文化和宗教传统相遇中，基督教为了其在新环境中的生存与发展而不断处境化、本土化，形成适应其在地化发展的新形态、新特点。这样，基督教成为非常典型的"一种宗教，多种形态"，再也查不到其原初的"一体"或"本体"。当然，对于基督教世界范围的传播及其作用，处于不同立场则会有不同的评说及界定。这种基督教宣教历史的描述，其描述者主体的定位乃至关重要。应该说，这一卷所阐述的基督教发展即处于其走出封建社会而进入资本主义社会的阶段；封建社会的封闭在这种社会转型中被打破，中古封建文化被近代资产阶级文化所取代，而基督教的世界性自我意识则得以彰显。但走向全球化的基督教既有其发展的大好机遇，也面对着前所未有的严峻挑战。

(八)《剑桥基督教史（卷八）——世界基督教（约 1815—约 1914 年）》(*The Cambridge History of Christianity, Volume 8：World Christianities c. 1815 – c. 1914*)

本卷谈及真正意义上的"世界基督教"，它所揭示的这一百年跨越了 19—20 世纪，因而是第一部以全球的视角来高屋建瓴地研究 19 世纪基督教的学术著作，并且探讨了基督教步入 20 世纪之初的体验和困难，乃全球宗教史的生动写照及其典范。从此卷内容则可以看出，走出中古和近代而迈入 20 世纪的基督教与现实世界的关联日趋复杂；回顾历史，基督教经历了古代、中世纪的政教合一，在近代社会不得不接受政教协约带来的权力失落，而其现代社会处境则是前所未有的政教分离之处境；因此，基督教的前瞻很难乐观，特别是面对 20 世纪初西方资本主义社会的危机和第一次真正意义上的世界大战，对其前途恐怕会不寒而栗。世俗政权的成熟及强大使基督教的怀旧感加强，但在其"追忆似水年华"的同时则开始其顽强地找寻现代发展的旅程，一旦消极地回避现实毫无作用，教会就必须冷静而全力地面对、应付这种对其显然不利的逆境。神圣与世俗、理想与现实、宗教与政治开始无情的博弈，教会必须选择其可能存活之途。于此，此卷的第一部分非常透彻地分析了天主教和新教的现实社会处境，以及二者在面对欧洲现代性发展所带来的思想及社会挑战之回应；此时的资本主义社会也在变化，社会矛盾的激化、利益集团的冲突促使原始积累时期主张自由竞争的资本主义走到了主张并实施资本及权力垄断的帝国主义，局部战争也在向世界大战升级。基督教陷入其中别无选择，其阶级、国家烙印亦越来越深。这种国家意识、经济意识和陷入利益冲突的基督教显然已经不得已地走上了其"世俗化"之路，尽管有其"处境化""在地化"的说辞或掩护，纯然宗教之境是再也回不去了。不过，洞观历史，基督教从一开始就是社会政治经济的产物，"纯然"宗教之境恐怕只能是子虚乌有。

此卷的第二部分则进而专门分析了现代政教关系的现状，尤其对教会与国家主义之间的复杂关联进行了深入剖析；在这种现代政教关系中，基督教会的独立性、选择性显然已经越来越小，对其社会政体的依附乃不言而喻；虽然人们强调所谓"政教分离"，但实际上根本不可能分离，历史上也不曾有其彻底分离。所以，基督教的社会卷入乃是不言而喻的，基督教文化实质即一种社会文化。

此卷的第三部分则有着更为广远的视域，从传教史的角度考察了基督教在亚洲、非洲和澳洲等地的传播，描述并阐述了其复杂生存处境所带来的教会形态之多变，以及其在当地发展的可能前途和存在命运。基督教的这种全球卷入机遇与风险并存，其宣教开始时的西方、特别是欧洲色彩却越来越淡。基督教开始有了更多的民族形态、更多的地域特色，以及更多的语言表达；可以说，19—20世纪之交也是基督教民族教会及其民俗文化发展的活跃时期。

（九）《剑桥基督教史（卷九）——世界基督教（约1914—2000年）》(*The Cambridge History of Christianity , Volume 9 : World Christianities c. 1914 – c. 2000*)

本卷是这部多卷巨著的收官之作，真正面对了基督教的"全球"存在。其主要思绪乃集中在跌宕起伏、曲折复杂的20世纪之发展，故多有反思和展望。20世纪是全球化的世纪，也是世界矛盾冲突达到高峰的时代，这一时代经历了两次世界大战，体验了"冷战"和后冷战时期国际形势的冷酷及严峻，并且在世纪之末又步入了"文明的冲突"。虽然，人类科技发展突飞猛进，人际交往前所未有，文化交流空前活跃，人们却仍在其"一半天使、一半野兽"的秉性面前不寒而栗，充满担忧。当代社会进入信息时代，其巨大网络让人体会到"天网恢恢，疏而不漏"的真实蕴涵。社会的世俗化在加剧，人们离传统宗教渐行渐远，故有基督教思想家发出了社会"祛魅"的担心。教会为人的灵性缺失的不断扩大而忧心忡忡，其有识之士的革新亦持续不断。基督教各派为其共同存在而形成其"普世教会运动"，以信仰共同体来应对其生存危机，意识到"一个教会，或没有教会"。天主教则在20世纪60年代召开"梵二"会议，提出了"跟上时代"的现代发展口号。

第六章　汉译《剑桥基督教史》，推动世界宗教研究　　173

为此，这一卷的研究基于对基督教现状的分析跟踪，观察了基督教在20世纪的巨大发展变迁，描述了其此消彼长的不平衡状况。例如，欧洲教会经不起世俗化的冲击而屡有挫败，遭遇到其信众的严重流失，教堂在减少，参加礼拜活动的人员也稀少、分散；但对比之下，北美尤其是美国却异军突起，当基督教主流派呈现颓势而走下坡路时则被相对保守的福音派、灵恩派所接替，保住了基督教在整个美国社会的原有平衡。相比之下，在殖民时代结束之后，亚洲和非洲的基督教却凸显出其自我意识，其民族教会、地方教会在快速发展，给人以柳暗花明之感。作为全书的收尾，此卷呈现出当代基督教的万花筒景观，反映出20世纪全球基督教各派在世界不同地域、处境不同的发展。这里，基督教的全球史既有综述，亦为综合，在给人带来沉思、感慨之际，也让人体悟到其大气、恢宏之态。与之相关联，此卷的撰写者也是来自世界各地，有着各自不同的思绪及考量，其视域故而也显得更加开阔，其观点亦更为多元；但同时也暴露出其局限与不足。此卷的第一部分重点描写了具有世界范围影响的基督教现代制度和社会运动发展，其中比较典型的包括普世教会运动、灵恩运动等。此卷第二部分更为全面地展示出基督教的全球分布，论述了基督教在世界各个地区的发展历史及现实处境。而其第三部分则有更深入的思考，并且有选择地进行了一些专题研究，如现代社会中基督教信仰崇拜上的微妙变化，当代发展中基督教与犹太教，以及与伊斯兰教的关系问题，此外，这里也专门论及当代基督教与科学、性别、艺术的复杂关系等。这一现代尚未终结之结局性表述，使我们对基督教两千多年的历史有了比较清晰的轮廓和相对明快的发展线索。基督教由简到繁、从弱到强、经单一而达多元的发展，也是人类思想文化历史发展的一个缩影。因此，梳理、总结基督教的全球历史，也会给我们观察、研究整个人类的文明发展带来深思和启迪。

二　汉译《剑桥基督教史》的意义

《剑桥基督教史》的编写者为来自世界各地这一研究领域的著名专

家学者，相关研究亦为其具有系统性、新颖性和权威性的学术成果，并反映出这些学者在文化、地域、民族及学术背景上的鲜明个性。因此，《剑桥基督教史》在当今世界学术界基督教研究领域有着很高的学术声誉及广远影响，其系统、全面的研究为我们翔实展示了基督教在全球范围的发展史，关涉其渊源、嬗变、精神、思想、修行、事工、经典、教义、神学、哲学、政治、法律、社会、经济、文化、教育、艺术、习俗等内容。全书以基督教的历史延续为线索，以教会活动为主干，从一种较为宽泛及综合的文化背景中来阐述基督教信仰及其社会实践的发展演变，注重基督教思想的系统化及其影响的扩展性。全书内容不仅有着其内涵式元素的教会史、神学史等，也涵括其外延式扩充的交互关系史，如基督教与其他宗教的对话史、比较史等；不仅展示了其历史分期的早期、中世纪、近现代发展，也描述了其地域分布的东方基督教史、西亚北非基督教史、欧洲基督教史、美洲基督教史、近现代亚洲基督教史和大洋洲基督教史等。其探究的厚重与见解的深刻还表现在对基督教体制机制和社会结构的分析，对其政教关系、政社关系和与其他宗教关系的勾勒，对其崇拜、礼仪、修道等灵性生活及精神追求的刻画，对文献、手稿、典籍、文物等原始材料或第一手资源的搜集，对图表、地图、统计资料的运用，以及对考古学、人类学、社会学、心理学、宗教学、文献学、符号学等学科范畴及方法的吸纳等。全书涉猎广泛、引证充分、资料丰富、思路清晰、结构合理，反映出很高的学术水平和研究眼光。

汉译《剑桥基督教史》有着多层面的社会意义和学术价值。在政治上，基督教作为人类社会最主要的宗教对许多国家及地区的政治有着复杂影响，基督教在中外关系及交流对话上起着重要作用，因此，通过此书的汉译来深化我们对基督教的了解与研究，对我们的政治思考和社会决策会提供更多的视角、更大的空间和更充分的准备。

在社会上，中国的社会治理必然包括对基督教的积极引导和科学管理；系统了解基督教是认识人类社会发展史的一个重要范例，基督教对社会建构、体制机制的发展有着独特作用，在世界各地的社会结构上留下了重要的印痕，而此书的汉译有助于我们透彻地认识基督教及其社会定位和影响，打开我们洞观人类宗教世界及其社会存在的一扇窗户。我们只有真正懂教方能有效治教，因此，弄清楚基督教的社会建构及其功能，正确处理好基督教在中国社会的存在关系问题，引导其努力实现"中国化"的社会适应，对于我们社会的长治久安、良好的国际形象，都会有重大帮助。

在文化上，基督教既有西方文化的特色，又保留着东方文化的蕴涵，在东西文明相遇、中外文化接触上扮演着重要角色，是我们系统、深入了解亚欧大陆丝绸之路及海上丝绸之路所必须掌握的重要素材和文化知识。这部基督教历史著作所具有的浓厚文化色彩使汉译此书亦成为文化比较、对话及沟通的专项文化工程，对我们今天有关文化使命、文化意义的思考可以提供独特的启迪和有益的借鉴。此书的内容能加深我们对文化多样性存在、多元化嬗变、多方位发展的印象，对宗教文化战略的意义获得更深刻的认识。

在学术上，此书的汉译在研究历史、哲学、神学、宗教学、文学、语言学、翻译学、文献学、考古学、思想史、艺术史、文化交流史等领域都具有典型意义，通过这一宗教史的探讨可以为人们在相关范围提供综合性的、"百科全书"般的学问知识，既能促进我们对基督教的专门研究，也有利于范围更广的跨学科研究。

基于上述分析，我们邀请了国内一批学有专长的中青年学者参加对《剑桥基督教史》的翻译。可以说，这一汉译工作给我们的历史和现实研究都能提供重要资料和思路，让人以史为鉴、以史观今，使历史与现今有机关联起来，起到洞观历史、开启未来的现实作用。而通过这一翻译实践，我们不仅可以提升国内学者在这一研究上的知识水平，扩大其学术眼界，而且还能够在我们的学术规范、专业术语的精准表达上有更好的作为，达成更为系统的梳理和汇总。

在中外文化交流史上，外文著作的汉译是其重要内容。而在这一有着丰富蕴涵的世界名著汉译史中，宗教经典及其研究著作的翻译占有很大比重。中国在唐朝和明清之际曾出现过汉译国外名著的高潮，这种"放眼看世界"的举措曾推动了当时中国的社会变革及文化复兴，促进了西学东渐、中学西传等思想文化交流，也给后人留下了许多非常精彩和珍贵的汉译名作，推出了不少翻译大家和文化名人。在我们今天因改革开放而带来的承前启后、水到渠成之"大翻译时代"，学术交流的繁荣是社会发展繁荣的重要标志之一，而相关名著名作的翻译情况则也可间接反映出一个国家的学术定位、学术品位和学术水平。我们今天的文化建设、学术建设，是中华民族伟大复兴所需要的基础建设和广大中国民众人文素养形成所必练的基本功。这是我们可持续发展的能源动力，也是在国际交往上真正具有文化竞争力的前提条件。而在这种文化、学术发展中，我们也理应体现出中华民族"海纳百川"的胸襟及气魄。文化的博大精深既需要我们在自己悠久的文化源流中寻根溯源、发扬光大，也必须注意向世界开放、以虚心学习之姿态来博采众长、充实自我。马克思主义经典作家早就论及研究基督教的思想意义和学术价值，习近平总书记也特别提醒我们"要睁眼看世界，了解世界上不同民族的历史文化，去其糟粕，取其精华，从中获得启发，为我所用"。而基督教就非常典型地体现出当今世界一些较为强大的民族的文化特质和历史传统，并且其信仰体系的当前构建也有着不同文化交织、共融的醒目痕迹；这应使我们意识到，了解基督教对于我们在"全球化"的时代走向世界已是必修的功课。《剑桥基督教史》可以作为这一功课的恰当教材，用于我们今天向世界开放并走向世界的知识准备和文化积淀。此外，从其基本了解到深刻洞观，也能充实我们对人类精神世界、灵性世界、思辨世界、信仰世界的认知，以及对其在人类文化生活中复杂共存的体悟。

（原载《中国社会科学报》2014 年 6 月 18 日第 B04 版，本文有补充。）

第七章

基督教在中西思想文化交流中的作用

一 导论：世界宗教与世界文化

人类的宗教与人类文明的发展有着密切的联系，由于不同宗教与不同文化的交织、关联，就形成了世界各种宗教与文化的特色。我们谈论基督教与中西思想文化的关系，以及在二者交流中的作用时，应该对这种宗教与文化的关系有一种基本定位。

（一）世界宗教的兴起：雅思贝尔斯的理论

德国思想家雅思贝尔斯（Karl Jaspers）曾从人类宗教与文明的诞生及发展之关系上来论及世界宗教的兴起。在他看来，宗教与文化有着密切的交织，宗教在人类发展中也往往是作为文化形态而出现；大致而言，人类历史发展经历了四个重大时期。

第一时期为"史前时代"，这是原始宗教产生和发展的时代，由此出现了今天称为"原生性"的宗教和"原生态"的文化。在这一时期，宗教与文化同步，人类文化及其原初文明得以孕育。

第二时期为"世界四大文明"时代，即远古"伟大文化"的诞生时代，主要为古埃及、美索不达米亚（"两河流域"）、印度和中国这古代历史上的"四大文明"。回顾历史，这些远古文明要么已经消亡、要么曾经中断，只有"中华文明"上下五千年、延续至今，构成鲜活的

"文明史诗"。

第三时期为"轴心时代",即世界性大宗教得以创立、主要哲学源流得以形成并繁荣发展的时期,其特点是人类思想精神的空前活跃,这一发展时段从公元前8—前2世纪,是今天称为"创生性"宗教得以"创立"、哲学等精神思潮形成体系的时代。这在中国、印度、希腊、波斯和古代巴勒斯坦得以典型体现,如古代中国产生了孔子、老子、庄子、墨子等,形成了诸子百家;古代印度出现了释迦牟尼(佛陀)、促成了佛教等"沙门"思潮的兴盛;古代希腊出现了哲学界群星灿烂的星光,涌现出赫拉克利特、毕达哥拉斯、苏格拉底、柏拉图、亚里士多德等先哲、智者,"爱智慧"成了其知识精英的独特追求;古代波斯则有琐罗亚斯德创教立说之举,其以善、恶(光明与黑暗)对立的"二元"神论而独树一帜、与众不同;而古代巴勒斯坦更凸显其宗教灵性,先后有以利亚、以赛亚、耶利米等宗教先知在当时的历史舞台上亮相、表演,寻求"天界"与"人间"的神圣沟通。雅思贝尔斯曾形象地称"轴心时代"的发展和改革为人类社会的"精神化",指出"这个时代产生了直至今天仍是我们思考范围的基本范畴,创立了人类仍赖以存活的世界宗教之源端"[①];而其特点就体现在"人"通过反思"意识到整体的存在、自我和自我的限度"。而这种"意识"正是一种宗教的境界。

第四时期为"科技时代",始于中世纪欧洲的科学技术革命,并延续至今,由此导致了复杂多元的近现代世界发展。在"科技时代",人类有了"世俗化"的走向,宗教灵性对于人类而言则出现"祛魅""复魅"的复杂变化和反复。

受雅思贝尔斯的启迪,现代亦有一些学者认为21世纪的人类已进入"第二轴心时代",如阿姆斯特朗(Karen Armstrong)、卡曾斯(Ewert Cousins)等人就如此认为,并指出其表象即"全球意识"取代了

---

① [德] 雅思贝尔斯:《历史的起源与目标》,魏楚雄、俞新天译,华夏出版社1989年版,第15—16页。

"个体意识"、"生态意识"超过了"科技意识"。而按照当代一些基督教神学家的想法,那么这"第二轴心时代"的特征除了全球意识、生态意识之外,还包括对话意识、跨文化意识、女性意识、亲证意识、非实在论意识和后现代意识。宗教的复兴或重新成为人们关注的"热点"与"焦点",也被视为这一时代的征兆。

(二)"三大宗教河系"的流传:孔汉思的理论

老子说:"上善若水。"水的生命力和动感一般以奔流不息的江河来象征,由此而有"水"乃"生命之源","河"为"母亲之河"的说法。瑞士宗教思想家孔汉思(Hans Küng)为推动其"世界伦理"构想而有着对世界宗教的寻踪,亦展开了与中国文化的对话,其中文名字即表达了这种对话意向和关联:"孔"从"孔子","汉"连"汉语"、"汉学",由此而达其"思"。他在推动基督教与中国宗教对话时特别钟情于"水",提出了世界宗教源流及其分布、影响的"三大宗教河系"理论。

第一大宗教河系为"两河流域",即底格里斯河、幼发拉底河。这一河系产生了称为"亚伯拉罕传统"的三大宗教:犹太教、基督教和伊斯兰教,其共同特点是持有"绝对一神"的观念,形成"先知型"宗教。这些"先知"作为神人之间的"使者""沟通者"而有着"为神言真""替天行道"的使命,而其"绝对一神论"则体悟到"终极实在"的绝对意义和超然存在。但其"绝对一神"观的"排他性"亦容易走"唯我独尊""唯信称义"之路,从而容易缺少包容和宽容,出现对教外之人的"排外"现象。而一旦其信奉者"以人言代替神言""以人意妄为神意"则也可能由其表现出的武断、霸气而导致"宗教纷争""文明冲突"。在今天的阿以冲突、基伊对峙中,人们或许会感到有其文化之源中的"内涵"式矛盾。此外,这一河系还产生了坚持"二元"神教的琐罗亚斯德教和摩尼教。而这一流域宗教的现代发展则又诞生了强调多教合一、世界"大同"的巴哈伊教。

第二大宗教河系为"恒河流域",包括今天印度的恒河流域和巴基斯坦的印度河流域，尤其是恒河乃被印度人视为"圣河"。这一河系则产生了具有神秘主义和"多神"色彩的吠陀宗教、古婆罗门教、今天的印度教以及佛教、耆那教等。而此后出现的锡克教则为印度教与伊斯兰教对话、交流、共构、整合的结果。这一河系之宗教的特点是突出神秘主义，讲究沉思默想，有着瑜伽、禅修等动静结合的修行。其"多神"观念则形成了其兼容、善变的特点。

第三大宗教河系则为"黄河、长江流域"，产生了所谓"圣贤型"和"哲理型"的宗教，如儒教、道教，以及此后的佛教禅宗等，其特点是讲究贤者智慧、注重精神修养和灵性升华，坚持修行养性和道法自然，其"多神"观和"天命"观表现出其开放性、相对性、功用性和包容性；在江河奔流入大海的气势下强调"海纳百川，有容乃大"。其给人的印象则是比较淡化形而上之"道"，倡导多元合一、和而不同、包容圆融、中庸之道。这种不同而同、和合共在实际上乃一种"玄同"，其中充满了神秘、奥妙和玄机。在黄河、长江文化之识别上，西方有些学者认为"黄河"代表北方文化，以孔子为代表，形成儒教，以其正统、秩序、复礼和宗法意识来形成中华文化的"主文化"；而"长江"则代表南方文化，以楚文化为经典表述，老子为其象征代表，体现出更多的空灵、自由、潇洒、浪漫。

值得注意的是，这"三大宗教河系"都在亚洲，因此亚洲乃人类宗教及其灵性精神的重要发源地。研究亚洲宗教及其全球影响，显然有着极为独特的意义。

（三）宗教发展的"三阶段"：黑格尔的理论

德国哲学家黑格尔的思辨体系已众所周知，其中亦有宗教内容和在其体系中的定位。他认为人类宗教经历了从"自然宗教"经过"艺术宗教"而发展到"天启宗教"这一三段式过程，其中也包括作为中间环节的"过渡性宗教"。在黑格尔以其"大全体系"来涵括世界宗教的理论框架中，显然地有着对东方宗教的轻视和无知。从其宗教及其发展由低往高之过程的排序上，我们可以体察出黑格尔这种偏差颇大的文化

心态。按其理解,世界宗教发展经历了如下几个阶段:

在宗教发展最低阶段的为"自然宗教",其中包括"幻想的宗教"印度教、"度的宗教"儒教,以及"自在的宗教"佛教。这里,黑格尔以其"傲慢与偏见"而把东方宗教"打入底层",使之在其体系中地位最低。

在从"自然宗教"往"艺术宗教"的过渡时期则有"过渡性宗教",包括被他称为"善的宗教""光明的宗教"之波斯宗教,称为"清苦的宗教"的叙利亚宗教,以及称为"谜的宗教"之"埃及宗教"。后者之"谜"已在金字塔、象形文字和古埃及宗教神谕上得到印证。

在宗教发展的中间阶段则为"艺术宗教",黑格尔在此以其"美学散步"和"神学审视"而将之称为"精神个体"的宗教,从而开始以宗教神学等理论构建来整合具有"形象化想象"的神话和具有"抽象化思维"的哲学。这里,他称属于其中的犹太教为"崇高的宗教",希腊宗教为"美的宗教",罗马宗教为"合目的性的宗教"。在这些宗教中,其特别意义乃在于"民族精神"被凸显,民族的象征亦多由宗教或其符号、标记来体现,民族整体意识和社会整体观念开始萌生,而其宗教观念则有了"混沌的关于整体的表象"。

宗教发展的最后阶段为"天启宗教",以基督教为代表。黑格尔将之称为"绝对宗教""自由宗教",在此亦停住了其关涉宗教的辩证法发展,转向所谓"更高"层面的运动。但宗教运动本身在此终结,同样亦违背了黑格尔强调万物变化发展的初衷和其哲学原则。

二 基督教与西方文化

"西文"作为一种文化概念,涵括其地理位置和历史背景,更有着深蕴的宗教意义。西方文化所蕴含的"西方"概念出现于古罗马帝国晚期和中世纪早期,也正是基督教诞生和发展的时期。"西方"概念萌芽于西罗马帝国与东罗马帝国的分裂,在中世纪时则实际上指西欧。由于天主教会在中世纪欧洲所达到的鼎盛,因而成为中世纪西方文化的主体,此即基督教文化与西方文化相"等同"的原因。二者的不解之缘随着"地理大发现"以来西欧文化影响到美洲和世界其他地区,基督教的"普世"意义得以凸显,而"西方文化"亦有新的、更大的涵括。

(一) 西方文化的精神渊源

西方文化尤其是它的宗教精神有着丰富的来源,其主流大体由古希腊精神、古希伯来精神和古罗马精神所汇聚而成。

古希腊精神是西方文化精神史的重要起点,在西方文化中的民主精神,法治精神、自由精神、理性精神、思辨精神、怀疑精神、科学精神、自然精神、浪漫精神和神秘精神等,大致都能在古希腊精神中找到其源头和踪迹。其中的一些重要因素也为西方宗教精神特别是基督教精神提供了丰富资源。

古希伯来精神从其地理位置和历史背景而言本不属于西方,而是源自亚洲的精神资源。它以犹太民族为依存,其特色是"多涉信仰教诫"。古希伯来精神传统追求绝对一神的观念,对人之自我有着罪感意识和谦卑精神,相信神人立约而发展出其契约精神,并进而认为本民族为"神选"民族而形成享受"神宠"的"选民"优越感,但又进一步演化为神圣"团契"的精神。此外,古希伯来精神还孕育了救赎精神和先知精神,使犹太民族这个"谜一般的民族"在精神资源上处于颇为优越和领先的地位,其精神影响延续至今,成为人类文化的宝贵遗产。古希伯来精神通过犹太教而对早期基督教产生影响、形成其传承,同样亦在古代"希腊化时期"开始与古希腊精神融汇,由此共构西方文化和基督教精神,使之成为"两希文明"(希腊、希伯来)的结晶。但这里特别值得一提的是这一文化融汇之现象的主要发生地,即"希腊化时期"的埃及重要港口城市亚历山大,有"地中海明珠"之称;古希伯来文化源自亚洲,古希腊文化源自欧洲,而埃及是在非洲,"两希"文明的汇合却恰恰始自位于非洲的埃及亚历山大,其文化跨界整合意义遂得以凸显。而此后古罗马帝国的建立,其地域即包括围绕着地中海的欧、亚、非广大地区。

古罗马精神正是这种"两希文明"汇聚、交融的产物，但亦有自身的独特精神，如律法精神、团队精神、共和精神，乃至此后的帝国精神等，这都对西方文化产生了悠远的影响。西方文化和基督教思想精神的雏形在古罗马时代形成，开始有哲学、宗教与法治的奇特结合。所以说，西方文化和基督教精神乃希腊、希伯来和罗马精神的结晶，这样达成了古希腊哲学、古希伯来宗教和古罗马律法的共构，此即西方文化的"三位一体""三流共聚"。

（二）基督教精神与西方文化精神

基督教精神是上述三大精神传统的整合、扬弃和创新，其形成后则基本上奠定了西方文化及其宗教精神的基础，影响到西方古代后期、中世纪和其近现代发展。在当代西方社会"世俗化"的演变中，基督教精神虽然逐渐从其外在显露转为其内在潜存，却仍作为"潜在的精神力量"影响、支撑着西方社会及其文化的"可持续性发展"。

大体而言，基督教精神涵括爱的精神、谦卑精神（仆人精神）、普世精神、超越精神、先知精神、拯救精神、禁欲精神、神秘精神、悔罪精神（自我批判精神），以及律法（戒律）精神等。这些精神成为基督教博大精深文化体系的基本内核，对西方文化的发展、嬗变有着关键性影响，并在"地理大发现"，尤其是当今"全球化"时代形成对整个人类的广远影响。当然，从总体发展趋势来看，基督教精神在当代社会已有所削弱、有所淡薄，亦出现了一些变化。例如，在"全球化"时代各种文化、各种宗教和各种思潮的对话处境中，基督教亦在很大程度上放下了其在西方曾有的"唯我独尊"的架子，不再强调或突出"唯信称义""教会之外无拯救"，而更多弘扬一种"对话"精神，寻求更大范围的沟通和理解。

（三）西方文化精神的发展特色

西方文化精神以其基督教思想内核而形成了多彩发展，其主要思潮亦有着并驾齐驱、多元共构的特色，这包括宗教理性主义精神、宗教神秘主义精神、宗教主体精神、宗教宽容和对话精神的发展。

宗教理性主义精神表现在以理性来论证宗教，强调其宗教信仰的逻辑完整性和思维合理性。其发展沿线可以从古希腊"爱智"（哲学）传统开始勾勒，以柏拉图对"神圣"言述、论证的"逻各斯"之"神学"（theologia）为开端，经亚里士多德关于"第一推动力""第一因"和"宇宙终极目的"的形而上学思维体系，发展出中世纪"经院哲学"（"士林哲学"）的"柏拉图—奥古斯丁"和"亚里士多德—阿奎那"两大体系，以及唯名论和唯实论两大流派，在近代则由笛卡尔的唯理主义发展演变到黑格尔大全辩证法的思辨体系，而在当代则仍有逻辑实证主义、现代诠释学理论等理性建构，维系着其哲理推断的问题意识和系统表述。

宗教神秘主义精神亦是西方宗教精神之魂，表达了其灵性特色。虽然宗教神秘主义精神以其难以言传的"奥秘"表示出其非理性、反理性或超理性的倾向，但从深层次分析来看则也是对人的认知有限性和理性相对性的另一种体认，以及克服这种局限的另一种方式。为此，宗教神秘主义精神强调心性、灵性、灵恩、灵知和灵修。除了古希腊文化中的狄奥尼索斯"酒神""悲剧"之心醉神迷的神秘主义传统之外，在基督教思想史上亦有从古代教父亚历山大的克雷芒之"神秘神学"，经中世纪亚略巴古人丢尼修等人的"奥秘神学""否定神学"到爱克哈特的神秘主义和库萨的尼古拉之"有学识的无知"，进而迈入近代新教的敬虔主义、帕斯卡尔的"优雅精神"和浪漫主义神学；甚至在当代，我们仍可观察、体悟到与这种宗教神秘主义精神相关的各种灵性奋兴思潮、新灵恩运动和神修、灵修思潮。

宗教主体精神可以从古希腊苏格拉底的"我知我无知"的主体意识萌芽，经奥古斯丁"我怀疑故我存在"的领悟，到笛卡尔"我思故我在"的主体意识时代。这在马丁·路德以来宗教改革中"人的发现"和文艺复兴以来"大写之人"以及"上帝面前人人平等"表述上也得到典型体现。这种宗教主体精神在近现代西方社会文化发展中则涵化为其"民主""自由""人权"意识，以及"社会契约""三权分立""舆论监督"和"公民社会"的复杂发展。

宗教宽容和对话精神则从"神""人"立约，"神""人"对话等观念上扩展而来，基于基督教的"博爱"精神。基督教从犹太教分离而独立时，就扬弃了犹太教排外性"特殊神宠论"和以"割礼"来突出本民族的"选民"情结，强调一种以"信"为基础的普世性"神圣联盟"。在中世纪后期，库萨的尼古拉在理解不同宗教时曾留下了一句令人印象深刻的名言：人类各种宗教信仰实际上可以看作"一种宗教的多种崇拜方式"。进入近代以来，洛克以其《论宗教宽容》一书（1689）的出版来号召结束宗教迫害、实行宗教宽容。洛克把宗教信仰上的宽容精神与社会政治中的民主自由相提并论，亦为西方近代"政教分离"的原则提供了理论基础。自18世纪启蒙运动以来，西方社会则开始从"宗教宽容"走向"宗教对话"，这种"对话精神"、各教平等思想可在莱辛等人的著作（《智者纳旦》）中明显看见，他用三个戒指难分真假来说明犹太教、基督教和伊斯兰教三教平等。至20世纪，人们更是借助犹太思想家马丁·布伯"我与你"的关系学说而发展出具有平等、换位、相互理解性质的"对话"模式，由此进入"对话"时代，使"对话"成为当代最为响亮的口号之一。在宗教对话精神的引导下，基督教开展了"普世教会运动"，并从其教会内部各教派的对话，走向基督教与世界各种宗教的对话，强调"没有宗教对话就没有宗教和平"，并从"世界和平"的考虑而最后又倡导世界各种文化、各种意识形态和各种政治理想之间的对话。我们今天仍受着这种"对话"精神的感染，并参入各种"对话"活动之中。

三 基督教在中西思想文化交流中的作用

既然基督教在其发展过程中已经具有如此丰富的西方文化蕴涵，那么其在中西思想文化交流中就势必会发挥非常重要的作用。实际上，基督教一方面本身就代表着西方思想文化来与中国思想文化对话和交流，另一方面又为中西双方在更广泛、更深远的层次上之交流起着桥梁、媒介作用。

在中西双方的相互认知上,存有着从相当"模糊"到逐渐"清晰"的接触过程,如彼此对"中""西"二字的理解就有过复杂经历。据传"中国"之"中"的原初意义是指"插于筒内的书策",由此演绎为中国即"有文字的国家"的本义,强调其"文明之邦"的蕴涵。但随着中国的发展和强大,中国人确有"中土"为"中"的自我认识,由此使"中国"出现了即"中央之国"或"中心之国"的解读,这在其封建鼎盛时期"溥天之下,莫非王土;率土之滨,莫非王臣"的表述上得到典型体现。而其周边、外界之国别或民族则有了"蛮""夷"之称。中国自"秦"朝开始强盛,并从此有了中国的统一;"秦"后"汉"朝继续发展,故此,中文为"汉语"、中华主流民族为"汉族"显然乃与之相关联。当时中国对外贸易往来最为闻名的即瓷器和丝绸。西方的"中国"一词在英文中为China,其小写即"瓷器"(china),其关联词Chin亦使人联想到"秦"的译音;而西方古代对中国也称为"赛里斯"(Seres),意即"丝绸"之国。直到西方与中国近距离、深入接触以后,才出现了将"中国"直译为"中央帝国"的现象;但近代以来,西方以其"船坚炮利"在中国横冲直撞、摧枯拉朽,加速了"中央帝国"的衰落。而在对"西方"的认识上,中国起初因佛教东传而有对"西方"的向往,故有"西天""西方净土""西方极乐世界"之说,但其"西天"实为"天竺"即古代印度。中国对西欧意义上的"西方"之认识始于对罗马帝国的认识,曾以"大秦"相称,可见知晓罗马帝国的强盛,这自汉朝就已有记载,如97年(汉和帝永元九年)班超遣甘英出使大秦,166年(桓帝延熹九年)大秦皇帝安敦遣使来中国等。罗马帝国分裂为东西两部之后,"大秦"一名才被用来指离中国更近一点的东罗马帝国。

基督教自635年(唐太宗贞观九年)由景教首次传入中国,从而先后经历了四次大的传华之旅,基督教在中西思想文化交流中的作用,即体现在这四次来华经历上,形成其与中国文化"未结束的相遇"。

(一) 基督教在唐、元时期与佛、道思想的交流

唐朝景教最初受到"翻经书殿，问道禁闱"的礼遇，由此曾有"法流十道""寺满百城"的发展。景教士曾参加唐朝翻译佛经的活动，同时亦将部分景教经卷译为中文。不过，景教大秦寺僧景净与佛教法师般若同译佛经的合作并不十分成功，由此留下"景净应传弥尸诃教，沙门释子弘阐佛经"的评论。不少后学亦认为景教当时在华"以附庸佛道为价值取向"，殊不知这乃中国历史上最早的基督教与佛教、道教的对话。21世纪初（2006）在洛阳发现的"景教宣元至本经幢"，进一步证明了当时景教与佛教、道教"对话""相糅"的史实。因此，所谓"附庸佛道"在唐朝应为基督教进入中国主流文化之努力，只是不太成功而已。随着唐武宗"灭佛"波及景教，这一交流只得仓促中止。

元朝"也里可温教"既包括景教、亦有始来中华的天主教。西方传教士曾得到"钦赐薪俸"（阿拉发）和免役免税等优厚待遇。此间方济各传教士孟德高维诺也曾尝试"蒙文译经"，与中华文化能有更深一步的接触，但因"元"亡"教"失，这一交流也是昙花一现。

(二) 明清中西交流中基督教的关键作用

中西思想文化的真正交流和沟通，应该说是始于明末天主教耶稣会传教士的东来。在所取得的相对成功中，利玛窦等人功不可没。这一时期来华传教士采取了"补儒易佛"的策略，因而从其最初在日本等地的"融佛"一改而为在中国的"排佛"，集中精力展开了与中国主流文化的代表儒家或儒教的对话，由此而兴起入华传教士"比儒""合儒""补儒""匡儒"之风。为了取得这种交流的成功，有些传教士甚至在中国古籍中引经据典、探赜索隐，竭力糅合基督教教义与中国思想文化，因而被视为"索隐派"（Figurism），如白晋、傅圣泽、郭中传、马若瑟等人。这样，在"神人合一"与"天人合一"，"新旧约圣经"与"四书五经"，"耶稣"与"孔子"之间形成了生动、有趣的中西思想

文化对话。除了引入西方思想文化之外，传教士还将大量中国经典译成西方传入欧洲，从而达到"西学东渐""东学西传"的高潮，成为中西思想文化交流史上的一段佳话。例如，在今天风行的电脑之基本原理"二进制"的创立上，当时通过传教士的媒介，西方学者莱布尼茨在论述二进制时就有与中国古典《易经》中伏羲八卦图"阴""阳"观点的生动比较。

应该说，明末清初以基督教传教士为中介的中西思想文化交流基本上是一种平等的交流，中国社会通过传教士而向西方文化学到了许多宝贵的知识和理论体系，而传教士带入西方的"东学"也促成了国际"汉学"的创立。使西方对中国有全新的认识。在这种交流中，基督教传教士扮演了许多重要角色，他们既是翻译家、外交家，更是思想家、科学家，凸显出"学术传教"的优势。对于传教士的这种贡献，西方研究中国科学史的学者李约瑟曾有很高的评价："即使说他们把欧洲的科学和数学带到中国只是为了达到传教的目的，但由于当时东西两大文明仍互相隔绝，这种交流作为两大文明之间文化联系的最高范例，仍然是永垂不朽的。"[①] 中西思想文化的和平交流、平等沟通，明末清初乃是经典之例；当时中西沟通、融洽的和谐气氛所达到的程度前所未有，迄今仍无。

然而，宗教观念上深层次的差异阻碍了这种交流、对话的持续发展。由耶稣会内部发端、得到其他修会传教士支持和扩大的"中国礼仪之争"最终导致罗马教宗与中国皇帝的政治权威之争，罗马教宗坚持禁止"敬天""尊孔"和"祭祀"的礼仪，康熙皇帝则一扫对天主教已有的好感而全面禁教，驱赶传教士。尽管利玛窦在最初发现这种矛盾之端倪时曾以"儒教不是宗教"的托词来防范两"教"相争，避免冲突，却仍未能免掉这场文化交流上的"灾难"。中国近代发展因失去这一"放眼看世界"的机会而发展缓慢，最终被动挨打，而西方的强硬态度亦给中国留下了不好的印象，这一阴影一直笼罩着中西文化交流

---

① [英]李约瑟：《中国科学技术史》（第1卷），科学出版社1975年版，第337页。

的发展，迄今仍未获"质"的突破。

（三）清末、民国时期基督教在中西文化交流中的作用

基督教各派在清末"鸦片战争"后相继传入中国，从此与中西文化冲突，尤其是中西政治冲突交织在一起，很难摆脱这种尴尬。一旦中西冲突再现，这段"旧话"就会重提。

基督教作为"洋教"传入后，其重要意义在政治上曾引起中国相关人士的注意，并按他们自己的意愿被加以运用。从基层来看，多次应试失败的广东文人洪秀全（1814—1864）受基督教的启发而创立了拜上帝会，在不被教会接受、未获得正式洗礼的情况下自行施洗改革，发动了声势浩大的"太平天国运动"（1851—1864）。但其最终失败，一方面使之不被基督教会视为"正宗"，另一方面则使中国社会联想到与中国主流文化对抗的"异端""邪教"。从上层来看，一些中国改革家在"戊戌变法"的维新运动中曾与传教士密切接触，但"变法"失败后康有为（1858—1927）受基督教在西方国家"国教"地位及其意义的启发而开始对"保国、保种、保教"重加诠释，推动以"孔教"为"国教"的保守发展，结果使基督教和孔教二者在中国近代"新文化"运动中都受到批判，成为被排斥的对象。

不过，自马礼逊（1782—1834）1807年进入中国内地后，仍以中西思想文化的交流为己任、为初衷。他将《圣经》全文译为中文，又将许多中国经典介绍到西方。为了促进并带动这种中西沟通，他还编辑了多部"英汉"或"汉英"对照的字典，以备"有志者"之用。在卷入中国政治、遭到中国主流文化抛弃的阴影下，不少传教士仍曾设法开展中西文化交流、促进中西思想沟通和相互理解。这样，中国近代新闻、出版、报业、高等教育、医疗卫生、社会慈善及新兴事业，大多由基督教传教士所引入、实践和推广，在客观上推动了中国现代化的进程，增进了中国人的现代意识，扩大了其世界眼光。

尽管当时中国传统文化受到冲击，儒家思想被人质疑，来华传教士在尊重中国文化传统的情况下仍沿着耶稣会士开辟的"耶儒对话"之路继续走下去，形成了"孔子加耶稣"的融合理念。与耶稣会士不同的是，这时期的传教士已不再局限于基督教与儒家的交流，同时也试探着与佛教对话，以化解二者在中国以往交流历史上的恩恩怨怨。例如，从"耶稣加释迦"或"援佛入耶"到"佛化"基督教的实践，从20世纪初南京的"景风山"到21世纪的香港"道风山基督教丛林"，这一对话、交流的痕迹仍清晰可辨。

由于这一时期被中国社会真正接受、认可的基督教来华传教士如凤毛麟角，因而在中国基督徒中则异军突起，出现了一批结合中西思想文化的"本土神学家"，开展了中国教会"本色化"运动。这些中国基督徒知识分子和教牧人员以其大量理论著述和社会实践，为今天"中国化"的基督教发展和"中国神学"建设奠定了思想基础，准备了丰富的资源。

（四）基督教在当代中西思想文化交流中的作用

中国社会自1978年以来的改革开放，标志着中国大陆思想革新和文化更新的一个全新时代的到来。毫无疑问，这一"改革"乃破旧立新，需要许多新的思想文化资源；而这一"开放"则会开拓思路和眼界，欢迎一种"世界眼光"。在这一新形势下，基督教在中西思想文化交流和对话中重新被人们所关注，而其作用的发挥亦获得了新的机遇。

中国当代思想界、学术界的认知和评价已发生了巨大变化，在"自我反省""自我批评"的前提下，亦在寻求中国思想文化的"自知""自觉"和"自强""自立"。但这种"自我"已不再是"封闭式"的自我，而乃"海纳百川"的"开放式"自我。中国当代社会及其理论界对宗教，尤其是基督教的客观、中肯、积极评价，就是这一"开放式"变化的明证。

虽然中西政治关系已经解冻、经济关系渐入佳境、文化关系正在磨合，但其历史阴影仍存，传统偏见犹在，加之新的经济贸易摩擦、意识形态冲突、政治关系紧张和文化差异碰撞，中西思想文化交流的处境尚未获根本改观，整个形势并不令人乐观。在这"全球化"社会文化发展的十字路口，基督教在处理中西思想文化关系上将如何引领、如何作为，不仅会影响到中西关系的未来，亦会影响到基督教自身在中国存在的未来。

第八章

基督教文化及其中国化发展

　　基督教作为世界三大宗教，历史悠久，文化蕴涵丰富，对世界文化尤其是西方文明的发展作用巨大、影响广远。基督教从其形成的开端就体现出其开放性、开拓性和包容性，其发展就是不断吸收世界各种文明文化因素，丰富和壮大自我的过程。在其文化形态上，我们可以看到基督教作为一种文明载体有着从游牧文化、农耕文化到海洋文化的发展演变，对其重要元素也有着兼容并蓄的吸纳和扬弃。基督教最初产生于亚洲，因而其最初的展示乃具有东方文化的色彩，属于亚洲文明的范畴。而当基督教在罗马帝国实现其国教化的华丽转身之后，才逐渐形成西方文化形态，体现出西方人及相关地区民众的文化精神特质，而在其成为人类最大的宗教文明形态进程中，基督教不仅在一定程度上保留了希伯来等亚洲文明的要素，而且又进而吸纳并消化了古希腊罗马文化精髓，由此而达其文明的博大和厚重。随着宗教改革之后及"大航海时代"以来基督教的全球传播，基督教已不再只是西方文化的代表，而是融入不同社会、不同文化之中，并形成其极为多元的本土化发展，有着其地域特色。而这在中国，则是基督教接触、对话、理解和融入中国社会文化的"中国化"发展。

　　基督教是一种信奉耶稣基督为救世主的宗教体系，相信上帝作为圣父、圣子和圣灵的三位一体，人死后复活和末日审判，以及基督的复归和对人世的拯救。基督教源自古代巴勒斯坦地区，成熟于古罗马帝国，在欧洲中世纪时被奠立为西方宗教思想体系的代表，近代以来获得其全球发展。因此，基督教经历了亚洲文化、西方文化和全球文化的转型发展，而在其全球性扩展中则接触并融入了世界各地的地区及民族文化，具有本土化、处境化的多元文化展示及其特色。目前，基督教按其信仰人数和地域分布来看已发展为世界上最大的宗教。其信徒总人数约为22亿人，分布在全世界239个国家和地区，约占世界人口的33%和世界宗教徒总数的38%，其中天主教徒约12亿人，新教徒约7亿人，东正教徒约3亿人；其大小教派共有三万多个，各种教会社团有三百多万个。因此，基督教对人类社会、思想、文化、政治、经济等有着广泛而深入的影响。

一 基督教文明的形成之源

在基督教的思想文化渊源上，基本以"两希"文明为主，其中直接继承乃希伯来文明，通过其传承和自我的发展又接受了古希腊罗马文明。希伯来文明对古代各种文明的吸纳源远流长，其鼎盛时期则在希腊化时代，以埃及亚历山大港之文化汇聚而基本完成了这种古代文明的吸收和其文化体系的重构。这种希腊化时代犹太教即希伯来文化对古代地中海周边地区的文化吸收及借鉴，及其所受到的古希腊文化和古罗马文化的影响，意义深远。这是因为基督教最初诞生于犹太教，并从犹太教这一母体中承袭了其古希伯来文明，并由此接触并相应接受了与之相关的古巴比伦、古埃及、古代波斯等亚洲文化要素，并进而吸收了古希腊罗马等文明中的哲学宗教观念和神话信仰传说。这些哲学、宗教思想及神话信仰等文化因素被基督教所继承、改造、舍取、整合、发扬，从而得以重新铸就，推陈出新，形成延续至今的基督教思想文化体系和相应的神学、礼仪及宗教生活观念。所以，基督教文明本身即一种多文化及跨文化的综合体，有着旺盛的生命力及发展动力。

基督教的早期发展大体经历了原始基督教、早期基督教和古代公教会等阶段。原始基督教即教会在1世纪30—70年代的发展，其宗教体态尚不完备,没有系统化的神学、定型化的礼仪和固定化的机构,仍保留着浓厚的犹太文化色彩,其成员亦是巴勒斯坦和东部地中海沿岸各地的犹太人,且大都为受苦受难的被压迫者。但就在这一期间出现了突破犹太教之限的保罗,他率先把基督教传给了"外邦人",并且强调:"向什么样的人,我就作什么样的人。"(哥林多前书9:22)这是基督教本色化的教义基础,也为基督教今天适应中国社会、步入"中国化"发展提供了思想依据和传播方法。

基督教在其早期发展中曾经历了罗马帝国皇帝的残酷迫害和多次镇压。基督教思想家奥古斯丁曾列举了罗马帝国自尼禄皇帝以来对基督徒的十次大迫害:第一次为64—68年尼禄皇帝的迫害,早期教会领袖彼得和保罗等人殉教;第二次为94—96年图密善皇帝的迫害;第三次为98—117年图拉真皇帝的迫害,耶路撒冷主教西门和安提阿主教依格纳修殉教;第四次为160—180年马可·奥勒留皇帝的迫害,护教者查斯丁殉教;第五次为202—211年赛普梯米乌·赛佛鲁皇帝的迫害,里昂主教伊里奈乌等人殉教;第六次为235—238年马克西密皇帝的迫害;第七次为249—251年戴修斯皇帝的迫害,教宗法比昂等人殉教;第八次为257—260年瓦勒里安皇帝的迫害,教宗西斯克特二世等人殉教;第九次为275年奥勒良皇帝的迫害;第十次为303—305年戴克里先皇帝的迫害,圣塞巴斯蒂安等人殉教。但基督教虽屡遭迫害,却仍在下层人民中得到迅速发展,扎根在基层,适应其本土,并且影响到罗马军队和上层贵族,形成一股愈益强大的信仰力量。殉教者以其牺牲推动了基督教会的发展,其独特的文化精神也感染到罗马社会。由此可见,基督教在其最初发展时期已经形成了文化适应、忍辱负重、坚韧持守的信仰传统。

二 西方基督教文明的奠立

公元4世纪,君士坦丁大帝使基督教合法化,并促成其成为罗马帝国国教。476年,西罗马帝国灭亡,而曾作为其国教的基督教却保存下来,并在欧洲中世纪发展中起了主导和引领欧洲社会及其思想文化重建的作用。基督教在罗马帝国时代形成其地中海周边地带的文化圈亦是其西方化的开端,而在帝国衰亡、欧洲从古代往中世纪转型过程中,以基督教信仰文化为特色的西方文化则得以真正奠立。

由于基督教在欧洲转型和重建的过程中地位独特,影响深远,作用巨大,因而西方文化有着"基督教信仰文化"的特色,被视为"崇拜上帝的文化"。所以说,基督教文明的奠立既为典型的宗教文明,又有广泛的社会涵盖。基督教会由此开始其全面发展,曾使欧洲"万流归宗"而影响到其社会结构及政体。

基督教文化不仅涵括政治、经济、社会、制度、教育、气质等方面,形成其较为完备的社会建构和制度体系,而且还在西方中世纪民俗文化中形成过"骑士"文化现象。在中世纪贵族长子继承权的结构中,骑士是一个颇为独特的社会阶层。一说源自800年跟随法兰克王国查理大帝统一西欧的12名勇士"帕拉丁"即圣骑士,他们统领加洛林骑兵,故为骑士制度的起源。而当时文化中所形成的"骑士精神",则包括谦卑、荣誉、牺牲、英勇、怜悯、诚实、精神、公正这八大美德,这种骑士文化视骑士为勇敢、忠诚的象征,英雄的化身,骑士后来则成为一种荣誉称号,其注重风度、礼节、外表举止,追求崇高精神理想、勇于冒险和尊崇妇女,以及主张公平竞争等骑士精神转化为西方近代的绅士风度,而具有浪漫气质、冒险精神、英雄形象的骑士在开拓美洲新大陆时则演变出一种"牛仔"文化、美国梦。从中可以看到西方文化从欧陆游牧文化到全球海洋文化的发展演变。这与中国"士"文化精神比较虽然有迥异之别,却也形成鲜明对照。

三 基督教文明与西欧文化复兴

欧洲中世纪从古代世界文化中保存下来的唯一完备体系即基督教,因此,"西方文化"最初乃为欧洲文化,特别是西欧文化模型,其特色即一种基督教文化。而西欧中世纪的文化复兴,既得力于基督教的主导性参与，也标志着基督教文明开始走向成熟发展。其为欧洲的可持续发展奠定了基础，积聚了能力，铺平了道路，其中标志性事件即加洛林王朝文化复兴、12世纪文化复兴、经院哲学的兴盛和欧洲文艺复兴运动的全面展开。这样，欧洲从中世纪向其近现代的发展转型遂水到渠成。

加洛林文化复兴代表着中世纪历史上西欧的第一次文化觉醒，这一文化复兴实际上宣布了长达数百年的欧洲中世纪早期"黑暗时代"的结束，同样也是对"中世纪千年黑暗"之论的否证。加洛林王朝文化复兴的特点就是兴办学校、重视教育、培养人才。查理大帝邀请以阿尔琴为代表的众多教会学者创办法兰克宫廷学院，发掘修道院图书馆密藏资料，抄录《圣经》及古代文献，翻译整理古希腊罗马经典，开展系列研究，确立"七艺"（Septem Artes Liberales）课程，即文法、修辞、逻辑、算术、几何、音乐、天文，从而迎来了走出中世纪黑暗的黎明。

12世纪文化复兴是继9世纪加洛林王朝文化复兴之后西欧社会所迎来的文化发展的又一次高潮，史称"12世纪文化复兴"。其主要特点是欧洲文化从普通教育走向高等教育，使欧洲中世纪的教育再次复兴并获得繁荣发展。此间欧洲创办了众多大学，形成了大学体制，制定了高等教育的教材和学位，并影响到之后世界高等教育的发展趋向和教育传统。在这一发展中，法国巴黎的学校后来居上，体现出后发优势。巴黎因处于欧洲的心脏和交通要道、作为法国君主制的首都所具有的政治、经济地位而一跃成为欧洲思想文化的荟萃之地，拥有全欧学术教育中心的声望。法国大学教育在12世纪的兴盛吸引了各国学者前来讲课、各地青年亦纷纷来此求知求学、负笈从师。因此，法国当时乃成为欧洲文化的缩影，巴黎亦被视为欧陆的文化都市。其文化教育的鼎盛在当时流行的一句名言中得到绝妙反映："意大利人有教宗，日耳曼人有皇帝，而法国人则有学问。"而"大学"（University）一词也源于巴黎大学最初的教师、学生等行会组织之称。

欧洲大学的兴盛使中世纪经院哲学得到发展，所谓"经院哲学"（Scholasticism）指的就是在学校中讲授的知识学说，后专指中世纪欧洲大学的哲学思潮及其体系和论证方法。其特点是运用理性形式、逻辑推理、辩证方法来论证基督教信仰，是具有思辨性的基督教哲学。

经院哲学论及共相与个别、信仰与理性等关系问题，曾形成唯名论和实在论两大派别，出现了阿奎那等著名哲学家。从唯名论传统来看，贝伦迦尔以逻辑判断等辩证方法来质疑"实体转化说"，认为个别事物才是真正实在，共相仅是其名称而已；罗色林亦坚持个别具体事物才是真实的，"一般"则是代表众多事物的名词，并无客观存在；阿伯拉尔则以亚里士多德哲学来论证共相不是实体，而乃判断种、属内同类事物所具共性的词语，他进而强调"理解才能信仰"，曾为唯名论的重要代表。在欧洲唯名论传统中已经萌生了近代欧洲唯物主义思想发展。

欧洲文艺复兴运动是欧洲中世纪后期至近代初期所兴起的人文主义思想文化运动，以"古典文化的再生"为旗号，反映了基督教文化本身的革新运动，由此突破中世纪传统模式，引导了欧洲近代思想精神的发展。文艺复兴运动先在意大利兴起，后又扩展到英国、法国、德国、西班牙、尼德兰等地，其共有特点是对"人文"精神的高扬和人文主义思潮的发展。这种人文精神虽以"人"之主体意识来对抗中世纪流行的"神本主义""神权至上"的客体意识，却没有从根本上脱离基督教文化体系，因为人文主义不是要以"人"来取代"神"，不是主张"人""神"平等或并重，而是强调人的自知、自觉、自主，唤醒人的自我意识。在此，人文主义仍然强调基督教信仰所肯定的人的"灵性"，认为人具有"上帝的形象"，拥有来自上帝的"自由"与"权力"，并享受到上帝的仁爱与恩典。在欧洲文化中这种"人"的发现乃代表着其中世纪历史的尾声。

欧洲中世纪基督教文化的发展具有两个特点：一是海纳百川，其思想体系吸收了古希腊罗马的思想，借鉴了犹太教和伊斯兰教思想文化；二是注重理性，强调逻辑推理和辩证思维。从其思维特点来看，由于基督教源自两希文化，习惯于二元分殊，故会纠缠于神、人之别，此、彼之分，二者矛盾和对立凸显。而东方文化却基于一种整体观，如中国文化是合二为一，以阴阳共构、太极文化的空间整体观来界说世界；而印度文化则讲时间上的整体观，今世与来世关联，佛分过去、现在、未来三佛，形成时间上的呼应及各尽之司职，人生及其生物则也有着永恒的轮回。我们在东西比较上，应注意这些思维差异和各自特色，今天我们中国教会在神学上思考中国化，要想有所创新、有所突破，则理应思考这些问题。

四 宗教改革运动促使基督教文明的全球发展

（一）宗教改革运动与新教的诞生

16 世纪欧洲出现的宗教改革运动，既是西方社会政治史上的巨变，也是基督教思想文化史上的突破，它标志着欧洲由此而"走出中世纪"，出现了政治、社会、思想、信仰的根本性变革。西方由此走向近代资本主义的发展，而基督教则真正成为世界性宗教，并迎来其多元化及地域化的多姿多彩。从此，以民族性和地域性为特征、不再隶属天主教会的新教各派在宗教改革的浪潮中脱颖而出，具有世界性质的基督教同时也成为民族性的宗教，打下近代民族发展的烙印。宗教改革形成了欧洲近代"教随国定"的传统（拉丁文 Cuius regio, eius religio 或英文表达 Whose Realm, His Religion，"在谁的领地，信谁的宗教"），也是基督教本土化即基督教文明与民族文化结合的开始。其中路德改革形成了新教信义宗（路德宗）体系，路德以德文翻译圣经，创作德文作品，标志着基督教近代发展出现了德国化。加尔文等人的改革发展为新教归正宗（加尔文宗或长老宗）体系，其在瑞士的努力促成了近代基督教的瑞士化走向。而英王的改革则建立起圣公宗（安立甘宗）体系，其以英国国王为教会最高领袖之举，更是在社会政治意义上导致了基督教发展的英国化。在此后的发展中，这几大教派又分化或衍生出清教、公理宗、浸礼宗、贵格宗、卫斯理宗、神体一位论派、莫拉维亚弟兄会等众多派系，而且民族地域特色浓厚。所以说，近代基督教教派产生及发展本身就已经有了地域、民族、时代、文化、处境之特色。

(二) 天主教的改革运动及海外传教

欧洲宗教改革运动改变了天主教会一统欧洲的格局，天主教在受到冲击和感到震撼之后痛定思痛，决心改变被动局面，由此开展了维护天主教权威、调整内部结构、激发天主教信仰热诚的改革运动。这一天主教革新因在表面上看似回应欧洲宗教改革而被称为"反宗教改革运动"，实则天主教自身革新运动。天主教同时也深感有着"欧洲所失、海外补回"的需要，积极推动其海外传教运动，从此基督教不再只是欧洲宗教，而成为真正的"普世宗教"，这样也使天主教走上其本色化、民族化的多元发展之路。

自15世纪末哥伦布"发现"美洲大陆以来，葡萄牙和西班牙传教士就已利用本国的殖民扩张势力而将天主教传入南美洲。为了避免两国在扩张中的纠纷与冲突，教宗亚历山大六世曾于1494年出面仲裁，使之签订托尔德西里雅斯条约，设立"教宗子午线"来为之划界。随之，欧洲各国天主教又向世界更大区域派遣其传教士，影响波及亚洲、非洲、大洋洲等地，使基督教真正具有世界宗教的规模。欧洲宗教改革运动之后，天主教海外传教的意识更为强烈。其海外传教努力中的一大发展，便是新型修会耶稣会的创立。1534年西班牙天主教徒罗耀拉组建起耶稣会，制定其"章程"和"神操"规则。创建这一修会的宗旨是重振罗马教会的信仰精神、重树罗马教宗的绝对权威。该修会仿效军队组织而管理严格，但其修士可不穿僧衣、不住修道院，以便能深入社会、影响各阶层民众。耶稣会在其后的发展中以其欧陆和海外宣教来掌握群众，以担任各国宫廷要职或宗教顾问来影响政治，以从事学术研究和创办大学来进入教育，而且强调入乡随俗、本土适应、随遇而变，因而在恢复天主教在政治、思想、社会、文化、教育等领域的作用及影响上扮演了极为重要的角色。由于它经常卷入政治冲突而曾被欧洲各国禁止和取缔，并一度被教宗所解散。但因其在社会影响、海外传教上不可取代的作用，耶稣会不久便得以恢复，并保持其独特影响至今。

(三) 新教向北美等地的传播

在欧洲新教的发展中,新教徒因在欧洲遇到各种宗教迫害而追求自由宗教生活,自 17 世纪上半叶开始向北美移民,这与加尔文宗背景的英国清教运动直接相关。"清教"乃 16 世纪下半叶在英国教会内部受加尔文神学思想影响而出现的改革运动,曾在英国资产阶级革命中起过关键作用,因其主张"清除"国教会残存的天主教旧制、提倡一种"清俭廉洁"的生活而得名,形成一种始于英国的"清教文化"。这种"清教"精神在宗教上有三大特点:"(1) 在宗教伦理上,他们主张'宿命论'(Predestination),或称'前定论''预定论''命定论'(Foreordain);(2) 在宗教制度和教会结构上,他们反对主教制,要求教会组织民主化,主张容忍政策和信仰自由;(3) 在宗教仪式和教义上,他们主张清除英国国教中天主教残余,纯洁教会。"[1] 此外,"从世俗生活方面看,清教徒主张国家政治生活民主化,提倡节俭、勤奋,厌恶懒惰和邪恶,推崇禁欲主义和发财致富"[2]。这种"人为天定"、见证"拣选"的宗教伦理后来则发展成为冒险有为、优胜劣汰、听天由命的资本主义精神。

当清教运动受到压制和打击后,清教徒陆续移居海外,1620 年 9 月 12 日一百多位清教徒在长老威廉·布卢斯特带领下乘"五月花"号商船开始其北美之旅。航行途中,他们在船上拟定了名为《五月花公约》的政治纲领,希望能在新大陆组建清教徒的"公民团体",以制定公正、平等的法律来保障新大陆上的社会新秩序,此乃北美政治文化之萌芽。《五月花公约》明确对其签名者宣告:"谨在上帝和彼此面前,庄严签订本盟约,结成国家,以便更好地建立秩序,维护和平,为促进上述目的而努力;并随时按照最适宜于殖民地普遍福利之观点制定公正

---

[1] 董小川:《儒家文化与美国基督新教文化》,商务印书馆 1999 年版,第 40—41 页。
[2] 同上书,第 41 页。

平等之法律、法令、宪法并选派官吏，誓当信守不渝。"① 在随船到达北美的 102 个人中，有 41 名自由成年男子以其人格担保来签名守约，这一公约因而被视为美国历史上最早的政治纲领，其基本精神亦对美国《独立宣言》和《美国宪法》的制定有过影响。因此，有美国学者认为，"清教主义是美国文化和社会形成过程中唯一最有影响的因素"，"清教主义造就了美国"②。由此，北美文化与新教传统形成交织，对其地域特点影响巨大。

本来，"清教"乃一种宗教运动而非政治运动，是神学学说而非政治学说。但其在北美的发展却由宗教精神转化为政治原则，由神学理想变成了社会实践。例如，清教神学乃突出原罪论、契约论、圣经论和选民论；而在北美的政治建国实践中，这种"原罪论"演化为有限之人在上帝面前一律平等的民主精神；这种"契约论"则使参与者的自愿同意、社会契约成为其立国的基础和原则；这种圣经论乃以圣经的权威来制止政府等世俗权力的滥用，以一种超越之维的监督来使现实政治三权分立、相互制约；而这种选民论也鼓励其信众争取在现实中的成功，以冒险精神来谋求最大的利润，其回报、收获及成功则是神的预定和拣选，由此亦孕育出美国人的使命感，以及与其"光荣与使命"相关联的"美国梦"。可以说，清教精神乃美国文化的奥秘和精髓之所在，"美国基督新教文化的人论是按契约的纽带把人联系在一起，从而形成一个基督教世界"③。自 17 世纪始，大量新教徒从欧洲移居北美，在当时英属北美十三州中有着广泛的分布。正是在其清教精神的"美国梦寻"中，我们可为当今美国"公民社会"之"公民宗教"，及其神学的"公共性"等寻根溯源。美国梦及美国文化的形成，显然有着基督教文明基础。

---

① ［美］梅里亚姆：《美国政治学说史》，朱曾汶译，商务印书馆 1988 年版，第 11 页。
② 董小川：《儒家文化与美国基督新教文化》，第 42 页。
③ 同上书，第 221 页。

五 基督教文明的现代发展及世界影响

自欧洲宗教改革运动以来，英国和法国等爆发资产阶级革命，天主教会大一统的权威被质疑、遭挑战。1804年年底拿破仑登上法国皇帝之位时在加冕仪式上自戴皇冠之举，标志着基督教文明从政教合一向政教协约之形态的转型。为了巩固其信仰地位和教会权威，教宗庇护九世于1869年年底在梵蒂冈主持召开了第一次梵蒂冈大公会议，提出了"教宗首席地位"（Primacy of the Pope）和"教宗永无谬误"（Infallibility of the Pope）之说。

但会议尚未结束，意大利军队于1870年攻入罗马，将教宗国并入意大利王国版图，教宗不得不退居梵蒂冈，自称"梵蒂冈囚徒"，并宣布无限期休会。此后几任教宗亦不接受意大利国会通过的"教宗保障法"，蛰居教廷而不出梵蒂冈一步，直至1929年2月才与意大利政府达成政教协议，签订《拉特兰条约》。在其思想理论上，教宗利奥十三世于1879年发布《永恒之父》（Aeterni Patris）通谕，宣布托马斯·阿奎那的神学体系乃天主教唯一真正的哲学，由此形成现代"新托马斯主义"思潮。天主教这种自我保护及自我封闭的举措，也使其与社会的主流发展形成隔阂和反差，从而显得保守和滞后。

（一）天主教会的"跟上时代"

为了打破这一僵局，教宗约翰二十三世和保罗六世于1962—1965年先后主持召开了第二次梵蒂冈大公会议（简称"梵二会议"），约翰二十三世并为此提出了"跟上时代"（Aggiornamento）的口号，从而使天主教迈出了改革和现代化的关键一步。这次会议以天主教教会内部改革和基督教各派"合一"为主题，呼吁教会赶上形势发展，紧跟时代进步。会议共通过了16个文件，包括4个宪章、9个法令和3个宣言，并对教廷机构加以改组，增设了"基督教合一秘书处""非基督徒宗教联络秘书处"和"非宗教信仰者联络秘书处"等建构，表明了其开放、对话之姿态。这次会议从理论上和构建上均加以更新，以解决天主教会对内实行改革、对外向世界开放等重大问题。

"梵二会议"带来了天主教会在现代社会如下几个方面的突破：在神学上，天主教结束了会议之前新托马斯主义一统天下的局面，开始了当代天主教神学的多元发展，涌现出拉纳尔、巴尔塔萨、普茨瓦拉、吕巴克、歇努、龚加尔等杰出神学家，展示了其神学思想的活跃和深化。

在宗教上，天主教不再强调"教会之外无拯救"（extra ecclesiam nulla salus），而是与各种宗教展开积极对话和交流。1964年1月教宗保罗六世出访耶路撒冷，会见希腊东正教牧首阿德那哥拉一世，从而成为自1914年以来首位离开意大利、访问圣地的教宗，并以这次出访而促成了500多年来东西教会领袖的第一次历史性会晤。1965年12月，教宗公布自动诏书，将教廷圣职部改组为"信仰理论部"，宣布自1559年以来历次发表的《禁书目录》（*Index Librorum Prohibitorum*）不再具有法律效力，并对1054年东西教会的分裂表示遗憾，承认罗马教会负有责任，宣布当时教宗开除东方教会牧首的决定无效。1978年，教宗约翰·保罗二世登基后继续开展宗教对话活动，频频出访，并在访问耶路撒冷时专程拜访犹太教会堂，会见犹太教领袖，以争取清除两千年来天主教与犹太教的紧张关系。在当代发展中，天主教人士亦积极促进宗教理解、寻求世界和平，如天主教神学家孔汉思、斯威德勒等人在倡导"世界伦理"、争取"通过宗教和平达到世界和平"上均有积极作为。

在政治上，天主教采取了灵活、务实的政策，在政教关系上不再强调政教合一，正视并承认许多国家政教分离的现实。1984年梵蒂冈和意大利政府签署新的协定以取代1929年的拉特兰协定，宣布国家和教会"相互独立，各自享有主权"，天主教不再为意大利的国教，罗马亦不再是其"圣城"。1991年教宗发表《百年》（*Centesimus annus*）通谕，表明天主教会对共产主义、社会主义和资本主义等社会政体的态度。

在科学上，天主教亦积极寻求科学与宗教的协调，承认科学的价值和意义。1936年梵蒂冈成立"罗马教廷科学院"，聚集各国优秀科学家开展研究。1966年教廷宣布取消《禁书目录》。1992年教宗约翰·保罗二世发表演说，公开为伽利略平反。1994年教廷亦成立其社会科学研究院。

当然，现代天主教在其发展中亦面临着来自激进和保守两个方面的挑战。激进派的"解放神学"和"政治神学"等打破了教会内部的平衡，为此，教廷公开声明对"解放神学"的否定，于1979年传讯了荷兰神学家施莱毕克斯，停止了瑞士神学家孔汉思在德国蒂宾根大学的神学教席。保守派代表为"回归传统"而在法国大主教利费布维的带领下，于1988年不顾教宗反对而擅自祝圣主教，结果被教宗绝罚，导致20世纪天主教会内部"最大的一次"宗教分裂。因此，天主教在其现代进程中仍面临着"改革"还是"复旧"的艰难选择。2005年4月19日德国神学家拉辛格当选为新教宗，选号为本笃十六世；他上任后对罗马教廷进行了改组，亦更加关注与中国的交往，并试图加强对中国天主教的控制。2013年3月本笃十六世宣布辞职，随之来自拉美教会、耶稣会背景的教宗方济各一世登基。

方济各教宗本为阿根廷布宜诺斯艾利斯大主教豪尔赫·马里奥·贝尔高利奥，1936年12月17日生于阿根廷首都，2013年3月13日当选为第266任教宗，称为方济各一世，耶稣会背景，来自拉美。他刚上台就表现得非常开明和积极，并向中国表达了愿意接触、对话的意向，特别是当中国天主教代表访问罗马时，这位教宗到圣彼得大教堂广场与中国天主教代表团合影留念，此后方济各教宗又让罗马教廷与中国签署有关中国主教任命的临时协定，这是前所未有的举动，有着无穷意味。

由此可见，天主教在失去其欧洲大一统的优势之后，有着曲折的发展经历，从而也开始其适应、融入世界地域社会政治、文化风俗等努力，正致力于现代天主教文化的积极转型，并且已取得了相应进展。

（二）新教的多元发展

自马丁·路德、加尔文和英国国教会宗教改革以来，新教的近现代史乃与各教派的分化、重组、合并、独立等密不可分。在现代社会，新教主要包括路德宗、加尔文宗、圣公宗、公理宗、浸礼宗、卫斯理宗这六大教派，从中再分化、组合而为近百个宗派、成千上万个独立教团，由此形成丰富多元的新教地域文化。据统计，目前全世界基督教的从属教派达33820个，所包含的教会社团达3445000个；其中大部分属新教各派。而随着新教现代福音派、灵恩派的发展，传统教派的格局已被打破，出现了许多由跨教派构成的后教派组织及其教会。这样，在上述教派及其教会社团中，传统教派约11830个，占其总数的35%，其所属教会社团约1654000个，占其总数的48%，但其所属信徒仍占基督徒总人数的80%；而后教派组织则已达21990个，占基督教教派总数的65%，其所属教会社团约1791000个，占其总数的52%，其所属信徒则仅占基督徒总人数的20%①。在这些教派发展中地域性、民族性的教会特色亦愈加明显，由此亦引发了基督教新老传统之间的张力，形成其文化转型、更新的呼声。

（三）东正教的现代发展

君士坦丁堡、亚历山大里亚、安提阿和耶路撒冷为基督教最早的四个东方教会，1054年东西教会大分裂之后，这四个教会亦被视为东正教最早的四个教会。9世纪时，保加利亚人皈依基督教，由此发展为保加利亚正教会。10世纪下半叶，俄罗斯人也开始信奉基督教。988年基辅大公弗拉基米尔宣布基督教为基辅罗斯国教，令所有罗斯人到第聂伯河受洗入教，史称"罗斯受洗"，由此亦显明了基督教斯拉夫文化的成熟。1589年俄罗斯正教会建立牧首制，宣布脱离君士坦丁堡牧首的管辖，此后发展为最大的东正教会之一。至20世纪90年代时，全世界已发展有君士坦丁堡正教会、亚历山大里亚正教会、安提阿正教会、耶路撒冷正教会、塞浦路斯正教会、塞尔维亚正教会、罗马尼亚正教会、希腊正教会、保加利亚正教会、阿尔巴尼亚正教会、波兰正教会、捷克斯

---

① David B. Barrett, George T. Kurian, Todd M. Johnson eds: *World Christian Encyclopedia*, Oxford University Press 2001, Vol 1, 巴雷特等主编《世界基督教百科全书》第10页。

洛伐克正教会、美国正教会、格鲁吉亚正教会和俄罗斯正教会这 15 个自主正教会，以及芬兰正教会、日本正教会和西奈正教会等自治正教会，而最近也有着乌克兰正教会与俄罗斯正教会的分裂。这些正教会中虽以君士坦丁堡正教会的牧首享有"普世"的尊号，居各正教会中"荣誉上的首席地位"，却不代表其享有实质性的东正教权威及权力。

东正教在现代发展中通过参加普世教会运动、成为世界基督教联合会成员等方式积极参与教会及社会的发展和变革，以铸就现代东正教文化。苏联和东欧解体后，这些地区的东正教会重新活跃，回归其传统宗教文化的迹象明显。为加强各教会之间的联系和沟通，东正教在现代教会及国际事务中有着不少共识及统一行动；但总体来看，各个正教会的民族特征极为明显，这种与不同地域的不同民族之紧密结合，是东正教发展的典型文化特色，而在其现代存在中也保留着这一特色。

（四）普世教会运动

普世教会运动是 20 世纪以来基督教内部提倡所有教派重新合一、达成联合的运动，亦称"教会再合一运动"。其关键词"普世"源自希腊文 Oikoumene，意指"整个有人居住的世界"，旨在促成现代教会合作共融的普世教会文化发展。该运动最初由新教所发起，其旨归在于基督教的重新联合或合作，以 1910 年在英国爱丁堡召开的世界宣教大会为开端。其发展主要由"国际宣教运动""教会生活与工作运动"以及"教会信仰与体制运动"等合流而成，由此导致了世界基督教联合会的成立。

1948 年 8 月 22 日至 9 月 4 日，世界基督教联合会（简称"世基联"，亦译为"世界基督教协进会"）在荷兰阿姆斯特丹召开第一次大会，正式成立了促进普世教会运动的这一核心机构。当时与会的有来自 44 个国家 147 个教会的 351 名代表，以"人的动乱与上帝的计划"为中心议题。大会选举穆德为名誉主席，博格纳尔、费希尔、赵紫宸、奥克斯南姆、杰曼诺斯和艾登姆为主席，胡夫特为总干事。此后，世基联中央委员会于 1950 年在多伦多举行会议，发表其第一个纲领性文件

《多伦多声明》，宣布世基联的性质为促进合一的教会联谊会。不过，其核心机构仅有协调的功能，而不具领导的权威。由于世基联在"朝鲜战争"爆发后参与批评中国"抗美援朝"的行动，赵紫宸宣布辞去其联合主席一职，中国教会亦退出该组织的任何活动。

1948—2013年，世界基督教联合会共召开了十次大会。

第二次大会于1954年8月15—31日在美国伊文斯基召开，以"基督是世界的希望"为中心议题，来自161个教会的502名代表与会；这次会议面对着世界东西两大阵营进入"冷战"时期，世界和平发展的前景黯淡，因此表明了其迎接挑战的姿态，强调基督教信仰给世界带来的希望。

第三次大会于1961年11月19日至12月5日在印度新德里召开，以"耶稣基督是世界的光明"为中心议题，来自197个教会的577名代表与会；这一时期政治对话、东西方文化对话，以及教会内部基督教与天主教、东正教的对话等方兴未艾，因此反映出其迎接"对话时代"的舆论及实践准备。

第四次大会于1968年7月4—20日在瑞典乌普萨拉召开，以"看！我使万物都更新了"为中心议题，来自235个教会的704名代表与会；随着天主教"梵二"会议结束所带来的新风，基督教会内部的对话加强、沟通增多，由此基督教对世界其他宗教也持有更加开明的态度，故这次会议也起到了加强教会内部联络，促进与外界对话的作用。

第五次大会于1975年11月23日至12月10日在肯尼亚内罗毕召开，以"耶稣基督使人得自由、相联合"为中心议题，来自285个教会的676名代表与会；随着20世纪下半叶民族意识的觉醒、民族国家的独立，教会加强了与第三世界的联系，尤其关注非洲与亚洲基督教的发展，因此其亚非文化意识的推崇也非常醒目。

第六次大会于1983年7月24日至8月10日在加拿大温哥华召开，以"耶稣基督，世界的生命"为中心议题，来自301个教会的847名代表与会；世界此时正步入"全球化"的时代，亚洲的巨变尤其引人注目，因此会议关注世界格局变化给教会带来的挑战和机遇，有着未雨绸缪的相应思考。

第七次大会于 1991 年 2 月 7—20 日在澳大利亚堪培拉召开，以"圣灵，请来，将整个创造更新"为中心议题，来自 317 个教会的 842 名代表与会；会议观察到世界"后冷战"时期的来临，看到了中国社会改革开放以来的变化，以及宗教活动的重新活跃；也正是在这次会议上，中国基督教协会时隔 40 多年而又派代表出席了世基联大会，并于同年 2 月 18 日会议期间重新成为世基联的正式成员。

第八次大会于 1998 年 12 月 3—14 日在津巴布韦哈拉雷召开，以"转向上帝，在希望中欢乐"为中心议题，来自 336 个教会的 966 名代表与会；这次会议乃 20 世纪末的一次聚会，面对世纪的交接、时代的转型，基督教需要及时谋划其新世纪的教会及其文化发展。

第九次大会于 2006 年 2 月 14—23 日在巴西阿雷格里港召开，以"上帝，在您的恩典中转变世界"为中心议题，来自 340 个教会的 700 多名代表与会；这次会议面对着急转直下的世界局势，20 世纪下半叶宗教对话、世界共融的状况已被打破，给人带来震惊的关键词乃"文明冲突"；这是"9·11"事件后世基联的第一次大会，新世纪会有什么样的全球文化展示，这是人们的担心及希望之所在。

第十次大会于 2013 年 10 月 30 日至 11 月 8 日在韩国釜山召开，约 4000 人参加，以"生命的上帝：带领我们走向和平与正义"为中心议题，来自 345 个教会的约 1000 名代表与会；生态平衡、绿色和平、环境保护、同一个地球、如何有效保护我们共同的家园这些生态文明、绿色文化的议题，都给人带来思索和遐想。

此外，其第十一次大会计划于 2021 年 9 月在德国卡尔斯鲁厄召开，以"基督的爱使世界走向和好与合一"为中心议题，面对在全世界肆虐的新型冠状病毒疫情，会给其带来更多的忧虑及沉思。

这种世界基督教的合作仍然保持了各个教会的地方利益和民族利益。中国基督教会从一开始就参与了普世教会运动。例如，中国教会代表诚静怡曾在 1910 年爱丁堡世界宣教大会上发言，表达了建立"一个统一的、不具任何宗派特征的基督教会"的希望。随着在中断四十多年之后中国教会重新参加世基联大会，肯定会有更积极的作为，发挥更大的作用。

总之，上述发展变化展示了基督教文化现代转型发展仍然保持着其地域、民族及国家的不同利益诉求和持守，其"普世"乃是基于地方教会利益及其立场的"共存"，表达了"一个教会，或没有教会"以及"多个教会，或没有教会"的现实意识及其辩证认知。

六 基督教文化及其"中国化"发展

（一）基督教的四次来华历史

1.635年唐朝景教的出现代表着基督教真正传入中国，直至845年武宗灭佛受到牵连而消失。景教在中国开始注意到中国化的问题，如其经典的翻译乃依佛仿道，其教义的解释也注意到儒家的"孝"，因此，最初景教在中国就已有融入中国文化的意识和尝试。

2.13世纪元朝"也里可温"的出现则代表景教、天主教的传入，虽然其为中国社会中的异族宗教，却得到元朝统治者的认可，而此时也里可温"蒙文译经"之举也显然是一种在华的本土化文化适应和努力。

3.1551年耶稣会创始人之一的沙勿略来到广州上川岛试图入华传教，但于1552年在岛上去世而未能进入内地。此后在1583年终于有利玛窦、罗明坚入住广东，1601年到北京定居。其成功则来自利玛窦的入乡随俗、认同中国文化和遵守中国规矩的传教策略，他认真学习并翻译"四书""五经"，得到中国统治当局和上流知识分子的认可。但这次天主教的入华传教并没有解决中国化的问题，结果因为其强调中西文化的差异而导致"中国礼仪之争"，在不认同中国文化的选择占上风后而使其传教失败；此乃最为典型的由文化冲突转向或导致政治冲突的案例，值得我们深入思考。此间东正教于1685年传入北京，荷兰新教也于17世纪传入台湾，它们也都曾面临在华本土化发展的问题。

4.1807年新教马礼逊到广州，其传教收获不大，为此他则潜心用中文翻译《圣经》，还是持有认可、进入中国文化之态。但此后"鸦片战争"爆发，中国战败后被迫签署不平等条约，受西方强势政治保护下的基督教传入，被不少中国人所抵制，基督教从此也在中国被视为具有西方政治色彩的"洋教"。从此，政治冲突遂向文化冲突纵深发展。

这次基督教来华虽然取得了成功，却是中国基督教历史中最复杂的一次交往，来华传教士有多重身份，即兼任了西方国家来华外交官的职务，包括马礼逊、伯驾、司徒雷登等人都具有外交官的身份，这也成为基督教来华传教历史与政治挂钩的明证。不可否认，由此带来的政治阴影迄今尚未彻底消散。由于基督教有着"普世宗教"之称，故而与中国现代基督教的未定特色及发展直接关联：即在坚持"中国化"发展趋势，还是保留其"普世性"传统之间，必须做出正确的选择。二者只能取其一，还是可以兼顾，此乃考验中国教会的现实问题和必须做出的选择。

（二）基督教在华的政治卷入及其后果

除了明清"中国礼仪之争"之外，基督教的在华政治卷入则因"鸦片战争"后"不平等条约"的强行传教而更加明显。不可否认，各个差会与西方各国的政治联系极为复杂，相关的中国教会则多少染上或具有这些西方国家的政治或文化元素。此外，来华传教士又与其国家对华外交有着千丝万缕的联系或纠缠，特别是在英美对华外交上极为明显。与之相对应，基督教与国民党有着密切关联和交织，如孙中山、蒋介石、王宠惠、冯玉祥、张学良等国民党名流都是基督徒，这与美国等国传教士兼外交官推行其国家当时制定的"扶蒋反共"政策相呼应而使基督教在中国的处境更为复杂。

中华人民共和国成立后，西方国家采取对华抵制态度，而西方教会也参与了这种抵制，客观上使中国基督教的生存状况恶化，这种负面影响至今仍然没有彻底消散。中国改革开放以来，美国等境外基督教重新开始对中国产生影响，其中既有比较友好、善意的交往，也有对华持敌视态度、企图分化中国教会的渗透。随着1972年尼克松的访华，中美关系开始解冻，宗教来往亦逐渐恢复。特别是老布什担任美国驻中国联络办主任之后，开始与中国基督教的交往。此后在克林顿、小布什、奥巴马任职美国总统时期，美国宗教界的对华关注加大，而美国政教双方对中国也仍然多持负面态度和评价。在 2011 年美国总统竞选辩论时，曾担任美国驻华大使的洪博培在竞选时甚至公开号召"扳倒中国"，给人留下非常不好的印象。此外，美国的国别"人权报告"，其所设立的宗教自由非任所大使等，也有较大比重是专门对待、对付中国的。在目前复杂的形势下，给人一种非常不好的印象或对前景的担忧，即"扳倒中国"似乎已成为美国朝野的主流意识；那么，作为美国社会历史文化背景的基督教会如何行动，我们正拭目以待。因此，美国等境外势力的中国关注及其利用基督教来对中国施加政治影响的企图，遂使基督教的中国化具有了其现实政治意义。

（三）基督教"中国化"的努力

中国基督教的中国化，已经有了近百年的努力，但这种中国化必须要关心中国的政治，关心中国的社会，了解中国的历史，以及中国在国际社会所处的局势，才能更好地进行下去。

在 19 世纪末 20 世纪初，基督教"本土化""中国化"的思想开始萌生，随之在 20 世纪初则开始有了中国"自立教会"运动，而 20 世纪上半叶，基督教"本土化"努力在教会中则达到了一定程度。不过，虽然这种中国意识在教会发展中已不可阻挡，却很难真正进行下去，因为教会的领导权基本控制在西方传教士手中。所以可以说，实质性的中国化发展乃始于中华人民共和国成立后在 20 世纪 50 年代开展的"三自爱国运动"，其特点是在政治上推动了基督教的中国化，与西方教会基本上脱离了政治、经济等关系，当然其在社会文化上的中国化则仍有待于进一步发展和深化。而中国改革开放以来的新发展，更是使基督教的中国化必须全面展开，这是历史的召唤，时代的机遇，中国基督教责任很大，应该抓住机遇，顺势前进。

基督教"中国化"是一个需要长期努力的系统工程，既要有大力推动、时不我待的决心，也要有春风化雨、润物无声的耐心。目前人们对基督教中国化仍有一些疑虑和不解，甚至提出了与之相反的发展路径。对此，我们完全可以客观冷静地加以分析和鉴别。

第一，从基督教中国化的社会政治原因来看，基督教作为信仰社团是一重要社会组织，不是在政治真空之中，而是有着鲜活、真实的政治处境；自鸦片战争以来我们所经历的西方政治反华，今天仍在一定程度上延续，而基督教会在历史上有着对这些西方差会的依附，故此必须摆脱对其的依属；虽然中国基督教三自爱国运动基本上摆脱了这种依附，但其复杂影响在不同处境中仍然有着不同程度的存在。而且，这一社会政治层面的中国化尚未彻底完成，有时政治立场、政治表态上的博弈还很复杂，政治定位、政治参与的对立亦很尖锐。所以，基督教在社会政治层面的中国化仍然是首选，而且乃其重中之重。

第二，基督教中国化有其思想文化上的原因，在中国的基督教有必要融入中华文化传统，完成其文化转型，这是其在华安身立命之本。必须清醒地认识到，尤其在教会传承及信仰延续上，其潜有的精神依属或文化依附仍需花大气力来消除。所以，中国的基督教应该主动、深入地融入中国文化传统，从如耶稣会所经历的表层文化披戴达其深层文化融入，真正进入文化，成为中华文化的有机构建，并以这种带入、融入、吸纳、重构而为中华文化的革新发展做出贡献。

第三，基督教中国化还有其民族意识上的原因，中国基督徒有必要确立其中国意识，不能是如半殖民地半封建时期那样"多一个基督徒，少一个中国人"；一个好的基督徒，理应是精神气质上的中国人，是今天中华人民共和国的好公民。中国基督徒应该有中国公民意识、中华民族意识。新教革新的一大特点本来就是相应的民族教会的形成，中华民族教会意识的确立也不违背这一教会传统。从世界各国的基督教实情来看，其民族意识同样是十分鲜明的，如果不讲其民族根基而奢谈所谓"普世信仰"则显然空洞、无用，不切实际。

第四，基督教中国化也有教会发展上的原因，民族教会的兴起是基督教本土化、处境化的必然趋势，这种本土、处境之化实际上、实质上就是中国化，涉及政治、社会、文化、语言等方面；中国基督教在过去百余年的发展变迁过程中已经有过中国化的尝试，如中国教会所创办的本土教会，本色教会，自立教会，以及20世纪50年代以来的三自爱国教会等；中国信徒需要的当然是中国化的教会，中国教会可以保持与其他教会的友好平等关系，但其特点、定位则只能是中国式、中国化的。

第五，基督教中国化有其时代变迁上的原因，今天中国教会经历了世界在20世纪的巨变，见证了中国在21世纪的崛起；时代发展要求中国教会与时俱进，适应中国当代社会日新月异的变化，并且能够跟上时代发展，符合当今中国发展的要求，与中国在21世纪所处的世界位置相吻合。所以说，基督教中国化既要研习、吸纳中国优秀传统文化，更要体现、见证当代中国发展的先进文化、中国特色，这样才会使中国基督教不断革新、保持其适应社会发展的活力。

第六，基督教中国化在思想层面则有神学创建上的原因，以往中国教会吸收、借鉴、采用的多是西方神学，而世界出现民族解放运动以来，第三世界的各国基督教已经发展出其本土神学、处境神学，形成第三世界神学的鲜明特点；目前涵括亚非拉美的神学非常活跃，解放神学、民众神学等更是脱颖而出，有着广泛的影响。而与此同时，中国本土的神学也逐渐出现，中国基督教的代表人物如诚静怡、吴雷川、王治心、赵紫宸、谢扶雅、吴耀宗、丁光训、陈泽民等人都曾不同程度地推动中国神学建设，形成了相关神学、中和神学、爱的神学、和好神学、中庸神学、汉语神学、和谐神学等理论体系；但从整体来看，中国神学的构建仍需不断努力、其体系仍有待完成和完善。中国神学的奠立仍然是中国教会教义思想之中国化的重要任务。

第七，基督教中国化有着其处境适应上的原因，在当今中国积极引导宗教与社会主义社会相适应的处境中，中国基督教应该主动、积极地适应，与这种积极引导形成动态、有利的互动和发展，由此使中国基督教真正实现其在当代中国的华丽转身，在社会功能、社会作用上都能得到中国社会的肯定、支持和赞赏。

第八，基督教中国化有着参与中华民族共同命运、建设中华民族共有精神家园上的原因，我们今天要实现人类命运共同体的美好目标，首先应该实现中华民族共命运、图富强的目的，这种中华民族理想共同体的实现，中华民族富强发展的实现，是我们共有的中国梦。对此，基督教的中国化并非任何强求，而乃其基本要求，底线原则。所以说，中国化并不是针对基督教信仰本真的任何改变，而是对信仰基督教的中国人民族意识、公民意识、最起码的社会责任、公共道德的基本要求，是对其"中国心"的基本唤起。其中国化对于中国基督教而言既顺理成章、理所当然，又义不容辞、责任使然。

结语

基督教文化历史悠久，有着复杂的演变及发展，其在文明形态上继承了古希伯来、古希腊罗马文化，发展出中世纪西方文化，在罗马帝国解体时脱颖而出，为中世纪欧洲重建做出了重要贡献，并完成其建立基督教文明体系的使命，随之在世界文化发展中有巨大影响，并与中华文明有着接触、交往、对话及一定程度的融合。所以，了解、研究基督教的开放性发展、海纳百川的吸收，以及适应并融入本土文化的能力，重视我国基督教的存在与发展问题，实现基督教的"中国化"，对于我们在全球化的时代认识并走向世界有着非常重要的意义。基督教中国化是中国基督徒的自我意识、自我责任和自我形象，这一中国化绝不是对中国基督教的过分要求或强求，而是其自知和自觉；要想使中国社会真正认可、接受基督教，则需要基督教在中国政治、社会、文化、制度、建构、习俗等方面的积极适应和融入，真正成为中国文化、中华文明的内在、有机构成。所以，中国基督教的成功就基于这一中国文化意识，在于形成中国文化精神。

（原载潘兴旺主编《传承文化　见证文明——基督教中国化论文集》，宗教文化出版社2016年版，此文有修改。）

第九章

基督教文明史及其思考

导论

基督教是世界三大宗教之一，已有约两千年的历史，承载着丰富的文化蕴涵。基督教亦称为"基督宗教"，对世界文化尤其是西方文明的发展有着广远的影响。贺麟在其《文化与人生》一书中曾说："基督教文明实为西方文明的骨干。其支配西洋人的精神生活，实深刻而周至，但每为浅见者所忽视。若非宗教的知'天'与科学的知'物'合力并进，若非宗教精神为体，物质文明为用，绝不会产生如此伟大灿烂的近代西洋文化。"[①] 基督教作为一种文明载体在文化形态上有着游牧文化、农耕文化和海洋文化的有机结合，表现出其开拓性、扩散性和冒险性，基督教最初产生于亚洲，具有东方文化的色彩，只是当基督教在罗马帝国国教化以后，才逐渐形成对今天西方人及其影响地区民众的精神生活之特点。随着基督教的全球传播，基督教不再只是西方文化的代表，而融入不同社会之中，形成其本土化发展，而这在中国，则意味着基督教的"中国化"。所以说，基督教经历了犹太文化、罗马文化、西方文化和世界各地本土化的发展演变，是一种出亚入欧、跨越地域和融入处境的宗教文化形态。

---

① 贺麟：《文化与人生》，商务印书馆1999年版，第8页。

一　基督教的思想文化渊源：两希文明、希罗文明

　　基督教在其起源及形成上乃直接继承、吸收了古希伯来文明和古希腊文明的重要因素，受到希腊化时期古代地中海周边地区希腊文化和罗马文化的影响。这在古代宗教中有如此丰富的涵容也是颇为稀少的。如果说基督教作为一种大型宗教在后来形成其"树形图"发展，即由其单一树干分出多元枝叶，构成其枝繁叶茂的大树之形，那么其根节依然由多元分布之汇聚而有着盘根错节之原状，而对其细细梳理则会发觉基督教最初产生于犹太教，并从犹太教中承袭了源自古希伯来文明及与之相关的古巴比伦、古埃及、古代波斯等亚洲文化，此后又吸收了古希腊罗马等文明中的一些宗教观念和神话传说。这些宗教思想文化因素被基督教继承、发扬，在其历史发展中被改造、革新，从而形成了体现在基督教思想和神学、礼仪及宗教生活中的一些基本观念。所以说，基督教文明形态从一开始就有着多元一体的基础，涵容了亚洲、欧洲、非洲的多种古代文明形态，已经具有了一种世界文明的雏形，因此其所构成的一体既有对外的辐射性，同时也兼含其开放性和包容性。

　　在这种包容或混杂中，其兼容并蓄当然也就构成了其内部的矛盾及张力，这也在其后来的发展中逐渐显现出来。例如，其绝对一神的观念与多神思想的对立，这使我们既看到其神明观上古希腊"形而上"思想的表述，又明显能发现其底层实践中多神崇拜的痕迹，包括"三位一体"的表述，天使乃至后来圣徒等成为各地教会的"主保"等，都喻示其存有矛盾的共构一体。而宗教节日、礼仪的多元及其地方化，也充分说明其有着不同文明的来源。这种根源使之一方面希望寻求其内在体系的统一，如建立正统神学及教会教阶体制，反对"异教""异端"等举措；而另一方面，也使之主动保持其文化的开放性及涵容性，故此其早期域外传教人保罗才能够突破基督教母体犹太教的民族之限而主张把基督教传给"外邦人"，并且宣称基督徒福传者应该"向什么样的人，我就作什么样的人"（《新约圣经》《哥林多前书》9：22）。实际

上，保罗在皈依基督教之前就是已经具有罗马帝国"公民"权的犹太人，故而比一般犹太人的视野更加开阔，其开放意识也更强。

因此，从基督教源头的"两希"文明、希罗文明之内涵，就可以体悟这种宗教文明之所以能够很快走向世界、最终导致其全球传播的内在原因。其给我们的启示是，一种具有旺盛生命力、可以历久弥新的文明一般都会持有两维：一是其内蕴力，这就要求其对自我特征的明示及凸显，对之有着一种内在的热爱和激情，其维护则会显露出其一定程度的保守性甚至封闭性，即有着自我保护性质的排外或排他，这是任何文明因其内在的相对性而不可避免的，从中我们可以觅见其"民粹主义"（或"民族主义"）和"文化保守主义"的成分，这也是为什么人类文明史基本上也是一部"文明冲突史"的根本原因；二是其外延性，这同样要求其对外具有一种积极的适应和吸纳，能够随着其处境及时代的变化而自我调适、与时俱进、不断更新。依此我们反观基督教文明，就会发现其具有这二维，而且对之发挥得还比较好。这样，基督教文明才得以突破犹太人的民族局限而走向罗马、走向欧洲、最终走向世界，为大多数民族所认可或接受，也才能够从地下走向地上、从民间走向官方、从奴隶社会走向封建社会及资本主义社会等，迄今仍无任何其会寿终正寝之迹象。根据这种反思，我们方可客观分析并对待其"普世性"与"地方性"的张力及协调，正确引导中国教会走基督教"中国化"的道路。

二 基督教文化的形成及中世纪欧洲的重建

476年，西罗马帝国灭亡，曾作为其国教的基督教却得以保存，并在欧洲中世纪发展中为其社会及思想文化的重建发挥了重要作用。实际上，基督教的罗马化亦是其西方化的开端，正是在欧洲从古代往中世纪转型过程中，以基督教文化为特色的西方文化得以奠立。基督教能在欧洲古代至中世纪转型时期存活下来并起到在欧洲重建中的主导作用，乃有其本身所具有的特殊原因。

第一，基督教作为一种社会意识形态有其独立性和其传统的延续性，要比政治、法律等更加远离社会的物质经济基础，因而并非与古罗马帝国的社会结构密不可分。这就提醒我们一方面要看到社会意识对社会存在的依附，另一方面也要看到，这种意识一旦成为一种文化形态则会有其自身独立的发展规律，并不一定别无选择地与其社会结构密不可分地捆绑在一起。所以，宗教作为一种文化形态，则提示我们有必要更周全地审视宗教与社会的关系，积极处理好二者之间这种既有依属又需互动的辩证关系。

第二，基督教本身有着与广大群众直接联系的教会组织形式，其社会网络及其与基层群众的凝聚，使其并不因为罗马帝国社会政治体系的崩塌而受到致命打击。于此，宗教作为社会基层存在形态的意义值得我们高度重视。罗马帝国后期的基督教虽然与帝国官方上层有着直接的关联，却保持着其与基层更密切的接触，甚至更是一种水乳交融的共构关系，故而才会有其民存则教存的命运。

第三，基督教拥有当时欧洲文化发展上的优越性，而推翻罗马帝国的日耳曼等"蛮族"当时仍属原始社会末期的发展，其社会重建、政权巩固都需利用基督教这一文化体态及其文化优势，故其并不直接与教会为敌。这就是"先进文化"的意义所在。政治征服并不一定就意味着文化征服，这在中国历史上也有典型的史例，元、清两朝的征服者虽然取得了政治意义上的胜利，在文化上却最终非常自觉地被占绝大多数人口的汉文化反征服，由此而保持了中华文化的持久延续。

第四，基督教当时已发展成为欧洲人们普遍信仰的宗教，甚至推翻罗马帝国的日耳曼等部族亦早已信奉基督教或其异端教派，故此他们仍将基督教作为其精神支柱和文化标志，保持与教会的密切合作。因此，宗教文化的这种跨界性其实乃一把双刃剑，在一定范围及时期内，政治文化有其强势存在，从而导致宗教文化对之依附，但宗教文化之以弱克强、以柔克刚的能力却不可小觑。纵观历史发展，看似孱弱的宗教文化往往会比短时强大的政治文化更为持久、更具生命力。当不少政治文化成为过眼云烟之后，宗教文化却依然在顽强地存活。为此，我们需要一方面重新审视及评价宗教文化的价值，另一方面则应该探究如何使相关政治文化真正成为融入民族之魂的精神文化，故此方能保障其"千秋万代"的可持续发展。对于宗教文化的这种特殊性，当代基督教思想家道森认为宗教乃是理解文化的关键之所在，"甚至一种很明显地属于彼岸世界的，似乎是否定人类社会的所有价值和标准的宗教，也仍然会对文化产生刺激作用，并在社会变革运动中提供动力。"① 但恰恰是这种宣称"属于彼岸世界的""否定人类社会的"宗教，却会在此岸世界的人类社会中长期存在，这种历史辩证法的确值得我们深思。

总之，这些特殊原因使基督教在欧洲转型和重建的过程中处于得天独厚的地位，因而也给西方文化打上了"基督教信仰文化"的烙印，教会由此亦开始其全面发展，并曾达到在欧洲"万流归宗"的鼎盛。这可能正是"宗教是历史的钥匙"② 之说所蕴含的深刻意义。

基督教作为从古代世界保存下来的唯一较为完备的文化体系，对中世纪西欧的重建起过关键作用。一方面，基督教会在西欧社会重组中发挥了其得天独厚的整合功能；另一方面，基督教的思想文化为西方文化的兴起提供了基本模式和重要内容。因此，"西方文化"的基本定型乃在这一时期，而其特色则基本上为一种基督教文化。西欧中世纪的文化复兴，乃与基督教有着不解之缘。道森曾如此解释说，中世纪文化乃"完全为信仰所主宰并且体现在宗教制度中。而且这种中世纪文化，是构成西方文化的模型，是影响和改变这个世界的新兴力量的最重要的源泉"。这种宗教性遂使"西方文化仍然保存了一种不以政治势力或经济繁荣为转移的精神能量。甚至在中世纪最黑暗的时期里，这种推动力仍然发挥着作用。西方文化区别于其他世界文明的东西是它的传教特点——它是从一个人传递到另一个人的一系列连续不断的精神运动。基

---

① [英]克里斯托弗·道森：《宗教与西方文化的兴起》（Christopher Dawson: *Religion and the Rise of Western Culture*, Image Books Edition, 1958），长川某译，四川人民出版社1989年版，封面背页。

② 英国著名历史学家劳德·阿克顿（Lord Acton, 1834－1902）之言，参见[英]道森《宗教与西方文化的兴起》，长川某译，第5页。

督教起初是作为一种起源于地中海东部地区的希腊城市的传教运动进入西欧的,……在罗马帝国覆亡以后的时期里,这种传教运动仍然在继续进行着,……在奠定西方基督教的基础中起了主导作用"[①]。因为这种传统,西方宗教及其文化乃有着咄咄逼人的"传教特点",此后其政治及经济文化等也不例外,而且其"传"乃有着明显的主动性和积极性,甚至会有动用武力的强迫性。相比而言,中国等东方文化则缺乏这种"传教特点",其温文尔雅的中庸之道和超脱潇洒的道法自然使之缺乏这种"传"的主动及热情,而是随意地、被动地、消极地等待他者对之发现和吸纳;所以,甚至在全球化的今天,中国等东方文化仍然保持着其内涵性发展的禀赋和习性。

西方文化的政、教二元,在一定程度上也萌生于西欧中世纪的这一时期。因此,基督教在中世纪的崛起形成了当时方兴未艾之西方文化的三大特点,即教育体制的形成、古典文化的复兴,以及(宗教)文化与政治之间的相对独立性。"这标志着文明发展史上的一个新起点,因为它涉及文化领导与政治权力之间的二元化","这种文化领导与政治权力之间的相互独立性,是产生西方文化的自由而充满活力的活动的主要因素之一。因为欧洲的历史是一系列复兴的历史——这些复兴是精神的和理智的复兴,它们通常是在宗教的影响下独立地兴起,并且通过一种自由交往的自发过程而得以传播。"[②] 由此而论,任何文化复兴都需要考虑到这些重要因素,其中教育体制关涉人的素质的塑造,是以"教"的方式而"育人",并不只是知识的掌握和积累;古典文化的回归是其文化温床的回忆,从而给人继往开来的精神动力,获得自身文化品牌的意识;而宗教与政治的关系则涉及社会结构和文化形态深层次的问题,更需慎重对待。

---

① [英]道森:《宗教与西方文化的兴起》,长川某译,第8、9—10页。
② 同上书,第10、11页。

(一) 加洛林王朝文化复兴的意义

加洛林王朝为欧洲中世纪初期法兰克王国王朝，因其创建者丕平的儿子查理（拉丁文即"加洛林"）大帝而得名，形成了所谓"加洛林帝国"（Carolingian Empire）。加洛林文化复兴代表着中世纪千年历史上西欧的第一次文化觉醒，也是基督教参与西欧在中世纪的文化重建所获得的首次成功。后世曾有西欧中世纪"千年黑暗时代"之说，其实，随着加洛林王朝文化复兴就标志着此前曾有的"黑暗时代"之结束，所以这一"黑暗时代"从西罗马帝国灭亡至加洛林王朝复兴持续不足五百年，并非千年之久。

查理大帝深受基督教影响，其执政后决定依靠教会的力量来把国家与教会融合为一个包罗万象的基督教帝国。为此，他曾微服私访，广招教会人才，在其宫廷内集中了来自欧洲各地的教会学者，包括英国教士阿尔琴等人。以阿尔琴为代表的这些教会学者创办法兰克宫廷学院，翻译整理古希腊罗马文献，开展哲学、文学、艺术等研究活动，因而很快就兴起了中世纪西欧学术研究之风，开始了西欧修院及宫廷的教育活动，形成了9世纪前后加洛林王朝思想、文化及教育的迅速发展。

查理大帝去世后，在其孙秃头查理的支持下，加洛林王朝文化复兴得以延续，整个欧洲社会亦开始恢复其活力。在拉特兰努、埃里金纳等人的倡导下，人们继续兴办学校，制定其管理守则、设定其学科门类，与此同时则加强了对《圣经》等古代文献的整理，开始对古希伯来、希腊语言的经典文献加以翻译诠释，并深入其哲学层面的探究，在教育教材体制上则确立了其"七艺"课程，这是西方教育体系中最早的系统学科分类及其知识结构的梳理。对此，道森指出，由查理大帝倡导、以基督教教士为主体、将基督教知识用作其内容的加洛林王朝文化复兴乃"标志着欧洲文化从诞生前微弱的曙光进入实际生活意境的第一次涌现"①。

加洛林王朝文化复兴的意义，从根本上来看，是人才的发现和积极使用，其执政者旨在让人尽其才，生能逢时。其实，当时的加洛林王朝基础很弱、条件有限，故而其复兴乃"是一次借助于微薄的物质力量而无任何技术装备去实现一项宏伟的社会和文化重建计划的尝试"②。但其推动者查理大帝很有胆识和眼光，他"具有识别文化复兴的各种可能性的洞察力和实现它们的能力。他不仅在其宫廷里聚集了从意大利、西班牙到英格兰和爱尔兰等西欧各地的他那个时代最博学的人物，而且他推行了一整套系统的教牧人员教育改革计划"。在当时，"几乎没有统治者能像他那样对教育的重要性有更为清楚的认识和给予知识的传播以更大的关注了"③。正是因为加洛林王朝的执政者们认识到人才的重要，善于发现并大胆使用相关人才，才使西欧中世纪社会开始"走出黑暗时代"，迎来其文化复兴。所以，加洛林王朝文化复兴"这在中世纪是第一次，在这里，学者与贵族、俗人与教士在人文知识和理性讨论的共同基础上聚集在一起"④。

（二）12世纪文化复兴的意义

继9世纪加洛林王朝文化复兴之后，西欧社会在12世纪又达到其文化发展的一次高潮，史称"12世纪文化复兴"（the Renaissance of the 12th Century，亦译"12世纪文艺复兴"），其表述最初乃由当代史学家、美国哈佛大学教授哈斯金斯所提出，由此曾形成20世纪学术界对欧洲"12世纪"的研究高潮。哈斯金斯指出："12世纪文艺复兴，也时常称为中世纪文艺复兴"，"在许多方面是一个生机勃勃、充满活力的时代。这是十字军东征、城市兴起和西方早期官僚国家产生的时代。在这一世

---

① ［英］沃伦·霍莱斯特：《欧洲中世纪简史》，陶松寿译，商务印书馆1988年版，第99页。
② ［英］道森：《宗教与西方文化的兴起》，长川某译，第88页。
③ 同上书，第64页。
④ 同上。

纪,罗马式艺术登峰造极,哥特式艺术萌芽初露,方言文学蓬勃兴起,拉丁经典著作、拉丁诗歌和罗马法复兴,吸收了阿拉伯因素的希腊科学、大量希腊哲学复苏,第一批欧洲大学创立。在高等教育、经院哲学、欧洲法律体系、建筑和雕刻、礼拜仪式戏剧、拉丁和方言诗歌方面,12世纪留下自己的印记"。[1] 这一"复兴"实际上乃中世纪西欧社会基督教文化的再次复兴,但它不仅说明基督教文化体系在欧洲的真正确立、其思想影响在社会各领域的全面展开,而且也标志着中世纪欧洲社会文化制度的基本成熟。

12世纪文化复兴的主要特点是欧洲文化教育的复兴及繁荣发展。在12世纪前后,欧洲各地创办了众多的大学。这些由基督教修道院学校和大教堂学校发展出来的综合性大学标志着欧洲文化史上高等教育的真正形成及其大学体制的奠立。"大学的诞生"使欧洲社会形成了百家争鸣、百花齐放的学术氛围,而其知识及教育的力量则影响到欧洲社会各个领域,使其思想、文化、政治、经济的发展上升到一个新的台阶,从而为其近代社会出现的突破埋下了伏笔、打下了重要基础。

在1100—1200年,各种新的知识通过西班牙、意大利及其西西里等地而涌入西欧,使欧洲人接触到亚里士多德、欧几里得、托勒密和古希腊医生们的各种著述,促成了哲学、物理、数学、天文、医学和法律等学科发展。其实,最早的希腊哲学也发源于其亚洲地带,而古希腊文化在12世纪西欧的复兴则得到当时伊斯兰教文化发展传播的直接推动,受到当时犹太哲学思想的一定影响。所以说,文化的复兴需要其社会的开放,是海纳百川的结果。欧洲最早的大学于11世纪末在意大利博洛尼亚创立,以教会法典和罗马法典的教学见长,故曾为欧洲中世纪法律知识复兴的标志。但真正的综合性大学则始于12世纪初法国巴黎的圣母院大教堂学校,巴黎大学即圣母院学校的直接产物,以"索邦神学

---

[1] [美]查尔斯·霍默·哈斯金斯:《12世纪文艺复兴》(Charles Homer Haskins: *The Renaissance of the Twelfth Century*, Harvard University Press, 1928),夏继果译,上海人民出版社2005年版,序第2页。

院"为标志。12世纪时法国已有修道院学校70多所,其中许多学校乃代表着当时欧洲学校中的第一流水平,尤以夏特尔大教堂学院最为出名,曾吸引许多著名学者如圣伊夫斯、伯尔纳、蒂尔里和索斯伯里的约翰来此任教讲学。

12世纪文化复兴所体现的学术、思想探究的自由,也带来了基督教思想体系中人文主义思潮的兴起。这种对人的关注、对人的本性与命运的探讨开始了神学从"神本"到"人本"思想的过渡,引发了对人性及其精神的重视。可以说,12世纪的文化复兴直接迎来了13世纪欧洲经院哲学的鼎盛发展,亦为中世纪与近代之交的欧洲文艺复兴运动创造了条件、做好了准备。总结12世纪文化复兴的意义,最为关键的是教育的复兴,尤其是高等教育的崛起,而其在体制上的呈现即"大学的诞生",这种对教育的强调和对知识的推崇,可以让我们想起"知识就是力量"那句名言。因此,"一旦恢复生气,知识生活不会懈怠或陡然改变其性质。正像13世纪从12世纪产生,14世纪也从13世纪中产生,因此,在中世纪文艺复兴与15世纪文艺复兴之间没有真正的中断。一个大学生曾经宣称,但丁'一只脚站在中世纪,迈出另一只脚迎接文艺复兴之星的冉冉升起'"![①]尊重知识、关注知识起到了连锁作用及延续作用;显然,从中世纪鼎盛时期到近代发展的变化来看,政治革命给人印象乃是巨变、突变,而知识的革命却是一种渐变、演变;但知识的革命有着先行作用,它会体现出文化的革命,并可能推动政治的革命。

(三) 中世纪经院哲学的发展及其意义

"经院哲学"(Scholasticism)本指在学校讲授的知识学说,后成为中世纪欧洲大学中讲解、流传的哲学思潮之专称。它产生于11—14世

---

① [美]查尔斯·霍默·哈斯金斯:《12世纪文艺复兴》(Charles Homer Haskins: *The Renaissance of the Twelfth Century*, Harvard University Press, 1928),夏继果译,上海人民出版社2005年版,序第5页。

纪，其特点是运用理性形式、逻辑方法来论证基督教信仰，因而乃思辨性的基督教哲学。不言而喻，经院哲学的产生是12世纪文化复兴及大学的诞生而带来的直接后果，一方面，它使基督教神学从其原初的《圣经》注释和教义信条阐述发展到运用理性、基于逻辑来探究神与人、思维与存在的关系，从而形成其神哲学的思想传统，并且更加成熟地体现出中世纪通行的知识结构。而另一方面，其也在说明当时知识的深化和升华，预示着精英文化的形成，反映出中世纪知识精英们标新立异之创新的努力。此外，中世纪经院哲学的讨论核心乃共相与个别、信仰与理性的关系问题，由此形成唯名论和实在论两大派别，以及从信仰达理解或理解求信仰的两大认知路径。"经院哲学"不仅是逻辑学、辩证法、形而上学之思辨的发展，而且也使唯心主义和唯物主义的体系开始完备起来，并且直接促进了近代唯物主义的产生。对此，恩格斯曾明确指出："唯物主义是大不列颠本土的产儿，大不列颠的经院哲学家邓斯·司各脱就曾经问过自己：'物质是否不能思维？'""为了使这种奇迹能够实现，他求助于上帝的万能，即迫使神学来宣讲唯物主义。此外，他还是一个唯名论者。唯名论是唯物主义的最初形式，主要存在于英国经院哲学家中间。"[①] 知识的普及与提高，其意义及价值通过"经院哲学"的凸显而被人关注，这实际上有力推动了欧洲知识分子群体的形成及发展，其群体中既有旧制度的辩护士，亦有新体制的探索者。这一群体的形成在后来的欧洲社会变革中与新生的资产阶级群体形成了呼应和互动，也在很大程度上决定了其社会转型及政治革命的性质与命运。由此观之，欧洲从古代走向近代革新并非所谓"跳跃性"发展，而是经历了由量的积累到发生质变的漫长发展过程，体现为一种渐进而达突变的社会变革方式。

（四）欧洲文艺复兴运动及其意义

欧洲文艺复兴运动是14—16世纪即欧洲中世纪后期至近代初期所

[①]《马克思恩格斯文集》（第3卷），人民出版社2009年版，第502页。

兴起的一场席卷整个欧洲、产生广远影响的人文主义思想文化运动。这一运动虽然以"古典文化的再生"为旗号，实际上却乃欧洲基督教文化本身的革新运动。如前所述，这一文化复兴是12世纪以来欧洲社会文化复兴的延续，它起着承前启后的作用，既是对中世纪传统模式的突破和扬弃，也是代表欧洲近代思想精神的萌芽和诞生。在这种联结中，基督教思想文化体系乃起到了重要的纽带作用。

文艺复兴运动率先在欧洲基督教社会的心脏地带意大利兴起，不少人文主义者乃基督徒甚至为教会神职人员。文艺复兴运动在文学、绘画、雕塑、建筑等领域的成就，亦与基督教文化及其社会生活相关。此后，文艺复兴运动扩展到英国、法国、德国、西班牙、尼德兰等地，成为欧洲社会变革和文化更新的普遍现象。其实，在欧洲文艺复兴开始的14世纪并非欧洲社会歌舞升平发展的时期，而是面对着极大的社会及生态危机，当时欧洲流行鼠疫（中世纪将之称为"黑死病"），其肆虐夺去了成千上万人的生命，欧洲"经院哲学"晚期的著名代表人物奥卡姆（1285？—1349）就是死于鼠疫。而人文主义者薄伽丘的代表作《十日谈》也是描述10名青年男女为躲避佛罗伦萨的鼠疫而到乡下别墅以讲故事来打发时日的作品。这种自然灾祸也促动了人们渴求变革的心境，故此对其而言很难说清随后出现的欧洲巨变究竟是天意还是巧合。总之，这一文艺复兴运动乃欧洲基督教思想文化体系内的一种调整、一种更新、一种变革，它由此而达到了"人"在基督教文化中的一次"新生"，并迎来了西方近代思想文化发展的"新纪元"。而回归欧洲中世纪历史，这一文艺复兴也是其长期社会文化革新的收官之作，从而给中世纪历史画了一个剧终的句号。回顾这段历史，哈斯金斯曾总结说："欧洲中世纪是人类历史上一个不可忽视的时期，同时也是复杂而又充满变化的时期。在这一千年的时间中，包含着形形色色的民族、制度以及各种类型的文化，展示着历史发展的许多过程，蕴含着现代文明的许多因素的起源。东部和西部、北部和地中海、旧和新、神圣和世俗、理想和现实的对比反差，使该时期充满活力、色彩和变化，它与古代和现代世界的紧密联系确保了它在人类不断发展的历史中占有一席之地。像历史上的所有伟大时期一样，中世纪既具连续性又具变化性的特征。"①

三 宗教改革运动与基督教的本土化发展

16世纪，在欧洲各地先后出现了宗教改革运动，因而与文艺复兴运动形成自然连接。这一运动是西方社会政治史及基督教思想文化史上的重大事件，它亦表明欧洲在中古与近代之交时其社会文化和价值观念体系在结构、组织、思想、心态等方面发生了根本性变革，由此而步入近代基督教多元化及地域化的复杂发展。从社会政治意义上来看，宗教改革运动标志着欧洲新兴资产阶级掀起了广泛而深入的反封建的社会政治运动，它导致了欧洲中古封建制度的终结，迎来了其资本主义近代发展的全新历史。从宗教信仰意义上来看，宗教改革运动推动了基督教会内部的革新，它动摇了天主教会及其教阶体制的权威地位，导致了基督教三大教派中新教的诞生，并形成基督教在近代社会民族化、区域化发展的多元景观。

宗教改革运动最早在德国出现，由此在整个欧洲形成连锁反应。1517年教宗利奥十世以修建罗马圣彼得大教堂为理由派其特使台彻尔到德国兜售赎罪券，遭到以马丁·路德（1483—1546）为代表的德国神学家及教会人士的坚决反对，从而引发宗教改革运动。1517年10月31日路德公开贴出题为《关于赎罪券的辩论》之"九十五条论纲"，揭开这一改革的序幕。其对教宗权威的挑战及在信仰上自主自治的主张使之与罗马天主教会彻底决裂。他在此期间用德语翻译了《圣经》，号召人们直接阅读《圣经》，以《圣经》的权威来抵制教宗的权威，用"因信称义"来反对罗马神职人员的行政干涉及思想压制，并建立起不受天主教会控制的民族性"廉俭教会"，因而宣布了新教的产生，并形成其路德宗传统，这实际意味着基督教的"德国化"。路德改革的关键

---

① ［美］查尔斯·霍默·哈斯金斯：《12世纪文艺复兴》，夏继果译，第1页。

之点，是否定了人世社会中的任何绝对权威，包括以宗教之名的权威也只能是相对的、有限的、人为的，这样，人就从外在的禁锢中解放出来，以自己的心性来寻找超越性、彼岸性的绝对权威，宗教的意义则回归到自我内心之信靠，而不再依赖任何外在的权威，以往那种外在的宗教权威与世俗权威一样也只是行政性的、制度性的，并不具有任何神圣性蕴涵。不过，马克思认为路德的这一改革并没有带来人的真正解放。"路德战胜了虔信造成的奴役制，是因为他用信念造成的奴役制代替了它。他破除了对权威的信仰，是因为他恢复了信仰的权威。他把僧侣变成了世俗人，是因为他把世俗人变成了僧侣。他把人从外在的宗教笃诚解放出来，是因为他把宗教笃诚变成了人的内在世界。他把肉体从锁链中解放出来，是因为他给人的心灵套上了锁链。"[1] 这种认知是非常深刻的，人类如果能够获得心灵的真正解放，那种因而具有的社会景观则的确会令人憧憬。

在瑞士，慈温利（1484—1531）在1518年担任苏黎世大教堂的神父后开始推行宗教改革，并曾形成一定规模，后因其于1531年阵亡而导致这一改革的夭折。1534年法国宗教改革家加尔文（1509—1564）来到瑞士巴塞尔，继续从事改革活动。他于1536年发表其神学名著《基督教原理》，随之在瑞士、法国等地创立加尔文宗，进而发展出多个教派，并自1541年在日内瓦建立欧洲第一个由新教执政的资产阶级共和国。加尔文提出了"谋事在人，成事在天"的预定论神学思想，并倡导其信徒过"廉俭""克制"和"清贫"的生活，形成一种"清教"伦理。他主张外在的冒险和内在的克制，有着一种内外世界之间的张力和动力，其主张曾对西方资本主义精神的形成起过关键作用，而其"清教"身份亦成为17世纪英国资产阶级革命时所用的旗帜，故表现出其"瑞士化""英国化"。

英国宗教改革则是由国王亨利八世自上而下来推动。他反对教宗在政治、经济上对英国教会的控制，1531年他以罚款、惩办等手段迫使

---

[1] 《马克思恩格斯文集》（第1卷），人民出版社2009年版，第12页。

英国神职人员承认英王乃英国教会唯一首领；1532年他又假手国会通过法令，宣布英王在英国教会中至高无上的地位，规定教会立法须由国王批准、主教当选须经国王提名任命，并让神职人员向国王宣誓效忠。1534年英国国会通过"至尊法案"，授予英王以英国教会元首的称号，这也是典型的基督教"英国化"。由此，英国国教会即圣公会诞生。不过，这种革新理念既有进步、亦有倒退，因为其实质仍是坚持"君权神授"，只不过这种"神授"不再是罗马教廷及教宗的专利，而成为其国王自己的专权；实际上，这种失去"神圣控制"的权威完全可能沦落为不受任何控制的世俗滥权。正因为如此，英国资产阶级革命才会以"清教"之名来"清除"英国国教会体制中的封建残余。

这样，以民族性和地域性为特征、不再隶属天主教会的新教各派就在宗教改革的浪潮中相继产生。宗教改革形成了欧洲近代"教随国定"的传统，出现了社会权力及权威从宗教体制转向世俗政权的变化，这种政治的民族化转型也是基督教本土化的开始，其结果则是新教在世界各地教派林立的多元发展。

欧洲各国风起云涌的宗教改革运动给天主教会带来了巨大冲击和震撼。为了迎接挑战、摆脱危机，天主教随之亦掀起了一场对外维护天主教权威、对内纠正其传统弊端、激发天主教信仰热诚的改革运动。这一天主教革新因乃回应欧洲宗教改革而在历史上被称为"反宗教改革运动"，实际上更多的乃其自身的革新，并进而发展出弥补其欧洲损失的海外传教修会。从此基督教不再只是欧洲宗教，而成为"普世宗教"，开始其全球传播，同时也使天主教面对其本色化、民族化的发展。虽然天主教的革新比较缓慢，却也在世界巨变的处境中不断自我调整，并且在20世纪下半叶终于迈出了其自我改革的较大步伐。

在欧洲新教的发展中，新教徒对自由宗教生活的追求和在欧洲所遇到的宗教迫害，形成了17世纪上半叶向北美移民的潮流。而这一发展则与英国清教运动直接相关。"清教"乃16世纪下半叶在英国教会内部受加尔文神学思想影响而出现的改革运动，因其主张"清除"国教会残存的天主教旧制、提倡一种"清俭廉洁"的生活而得名。当清教运动受到压制和打击后，其清教徒决定移居海外，到北美寻找其宗教自由的乐土，他们通过契约而形成社会政治、宗教联盟，由此形成了北美文化非常典型的基督教特色。此外，这种海外大移民也使基督教文化明显具有了海洋文化的特点。放眼从英国出发的移民扩展，在今天欧洲的英国，加上在北美的美国和加拿大，以及在大洋洲范围的澳大利亚和新西兰，其地域和海域则会令人叹为观止。

四　对基督教文化价值的思考

（一）基督教与教育

人类教育源远流长，丰富多彩，在古希腊文明传统中，曾有过"学院"这种教育形式。在中国古代，亦有各种私塾教育和官学教育。但在世界教育史上体态完备、分科分系，并设有学位制度的高等教育或"大学"教育，则与基督教的发展有密切关联。在基督教的倡导和参与下，欧洲中世纪的学校得以形成，并率先设立"七艺"类型的分科课程，由此开始了向高等教育的发展过渡。12世纪前后，欧洲最早的一批大学乃从基督教修道院学校和大教堂学校发展而来。这些大学延续至今，为人类教育的发展进步做出了重要贡献。欧洲宗教改革运动后，新教各派亦开始兴办大学，并走出宗教教育之局限而积极拓展其世俗教育。此后在基督教海外传教和欧洲往外移民的过程中，这种体现新的教育理念的学校尤其是大学亦在其他各洲出现。例如，新教徒在北美资助或创办的哈佛大学、耶鲁大学、芝加哥大学等，均成为现代世界的一流大学。在中国，基督教创办的教会大学在中国高等教育史上亦占有重要地位。基督教各派曾在华创办了约20所大学，形成广远的影响，其中南方的震旦大学、圣约翰大学、金陵大学，北方的燕京大学、辅仁大学等都是中国高教史上的著名大学。

（二）基督教与哲学

基督教思想与西方哲学传统乃密不可分。早期基督教教义及神学曾从古希腊、罗马哲学中汲取养分，而其神学初期形态亦是西方早期哲学的重要构成。例如，基督教思想史的"教父学"即西欧哲学史上的"教父哲学"。在中世纪，欧洲哲学乃以"经院哲学"为主，而后者正是基督教的神哲学。此外，在中世纪西方哲学发展过程中，基督教亦帮助或直接参与了将阿拉伯哲学、古希腊亚里士多德等人的哲学引入西欧，形成中世纪西方哲学的复兴和鼎盛。在近代，基督教思想基本上乃与西方哲学交织发展、融贯互摄。虽然此后已有神学与哲学的分野，二者的一些基本问题意识和分析解决问题的构思却有着不解之缘。直到现当代，基督教哲学仍为整个哲学体系中的一个重要分支，亦是其极为活跃的领域。

（三）基督教与科学

基督教在其产生和发展过程中有着对自然宇宙的好奇及观察，形成了一套独特的世界观和方法论，其对宇宙的认知观念和模式、对世界起源或构成的说法，以及对人的来源和本质的认识，导致了与科学观和科学方法的复杂关联。一些带有猜测甚至错误因素的古代宇宙观和科学观曾为基督教建构自己的科学体系准备了模式和材料，也因此形成了与科学的冲突或张力。例如，欧洲中世纪自然科学的研究是在基督教神学的形式下进行的，教会对于超出《圣经》教义、逾越其"真理"界限的研究及其学说曾加以限制和禁止。因此，不少标新立异、走在时代前面的科学家曾受到迫害、经历了种种"冤案"。尽管如此，欧洲许多科学研究及发明仍是在中世纪教会的各修道院中得以实施或获得成功的。近代以来，尽管基督教与科学相冲突的事情还经常发生，但基督教的总体趋势是寻求与科学调和，并运用科学发现来修正、完善其信仰体系，由此已形成二者互为补充、各司其职、相辅相成的错综交织。在现代世界中，这一复杂关系在教会办有高水平的科学院、不少知名科学家信教的现象中得到生动反映。

(四) 基督教与文学

基督教与文学的联系始于古罗马帝国后期，发轫于"圣经文学"的基督教文学乃对西方文学史产生了巨大影响。中世纪早期的欧洲文学主要表现为教会文学，多为用拉丁文写成的基督故事、圣徒传、祈祷文或反映个人宗教灵性、内心体验的"忏悔""告白"等灵修文学。这些作品形成了文学中诗歌、散文、史诗等写作体裁、发展出"象征""寓意""神秘"等表述特色。而中世纪鼎盛时期的"骑士文学""梦幻文学"等亦浸润着基督教的精神。欧洲文艺复兴则既是欧洲古代精神的复兴，也是基督教文化的复兴，而文艺复兴时期的文学作品，亦不离基督教的主旨和情趣。此外，欧洲宗教改革运动对欧洲文学发展也极有影响。例如，马丁·路德在宗教改革中将《圣经》译成德语、用这一民族语言撰写赞美诗、散文和寓言之举，就曾促进了德语的统一和德国近代语言文学的发展。欧洲近代文学发展中的神秘主义文学、禁欲主义文学、启蒙主义文学、浪漫主义文学、"清教文学""虔敬文学""感伤文学"等，亦留下了明显的基督教思想轨迹。在现代世界文学发展中，基督教与文学的关联犹存，基督教影响仍在，这在现代现实主义文学、象征主义文学中均得以体现。而基督教对中国现代文学的影响，也是显然易见的。

(五) 基督教与艺术

在世界艺术发展史上，基督教艺术为其重要构成，亦有深远影响。这既表现在作为空间艺术的绘画、雕塑和建筑，也表现在作为时间艺术的音乐之中，同样也体现为时空结合的艺术形式如戏剧、舞蹈等。

早期基督教绘画乃欧洲古代与中世纪之交最为典型的象征性艺术。这些绘画所表现出的宗教象征、抽象、唯灵等艺术倾向，曾影响到中世纪欧洲艺术的最初走向。在中世纪，圣像的描绘、雕刻、各种宗教镶嵌画、教堂祭坛画和穹顶画，《圣经》题材和教会人物形象的雕塑等，占了其整个造型艺术的很大比重，它们构成了中世纪"崇拜上帝的文化"

的生动写照。文艺复兴时期的绘画及雕塑则特别在人体艺术上出现巨大突破，科学上解剖学的发展及其实践，使对人的精准认知有了飞跃，而"人体美"的表达既是由抽象之神到形象之人的生动发展，也导致了文艺、哲学领域"美学"的形成与成熟。这种"精美"一直保持至"照相"技术的诞生，而现在亦出现了返璞归真之迹象。

基督教与建筑艺术的结合，主要体现在"教堂建筑"上。基督教的教堂从其原初的"宅第教堂"等开始，形成了丰富、复杂的建筑风格及艺术特色。其建筑风格从教会早期的"巴西里卡"即长方形教堂，经历了中世纪早期的"罗马式"教堂，中世纪鼎盛时期的"哥特式"教堂，以及此后的"文艺复兴式"教堂，"宗教改革式"简朴、明快风格的教堂，"巴洛克"式豪华、夸张风格的教堂，以及近现代的"新罗马式""新哥特式""中心式"教堂这一起伏变化、多姿多彩的发展过程。而其"拜占庭式""斯拉夫式"教堂建筑，以及与各地文化相结合的"本土"风格教堂建筑等，都曾为世界建筑艺术增光添彩。

基督教与音乐艺术的有机结合则在"教堂音乐"上达到典型表述。基督教早期音乐表现出其对古希伯来、古希腊罗马音乐的吸纳、借鉴和整合。在欧洲中世纪音乐发展上，作为"教堂歌调"的格列高利歌调以及此后的复调音乐、"神秘剧""圣剧""众赞歌"、圣咏、康塔塔、经文歌和受难曲等，既反映了教堂音乐的深厚底蕴，又揭示了西方音乐史上具有里程碑意义的发展。在现代音乐中，有着基督教文化背景的福音圣歌、圣诞歌曲以及美国黑人灵歌等，也对大众音乐的发展起到了重要的推动、普及作用。最近中国网络上唱红的童声二重唱"You raise me up"也是基督教背景的歌曲。

五　基督教中国化的文化意义

（一）基督教来华史与中西文化交流史

635 年唐朝景教初来，代表着基督教真正传入中华，也是规模较大的中西文化交流的开始，虽然这种交流经过了"波斯文化"之折射，却仍然保留有一些传统元素。直至845年武宗灭佛,这一最初的交流才突然消失。在这种交流中,景教注意到中华文化之儒佛道主体,其在华不仅依佛仿道,而且也注意到儒家之"孝",开始其在中国本土化的曲折探讨。

13世纪元朝"也里可温"出现,意味着景教从中原之外卷土重来,以及天主教经海陆丝绸之路的长途跋涉而来到中国。这种交流有着多元融汇,从边陲重返内地的景教带来了多种少数民族的文化元素及符号,而沿海陆丝绸之路远道来华的天主教也增添了西方及沿途之异域风情。但在蒙古人主政的氛围中,其主要是作为中国社会中的异族宗教而存在,故而影响不大,并随着元朝的衰亡而消失。

1551年耶稣会士沙勿略至广州上川岛,直至1552年他在岛上去世,也未能真正进入中国内陆。其下决心来华是因为耶稣会在日本传教中遇到的种种疑问只能在中国求解。所以,此后有利玛窦、罗明坚等传教士前仆后继、锲而不舍,他们于1583年入广东传教获得成功,而且利玛窦等人于1601年到北京定居,随之出现中西文化的全方位对话,并导致"西学东渐、东学西传"的文化交流,兴起了西方汉学。但这一格局后因"中国礼仪之争"的文化冲突而遭到破坏,从此基督教入华卷入中西政治之争,加剧其政治冲突,陷入复杂局面。此间俄罗斯东正教于1685年传入北京,形成中俄文化对话;而17世纪荷兰新教传入台湾,亦有着各种本土文化交流。基督教各派带来了不同政治影响,也带入多元的世界文化。

1807年新教马礼逊到广州传教,并将《圣经》译为中文,还是走了文化传道或以文化开道的老路。不久随着鸦片战争的爆发,以及不平等条约的签订,基督教全面入华传教,从而凸显政治而使文化交流边缘化或成为政治的附庸,基督教因此也被视为政治"洋教",由此出现了中国现代基督教的未定特色及发展:在"中国化"道路与"普世性"持守之中既有政治因素,也有文化意向,虽然这一问题在不断得以解决,却仍未获得彻底解决。

（二）基督教在华政治卷入及其后果

这种基督教的政治卷入是多方面的，从而形成了今天中国社会对基督教理解上的复杂多元，也使基督教在中国社会的生存发展走上曲折、起伏之路。这些政治卷入大致包括如下一些方面。

1. 明清"中国礼仪之争"从文化分歧转为政治对抗，由此开始天主教宗教权威与中国帝王权威的直接相对和激烈冲突，康熙皇帝从同情、理解天主教转而反对、禁止天主教，形成长达百年的"禁教"历史。很显然，康熙皇帝从文化认同意识迅速转为政治对抗意识上没有丝毫的犹豫，表示出其文化让位给政治的明确态度。

2. "鸦片战争"后"不平等条约"的强行传教，导致各地"教案"频发，民教关系紧张，基督教在中国社会的地位复杂、处境多变，不少地方动乱、冲突乃针对教会及其教堂。在这种西方以强权推动传教的淫威下，中国人则以救亡压倒了启蒙，明显表达了对西方文化及宗教的排拒。

3. 基督教差会与西方各国有着千丝万缕的政治联系，这样使基督教在中国的政治生态复杂化了，相关国家的政治影响亦随这些差会进入中国，形成多元的政治及文化渗透，其利益诉求亦会通过其关联教会而得以表达，呈现出多元政治的图景。这种多国政治的博弈也导致多族文化的紧张。

4. 传教士与英美对华外交联系密切，马礼逊来华后曾担任英国特使和驻华机构的职员和翻译，参加过相关的中英谈判或随英国外交官出使北京。而传教士参与对华外交在美国传教士那儿则更为典型，从伯驾担任美国驻华公使到司徒雷登担任美国驻华大使，美国传教士在近现代中国政治中有着很深的卷入。这样，多数中国人对基督教文化基本上停留在一种政治文化上的理解。

5. 基督教与国民党领袖人物有着密切关联，孙中山、蒋介石、王宠惠、冯玉祥、张学良等人都是基督徒，国民党政要的基督徒身份与美国政府"扶蒋反共"政策通过其传教士加外交官来实施形成了有机呼应，从而使来华基督教与中国共产党的关系变得极为复杂、十分微妙。这种关系甚至在当代中国亦保持为一种极为复杂的社、教关系，政、教关系，以及党、教关系的文化认知。

6. 中华人民共和国成立后西方教会的抵制，使这些教会做出了反对新生的中国红色政权的表态，其与西方政府当时敌视中华人民共和国的态度一致，参与了对中国社会及教会的封锁。这客观上促使中国基督教走上了爱国爱教之路。随着历史的当代延伸，这种关系虽有缓和却未达根本好转，现在甚至有从文化冲突转回政治冲突的危险迹象。

（三）基督教"中国化"的意义及特点

鉴于上述分析，基督教的"中国化"从一开始就具有一定的政治色彩和走向。这不仅是基督教本土化发展的具体体现，而且更是大多数中国基督徒的政治表达和选择。但这种政治考虑的应急性也必须与文化考量的持久性有机结合，从文化之根本上来彻底解决这一问题。所以，基督教中国化的文化意义就体现在这一发展的整个历史过程之中。

1. 基督教"本土化""中国化"的思想从一开始就具有明显的中华民族意识和中国人的强烈自我认知、身份认同。这是一种中华民族的文化意识和文化自觉。

2. 20 世纪初中国"自立教会"的创立就是尝试摆脱西方差会的影响或掌控，使基督教在政治、经济等方面都能被掌握在中国人自己手里。但这种尝试因为缺乏文化准备而不持久，由此才有中华人民共和国成立以来基督教"中国化"之"从头越"的决心及实践。而且其践行也是要将之从最初迅速摆脱西方势力掌控的政治急救转变为现在持之以恒的文化工程。

3. 基督教"本土化"努力本身就包括其在政治、经济、社会等方面的本土化，其实验是具有政治考量的，是具有朝向中华文化的向心力之方向的发展。因此，这种努力不是单纯的权宜之计，而乃多层面、全方位的系统文化覆盖。

4. "三自爱国运动"的发起并非纯粹的教会运动，而是重要的政治选择，中国基督教会的领袖吴耀宗等人正是在周恩来总理的多次劝说、引导下才决心发起这一运动的，因此"三自爱国"是中国基督教会极为宝贵的现代政治传承，今天仍然必须坚持下去。所以，在中国社会处境中，我们讲文化则首先需要有政治文化的权衡和定夺。

5. 改革开放以来的新发展，使坚持基督教发展的"中国化"方向成为"绝对命令"，也是中国教会的必由之路。中国文化正经历具有历史意义的社会及时代转型，因此基督教应该毫不犹豫地参与这种转型，以便能够有效完成其自我文化重塑，顺利融入中华当代文化发展。

因此，我们可以对基督教的"中国化"作如下概括：（1）其社会政治原因乃是西方政治坚持反华立场，故而必须摆脱对其依属，这其中自然也会有文化层面的割舍；（2）其思想文化原因则是基督教理应融入中华文化传统，实现其文化转型；（3）其民族意识原因在于教会应该有中国意识，中国基督徒首先是要宣布自己是中国人，然后才能确认其基督徒身份，那种"多一个基督徒，少一个中国人"的扭曲状态理应被淘汰；（4）其教会发展原因在于中国教会的历史经历就是经过了本土教会、自立教会和三自爱国教会的奋进过程，这其实也是中国教会自我完善的文化进程；（5）其时代变迁原因特别是在于20世纪的世界巨变，以及21世纪中国的崛起，教会必须与时俱进、跟上时代；（6）其神学创建原因即应由西方神学转向中国神学，有中国的问题意识和中国的话语体系；（7）其处境适应原因乃在于中国教会的积极适应，华丽转身，为社会贡献出其积极的功能和作用；（8）而其共同命运原因则是体现中华民族今天共命运、图富强的姿态，努力实现"中国梦"，构建好中华民族命运共同体和精神共同体。这一使命中充满着文化元素，因而也是其文化革新、更新和创新。

在基督教"中国化"这一"奋进的历程中"，已经涌现出众多优秀代表人物，包括诚静怡、吴雷川、王治心、赵紫宸、吴耀宗和丁光训等人，发展出"爱的神学""相关神学""折中神学""融贯神学""和好神学""中庸神学""中和神学"等，尤其是自改革开放以来所推动的"中国神学建设"，为我们今天的基督教"中国化"留下了重要的思想遗产和神学资源，也是其方兴未艾、快马扬鞭的文化建设。

　　基督教作为世界最大的宗教，在其两千多年来的发展中与西方文明形成了密切关系，它上承古希伯来、古希腊罗马文化，下导西方文化，在罗马帝国解体和中世纪欧洲重建过程中成为西方文化的源头及核心内容，随之扩散到西方以及整个世界文化，在其发展中有着重要参与，甚至起到主导作用。我们以前过多从政治层面来展开对基督教的研究，对其文化关联及其意蕴却缺少思考；而要想真正重视我国基督教的存在与发展问题，实现基督教的"中国化"，则不能忽略或放弃这种文化层面的考量。特别是我们今天对基督教文化的探究，对于我们在全球化的时代认识并走向世界有着非常重要的意义。"中国化"是一种涵容和开拓，也是一种传承和创新，因而势必丰富基督教的思想文化内容，消解其由上述因素而导致的传统张力，并有效促成其在当代中国社会的理想转型发展。

第十章

重新认识基督教在中外
文化交流中的桥梁作用

在当前中国关于宗教与文化交流的讨论中，一个热门话题即"宗教与丝绸之路"。如果我们回溯"丝绸之路"之历史上中国与中亚、西方等国家的交往，则很容易看到基督教、伊斯兰教、佛教、道教等都曾发挥过非常重要的文化交流作用。而在中西交通史及其中西文化交流上，基督教的作用和独特意义则得到凸显。自景教唐朝东来，基督教就在中外文化交流上发挥着与众不同的桥梁作用。毋庸置疑，这种交流有着政治上的卷入，从而使基督教在华命运多舛，其跌宕起伏极为惊险，且留下悬念。甚至当20世纪50年代中美关系、中国与西欧关系恶化后，中国基督教一方面以"三自爱国"运动获得其在新中国的生存与发展，另一方面则仍然以其独有的宗教形式而断断续续、隐隐约约地保持了中国与西方社会的文化关系和一定的宗教交往。20世纪70年代，美国恢复与中国的交往，在中美建交前基督教在双方沟通上显然就起过一定的桥梁作用；而中国全面实行改革开放以来，基督教则构成了中美、中欧沟通的一个重要方面。美国前总统老布什因其在北京担任美国驻华联络办主任的特别经历而与中国基督教人士建立起良好关系。此后，美国政府也支持了至少三次美国宗教领袖代表团访华，其对中国的客观评价在美国也起到了促进中美关系良性发展的积极作用。一些美国宗教界人士对中国的支持，如美国福音派葛培理（Billy Graham，1918—2018）等人呼吁美国政府给中国最惠国待遇和支持中国加入世界贸易组织（WTO）等举动，曾在一定程度上促成了中美政治经济关系的改善。同理，欧洲教会的与华交往，尤其是与中国基督教会关系在某种程度上的恢复，也促进了当代中西文化交流，使丝路花雨、西域之通再次成为文化交流的佳话，给人带来对过去文化沟通的美好回忆。正因为有这种历史渊源和扯不断的中西文化关联，才使重新与西方交往的中国开放时代之基督教成为当前发展最快的宗教之一。所以，可以说，我们今天重新认识基督教在中外文化交流中的桥梁作用，有着其特殊的历史根基和发展线索可寻。在中外关系中离不开基督教的参与，而在中西关系紧张状况中的基督教也能起到一定程度的缓和及沟通作用。

中国当代基督教对于国际交流乃有着积极回应。一方面，中国基督教积极"走出去"，主动参与世界基督教事务，于1991年年初恢复了在世界基督教联合会的成员地位，从而得以在"普世教会运动"中发挥其重要作用。随着中国人出外留学、工作、劳务输出，中国基督教的影响亦在海外华人中扩大，如温州基督教在意大利罗马等地华人中的发展，甚至使当地的罗马天主教会感到了中国基督教会在天主教核心地区的"渗透"！其实这种发展的文化交流意义也理应被有着悠久来华传教历史的罗马天主教所察觉和客观认可及欣赏。另一方面，中国基督教在加强自身教会建设和神学建设之际，也以一种开放心态吸纳现代西方神学的最近发展和最新成果。不可否认，在巩固和发展"三自"理论及实践的基础上，中国基督教正努力体现出其教会"本色化""处境化"的现代中国特色，但这种"中国化"并非封闭性的，而是有着对外的开放、吸纳和涵容。中国基督教是以这种"博爱"精神来推动中国教会自身的神学建设，为教会面向、适应并服务当代中国社会做好准备，而这种"博爱"本身就势必是开明、开放、具有普世意义的。例如，主要由基督徒所组成的"爱德基金会"在当代中国社会建设、慈善事业和基层服务等方面都做出了重要贡献，得到了社会的好评，而其工作的顺利开展则正是国际合作的成功见证。

不可否认,中国基督教在"全球化"的影响下正面临着"多教派"回归或恢复之意向的巨大压力,其"后宗派"教会模式经受着严峻的考验,这也是当今国际开放、中外重新相遇的另一种结果。但我们必须认识到,基督教自欧洲宗教改革创立以来就一直不断地在分化,形成越来越多的教派,从而体现出了欧洲乃至整个西方文化的多样性特征。20世纪基督教各派形成联合的"世界基督教教会联合会"(简称"世基联"或"世基协")也只是一个颇为松散的联盟。而中国基督教的"后教派"发展是一个特例而不是惯例,故此在"全球化"的开放中势必会因与外界的交流来往而有所波动。从其未来发展来看,中国基督教协会也只可能是联谊、协调性质的,体现出基督教会的"多元共在"及"多元求和",而不应该也不可能形成天主教的那一种"大一统"教阶体制;这是基督教本身性质和历史传承所决定的,我们对之也应该有清醒的认识,不必强求中国基督教体制上的"一统天下",而要在民主办教、和谐兴教上做文章、下功夫,意识到其多样性、多元化也是当前多元文化交流、互渗的必然结果。在国内外多种因素影响下,中国基督教成为改革开放以来在中国发展最快的宗教之一,但其多元化、区域化变迁也最为明显,甚至将来的变数可能也最大。我们必须学会面对这种文化多样性的挑战,在这种复杂交织的文化交流中,我们不是逼基督教起拆桥作用,而应该因势利导地使之积极筑桥、固桥。于此,我们对这种基督教"多元化"态势要有顺应时代的了解和理解,并有着相应科学、有效的管理跟进。

历史的经验教训值得注意,中外文化交流并非尽是成功或硕果满枝,也有着各种失败和吞下的苦果。例如,基督教在中国民间化的嬗变一旦脱离中国社会的掌控和相关管理机构的视域,就会带来复杂的社会问题,甚至导致局部地区的社会混乱现象发生,产生不良的社会影响及后果。由于社会结构的不同,对基督教民间化变异的评价可能会各异。例如,对历史上"拜上帝会"及其掀起的"太平天国"运动,中国社会就有着复杂的看法及评价。这其中就有中外文化并不恰当地结合等问题。拜上帝会所推动的"太平天国"运动曾被视为中国农民运动的伟大壮举而得到赞扬和推崇,却直接质疑中国古代没有宗教战争之说;拜上帝会因偏离基督教正统教义而没有得到来华传教士的承认,在一定程度上被其视为异端,而中国封建社会则因其反对儒家思想传统、起兵造反试图推翻清政权而视其为大逆不道的谋反邪教;亦有人将之解释为由基督教蜕变的中国民间宗教或民间信仰的一种模式。对于拜上帝会这种嬗变,也有不少人包括中国教会人士仍然认为:"在十九世纪中期的太平天国运动中,洪秀全的拜上帝教可以说是第一次在一个风起云涌的环境,试图使基督教对中国传统文化做出剧烈的妥协。它发展成为一个成功的群众运动,并在运动初期赢得一些早期传教士部分的支持。它最终的失败只能归咎于在外国侵略势力支持下清政府的围剿,有少数西方传教士也卷入其中,而不是由于什么教义偏离了正统或文化上的不协调。"[①] 无论如何,这其中都有着奇特、复杂的中外文化成分之交织和作用。对于基督教在中国社会的民间化变异及其政治性卷入,以及由此异化衍生出的所谓异端邪教现象,教会内外都必须认真分析和深入反思,防范和杜绝其变为地下黑恶势力而危害社会和民众,这在当今中国社会中尤为重要,其中就包含着对其文化究竟会如何碰撞、互渗、结合的冷静思考。

总结基督教在中外文化交流中曾起的"双刃剑"作用,我们不能过于乐观或简单地看待这种交流,而必须有着客观、中肯的历史分析和当代思考。目前中外文化的深层次交流才刚刚展开,中国基督教的当代发展却又已呈现出错综复杂的局面。总结历史上的经验教训,我们应该努力让基督教在今天的中外文化交流中发挥人民之间的沟通、理解,民族之间和谐、合作,国家之间和平、共处的积极作用。而至关重要的,就是要找出基督教参与克服中西之间意识形态冷战的有效之途,让中外基督教起到缓解矛盾、加强对话、促进沟通、实现和谐的作用。只有这

[①] 陈泽民:《求索与见证——陈泽民文选》,中国基督教两会,2007年,第58—59页。

种当下亟须的正功能、好作用，才能使中外文化交流的桥梁更加巩固，人类和平的道路更为宽敞。

（本文为2006年上海"传教运动与中国教会"学术研讨会上的发言）

第十一章

基督教信仰与中西文化

　　基督教传华历史有着社会政治层面和中西文化交流层面的卷入。在社会政治层面，基督教传入中国有着帝国主义侵华和殖民扩张的历史背景，其在华立足和传教成功乃"鸦片战争"及其导致的"不平等条约"之结果。为此，中国教会兴起"三自爱国"运动，形成独立发展。但在中西文化交流层面，基督教在华传播历史也是中西文化交流历史的重要构成，"政治冲突"和"中西对抗"只是这一历史的一部分，而不是其全部。因此，中国基督教也有参与和促进中西文化交流的重要使命和作用。本章将从上述两大层面来展开分析，以揭示中国教会"和风西送"、积极参与构建"共同繁荣的和谐世界"之现实意义。

　　基督教作为一个信仰体系至少应包括两个大的层面，一为其精神追求和信仰本真，二为其教会构建和社会参与。一般而论，二者之间虽有某种关联，却又有许多根本不同。前者为其超越层面，表达了其信者的理想追求和终极关怀；而后者则为其涉世层面，显然亦会受到社会政治、经济、思想、文化的影响，势必有其在人世历史发展中的卷入及其复杂后果。

　　基督教传华历史是上述两大层面的复杂构建，值得我们深入剖析和认真研究。中国近代以来传入的基督教基本上为一种"西方"模式的宗教，因此，这种信仰体系的传入自然与中西文化的相遇、碰撞、对话、对抗、沟通、存异有着密切关联。必须承认，在当时中西文化的对应中，基督教会在其文化的各个层面，尤其是在政治层面卷入颇深，从而对此后基督教在华传播与发展形成影响，亦导致我们今天对基督教本身及其在华传教运动的复杂评价。

一 政治层面的基督教与中西关系

从政治层面来分析，基督教新教传入中国大陆在当时有着帝国主义侵华和殖民扩张的时代背景，而基督教会在华的立足和传教"成功"乃"鸦片战争"及其导致的"不平等条约"之结果。在这一意义上，基督教参与了帝国主义侵华，其"传入"中国也是西方列强在华殖民扩张使然。在这一过程中，帝国主义曾利用基督教来侵华，而不少传教士及其传教机构也扮演了不光彩的角色，从而被中国人民所抵制，受到中国舆论的谴责和批判。对此，西方教会及其传教士必须"反省"和"悔罪"，对这一段历史加以自我清算。在此意义上，的确应是"前事不忘，后事之师"。只有这样，才能真正开始现代意义上西方基督教与当代中国的对话，从而为重新审视中西文化关系、促进中西文化交流奠定基础。

中国基督教新教从严格的历史意义上来讲，也是上述历史的直接产物。中国教会的发展最初乃受到西方差会的控制，成为帝国主义文化侵略和殖民扩张的一部分，其结果是教会成为在中国领土中的一块"飞地"，不少中国民众亦有"多一个基督徒、少一个中国人"的感叹。由于中国教会在中国社会文化氛围中具有"洋教"的色彩而被"边缘化"，自身亦不断"异化"，所以教会中的不少有识之士才意识到"中国"自我意识对中国教会的重要和必要。面对"五四"运动和"非基督教运动"的冲击，中国教会及中国信徒曾感到茫然和难以适应，就如《教务杂志》当时所描述的那样："中国基督教之船"驶入了茫茫雾海，经受到狂风巨浪的冲刷击打，各种矛盾和冲突使中国教会的精神基调罩上了一层"朦胧的色彩"。[①]赵紫宸亦如此勾画了当时中国教会人士

---

① 《教务杂志》1927年7月第58卷7号，社论第1页。

的心态。"我们信耶稣的人在今日备尝艰辛,信仰的根基都摇撼了。我们……许多人好像出岫的云,归不得海上的高峰,好像高山的水,归不得谷里的清溪。……我们对今日的中国有什么道可传?"①而诚静怡则分析了当时中国人在认识和接受基督教上所形成的两军对垒:"基督教不为中国的智识阶级所重视,他们对于基督教,仅持冷淡的态度,这实在是基督教和一般平民间的最大障碍。……基督教在各地,不是受人们热烈的欢迎,便是受人们强烈的痛恶。换一句话说,基督教已成为中国人最欢迎的宗教,同时也成为中国人最痛恶的宗教了。中国有多数有智识的青年男女,已经宣布服从基督了;同时又有一些最有智识的,则正在竭力铲除在中国的基督教。"②

正是这种外力的冲击使中国教会痛定思痛,开始考虑摆脱"外国"的控制、去掉"洋教"的名号、开展"三自"运动、形成"自我"发展。赵紫宸指出:"在此情势之下,中华基督徒不得不作彻底的思考立鲜明的表帜。……今日中国教会决不再要用吗啡针来止痛,乃要'一掴一掌血,一棒一条痕'地创造她自己的生命。教会现在逢到了广大的艰难,剧烈的痛苦么? 可贺?"因为中国教会可以"乘此时机,跃入轨道,作切实光明的贡献"③。由此而论,中国"本色"教会的发展及其朝向"三自"的努力从一开始就具有"爱国爱教"的基点,正如刘廷芳所言,这种发展"使一切信徒都能真正本着基督的精神去爱国爱同胞是今日谋中国教会革新者的天职,能达到这个目的,才能算是创立真正本色的教会"④。

中国基督教提出"本色教会"的主张,就是旨在能够"洗刷去西洋的色彩""脱西洋窠臼",从而使中国教会"自立自养自传自理,成为中国本色的、不靠外人的教会"⑤。诚静怡曾明确表示:"当今举国皆

---

① 赵紫宸:《基督教哲学》,中华基督教文化1926年,"自序"。
② 诚静怡:《中国基督教的性质和状态》,《文社月刊》1927年第二卷第七册。
③ 赵紫宸:《风潮中奋起的中国教会》,《真理与生命》1927年第2卷第2期。
④ 刘廷芳:《中国基督教爱国问题平议》,《生命月刊》1924年第4卷第9—10期合刊。
⑤ 赵紫宸:《系狱记》,上海青年协会1948年版,第67页。

闻的'本色教会'四字，……一方面求使中国信徒担负责任，一方面发扬东方固有的文明；使基督教消除洋教的丑号。"①所以说，中国基督教建立其"三自"爱国教会，一方面是脱离西方社会政治及其教会之影响，另一方面则是凸显其"中华"文化之"自我"，从而真正使基督教"与中国文化结婚"。为此，中国教会正是在"非基督教运动"的风口浪尖中确立了其"自养、自治、自传"的"三自"原则，表明其要"请求国内耶稣基督的门徒，通力合作，用有系统的捐输，达到自养的目的；由果决的实习，不怕试验，不惧失败，而达到自治的正鹄；更由充分的宗教教育，领袖的栽培及挚切的个人传道，而达到自传的目的"②。

这一"三自"运动自 20 世纪 20 年代以来成为中国教会的"自我"意识，但在当时的历史环境中却步履维艰，虽经 1931 年开始的"五年奋进运动"仍进程不大，直到 1949 年以后"三自爱国"运动的兴起才出现真正突破。1950 年 7 月中国教会发表称为"三自宣言"的《中国基督教在新中国建设中努力的途径》，对基督教传华历史加以了总结，对中国教会的未来发展指出了方向："基督教传到中国，已经有一百四十多年的历史，在这一百多年当中，它对中国的社会，曾经有过相当的贡献。但是，不幸得很，基督教传到中国不久以后，帝国主义便在中国开始活动，又因为把基督教传到中国来的人们，主要的都是从这些帝国主义国家来的，基督教同帝国主义，便在有意无意、有形无形之中发生了关系。现在中国的革命胜利了，帝国主义对中国历史这一个空前的事实，是不会甘心的。它们一定要用尽千方百计，企图破坏这个既成的事实；它们也会利用基督教，去进行它们挑拨离间，企图在中国制造反动力量的阴谋。"基于这一分析，中国教会强调"为要提高我们对帝国主

---

① 诚静怡：《协进会对于教会之贡献》，《真光杂志》二十五周年纪念特刊，1927 年。
② 全绍武编：《基督教全国大会报告书》（1922 年），上海协和书局 1923 年版，转引自谢扶雅著《基督教与中国思想》，香港，基督教文艺出版社 1971 年版，第 305 页。谢扶雅还指出，这一《大会宣言》由其委员会所提出，委员会成员包括赵紫宸、刘廷芳和丁淑静三人。参见其上书第 305—307 页。

义的警惕,为要表示基督教在新中国中鲜明的政治立场,为要促成一个为中国人自己所主持的中国教会,为要指出全国的基督徒对新中国建设所应当负起的责任"①,就必须坚定不移地走"三自爱国"道路。此后,中国基督教各教会各团体代表又发表联合宣言,指出发表"三自宣言","就是主张割断中国基督教与帝国主义的一切关系,肃清教会内帝国主义的一切影响。我们认为割断与帝国主义的关系,肃清教会内帝国主义的一切影响,是中国基督徒与全世界基督徒所必须努力的方向。我们必须洁净上帝的圣殿,保持基督教的纯洁"②。

在对比中华人民共和国成立前后中国基督教"三自"运动的基本不同时,吴耀宗指出:"现在我们所提倡的基督教革新运动,在意义上虽然和过去的几个运动是一致的,但在内容和本质上却是和它们不同的。中华人民共和国成立以前的中国,是帝国主义、封建主义、官僚资本主义统治下的中国,是半封建半殖民地的中国。过去基督教的几个运动,都是在这个社会意识形态下发动的,也没有超过这个意识形态的范围。中华人民共和国成立后的中国,是打倒了帝国主义、封建主义、官僚资本主义以后的新中国,是新民主主义的中国,是朝着社会主义道路迈进的中国。基督教革新运动是在这样一个新环境、新意识下提出来的口号。它的目标不只是清算过去基督教个别的弱点,而也是要把中国的基督教基本地、全盘地改造,使它脱离了西方社会传统的影响,脱离了中国旧社会思想的羁绊,恢复了耶稣福音本来的面貌,使基督教变成新中国建设中一个积极力量。"③按照这一思路和目标,中国教会走上了发展至今的道路,形成了其思想、政治、社会、文化和神学特色。

然而,在充分承认上述历史事实的同时,也必须看到,帝国主义利

---

① 国务院宗教事务局政策法规司编:《中国宗教团体资料》(第一辑),中国社会出版社1993年版,第443页。

② 同上书,第445页。

③ 吴耀宗:《展开基督教革新运动的旗帜》,《天风》1951年1月30日。

用了基督教侵略中国并不就等于基督教本身亦为"帝国主义",基督教传教运动与殖民主义在华扩张相关联也不能说明基督教传教就完全等同于"殖民主义扩张"。前后二者的历史关联,有基督教"入世"的或然性,而不是其信仰的必然性,因而不能由此就推定其逻辑的必然或内在本质的关联。否则,这种硬性相关联就会得出否定基督教信仰本身的结论,进而得出否定基督教传教的结论,同样也就得出了否定中国基督教及其历史发展的结论。这些结论既不合理,也不能被我们所接受,而且可能会极大地伤害广大中国基督徒的信念及感情。

二 文化层面的基督教与中西关系

如前所述,基督教有其精神追求的超然性和其信仰本真的原初性,这一层面并不能完全等同于教会在社会中的存在和表现,而更多体现出其文化意蕴及涵括。在基督教通过西方教会及其文化形式传入中国时,并不因为这一"形式"而就失去了基督教的信仰真理和宗教本质,正如赵紫宸所深刻指出的,"基督徒清澈地承认基督教虽层层包藏于西方教会的仪式教义组织建筑之中而几乎不见其真面目,却有一个永不磨灭的宗教本真"。[①]而且,中国教会的革新与重建,也必须从这种西方模式中找出其本真和本源,恰如刘廷芳所言,"中华信徒接受了这些舶来礼物,必须自己去从混杂的结合品中,把基本要素提出来,与自己的民族与国家的历史与经验,凭着神的指导,重新配合,成为中华本色的基督教义,才能算自己的教义"[②]。固然宗教与政治相关联,基督教亦深深卷入西方对外政治之中,但宗教包括基督教并不完全等同于政治。在此意义上,宗教必须返璞归真、回归"宗教"的文化理解,体现出精神

[①] 赵紫宸:《基督教与中国文化》,张西平、卓新平编《本色之探——20世纪中国基督教文化学术论集》,中国广播电视出版社1999年版,第1页。

[②] 刘廷芳:《为本色教会研究中华民族宗教经验的一个草案》,张西平、卓新平编《本色之探——20世纪中国基督教文化学术论集》,中国广播电视出版社1999年版,第337—338页。

层面的"宗教本真"。而这一"本真"按照宗教信仰的理解乃是超越政治、超越历史的。因此，基督教有必要厘清自身与政治、与历史的关系，突出其信仰本真和教会根源，彰显其文化品位，这样才能保持其宗教的纯洁性、超然性和神圣性，使基督徒的信仰有着坚实的基础和不可动摇的根底。如果这一观点能被认同的话，那么我们则有可能，而且应该从正面、积极意义上来谈论基督教，评价其信仰本真和传统实践。这里，中国基督徒既不是历史虚无主义者，也不是信仰空洞主义者；其对基督教超越与现实两维的审视和考量，则成为其信仰之源及其持守这一信仰的动力。

同样，就基督信仰与中西文化关系及交流而论，我们也不应该因有二者历史上的冲突和给中国人民造成的伤害就彻底否定这种关系和交流。从这一角度来分析，基督教近代在华传教既参与了"帝国主义文化侵略"和"殖民主义对外扩张"，同样也在很大程度上参与了中西文化对话、交流与沟通。毫无疑问，"基督教文化"或"西方文化"不应该，也不可能取代"中国文化"、改变中国社会，但"基督教文化"对中西文化交流的参与仍是可以客观评价的，而且对其中的积极贡献也是可以肯定的。一方面，我们不应该在抽象上肯定基督教信仰而在具体中否定基督教存在，将其精神与历史完全割裂；另一方面，我们在抵制"西方渗透"、反对"全盘西化"时也不应该完全排外、持与西方彻底决裂、毫不来往或沟通的极端立场。若客观而言，基督教近代传华在参与、卷入或被利用"为帝国主义侵华服务"的历史时期，其本身及一些传教士和中国基督徒仍有意识或无意识、自觉或不自觉地参与了中国"现代化"的进程，以其现代观念、现代知识和现代科技、文化教育实践等刺激、促进了中国人民寻求"现代化"的努力。而且其在中国社会的社会服务、医疗和慈善事业等，也不应该被完全视为"帝国主义文化侵略"的内容而彻底否定。这里，我们对基督教本身也应一分为二、客观分析，不能采取在"倒脏水时将其中的婴儿一块倒掉"的极端态度。这种极端态度既不利于中国基督教信仰的生存，也不利于我们今天重新开始的中西文化交流。其实，基督教在中国本是中西文化交流的最佳载体和最好代表,完全可以发挥其积极的社会、文化功能。对此,积极倡导并实践中国教会"三自"运动的有识之士诚静怡早有预见,在他看来,"中国基督教会方针,必将融会中西文化之优点,择长弃短,取精用宏,以固吾圉,谁曰不宜"[①]。

从其古代之源及现代存在处境来看,基督教文化则不可简单地等同于西方文化,这种信仰文化源自亚洲,有着东方文化的渊源和因素。但必须承认,在西方由古希腊罗马文化走向中世纪、近现代西方文化的发展进程中,基督教文化对之有着重要参与和引领,由此达成基督教文化与西方文化的结缘,并在一定程度上形成二者的重叠或共构。而基督教传入中国时,则明显带有西方文化的色彩,其信仰本真乃以西方文化为载体来在中国亮相。这也是不可否认的历史事实。正是在这一意义上,基督教在传华历史中曾起到"西学东传、东学西渐"的作用,而中国基督教也应成为中西文化交流、对话和沟通之义不容辞的使者。其有历史的经验,更有当今的使命。当然,基督教文化发展是一个开放的体系和不断丰富的进程,并不以其"西方文化"阶段为终结或由此停止不前。相反,基督教文化也会吸纳当今世界各国文化,自然也包括接受、吸纳中华文化,从而以其文化的"多元性"来体现其信仰的"普世性"。这样,中国教会在构建具有中国文化特色的"中国基督教"上也任重而道远,应为基督教的普世发展、丰富多彩做出自己独特的贡献。

最后,在今天中国对外开放,与世界各国尤其是西方各国广泛往来的新形势下,中国已成为国际事务中举足轻重、且负有重要责任的国家,中国基督教亦反映和代表着当代中国的形象及姿态。在此,中国教会不仅在"爱国爱教""抵制渗透"上,而且在世界范围内发展其与各国教会"主内兄弟姐妹"的友好关系、改善中国良好的外部环境上都有着义不容辞的责任和使命。而且,在"全球化"的国际形势下构建中国和谐社会,"就必须真诚地呼吁全世界人民共同建设一个持久和

---

① 诚静怡:《本色教会之商榷》,引自张西平、卓新平编《本色之探——20世纪中国基督教文化学术论集》,中国广播电视出版社1999年版,第260页。

平、共同繁荣的和谐世界",中国亦更有义务"和风西送"。[①]其中就包括改善中西双方的关系、促进中西思想文化的对话、交流,促进包括世界基督教在内的各种宗教关系的和谐,发挥其在促进社会和谐方面的积极作用。中国基督教在此应体现其博大的胸怀、广远的视域和宽容的精神。"以史为鉴"不是让我们囿于历史,而是由反思过去来展望未来,表现一种超越、发展、重构、创新的气魄和境界。以这种当代世界眼光来审视、改善中西社会政治经济关系,促进中西思想文化对话及交流,达成双方和解、和睦与和谐,也应是今天"中国神学"思想文化建设的一个重要内容。

(原载《天风》2007年第2期)

[①] 叶小文:《宗教对话 世界和平 社会和谐——在北京大学"回佛对话"国际学术研讨会上的演讲》,2006年10月18日。见叶小文《论宗教对话,世界和平与和谐社会》,《北京大学学报》(哲学社会科学版)2007年第1期。

第十二章

基督教与中西文化对话

　　基督教与中西文化的对话始于唐朝，当时以"景教"为载体的基督教带来了一些西方文化的因素，与中国文化曾有一种间接的、无意识的对话。这种无意识的对话在元朝的"也里可温"教的宗教及社会活动中亦有所延续，但影响不大。真正因基督教的东传而促动的中西文化对话在明末清初得以全面而且较深层次的展开，奠定了这一对话的基础。但这一对话以知识阶层的交往为开端，以政治上层的冲突为终结，但其根本原因仍是思想文化在深层面的存异和不容。而政治矛盾的卷入使这一问题不可能得到学理上的理想解决，这使中西对话作为问题而留至今天。中西思想文化对话的僵局使基督教在中国处于极为尴尬的地位，而在西方亦颇有争议。这在西方教会对明清对话的开创者和推动者耶稣会士利玛窦的模糊评价上可见一斑。

　　20世纪初的中国向西方开放，主要是一种政治考量而不是文化考察。在中国文化传承及其弘扬上，20世纪初的"新文化运动"有破无立，基本上对中国传统文化加以否定，至少在"立新"上并没有完成其文化使命，从而在客观上使这一文化传承出现隔断，至少是不甚畅通。与之相对比，中国文化界表现出对西方文化的某种青睐。不过，在引进外来文化方面，20世纪初的"新文化运动"则有所倾向性选择，其对外来实用文化持欢迎之态，而对宗教文化则持反对、排斥之举。其结果，与排外之"非基督教运动"相并列的，便是反对一切宗教文化，由此扩大到一种"非宗教运动"。而"新文化运动"当时真正欢迎、引进的则是欧美的实用主义、实践哲学，其典型表现即从欧洲引进了作为"实践哲学""行动哲学"的马克思主义，从美国引进了作为实用主义、功利主义的杜威哲学。这也导致了中国现代发展中重功利、重实用、重实效的偏差。这种重物质、重有效、讲究实际的务实哲学在加强中国的唯物主义、注重物质效果的同时，却也带来了中国当代灵性精神的缺失，精神空虚、精神麻木正在侵害、腐蚀着我们民族的文明基质，使中国人处于文化上、精神上"失魂落魄"的尴尬。今天社会出现的对人的冷漠、麻木，其精神关怀的缺失，已经让人惊心动魄、难以置信。因此，对"新文化运动"的反思及重加评价，亦绕不开其与宗教的关联和纠结。在"走向共和"及"新文化运动"的双重变奏中，中国的宗教及其认知遂出现了"异化"和"物化"，甚至今天中国宗教的重新兴盛也在某种程度上呈现为"重物""重彩"、重钱财、重奢华的迹象或趋势，宗教在嬗变为一种"载物"的经济体，其兴趣似乎不是要念灵性"真经"，而是想唱"经济"大戏。为此，人们亦深感中国宗教颇有拯救其"灵性"和"德性"的迫切需要。宗教在中国社会脱敏的同时也应回归其清净、高洁、神圣之境。这样，我们探讨基督教与"新文化运动"的关系也是有的放矢，蕴涵丰富。实际上，基督教在20世纪初失去了全面促进中西文化对话的一次极好机会，这种缺位使中西文化的对话出现了偏差，中国对西方文化理解更多的主要是其政治文化和实用文化，而对其博大深广的精神文化几乎就没有触动。当然，这与"鸦片战争"后中西双方的处境相关，基督教代表伴随西方强势政治入华的精神文化而受到抵制，其本身亦缺乏一定的文化和政治反省。

其实，在20世纪初之前后，基督教对当时方兴未艾的中国"新文化运动"本来也有积极的参与，如基督教各派以白话文汉译《圣经》、推出各种白话文版本的努力，就是作为"新文化运动"标志之一的白话文运动之重要构成。此外，20世纪上半叶的中华基督教文学也曾达到一个高潮，其脍炙人口的文学创作亦丰富了"新文化运动"的内涵，给人一种清新、灵修的感觉。所以说，不能认为"新文化运动"就绝对排斥基督教，我们对其复杂交织也必须仔细辨识。当然，这种仅在语言、文学层面的文化参与实在太弱，还不足以让基督教能够成为中西文化交流的媒介和桥梁。所以，基督教在此后的中西文化交流中仍处于主体不明确、定位不清楚的状况。而中国文化界及知识阶层对基督教在中西文化之间的作用和功能也仍持怀疑态度。20世纪70年代末中国开始的"改革开放"给中西文化的深层次对话带来了新的机遇，而这对基督教如何发挥其中介作用也是一个好的机会。40年过去了，中西文化的交流再次陷入重物质、重实用的怪圈，中西双方已有着渐行渐远的疏离之态，在政治文化层面仍然没有消除危机，而基督教在这种对话中似乎也还没有真正找到或找准其位置。在现实处境之中，这种现象是非常值得我们思考、探讨的。

在唐、元、明末清初的基督教在华传播过程中，无论是"有意识"还是"无意识"，基督教都有认同或适应中国文化的意向和举措。尽管有着种种困难，这种努力在传教士一方都没有真正放弃。基督教所言"利玛窦方法"以及对"中国礼仪"的容忍，是这种认同及对话的明显表现。但随着"中国礼仪之争"的爆发，从文化意识的对抗升级到政治权威的捍卫，性质出现了变化，和谐对话交流的机遇亦随之失去。从此，基督教使中国皈依的话语成为主流，适应中国文化的需求仅为一种弱势表达。对中国的强势化"占领"和单向性地让中国被"福音化"，使基督教在华不再特别关注或强调与中国文化的平等对话，更谈不上以适应中国文化来改变自我。于是，基督教的"中国化"就成为问题，不少人尤其是基督徒认为基督教没有必要"中国化"，而本应保持其"全球化""普世化"的世界性宗教传统及其本色。在他们眼里，中国民众接受基督教本来就是要走出中国社会文化的封闭、走向开放性的世界文化发展。这样看来，基督教在中国不是为了其在中国的"内化"（中国化），而乃旨在中国的"外化"（世界化）；基督徒即中国走向世界、实现其普世精神和全球发展的"先驱"。直至今天，不少人仍不同意基督教的"中国化"之说，认为基督教对中国社会的贡献不是在于其本身"化进来"，而是在于其帮助中国"走出去"。与之相对立的观点则认为基督教"洋味道"太足,由此给其带来的"水土不服"会使之与中国社会格格不入,与中国文化形同陌路,难以相融及相容。可以说,在围绕基督教而展开的中西文化对话中,"中华归主"还是"主归中华"的命题或立意并没有根本解决。由于这种分歧和争议,基督教在中国社会的政治、文化、精神、思想等领域定位不清,认识混乱。人们或是看出基督教的各种不同形态,或是同一基督教在人们的不同眼神中得到了各自迥异的折射。可以说,中国基督教迄今还在这种困扰中挣扎,没有真正完成其走出近代、进入当代的历史使命。

基督教在中西对话的"文化性"或"跨文化性"问题,则因其文化定位的政治性而成为一种颇为独特的政治文化,有着宗教与政治的复杂交织。这种交织不仅反映在西方列强对中国政治征服和信仰征服的并举,也出现在中国民众在其反抗中政治信仰与宗教信仰的共构,这比较典型地反映在"太平天国"起义中对基督教的政治、宗教理解及其应用:在人间地上实现"太平天国",这就使政治信仰与宗教信仰汇合而等同。实际上,基督教在中国诸宗教中已经成为最为典型的政治文化话语,其对话中的政治意蕴及其社会存在本身中的政治敏感亦无法从根本上回避。在今天,似乎不可能绕过对基督教的政治审视。而在当前中西的政治对抗中,基督教问题也已成为西方政要打得最多、中国最为担心的一张政治牌。所以,在中西文化对话中,需要找寻出基督教的一种"非政治性"解脱,探索一种"非政治化"解说,使之能够更多地体现为社会文化层面和思想精神层面的对话与沟通。

中西文化绝非封闭性的存在,双方的开放及拓展乃共同特色。这种开放性、包容性在中国以文化上战国时代的"百家争鸣"和政治上秦王朝的"多元一统"为肇端,在西方则以古罗马帝国的疆域开拓、文化涵括为起点。西方文化始于犹太人的宗教、希腊人的哲学和罗马人的法律之汇聚,这三大文化柱石在基督教的构建中得到了高度浓缩和集中体现。为此,人们才习惯上将西方文化称为"基督教文化",或以基督教作为西方文化的象征表述或标识。这样,基督教的东传,带动了西方文化与中国文化的接触及对话,并使这种对话常常以基督教与中国文化关系的方式来展开。尽管中华文化有着"海纳百川，有容乃大"的开放传统，但在与异域文化或异质文化体系的对话中仍有主次之别、中外之分、夏夷之辨，从而难以达到完全平等或对等。无论是"同化"还是"异化"，都涉及其"主体"问题。面对中国的文化主体及其自我意识或文化自觉，基督教在中西对话中必须解决两个问题，一是其"身份"问题：基督教今天究竟仍应作为西方文化的代表、站在西方文化一边与中国文化对话？还是应该作为"普世宗教"成为独立主体，在中西文化对话中起参与、媒介和沟通作用？而更重要的则是其在中国社会文化中的定位及定性问题。这涉及中西文化对话中基督教本身究竟是有独立之"体"还是仅代表"他者"之"体"的问题。对此，中国学术界及政界和社会各界并不十分清晰，在认知上仍有很大分歧。二是其"求同"与"存异"之"度"的问题。无论基督教作为一种独立的宗教文化，还是作为反映西方本体的文化，都有其"自我意识"和"自我存在"，因此也就面临着在这种对话中或是因为过于"求同"而失去"自我"，或是因为过于"存异"而难以"对话"的两难选择。如果完全要坚持"存异"则只能是一种对立性共在，只可能或是"独白"或是"失语"。无论是基督教，还是中国社会文化，在这种相遇及对话中都仍需要"和而不同""多元通和"的智慧。对此，我们寻求这种智慧的努力还刚刚开始，有必要在政治、文化、思想、精神等层面不断开拓。

第十三章

在敬天爱神之间中西对话的可能
——一种跨文化思考

引论：问题的提出：中西能否比较、儒耶怎样对话？

岳麓书院的比较宗教与哲学工作坊这次以"天命与上帝：中西比较与儒耶对话"为主题，虽然这给人印象乃一个老问题，却显然是在期待新思考。"天命"与"上帝"指归在对"绝对""超然"的理解，是不可"道"之形而上的问题。为此，儒家曾主张"子不语"的态度，而基督教的所谓"神论"在此可信的也只有"否定神学"，即只能断定"上帝不是什么"，而绝不可以轻率断言"上帝是什么"。这一基本态度乃中西殊途而同归的。然而，在中西传统中人们却都忍不住要"言述"天命和上帝，这种对不可道之"道"遂转化为"言道"，而其"可道"之"道"就成为绝对与相对、超然与实然、永恒与此在之间的"中介"，于是就成为"究天人之际""识神人之间"的哲学之思、神学之辨。不过，对"中介"的理解中西有别，中国文化多强调"天子"沟通天、人的作用，体现"天意"，表现为人自下往上的运动；而西方基督教传统则相信"道成肉身"，突出神自上往下的降临，即"神"屈己

第十三章　在敬天爱神之间中西对话的可能　259

而为"人",实现对人的拯救。不过,西方也讲究人的"终极关怀""终极向往",不否认人对"终极实在"的追求、询问、解读,故而也有人的仰望、人向上的努力。实际上,儒耶对话触及中西文化传统中两大核心价值体系的比较与沟通。因此,中西能够比较,儒耶可以对话,而且这种比较对话早已开始并一直在延续,中西交通的历史即为其明证。

早在景教传入中国唐朝时,这种对话就成为可能,其经典翻译曾涉及基督教与佛教、道教的交织,而基督教也明显关注到中国儒家的"孝道"思想。在理解基督教关于上帝创造世界的教义之后,景教曾将其创世神理解为"匠帝",故有"匠成万物,然立初人"之论①。此外,景教文献之"上帝"理解也与中国之"天"的表述相呼应,如其《序听迷诗所经》中常有"天尊"之表达。朱谦之指出:"此经中'天尊'一语屡见,如'天尊法''天尊教''天尊法教',盖皆指'天主'之教而言。'天主'即'天尊',本经第一行'余时弥师诃说天尊序安法',即'天尊序婆（Jehovah）之法'＝耶和华法。首先说明天尊不可得见,'谁见天尊在于众生,无人得见天尊,何人有威得见天尊'。但'善有善福,恶有恶缘';'有人怕天尊法,自行善心,及自作好,并谏人好,此即是受天尊教'。接着讲天尊序婆法是如何不违忠孝之道。'众生若怕天尊,亦合怕惧圣上';'此三事一种,先事天尊,第二事圣上,第三事父母'。"②由此可见,儒耶对话在"神明"观念上的相遇在唐朝景教入华时就已经开始。此后,明末清初儒耶对话的大幕正式拉开,以利玛窦（Matteo Ricci）等耶稣会传教士为代表的西方天主教和以徐光启等士大夫为代表的中国儒家展开了深入广泛的对话,其中一个焦点即中西宗教对"神明"的理解及神人关系的处理。

为了求得信仰上的一致及中西理解的吻合,17—18世纪法国耶稣会来华传教士甚至形成了认为中国古籍中有弥赛亚救主在华显现之见证

---

① 见《景教流行中国碑颂并序》。
② 朱谦之:《中国景教》,东方出版社1993年版,第117页。

的"索隐派"(Figurists)。这种对话得以沿袭,近现代中国天主教中的徐宗泽、吴经熊、张春申、罗光等人继续在推进这种对话。而随着基督新教的传入中华,同样出现了关注中国宗教文化的理雅各(James Legge)、花之安(Ernst Faber)等新教传教士,他们在研究儒家思想上下了很大功夫,而中国新教徒赵紫宸、王治心、吴雷川等人也积极推动、创造性回应了这种对话。当然,儒耶对话从未一帆风顺,"中国礼仪之争""非基督教运动"等对抗取代对话的现象也频频出现。因此,其比较、对话的曲折、复杂、艰辛,也是我们要关注的。

一 "天命""上帝"均为"人言"

对天人关系、神人关系的论述,都是"人"的行为,所以"人"乃这种"形上"之言的主体。这样,我们就可以把"神学"问题化为"人学"问题,把"终极"问题化为哲学、知识、语言问题来探讨。其实,中国的"天命"表述本身就透露了与"人"的关系,"天"本身无"命",也不需要"命","天之命"乃对"人"而言,指"天"与"人"的关联,对"人"的把控,即"天人关系""天人之际"中"人"所表达的对"天"的理解、敬畏、遵循、服从。当然,中国思想中也有"人定胜天"这种对"天命"的抗拒、挑战,但不是主流思想。而西方基督教虽然强调"上帝"是与人毫无关系的"绝对另一体",却也竭尽全力来思索、找寻"人"与"神"的可能关联。"上帝论"是"为我"的"上帝","神学"实质上是"神人学",离开"人"而谈论"上帝"则毫无意义。所以,我们看似在讨论"天命与上帝"这一"形而上"问题,其实乃"人学"之论,是"人"的理解与解释问题。"没有人看见过上帝","天论"和"神论"都是"人在论",是人的语言、知识、观察、思辨问题。大道至简,论"道"则需"言","道"与"言"在此汇通。在西方基督教传统中,"道"成了"肉身","神子"呈现为"人子",这种作为"道""逻各斯"的超然之在成为实然之存。在中西漫长的思想史上,这种论道遂形成"道冠古今"之认知传统。"道可道，非常道"，可道之"道"则为人言。这里，我们的思考就从"天"而落"地"，从"神"而回到"人"。当代天主教哲学家毕塞尔（Eugen Biser）在1970年时曾经写过一部专著《神学语言理论与解释学》，我想，我们讨论的恰好就是人所涉及的这一主题，只会有人的"神学语言理论"和人与之相关的"解释学"。中西语境的"天""地""人"关系中，"天道"乃超然之维，其超越性使之不可直接言说，要超出人的知识理解；"地道"乃自然之维，给人一种存在基础或生存处境，人显然是以其"生生"来接地气，但人必然会超脱"地"之束缚；人则立于天地之间，故"人道"本为"中道"，其言述的相对性及超越性故而构成中华文化所倾向的"中庸之道"，而西方文化在"中介"的理解上却仍需借助于神圣之维，强调"人言"亦受到"神启"，即由"神灵"感动而发声。

二　中西理解中的"天"与"神"

（一）自然理解之"天"与"神"——宇宙论的认识

简言之，这里触及的"自然"理解并非自然科学意义上的，而是哲学甚至宗教意义上的"整体观""终极观"，即对物质世界的"本质""本原""本体"的认识或体悟，表现出一种时空"整体审视"的包罗万象、涵盖一切，由此而达到对"物体"之"后"、对"自然"之"形而上"的把握。

在儒家传统中，对"天"之纯客体意义的理解包括自然意义的"天"和形上意义的"天"。自然意义的"天"直接指天空、苍天、穹苍，与"地"相对应。在此，"天，颠也。至高无上，从一大"[1]。"据远视之苍苍然，则称苍天"[2]。形上意义的"天"则有"天理""天道"

---

[1]　许慎：《说文解字》第一，上。
[2]　许慎：《五经异义》。

之说,"立天之道,曰阴与阳"①,主要是指自然法则。但这类表述微乎其微,一旦其转为道德、价值意义层面的理解,就进入宗教、神学的范畴了。

在西方哲学传统中,从古希腊时期就已经从"形象化想象"上升到"抽象化思维",其对"神"的宇宙论抽象思考触及关于"太初""太一""无限"等"万物之源"、世界的"第一性"问题,曾把"水""空气""火"作为物质的本体、本原、始基,从"火""光"之"流溢","空气"之流荡四散来解释万物的生存与发展,来源与归宿。"自然"神论从一"源端""始因"或"第一性"作为"不动之推动者"来说明"创世"之后宇宙永不止息的运动变化。这些思想对此后基督教的"上帝观"产生了巨大影响。若仔细剖析基督教的"神论",基本上涵括古希腊传统的宇宙神论和古希伯来传统的人格(道德)神论。古希腊哲学对"气""光"的理解形成了一种"场"论,为今天西方天文、物理学突破"原子"观念达到"量子""场论"提供了天才的预设。

其实,中国古代思想中论"天"之苍苍茫茫、覆盖大地,实际上也已经指向以"气"来论说天地,即有这类"气场"来"遍覆"万物、"遍在"宇宙。中国哲学以"气"来界说世界,并用阴阳来解释"气"之构成,说明在"气"中可以悟宇宙之"秩""序",见天地之"经""常",观变易之"恒""定",从而在"气化"中看到有"道"、有"理"。而且,中国"无极""太极"及其阴阳和谐、有机共构的整体观,也可与古希腊思想异曲同工。

(二)宗教理解之"天命"与"上帝"——神学观的认识

一旦出现"天"与"命"相关联,"上"有"帝"之思考,就不再是自然之辨,而乃神学之信。自然之"天"无"命"可言,亦不需要世人之"敬"。因此,中国儒家传统中的"天命"及人之"敬天"

---

① 《易经·说卦》。

无疑已是宗教术语，至少已经表达出宗教情怀或境界。

显而易见，儒家讲究"天命"，主张"敬天"，已经道出其"神性"意义。这里，"天"是有"神格"（人格）的，也就是说，"天"有意志、权能、德性和睿智，会主持公义、表达仁爱、奖善罚恶，决定世界和人生的命运。这正是主宰之天、命运之天，或天命、天意，以及天理、天道之恰切含义，而与"自然之天"明显区别开来。所以说，按照儒家传统，"天"作为自然之天的理解比重极小，其作为中国传统文化中至高之神的明确表达不可否认。许慎对"天"曾如此区分道："天有五号：尊而君之，则曰皇天；元气广大，则称昊天；仁覆愍下，则称旻天；自上监下，则称上天；据远视之苍苍然，则称苍天。"① 正是基于这种对"天"的宗教理解，儒家才有"天祐下民，作之君，作之师"②，"天秩有礼""天命有德""天讨有罪"③，"天道福善祸淫"④，"畏天命"⑤，以及"敬天法祖"等论述。

"上帝""天主"则是基督教神名的中文表达，其本身就是与儒家的一种对话与沟通，形成一种理解上的视域交汇和蕴涵共融。中国古代的"上帝"表述乃"帝"字的演变，而"帝"字在殷代本指"天子"死后的灵魂，"上帝"故指中国古代宗教中的最高主宰，"托之于天，故称上帝"⑥，"依儒经"而有"皇天上帝太一"之尊称。而"天主"之神名也是基于儒家传统中"最高莫若天，最尊莫若主"之思想。这类神名的宗教色彩已经极为鲜明，基督教的"上帝"既有本体论、宇宙论意义上的"第一""全在""永恒""不变""创造者"之蕴意，更有道德论、认识论和神治论意义上的"最高""全知""全能""全善""救世主"之界定。这样，基督教神学得以与

---

① 许慎：《五经异义》。
② 《书经·泰誓上》。
③ 《书经·皋陶谟》。
④ 《书经·汤诰》。
⑤ 《论语·季氏》。
⑥ 《大唐开元礼》卷一。

形而上学相汇，似为西方哲学传统中的"太初哲学""第一哲学"。对于"人格神"意义的理解，基督教传统主要是对犹太思想精神的继承和发展，这在犹太传统中虽然也有绝对一神的信仰元素，构成"亚伯拉罕传统宗教"的一神论，包括对其神明"我是自有永有者"（I'm what I am）的存在论表达等，但其宗教影响层面流传更多的却仍然是"人格神论"的理解，而基督教中耶稣基督之"神子"蕴意，使基督教神明观的"天父"形象成为其信仰传承。其实，基督教形而上的"绝对神"与父子灵的"人性神"乃是一种并不和谐的多元文化之"共在"，故而在其理论体系中形成了内在的张力及矛盾，却也生动反映出两种文化之流汇聚后的真实场景。我们在多江汇聚之处、江河入海之口，甚至两大洋结合之边际，都能看到这种虽汇流归一，但区别可辨的现象。宗教不仅是哲学家抽象冥想的思辨，更是普通民众精神情感的依托。这样，基督教文化的"神圣家族"使之作为"爱的宗教"更具伦理性、社会性、亲民性，形成与现实的密切关联。综合其终极之究和生命之求这两大传统，方有当代基督教思潮中对"终极实在"（Ultimate reality）的"终极关怀"（Ultimate concern），以及与之密切关联的"神人之遇"。由此而论，基于"二元分殊"的西方思辨传统也在一定意义上通过"中介"思想而达到相对跨越和融通。

三 天人关系与神人关系

"天命与上帝"在中西比较及儒耶对话中不仅是立于形而上学的认识论、解释学，更是上下沟通、神人相遇的关系学说。在儒家思想中，究天人之际势必要解答"天人合一"的问题；而基督教同样也不乏通过耶稣基督的救赎而达到"神人合一"的说法。

与西方神、人截然分离之二元分殊的思维方式不同，儒家讲天人感应、上下呼应。根据中国哲学的整体观思维，儒家相信天人有关，"天亦有喜怒之气,哀乐之心,与人相副。以类合之,天人一也"①。不过在这种天人关系中乃天尊人卑,"天地之精所以生物者,莫贵于人,人受命于天也"②,"民受天地之中以生,乃所谓命也"③。因此,"天命之谓性,率性之谓道,修道之谓教"④,道乃反映出了天命,"道之大原出于天,天不变,道亦不变"⑤,所以世人"畏天命"、尽人事就要"以德配天"。儒家为之不仅"明事上天之道",竭力"以道教民""以道德民",而且还确立"天地君亲师"的秩序,推崇"仁义礼智信"的价值,"亦有祭天地之祀",敬天法祖,有着"敬神如神在"的严肃。不可否认,"孔子以道设教,天下祀之"乃是宗教之举,当然孔子的立意"非祀其人,祀其教也,祀其道也"⑥。

在这种天人关系中,中国古代往往视其君王即"天子"为其之间的"中介"。"德侔天地者称皇帝,天佑而子之,号称天子"⑦,因此"王者承天意以从事"⑧,必须"小心翼翼,昭事上帝","替天行道",而"所谓道,忠于民而信于神也"⑨。显然中国古代君王文化中也有其民主意识的约束,"天视自我民视,天听自我民听"⑩,虽有"君权神授",却必须意识到其"天命有德",要"以德配天""内圣外王""止于至善",以"正""王道之端",达"仁义礼智、天道在人"之境,切不可为昏君或暴君。在此,"中介"并非天然、必然正确,仍需要修"天德"方能做"圣人"、成"圣王"。

与之对比,耶稣基督作为基督教中所理解的神人之间的"中介"

---

① 《春秋繁露·阴阳义》。
② 《春秋繁露·天人相副》。
③ 《左传·成公十三年》。
④ 《中庸》一章。
⑤ 《贤良对策》。
⑥ 《明史·钱唐传》。
⑦ 《春秋繁露·三代改制质文》。
⑧ 《汉书·礼乐志》。
⑨ 《左传·桓公六年》。
⑩ 《书经·泰誓中》。

则"道成肉身"、天然正确,他没有"原罪"却以为人赎罪而达到拯救人世,实现神人合一。耶稣基督作为"上帝之子"显然比中国语境的"天子"更具神圣意义,其作为彰显神性形象的"第二亚当"既有神性禀赋,又为完美人性。因此,基督教传统更强调的是爱神而不是忠君,在这种爱中无保留地听从神言,服从神命,其寻求得救的努力故而也是一种相对"消极"、被动的努力,即把"自己"完全交到"神"的手中。尽管这种绝对之神也涵括有"爱人如己"的伦理要求和现世使命,却一切都在"神爱"之中。这里,对神明的挚爱是一种"绝对命令",而对君王则只是被动、相对的服从则可。

在中西天人关系的比较中,不难看出儒家传统具有更多的动态进取精神,人走向神的道路没有封闭,但这条路比较艰辛,需要人包括君王在内不断修行来达之"天德"、止于至善。这是能动的、上升的、人格的、主动的、积极的神圣之道、生命之旅。而基督教传统则主要依赖对耶稣基督之"信",乃静态的、被动的、等待的"信、望、爱","上帝"以耶稣基督之身来降临、屈己这一自上至下之路颇为明显,主旨乃神降人世、道成肉身,而人之主动、积极往上的筚路蓝缕之"天路历程"却前景未明,更多的人在"原罪"观的影响下对人之内在的"上帝形象"感觉模糊,甚至毫无感觉。其文艺复兴时期所宣称的"大写之人"也与"神"不可同日而语,"人""神"不在同一个层面,"人"想"成神"之念犹如登天梦想。所以,这种"爱神"乃敬畏之爱,人的被动与神的主动形成鲜明对照,有着天壤之别。中国的整体共在观使人不只是"敬天",而更有"欲与天公试比高"的冲动和从"敬天"到"胜天"的欲望。中国人可以由人的"究天人之际"来达"天人合一",而基督教却是靠人的期盼、祈祷,以及"救主"的中介、赎罪之救赎来实现"神人合一"。二者差别较大,境界迥异。对此,两种"合一"是否可以对话,基督教神学的说法各异、分歧颇大、流派众多,不仅没有达到其内部的一致,甚至还曾影响到其与中国儒家文化的对话。

回顾以往的对话,中西双方在接触、相遇之后有碰撞,有正视,有冲突，也有对话和一定程度的融通。在思绪的冥冥之中好像有相似、可以沟通，但在清醒的面对中看到更多的仍还是区别、差异，有着"我"与"他"的陌生和疏远，不过也没有彻底放弃"我"与"你"的接近及对话。这种区别显然有着文化的差异、文明的不同，由此而可能导致其世界观、价值观的迥异走向。而在中西思想比较中，我们会发现其各有所长，并意识到二者的会通可能非常艰难，并非易事。在此，笔者想到了中国天主教思想家罗光（1911—2004，湖南衡阳人）对中西思维的分析，希望借此来推动更深层次的讨论和互动："中西形上学研究对象的不同趋势，造成中西哲学精神的不同。西方哲学研究'有'，予以分析，建立原则。西方哲学的精神便在于求知求真，就事实的本体深加分析，事事清楚。这种精神导致科学的发达。中国哲学研究'生生'，探讨宇宙生生的意义和原则，乃造成儒家发展人性以达生活美满的境界，而成圣人。这种精神为人文精神，以求发展心灵生活，求美求善。因此，中国哲学偏重伦理道德。但两者不相冲突，万物都是'有'，万物也都是'生生'。西方形上学从静的本体分析'有'，得有各种学术的基本原则，也可以用于中国的学术。中国的形上学从动的本体研究生生，厘定形上的原则，应用于人生。"[1]显然，只有看到"异"，才可能有效地去求"同"。即使很难"美人之美"，也至少应该持一种"各美其美"的开放、包容态度，由此方可在一个如此复杂、多元的世界中"美美与共"。

（原载《船山学刊》2018 年第 4 期）

---

[1] 罗光：《中西形上本体论比较》，上海中西哲学与文化交流研究中心编《文化传统辩证》，学林出版社 1991 年版，第 70 页。

第十四章

海上丝绸之路与基督教

丝绸之路在中外交通史及文化史上有着重要的意义，而其中非常值得关注的则是基督教与中华文化沿丝绸之路的相遇、碰撞、沟通、交流与融通。分析基督教的文化形态，则会发现其起源于古代希伯来民族的游牧文化，奠基于古代罗马的城市文化，其扩展则是基于其"海外发现"的海洋文化。虽然"丝绸之路"这一称呼在19世纪下半叶才得以普及，但在陆地丝绸之路开拓的早期，西方人就把中国人称为"赛里斯"（Seres），这一表达即与丝绸相关；而当海上丝绸之路得以通行之后，西方人则也把中国人称为"秦尼"（Sinai），这一称呼则可追溯到秦朝；而有趣的则是，古代中国人根据秦朝的强大而很早就把丝绸之路在欧洲的终端罗马帝国称为"大秦"（Cippus），这在《后汉书·西域传》《晋书》等中国古代史书中都有记载。因为海上丝绸之路，"秦"遂成为中西沟通、共用之词。"公元前后，中国人被称为赛里斯（Seres），中国叫赛里加（Serice），这是陆路交往关于中国最初的叫法，时间较早；另一种叫法，把中国人称为秦尼（Sinai），中国叫秦（Sin），这是海路交往关于中国的叫法，时间较晚。由商人输往西方的中国丝绸绢绘是当时帝王贵族倾慕的奢侈珍品，Seres和Serice两字系由阿尔泰语所转化，是希腊罗马称谓中国绢绘的Serikon、Sericum两字简化而来。西方人当时称中国为'秦'（Sin），称中国人为'秦尼'

(Sinai),则是源于秦朝"①。因此,基督教自罗马帝国后期就是西方社会的主要宗教,因而其与中国文化的相遇就与海上丝绸之路有着难以分割的关联。在约1500年的历史进程中,基督教的东来和中华文化的西传,基本上是在丝绸之路沿线及周围地域所展开的,特别是与海上丝绸之路密切相关,由此形成其复杂多变、跌宕起伏的宗教、政治、经济、文化之关联。回顾、总结这一段历史,有助于我们今天正确处理好与宗教的关系,有效落实"一带一路"国际合作。

一 丝绸之路与景教东来

关于景教,学术界已有很多研究,亦形成了对其所指的不同理解。"景教"是典型的中国术语,但其作为宗教之称则曲折反映出古代波斯宗教信仰的痕迹和特点。传统上认为,景教所称源自对古代基督教聂斯脱利派的理解。按照天主教的传统认知,叙利亚人聂斯脱利(Nestorius,380?—451)因为在基督论上坚持"二性二位"说而被视为神学上的异端,其在435年被革职后,他的追随者东逃,被称为聂斯脱利派。由于受到天主教的打压,这一教派向东传至叙利亚和美索不达米亚一带,在今天属于叙利亚、伊拉克、伊朗和印度的一些地区扎根,此间亦与古代伊朗的琐罗亚斯德教产生联系,形成交互影响,故有着某些拜火教的色彩。但也有学者认为,其实当地民众当时把从西方传来的基督教都习惯称为聂斯脱利派,由此演变为后来的叙利亚教会或东方教会的一部分,并非都有异端教派之意,故而只是叙利亚教会或东方教会的习称,并不一定都为异端。特别是在1994年11月11日天主教教宗约翰—保罗二世与叙利亚教会宗主教马尔定卡四世在罗马签署联合声明,宣布持续1500年之久的神学论争结束之后,已不再合适对聂斯脱利派以异端相称。古代之争只是神学表达方式上的差异,并不涉及其信仰的

---

① 张西平:《交错的文化史——早期传教士汉学研究史稿》,学苑出版社2017年版,序二第VI页。

本真差异。为此，沿丝绸之路东来的基督教相关教派不可简单被视为异端，这样也就可为最早传入中国的基督教正名，洗脱最早传入中国的基督教乃天主教异端之疑。

但基督教正是沿丝绸之路经历了其在波斯的嬗变才传入中华的，故景教在华初被误传为火祆教。从汉字语义来理解，"景"字本身亦与"火"字有着某种内在关联，"日""京"之合乃有"日大""光明"的蕴涵。最初基督教在华名为"波斯教"，其寺则为"波斯寺"。这种混合本身就充分说明，景教的传入与当时丝绸之路的开通和各族的往来直接相关。在沿丝绸之路行进的人流中，宗教人士颇多，而基督教传教士也留下了他们不可抹去的印痕。

景教文献《大秦景教流行中国碑》描述了唐贞观九年（635年）波斯主教阿罗本沿丝绸之路来中国传教的经历。中国史学家陈垣认为，其初传乃由海上丝绸之路而来，"彼时中华与波斯大食交通频繁，伊大约由海路来也，景教碑有'望风律以驰艰险'句"①。这种描述似乎强调了景教沿海上丝绸之路来华的更大可能性。当然，古代丝绸之路情况极为复杂，因而也不能排除景教由陆路传入中国的可能性。对此，朱谦之等人就描述了古代丝路交通的多样性，指出"在中国与波斯之间，密布着交通网，以与中国之重要国际贸易都市相连接"，"景教徒自叙利亚、波斯以至中国，一路上凡是景教徒所聚集的地方，大概都是东西往来贸易的通路，例如安都（Antioch）、泰锡封（Seleucia – Ctesiphon）、驴分城（Edessa 伊得萨）、木鹿（Merv）都是。这些地方或驻有景教的大主教或主教（如安都、驴分城），或即为景教之据点（如泰锡封、木鹿）"②。古代亚欧大陆的国际贸易、政治外交、文化交流、宗教传播都因丝路而汇聚，景教的传播恰好与这种时代氛围相吻合，故而得以在当时贯穿东西的丝绸之路上活跃数百年。

基督教的入华增添了唐朝社会的繁荣色彩，当时景教曾有"法流

---

① 陈垣：《陈垣学术论文集》（第一集），中华书局1980年版，第84页。
② 朱谦之：《中国景教》，人民出版社1993年版，第61—62页。

十道""寺满百城"的兴盛,给中国文化及精神生活引入了异域风情。虽然景教的形象在多元文化、多种宗教的交汇大潮中往往被掩隐,给人以混迹于佛道的印象,但其在边疆地带的发展却取得了出人意料的成就。所以,景教在中原虽然于唐会昌五年(845)被武宗毁佛灭教而遭打压,但并没有在中国完全消失,而是以顽强的生命力沿着丝绸之路的边缘及外围地段继续扩展,特别是在西北边疆少数民族地区流传甚广、影响至深。"在蒙古人统一大漠之前,居住在土拉河和鄂尔浑河流域的克烈部落、阿尔泰山附近的乃蛮部落、色楞格河流域的蔑里乞、阴山以北地区的汪古部落,以及西部地区的畏兀儿和吉利吉思等民族中都已流行景教信仰。"[①]

宋元时期的景教发展与海上丝绸之路也有着复杂的关联,唐时景教开始往江南扩散,与沿海地区有了接触,这种态势并没有随着唐朝景教的消失而完全灭迹,在元朝时景教在江南沿海一带则更加活跃,并与当时刚刚传入中国的天主教形成竞争之态。天主教传教士是沿海陆两条丝绸之路来华,在途中及其停留地与景教徒多有摩擦。但12世纪以来欧洲对中国的传教起因及冲动,却是受到景教在华传播的启发。当时景教在华影响的重点地区多在西北边缘及西域各民族活动范围,这些区域那时也正处于中西文化交流的最前沿。景教在这些地区的存在与发展,以及影响到相关部落首脑的传说,曾给远在欧洲的基督教国家带来种种令人兴奋和神往的传闻和希望,如12世纪的欧洲曾流传东方有一位"长老约翰王"(或称"祭司王约翰")信奉景教,曾率军远征波斯和米底等地与穆斯林交战,并攻克爱克巴塔那,只因底格里斯河涨水才阻止了其收复圣地耶路撒冷的行动。这一传说给西方宗教界带来惊喜和动力,是欧洲天主教在12—14世纪派传教士东来中国传教的重要动因之一,由此也使中世纪的西欧通过丝绸之路而与中国有了更多的来往及关联。当时欧洲天主教决定派传教士来东方传教,一是希望这位信奉基督教聂斯脱利派的约翰王能够皈依天主教正宗,二是志在东方世界传播天主教

---

① 卓新平:《基督教犹太教志》,上海人民出版社1998年版,第24页。

信仰。从此，关于约翰王及其部落的宗教信仰和民族命运就形成了各种演绎而在西方学界、政界、商界乃至整个社会流传，并影响到欧洲人对东方的印象及兴趣，也是欧洲少数商人、传教士等决定冒险前往东方的驱动力之一，如马可·波罗在其著名的《游记》中就曾论及这位长老约翰王，并认为他就是皈依景教的克烈部酋长王罕。

景教之名在元朝被"也里可温"的表述所取代，故已鲜有人提及，尽管人们对"也里可温"的解诂颇多，其共识为基督教之称则无异议。陈垣曾考证说："观大兴国寺记及元典章，均有也里可温教之词，则也里可温之为教，而非部族，已可断定。复有麻儿也里牙（马利亚）及也里可温十字寺等之名，则也里可温之为基督教，而非他教，更无疑义。元史国语解所释为福分人者，或指其为奉福音教人也。"① 自唐以来论及基督教及其信徒有多种表述，如"景教""迭屑"（tersa）、"达娑"（Tarsa）等。"也里可温"在元朝指景教应无异议，元朝文献在论及也里可温时多提及聂斯脱利之名。不过，"也里可温"是否指元朝基督教的统称，尤其将元时入华的天主教也称为"也里可温"则尚无定论。陈垣在其《元也里可温教考》中大致承认"也里可温"包括天主教之说，他在引证时指出，"刘文淇至顺镇江志校勘记曰：此卷述侨寓之户口。所谓也里可温者，西洋人也。卷九大兴国寺条载梁相记云：薛迷思贤在中原西北十万余里，乃也里可温行教之地。教以礼东方为主。十字者取像人身，四方上下，以是为准。据此则薛迷思贤乃西洋之地，而也里可温即天主教矣。"② 显然，陈垣等研究者在此对景教与天主教并没有细分，而历史上两派却明显有别。故此，也有学者认为"也里可温"基本上是指景教，史料中迄今尚未发现以此称呼天主教的明证。人们并没有清晰、明确地找到以"也里可温"来直述元代天主教的元朝汉语文献，而西文、蒙文文献只是经过翻译来间接地论及天主教在元朝的存在与发展。况且，汉语"天主教"这一表述本身乃明朝的用语，

---

① 《陈垣史学论著选》，上海人民出版社1981年版，第4页。
② 《陈垣学术论文集》（第一集），中华书局1980年版，第2—3页。

后人的翻译、转述不足以说明当时的真实处境。因此，深化丝绸之路上景教发展演变的研究，至少可以在景教来华的具体路线，以及元朝景教与天主教的异同上进一步发掘。

实际上，元时镇江府大兴国寺碑文中论及的薛迷思贤按照穆尔的解释即是中亚的撒马尔罕，此为聂斯脱利派活跃的中亚地区，而非以天主教为主的西洋之地。这样，也里可温所论则主要是指元朝的景教而已。元时景教虽然主要流传于中国西北及中亚一带，但此时也已经传入南方沿海各地，如在福建的福州和泉州、浙江的杭州和温州，以及江苏的常熟、扬州，特别是镇江等地都有景教传布的痕迹。随着元时景教的影响不断扩大，与天主教东进形成鲜明对比的是，一些景教徒开始沿海陆丝绸之路西行，加大了与外部世界的联系。其中特别著名的史实即元时景教名士列班扫马和雅八·阿罗诃随丝绸之路而行，西游巴格达、耶路撒冷等地的记载，而且列班扫马还作为景教使臣出使东西罗马，沿海陆丝绸之路游历了君士坦丁堡、意大利的那不勒斯、罗马，以及法国巴黎等地，扩大了海上丝绸之路与基督教传播的密切关联。相比来看，元时景教与天主教判若两教，彼此水火不容，如元朝东来的天主教在华第一位主教孟德高维诺就曾在其信函中宣称，"景教徒名义上信奉基督，而实际远离基督教信仰"。他还进而指责"景教徒自己或者收买他人惨酷迫害我，……他们常常押我于法庭，以死相威胁"[1]。由此可见，来华基督教在元时的内部相争也多少影响到其当时在华的存在与发展。

二 丝绸之路与元代天主教

天主教自元朝传入中国，其传教士的足迹覆盖了陆地及海上丝绸之路，但此时沿途经海上丝绸之路已明显增多。他们海陆结合、日夜兼程、长途跋涉、不畏艰险，促成了当时中西文化及宗教信仰广泛而深入

---

[1] [英]阿·克·穆尔：《一五五〇年前的中国基督教史》，郝镇华译，中华书局1984年版，第196页。

的交往、沟通。与唐朝经波斯来华传教的景教不同，元时天主教入华始于 13 世纪的东西文化碰撞与交流，此时天主教已经有着明确的主体意识和明显的自我形象，此后中西双方有识之士基本上围绕着丝绸之路沿线地区的社会政治经济状况生动地展开了思想文化交流活动，出现了精神信仰、文化习俗等方面的碰撞、对话，铺开了其波澜壮阔的历史画卷，由此亦深化了双方对彼此的全方位认识。自 1221 年以来蒙古人的西征使欧洲人大为震惊，1245 年教宗英诺森四世在法国里昂召开欧洲主教会议，寻找对策，决定派传教士作为使者东行，以争取蒙古大汗信教，由此开始蒙古与罗马教廷的通使来往。

1245 年方济各会修士柏朗嘉宾（Giovanni de Piano Carpini）拉开了西方天主教东行的序幕，经过丝绸之路上的长途跋涉，其在蒙都和林向定宗贵由呈交教宗致蒙古大汗书信，并得贵由复函而返。1247 年多明我会修士安山伦（Anselme de Lombardie）亦受遣东来。此后，法王路易九世先后于 1249 年派多明我会修士龙如模（Andre de Longjumean）、1253 年派方济各会修士鲁布鲁克（Guillaume de Rubrouck）来华。他们虽然没有达到其沟通和传教的目的，其对丝绸之路风土人情的精彩描述却让西方人看到一个神奇而迷人的东方、为之打开了一个全新的世界。1255 年威尼斯商人波罗兄弟东来经商，成为中西交通史上具有里程碑意义的壮举，他们经海陆丝绸之路来到中国，于 1266 年在蒙古上都觐见蒙古大汗忽必烈，并受其之托回欧洲请教宗派学者东来，这说明中国的执政者对西方及其知识体系也充满好奇、有着全面了解西方乃至全世界的迫切愿望。波罗兄弟回到欧洲后随之于 1271 年带着年轻的马可·波罗来华复命。马可·波罗一家久居中国，直至 1291 年才回返欧洲。其间马可·波罗颇得元帝喜欢，受到重用，这也使他得以有机会深层面地了解中国，获得中国历史文化、社会发展、风土人情等方面的丰富知识。马可·波罗后来口述《马可·波罗游记》，向欧洲人描述了生动、鲜活的中国风貌，传为古代丝绸之路的佳话。

在中国天主教历史上具有开创地位、举足轻重的传教士是方济各会修士孟德高维诺（Giovanni de Montecorvino），他于 1289 年取道亚美尼亚、波斯和印度东来，于1294年从印度由海上丝绸之路抵达中国，活跃于皇宫和基层，随后于1299年得以获准在元大都建成教堂，遂为天主教来华开教成功的第一人。他后来更是升任为天主教远东第一位总主教，并派出多人到东南沿海重镇开教建堂。此间天主教来华多选择海上丝绸之路，并且在当时南方大港泉州留下了天主教发展的深深印痕和久远回忆。泉州古称"刺桐城"，自唐朝中期之后就已成为连接亚洲、欧洲和非洲的海上丝绸之路的"东方第一大港"，在元时也是天主教最为活跃的南方海城。可以说，自天主教东来中国，海上丝绸之路就更加活跃；传教士穿梭于此，来去匆匆，这一历史使海上丝绸之路文化形成其独有特色。天主教的东传成功丰富了中国的宗教生活，亦使中国有更多机会了解西方。不过，这段历史后被尘封，人们今天对元朝天主教知之甚微，学术界对也里可温与天主教的关系亦语焉不详，故需深入发掘，寻求突破。

三　海上丝绸之路与明清天主教

海上丝绸之路的价值在明清之际得以凸显，其中天主教来华传教起着关键作用。这一历史时期正值西方海外探险发现的"大航海"时代，海上交通使人们的视域更远、交往更广，而欧亚之间的海上丝绸之路交通更是显得前所未有的频仍、繁忙，其中尤其以葡萄牙的商船最为活跃，它们也成为传教士穿行于东西方的主要运载工具。在这一时期，西方传教士在耶稣会的探路摸索、探险带路之引领下多为经过海上丝绸之路而东来，在印度果阿、日本和中国之间的宽广海域划出了一条具有深厚文化意蕴的连线。耶稣会沿海上丝绸之路设立了果阿、澳门等聚集和培训据点，使传教士沿途可以得到休息、调整、培训和学习，并为中西文化的深层次交流及融入奠定了重要基础。在经海上丝绸之路而得以成功进入中国的著名传教士包括罗明坚（Michaele Ruggieri）、利玛窦（Matteo Ricci）、龙华民（Niccolo Longobardi）等人，而高母羡（Juan Cobo）则在海上丝绸之路周边地区的华人中一边传教、一边研习中国传统文化。

明末清初以耶稣会为代表的天主教东传经历了中西文化及宗教精神交流之鼎盛时期，其成就可圈可点、脍炙人口。其中最为典型的代表人物即意大利耶稣会传教士利玛窦，他以入乡随俗、进入文化的方法而取得巨大成功，真正实现了这种文化交流的突破。利玛窦对中国文化的发现及解读促成了西方汉学的奠立，而此后金尼阁（Nicolas Trigault）等人往返中国与欧洲亦以海上丝绸之路为主，其带书带人到中国之举深化了中国人对西欧的了解，传教士把中国知识带到西方也进一步掀起了"中国风"等文化思潮。天主教传教士由此使中西文化了解得以深化，中国人亦开始对西方科学、哲学、宗教、语言的系统研究，而欧洲人也因此得以获知中华文化传统的儒教、道教等宗教精神，受到中国哲学、文学、艺术等影响。明清传教士在此过程中还实质性地推动了欧洲对中国的全面认识，从利玛窦开始，耶稣会基本上引领着17—18世纪欧洲的中国学研究，其中尤以法国耶稣会士的贡献为著，他们在东学西传上的努力及成功，曾使西方一度流行法国人创建了欧洲的中国学之说。概括而言，法国耶稣会士当时的贡献也主要在于发现西来宗教在华传播的蛛丝马迹及其信仰精神的弘扬，以及中国的宗教文化传统和对西方的影响，这大致体现在其对大秦景教碑的研究、对开封犹太人的"发现"、对《易经》的分析和索隐派思潮的形成，以及对中国古代编年史的梳理和与《圣经》编年史的比较等。这些发掘和研究，使丝绸之路在连接东西方文化上的意义得以具体化、形象化，并有力推动了其精神层面的比较与对话。而且，此时趋于繁盛的海上丝绸之路交通见证了这一文化交流的壮观之景，也使人获得文化交流互惠则必须具有大海般的宽阔胸襟这种迄今仍值得玩味品鉴的启迪。可以说，从真正文化交流的意义上来回顾、反思，沿海上丝绸之路而展开的西学东传、东学西渐乃是在明末清初达到高潮，并传下久远的历史回声。

在天主教经海上丝绸之路来华传播的历史上，澳门曾起过非常关键的作用。耶稣会创始人之一的沙勿略（Francisco Xavier，1506—1552）在"大航海"时代积极推动天主教的东来，以其航海东来之举而使海上丝绸之路与"大航海"时代形成密切交织。他两次乘船登广东上川岛，最终虽魂归岛上而未能如愿，却开了西方传教士沿海上丝绸之路来东方的先河，其后继者最终成功进入中国。在这一过程中，澳门起了连接海上丝绸之路与天主教入华传教极为重要的作用，曾勾勒出从印度果阿、经日本到澳门的海上交通线，其后更是形成直接与西方的海上连线。在促进海上丝绸之路的同时，澳门的海上丝绸之路文化地位亦得以奠立。可以说，明末清初的澳门是海上丝绸之路与中国陆上丝绸之路的连接点，是从中国出行西方的海上丝绸之路的出发点。由此不仅带来了澳门的商贸繁荣、政治特色，而且也使澳门在中西文化交流往深层次发展上有着不可取代的地位。澳门除了是明清海上丝绸之路之始之外，还是西方汉学之始，是基督教近代"中国化"进程之始，也是中国近代高等教育之始。所以，我们今天研究海上丝绸之路以及"一带一路"国际合作，澳门有着举足轻重、不可取代的地位，值得我们深入发掘、仔细研究。

（原载卓新平著《论积极引导宗教》，甘肃民族出版社2016年版。）

第十五章

西方传教士与中国古代文化

明清之际,欧洲天主教耶稣会士来华传教,开始了中西文化交流史上著名的"西学东渐""东学西传"。以利玛窦(Matteo Ricci,1552—1610)为代表的耶稣会士留须蓄发、自称"西儒",深入中国内地和京城,结交各处显贵及学者,认真钻研中国古代思想与文化,从而奠定了西方"中国学"的基础。因此,西方史学家认为,"自利玛窦始,中国学在近二百年中基本上是属于耶稣会士的一个领域"①。西方传教士在来华传教过程中接触到中国古代文化,曾展开对中国哲学、宗教学和文学等的深入研究。继耶稣会之后,其他各派传教士亦涉足其间,将这一探究全面铺开,结果使其成为"显学",迅速传入西方,引起西方人对中国古代文化的浓厚兴趣和强烈反响。传教士在向西方介绍中国文化上的开创性工作和所起的先导性作用,为中西文化交流做出了杰出的贡献。他们中不少人也成为西方著名的汉学家和中国经典著作的权威翻译家。

一 耶稣会传教士对中国古代经典的译介

早在1589年利玛窦就曾在韶州延师讲授"四书章句"。他自行将

---

① [德]赫伯特·弗兰克(亦称"傅海波"或"福赫伯"):《德国大学中的中国学》(Herbert Franke: *Sinologie an deutschen Universitäten*, Wiesbaden 1968),第5页。

之意译成拉丁文，并加注解，全文于 1594 年译毕。此乃《四书》最早的西文译本①。利玛窦曾在译序中称颂儒家的伦理观念，并把《四书》与罗马哲学家塞涅卡的名著相提并论。利玛窦所著《中国耶稣基督教的起源》在 1615 年译成拉丁文出版，在西方有着广泛的影响。因此，不少人把利玛窦视为西方"中国学"的鼻祖②。

在 17 世纪的欧洲，"中国学"主要为译注儒家经典，宣讲孔子学说。1662 年葡萄牙耶稣会神父郭纳爵（Ignatius da Costa，1599—1666）用拉丁文翻译《大学》，题名为《中国之智慧》（Sapientia Sinica），由意大利耶稣会神父殷铎泽（Prosper Intorcetta，1625—1696）在华出版发行。1673 年殷铎泽又将《中庸》译成拉丁文本，题为《中国之政治道德学》（Sinarum Scientia Politico - moralis），书后还附有用拉丁文和法文写的孔子传记。郭纳爵等人对孔子的译介引起了当时在华的比利时耶稣会士柏应理（Phillippe Couplet，1623—1694）的注意。他组织其他在华耶稣会士恩理格（Christian Herdtricht，1624—1684）、殷铎泽和鲁日满（Francois de Rougemont，1624—1676）等用拉丁文翻译《西文四书直解》，拉丁文书名为《中国哲学家孔子》（Confucius Sinarum Philosophus）。此书包括《大学》《中庸》和《论语》的拉丁译文，书中附有《周易》64 卦及其意解。它乃最早在欧洲出版的儒家经典之西文译本，1687 年在巴黎出版后立即产生出强大反响，引起莱布尼茨等西方学者的注意。莱布尼茨于 1689 年在罗马结识了意大利来华耶稣会士闵明我（Philippus Maria Grimaldi，1639—1712），获得了许多有关中国思想文化的信息。在其 1697 年用拉丁文编辑出版的《中国近事》（Novissima Sinica）中，莱布尼茨谈起了他受这些耶稣会士译著的影响和对中国文化的看法："鉴于我们道德急剧衰败的现实，我认为，由中国派教士来教我们自然神学的运用与实践，就像我们派教士去教他们由神启示的神

---

① 亦有学者认为《四书》拉丁文最早译者是罗明坚，参见张西平《儒学西传欧洲研究导论》，北京大学出版社 2016 年版，第 43 页及后。

② 国际学术界对于最早的汉学家是否为利玛窦仍有争议，现在认为是罗明坚的渐多。

学那样，是很有必要的，由此我想到，如果不是因为基督教给我们以上帝的启示，使得我们在超出人的可能性之外的这一方面超过他们的话，假使推举一位智者来裁定哪个民族最杰出，而不是裁定哪个女神最美貌，那么他将会把金苹果交给中国人。"①

1711年比利时耶稣会士卫方济（Franciscus Noël，1651—1729）在布拉格翻译出版了《六部中国经典著作》（Sex librl classici sinensis）（亦称《中华帝国经典》），书中包括《大学》《中庸》《论语》《孟子》《孝经》和《三字经》。为当时欧洲最完备的儒家经典译本。德国文豪歌德曾阅读过这一译本，并高度称赞该书所包含的"教育、伦理和哲学内容"。

西方传教士大量译介中国古典文学作品，则始于18世纪的法国耶稣会士。1735年法国著名学者、耶稣会士竺赫德（Du Hald, Jean-Baptiste S. J.，1674—1743，亦译"迪哈尔德"）主编出版了4卷本的《中华帝国全志》（Description de l'Empire de Chine）（亦译《中国详志》或《中国通志》），书中载有法国耶稣会传教士殷弘绪（Pére Franciscus-Xaverius d'Entrecolles，1662—1741）法译明"话本"《三言二拍》中的《庄子休鼓盆成大道》《怀私怨恨仆告主》《吕大郎还金完骨肉》，以及马若瑟（Joseph-Maris de Prémare，1666—1735）法译元代纪君祥杂剧《赵氏孤儿：中国悲剧》。殷弘绪于1698年来华传教，曾写有《中华风俗志》，翻译过《朱熹劝学篇》等。马若瑟也于1698年来华，成为当时传教士中精通中国语言文化的佼佼者。他曾翻译过《诗经》《书经》，著有《经传议论》。"此书包括十二个部分，即：《六书论》《六经总论》《易论》《书论》《诗论》《春秋论》《礼乐论》《四书论》《诸子杂书论》《汉儒论》《宋儒论》和《经学定论》。以此来看，则马若瑟的著述达五十多种。不过，据方豪称，现存《经传议论》未刊稿中，仅存卷六《春秋论》，但从《春秋论》中所云'待异日发明易经之全旨'的语气来看，马氏并未按原

---

① ［德］夏端春编：《德国思想家论中国》，陈爱政等译，江苏人民出版社1989年版，第9页。

定次序撰写，故方豪认为他完成的也许只有《春秋论》。"①《〈易经〉入门评注》《中国语文札记》和《中国古书中基督教教义之遗迹》，还与人合编了一本拉丁汉文字典。他在其《春秋论》"自序"中曾说："瑟于十三经、廿一史、先儒传集、百家杂书，无所不购，废食忘寝，诵读不辍，已十余年矣。"②他专门与竺赫德共同研习过中国戏剧，在此基础上才翻译出《赵氏孤儿》。《赵氏孤儿》的翻译出版在西方引起巨大的反响。18世纪后半叶欧洲流行的《赵氏孤儿》的百种改编本，都以马若瑟译本为蓝本。伏尔泰据此而改写出《中国孤儿》剧本，并公开在欧洲上演，以便向西方人介绍孔子的道德伦理思想。故此，他又称此剧为《孔子道德五幕剧》（亦译《五幕孔子之道》）。德国传教士卫礼贤在其《歌德与中国文化》一文中，也曾提及歌德剧本《埃尔彭诺》的故事情节与《赵氏孤儿》极为相似。这一时期，法国耶稣会士赫苍璧（Julien - Placidus Hervieu, 1671—1745）在研究中国古代文化的基础上译著出《诗经选篇译本》《古文渊鉴译本》及《古今敬天鉴译本》等。另一法国耶稣会士钱德明（Joan - Joseph Maria Amiot, 1718—1793）为沟通中西文化也广泛涉猎，其介绍中国古代文化的著作包括《中国历代帝王纪年表》《孔子传》《四贤略传》《历代名贤传》《古今音乐篇》《孙吴司马穰苴兵法》《中国古代宗教舞蹈》《中国学说历代典籍》等。正是由于18世纪这些法国耶稣会传教士在"东学西传"上所做的努力，才使西方流行这样的说法，认为法国人创建了欧洲的"中国学"。

自利玛窦起，耶稣会传教士开始研习《易经》。17世纪末叶，柏应理等人最早将《易经》传入西方，曾引起正在研究二进制原理的莱布尼茨之高度重视。此后，法国来华耶稣会士白晋（Joach Bouvet,

---

① 刘耘华：《诠释的圆环——明末清初传教士对儒家经典的解释及其本土回应》，北京大学出版社2005年版，第275页。

② 《春秋论》在费赖之著《明清间在华耶稣会士列传》（1552—1773）（梅乘骐、梅乘骏译，天主教上海教区光启社1997年版）中无记载，对此说明参见该书第628页。

1656—1730）在京按康熙之要求而学习《易经》，开展中西古代宗教的比较研究。他于 1697 年在巴黎进行演讲，认为《易经》可与柏拉图、亚里士多德的哲学媲美。从此，白晋与莱布尼茨开始长期通信，讨论《易经》的意义及其所蕴含的二进制原理。在康熙的督促下，白晋曾与另一法国传教士傅圣泽（Jena Francois Foucquet，1665—1741）撰写《易学总旨》一书。他们认为《易经》的内涵和寓意与天主教大有相同之处。为此，法国汉学创始人之一雷慕沙（Jean‐Pierre Abel‐Rémusat）曾说傅圣泽"希望在中国象形文字中发现有关天主教教理的痕迹；又在中国经书中发现涉及救世主的预言；且证明若干古代帝王为人类圣祖"①。实际上，这说明以白晋等人为代表的法国耶稣会来华传教士所形成的"索隐派"（Figurists）存在着过度解释中国古代文化的现象，旨在把中国古代文化也归入其基督教信仰史的传统之中。1712 年白晋根据《易学总旨》而用拉丁文迻译《易经》，撰成《易经大意》（Idea Genera1is Doctrinae libri I‐King）。此外，白晋还写有《诗经研究》稿本及《康熙帝传》等。在来华耶稣会诸传教士研究《易经》的基础上，法国耶稣会士雷孝思（Jean Baptiste Régis，1663—1738）在华期间用拉丁文译出《易经》全文。其《易经》译本原名为《中国最古典籍〈易经〉》（Y‐King antiquissimus Sinarum liber quem ex Latinainterpretatione），共 2 册 3 卷，为西方第一部最完整的西文《易经》。此书 1834 年在德国斯图加特出版，给《易经》尔后被译为欧洲其他语种创造了有利条件。

对于 16—18 世纪西方社会翻译中国古代典籍的情况，张西平曾有如下归纳总结："第一，此阶段中国典籍的外译主要由来华的传教士完成，其中，来华耶稣会士的贡献最为突出，成就也最大"；"第二，在中国典籍西传的发展历史中，'礼仪之争'是一个关键点，从'礼仪之争'开始，以耶稣会士为代表的来华传教士开始大量向西方介绍中国的历史文化、宗教等情况，同时开始翻译以中国儒家文化为核心的古典

---

① 方豪：《中国天主教史人物传》（中），中华书局 1988 年版，第 280 页。

文献";"第三,以耶稣会士为代表的来华传教士在对中国典籍翻译的内容选择上日益走向多元化。在'礼仪之争'期间,他们的兴趣主要集中在中国经书的翻译方面,法国耶稣会士入华后,他们的翻译对象日趋广泛,从经学著作到自然科学,从历史到戏剧,从中国的文献经典到物质文化经典,开始关注中国文化的多个门类";"第四,来华传教士在对中国古代文化典籍的翻译过程中,由于教派立场的不同,以及在'礼仪之争'中他们对待中国文化的不同态度,从而使他们对中国文化典籍的翻译存在着'过度'的解释,其突出表现,是以白晋、傅圣泽、马若瑟为代表的'索隐派'对中国典籍的翻译"[①]。这就从整体上基本概括了上述时期来华传教士译介中国经典及古代文化的大致情况。

从 19 世纪以来中西文化交流的发展而论,来华传教士对中国古代文化的译介开始更多地从经典著作走向民俗文化和普及读物。1879—1909 年,意大利来华耶稣会士晁德莅（Angelo Zottoli,1826—1902）在上海陆续出版其用拉丁文撰写并汇编的 5 卷本《中国文化教程》（*Cursus Literaturae Sinicae neo - missionariis accommodatus*,亦译《中国文学课程》或《华文进阶》）。此书是为来华传教士学习中文之用,"共分五巨册,凡中国文学作品,自幼童基本入手之《三字经》等,以至诗、词、歌、赋、八股文、尺牍、楹联、小说等,无一不包,曾获得'金石铭文院奖'（Academy of Inscriptions and Belles - lettres）"[②]。第 1 卷为《家常话》（*Lingua familiaris*）,为最低班所用;第 2 卷为《文言研读》（*Studium Classicorum*）,为低年级所用;第 3 卷为《经书研读》（*Sttldium Canonicorum*）,为中级班所用;第 4 卷为《文章规范》（*Stylus rhetoricus*）,为最高班所用;第 5 卷为《诗与文》（*Pars oratoria et poetica*）,为文学班所用。晁德莅还编辑了这 5 卷的字汇作为其第 6 卷,但未能出版。他在这些书中收录了他用拉丁文节译的中国古籍《三字经》《百家姓》《千字文》《神童诗》《大学》《中庸》《论语》《孟子》《诗经》

---

① 张西平:《儒学西传欧洲研究导论》,北京大学出版社 2016 年版,第 190—191 页。
② 方豪:《中国天主教史人物传》（下）,中华书局 1988 年版,第 261 页。

《书经》《易经》《礼记》和《春秋》的部分章节，中国小说《三国演义》《水浒传》《今古奇观》《好逑传》《平山冷燕》和《玉娇梨》的故事片段，以及中国剧作《西厢记》《东堂老》《潇湘雨》《来生债》《薛仁贵》《马陵道》《慎鸾交》《风筝误》《奈何天》等。此外，1881年来华的法国耶稣会传教士戴遂良（Léon Wieger，1856—1933）亦有着在华30年的传教生涯，他先后编著了《中国近代民间传说》（亦译《中国民间故事选》）、《汉语入门》、10卷本的《现代中国》，以及《中国宗教信仰与哲学观点通史》等书。在这些著作中，他还收入其用法文摘译的中国小说《今古奇观》《聊斋》《搜神记》和《搜神后记》中的部分故事，以及中国戏剧作品《朱砂檐》《倩女离魂》《两世姻缘》等。

二　新教传教士对中国古代文化的研习

新教来华传教士对研习中国古代文化亦有极大的兴趣和热忱。早在18世纪50年代，来华英人威尔金森（James Wilkinson）在广东曾发现一部中国作品的译文集抄本，共有4卷，前3卷为英译文，后1卷乃葡萄牙译文；其内容分别是：第1卷《好逑传》；第2卷《一出中国戏剧》；第3卷《中国谚语格言集》；第4卷《中国诗歌集》。英国圣公会德罗莫尔主教托马斯·帕西（Thomas Percy，1729—1811）得到这一手抄本后立即进行编辑整理工作，并将书中葡萄牙译文转译成英文，于1761年在伦敦等地出版发行。这样，经帕西之手，《好逑传》遂成为第一部在西方翻译出版的中国白话长篇小说。1762年帕西又英译了《赵氏孤儿》，收入其编著的《中国诗文杂著》一书。帕西认为，《赵氏孤儿》体现出元代杂剧的典型模式，乃中国戏剧艺术流行的第一个新纪元的代表作品之一。帕西的译文通顺流畅，曾在英国广为流传。可以说，帕西译介中国文学和戏剧作品，乃西方基督教新教研究中国古代文化之发端。

第一个来华的英国新教传教士马礼逊（Robert Morrison，1782—

1834）除了将《圣经》翻译成中文之外，还从事了大量研习中国语言文化的工作。他自 1808 年开始独自编纂其《华英字典》，当 1823 年字典全部完成时已达 6 大本，共计 4595 页，分为 3 卷；第 1 卷《字典》，于 1815 年出版，乃汉英字典之首创；第 2 卷《五车韵府》，于 1819—1820 年出版；第 3 卷《英汉字典》，于 1822 年出版。整部字典乃近代中国汉英字典及英汉字典之嚆矢。此外，他于 1812 年在伦敦出版了《中国通俗文学翻译》一书，内容包括其英译的道教、佛教及《搜神记》中的部分故事；1815 年出版其编写的英文版《汉语语法》，又于 1828 年出版了英文版《广东土话字汇》。马礼逊的这些译介及编纂工作对近代中西文化交流起了非常积极的作用。

美国第一个来华的新教传教士裨治文（Elijan Coleman Bridgman, 1801—1861）自 1830 年起在华传教。他于 1832 年在广州主编的英文《中国丛报》（*The Chinese Repository*）（旧译《中国文库》《中国知识宝库》《澳门月报》或《支那丛报》）乃中国历史上最早的英文期刊，也是美国研究中国的最早资料。因此，他被尊为美国"中国学"的先驱。1833 年另一美国新教传教士卫三畏（Samuel Wells Williams, 1812—1884）也来华传教，协助裨治文编辑《中国丛报》。卫三畏致力于中国文化的研究，曾在《中国丛报》上发表过他根据《三国演义》第一回英译的《三结义》。此外，他还编著了《中国总论——中华帝国的地理、政府、教育、社会生活、艺术、宗教及其居民概况》《简易汉语教程》《中国地志》《中国历史》《我们同中华帝国的关系》《汉英拼音字典》《中国文学手册》等，英译出版了《聊斋志异》《东周列国志》《包公案》及《三侠五义》中的部分故事。其《中国总论》是西方人士了解中国的重要著作，一直作为外国人研究中国的必备之书。1877 年卫三畏返美执教于耶鲁大学，成为该校第一位"中国学"教授。此后，美国新教传教士吴板桥（Samuel Isett Woodbridge, 1856—1926）于 1895 年曾根据卫三畏所编汉语教程而最早将《西游记》的片段译为英文，取名《金角龙王，皇帝游地府》。1896 年他英译出版了《白蛇传：

雷峰塔的传说》；1900年又将张之洞的《劝学篇》译为英文，名曰《中国的唯一希望》。另外，吴板桥还著有《镇江简史》和《在华五十年》等，宣传介绍中国的风土人情、文化习俗。进入20世纪以来，美国圣公会传教士、上海圣约翰大学校长卜舫济（Francis Lister Hawks Pott, 1864—1947）在传教办学的同时也研究过中国历史文化，其著述有1904年出版的《中国史纲要》和1928年出版的《上海简史》等。

德国新教传教士郭实腊（Charles Gutzlaff, 1803—1851）于1830年来华传教，在华期间著述颇多，如《中国史略》《道光皇帝传》《开放的中国——中华帝国概述》等，客观上起了向西方传播中国文化的作用。他于1842年在《中国丛报》上撰文，最早将中国文学名著《红楼梦》介绍给西方读者。而他1833年在广州创办的中文版《东西洋考每月统纪传》，则是中国近代史上最早出现的中文期刊。1865年德国新教传教士花之安（Ernst Faber, 1839—1899）受礼贤会派遣来华传教。因对中国古代文化的爱好，他极力推崇明清耶稣会来华传教士所主张的"孔子加耶稣"之口号。传教期间，他热衷于对中国宗教与哲学的研究，曾用英、德文著有《儒学汇纂》《中国宗教学导论》《中国著名男子名录》《中国著名女士名录》《从历史的角度看中国》《中国古代社会主义的重要思想——哲学家孟子的学说》《孟子的思想——基于道德哲学的政治经济学说》及《中国史编年手册》等，因而被加拿大来华传教士季理斐（Donald MacGillivray, 1863—1931）在其《基督教新教在华传教百年史（1807—1907）》一书中赞誉为"十九世纪最高深的汉学家"。

1876年英国圣公会传教士麦克开拉启（Thomas McClatchie, 1813—1885）首次将《易经》译为英文，题为《〈易经〉之译——附注解与附录》。他在上海传教37年，著有《儒家宇宙起源说》和《〈易经〉符号》等，并曾试图将《礼记》译为英文，但未完成这一计划。在文学翻译上，继帕西编辑发行英译《好逑传》之后，英国内地会来华传教士鲍康宁（Federick William Baller, 1853—1922）也于1904年在上海美国长老会出版社出版了他的英文新译本《好逑传》。鉴于对中国文字的爱好,他还编著了《汉英分解字典》和《华文释义》。此外,英国伦敦会传教士艾约瑟(Joseph Edkins,1823—1905)在这一期间曾撰写过《中国佛教》《中国宗教》《中国在语言学上的位置》和一些研究《易经》的著作。

英国新教著名传教士李提摩太(Timothy Richard,1845—1919)在传教之余也曾从事过对中国古代文化的译介与研习工作。他于1906年出版其英文著作《华夏诸神表》,曾翻译过许多佛教著作,1913年又根据元朝邱处机的弟子李志常所著《西游记》而英译出《圣僧天国之行》,并称这部小说为"一部伟大的中国讽喻史诗"。另外,他还根据袁家骅编选的《三国演义与西游记》而英译出《三国演义与圣僧天国之行》。

在19—20世纪西方来华传教士中,精通中国古代文化、迷恋于中国智慧之海而流连忘返者大有人在,其中最负盛名的要算英国新教传教士理雅各(James Legge,1815—1897)和德国新教传教士卫礼贤(Richard Wilhelm,亦称"卫礼贤",1873—1930)。

理雅各于1839年受英国伦敦会派遣来华,但因清政府禁教而改去马六甲,任当地英华书院院长。1843年他随英华书院一同迁往香港,随后在港生活达30年之久。在传教过程中,他深深感到,"如果想引起一个民族的注意,而不试图去了解那个民族,那将是一个悲剧"[①]。为此,他自1841年起从事中国古典文化的研究,开始英译儒家经典《四书》《五经》等书籍。他认为,"只有透彻地掌握中国人的经书,亲自考察中国圣贤所建立的道德、社会和政治生活基础的整个思想领域,才能被认为与自己所处的地位和承担的职责相称"[②]。他坚持基督教与儒家思想有共同之处的观点,劝诫来华传教士应认识到"孔子是古代

[①] 《景风》,1966年8月第11期,香港。

[②] [英]理雅各:《中国经典》(第1卷);顾长声:《从马礼逊到司徒雷登》,上海人民出版社1985年版,第126页。

著作事迹的保存者，中国黄金时代箴言的诠注者和解释者"①，以便能理解中国传统文化，把握中国人的文化习性，借此达到在华传教的目的。但他在1850年之前并没有发表过相关翻译作品，直至1861年理雅各的《中国经典》英译本第1卷才得以出版。自此之后的25年间，他陆续翻译出版了《论语》《大学》《中庸》《孟子》《春秋》《左传》《礼记》《书经》《孝经》《易经》《诗经》《道德经》《庄子》等中国古典名著的英译本。在其翻译过程中，其后的快速进展得益于他与中国学者王韬（1828—1897）的合作，他实际上自1863年起就得到了王韬的帮助，使他的英译工作得以顺利进行。对此，王韬在《漫游随录》中曾说："余至香海，与西儒理君雅各译'十三经'。旋理君以事返国，临行约余往游泰西，佐辑群书。"②至1886年理雅各已基本上译完"四书""五经"，共达28卷之多。

在他看来，"儒家思想与基督教不是敌对的，虽然它的体系和思想受到东方社会和时代的局限，……不要使任何人以为了解儒家的书籍是一件了不起的事，在中国的传教士应该完全了解这些著作，因为他们必须这样做"③。理雅各的翻译在西方社会形成了较大影响；而且，因其采用英汉对照和详加注释的方法，使其译本具有重大的学术价值和权威性，至今仍被视为标准英译本。理雅各的《中国经典》英译本共在香港出版了5卷，其中第1卷（1861）为《论语》《大学》《中庸》，第2卷（1863）为《孟子》，第3卷（1865）为《尚书》，第4卷（1871）为《诗经》，第5卷（1872）为《春秋》《左传》。这套译著出版不久就在1875年获得法国铭文学院第一届儒莲（Stanislas Julien，法国著名汉学家，1799—1873）奖金，被尊为儒家经典的标准译本。此后，他又在牛津、伦敦等地出版了《易经》（1882）和《礼记》（1885）的英译

---

① ［英］理雅各：《中国经典》（第1卷）；顾长声：《从马礼逊到司徒雷登》，上海人民出版社1985年版，第126页。
② 王韬：《漫游随录·扶桑游记》，湖南人民出版社1982年版，第65页。
③ 俞强：《近代沪港双城记》，宗教文化出版社2008年版，第148页。

本。1876年理雅各受聘为牛津大学第一任"中国学"讲座教授，其间又出版了大量有关中国思想文化的著译作品，如《法显行传》《西安府大秦景教流行中国碑考》《孔子——中国的圣贤》《孟子——中国的哲学家》《中国文学中的爱情故事与小说》《致缪勒函有关中国人称帝与上帝》《中国编年史》《离骚及其作者》《帝国儒学讲稿四篇》《封建的中国》《道德经》《道教论》《中国的诗》《扶桑为何及在何处？》《中国古代文明》《基督教与儒教之比较》《孔子生平及其学说》《孟子生平及其学说》，英文押韵诗体译本《诗经》《中国的宗教》及《楚辞》中的部分章节。1875—1899年，英国著名语言学家和西方宗教学创始人缪勒（Max Müller）在编辑出版其51卷本的《东方圣书集》时，也将理雅各的译著作为《中国圣书集》而收录其中，如其第3卷（1879）收录《书经》《诗经》和《孝经》，第16卷（1882）收录《易经》，第27、28卷（1885）收录《礼记》，第39、40卷（1891）收录《道德经》《庄子》和《太上感应篇》。理雅各对中国经典的译介及研习，大大促进了中国思想文化对西方现代哲学、伦理和文学思想的感染与影响。

卫礼贤是德国同善会传教士，1899年来山东传教，随之对中国传统文化产生兴趣，先后在青岛创办礼贤书院和尊孔文社，开始其德译中国古代经典的工作。当时尊孔文社主事、卫礼贤译经的助手劳乃宣（1843—1921）曾称他"笃志中国孔孟之道，讲求经学"，"以西人而读吾圣人之书，明吾圣人之道也"[①]。其译成德文的中国经典有《论语》（1910）、《道德经》（1911）、《列子》（1912）、《庄子》（1912）、《孟子》（1916），《易经》（1924）、《吕氏春秋》（1928）、《礼记》（1930）等。这些译著的译文质量较高，成为中国经典德译本的权威版本，迄今

[①] 劳乃宣为中国近代音韵学家，语言文字学家和古算学家，著有《等韵一得》《简字全谱》等。1913年秋来青岛协助卫礼贤主持尊孔文社社务，1914年撰写包括以上引文的《青岛尊孔文社藏书楼记》。参见申荷永、高岚《荣格与中国文化》，第二章荣格与卫礼贤：儒家涵养，首都师范大学出版社2018年版；以及陆安《进入民国后清朝遗老移居青岛》，《文史春秋》2011年第8期。

仍不断再版发行。1922—1924年，卫礼贤在北京任德国驻华使馆文学顾问，1923年兼任北京大学教授，得以结识蔡元培、梁启超、胡适、罗振玉、王国维等中国学者。

1924年他返德任法兰克福大学"中国学"讲座教授，于1925年建立德国第一个中国研究所，创办《中国学》（Sinica）杂志，大量译介中国古典作品。除了译出中国儒家经典之外，他还德译出版了《西游记》（译名《心猿孙悟空》）、《三国演义》《三言二拍》《聊斋》《搜神记》《封神演义》和《列国志》中的部分章节，以及《杜十娘的故事》等，分别载入所编《中国民间童话》（亦称《中国通俗小说》、英译为《中国神话故事集》）和《中国学》杂志。在其德译出版的《会真记》中，他介绍了《会真记》演变为《西厢记》的背景情况，并且称王实甫的《西厢记》与歌德的《少年维特之烦恼》一样，都是全世界人民所喜爱的作品。此外，卫礼贤还编著有《中国诗歌集》《中国文学手册》《中国文化史》《中国之魂》（亦译《中国精神》或《中国心灵》）、《中国的经济心理》等，为中德思想文化交流做出了重大贡献。

卫礼贤的《中国文学手册》是西方系统研究中国文学史的最早著述之一。他在书中论述了儒家思想与中国文化的关系，按照梁启超的理论思路而分析了南北文化的不同哲学背景及不同地域特色。他认为，南方文化的代表为老子，处于中国文化的亚文化或从属地位，而南方文学的精品则为屈原的《楚辞》及其文学传统；南方文化与以孔子为代表的北方文化即华夏主体文化（黄河文化）在许多方面都迥然相异、各有千秋。他还指出道家超脱逍遥之境和佛教禅学奥秘之思对中国诗歌发展的影响，并对中国文学的时空观与西方文化传统进行了比较鉴别。这些细微精到的分析研究，使卫礼贤享有盛名，成为德国"中国学"界的泰斗。

现代西方传教士中对中国文化颇有造诣的还有美国浸礼会传教士赖特烈（Kenneth Scott Latourette，1884—1968）。他擅长治史，著有《早期中美关系史》《基督教在华传教史》《中国的发展》《未来的中国》《中国近代史》《远东简史》及其研究中国思想文化的代表作《中国的历史与文化》等。在这部书中，赖特烈认为中国的各大宗教都有其代表性著作，因此，不了解这些宗教，就不可能弄懂中国的文化、无法体会到中国文学的寓意和美感。他指出，中国的古典长篇小说乃是中国精神、政治和社会发展的真实写照；不少作品实质上是对一种乌托邦理想的憧憬和要求实行改革的呐喊。此外，中国小说中的神怪传奇特色，说明了中国人所独有的灵性生活及其对超自然现象的体会与解说。在分析中国文学形式时，赖特烈提出了"中国文学乃由各种不同韵文所构成"的观点。他认为这种文体讲究韵律对仗、富有诗情画意、体现出独特的美学意趣，但也有着诗体文学的弱点，它妨碍作者自由且自然地表述自己的思想与情感。这种对写作技巧的强调形成了一种过于雕琢考究之风，结果只能给少数"精英"享用，而不利于大众对它的理解，影响到它的传播、普及和与外界文化的交流。他说："很明显，这种形式远不如绝大多数其他民族那样灵活。一位天才能靠它而富有美感地表述自己，但对大多数人来说，只会产生一种似乎勉强之效果。"① 赖特烈的这种论点，曾引起中外文化史学者的兴趣和关注。

西方传教士对中国古代文化的研究层次多样、内容丰富。除了新教各派和天主教耶稣会传教士的"中国学"研究之外，天主教其他修会传教士也涉足其间，取得了不少成果。例如，德国天主教圣言会传教士曾于1935年在北京辅仁大学创办《华裔学志》（Monumenta Serica）②，专门登载"中国学"方面的学术研究成果，侧重于对中国历史、哲学、语言、文学、艺术、宗教等方面的探究，内容以中国古代为主。这一刊物已经出版数十卷，是目前世界上比较权威的西文"中国学"刊物之一，在国际学术界和文化界享有盛誉。《华裔学志》的最早主编鲍润生（Franz Xaver Biallas，1873—1936）是探讨过屈原文学著作的学者，而

---

① ［美］赖特烈：《中国的历史与文化》（Kenneth Scott Latourette：*The Chinese： Their History and Culture*，New York：Macmillan Company 1972），第654页。

② 原意指"丝域的史迹"，中文名称乃当时辅仁大学校长陈垣选定，"裔"指"远方的人民"，故《华裔学志》即指探讨中国与远方人民之间文化关系的学术研究刊物。

此后主编中多为中国问题专家,如弥维礼(Wilhelm K. Müller)就是研究中国佛教密宗的专家。此外,比利时天主教圣母圣心会传教士在向欧洲介绍中国古代文化上也做了大量工作。

这些西方传教士在其"中国学"的译介与研究中除了注重对中西不同文化特点的比较外,还特别强调中国古代文化中的宗教意义、信仰背景和其灵性境界,从而有其典型特征。其翻译介绍和研究诠释中国古代文化之举,遂形成了一种非常独特且颇有影响的"传教士汉学"传统。尽管西方传教士在来华传教过程中因为历史的原因特别是其政治原因而给中国人带来了某种伤害、留下了一些不愉快的回忆,但他们中许多人对中国思想文化的酷爱与眷恋、对中国古代经典的译介与西传,却传为中西文化交流史上的佳话,结出了世界人民相互理解、相互学习的善果。

(原载《世界宗教资料》1990 年第 3 期,本文有增补。)

第十六章

另一种形象

——从世界汉学看传教士在沟通中西文化上的作用

"传教士"与"传教"因与中国近代历史的复杂卷入而成为中国现代语汇中具有否定性的词语,构成一种"负面"形象。由于对基督教近代在华传教的历史定位为"被帝国主义利用"而参与"侵略中国"①,或被视为"帝国主义文化侵略"的重要构成。基督教虽然得以"传入"中国并发展至今,其"传教"的内容和其"传教"行为本身,以及"传教"的主体"传教士"都成为在其价值及历史评价上的敏感话题,且少有"正面"的肯定或认可。甚至中国教会自己对这段历史亦加以否定,由此才相对应地提出其"三自""爱国""本色""中国化"的主张。从总体来看,中国大陆更多关注基督教"传入"中国这一动向,于是在上述评价中,人们在拒斥其"传来"的内容时,却往往忘记或忽略了传教士从中国"传出"的东西及其意义,使之湮没在历史的迷茫之中。迄今中国学术界系统论述传教士"中学西传"的专著仍如凤毛麟角②,人们在触及其"积极"意义时亦会有谈虎色变之顾忌。当然,中国大陆经过四十年的改革开放,对"传教士"的评价已

---

① 参见罗冠宗主编《前事不忘,后事之师——帝国主义利用基督教侵略中国史实述评》,宗教文化出版社2003年版。

② 如张西平《传教士汉学研究》(大象出版社2005年版)亦主要为其在这一领域之探的论文汇集。

有了更多较为"客观"和"正面"的肯定内容①。不过,"传教士"仍然主要为在政治领域中的"话语"和"评断",因而其"身份"也多为"政治"的,尚缺少"文化"的参照或参考。

今天,当中国文化试图重新走向世界、使"汉学"(亦涵括"中国学"诸内容)在世界得以振兴时,人们蓦然回首,却触动了这段尘封的历史,并看到了"传教士"及其"传教"的"另一种形象"。以前在政治史上基本上被"否定"的一些传教"人物",在重新审视时乃发现他们在中西文化交流、推动汉学发展上并不能"全盘否定",甚至应该有相应的"肯定"。就这一层面及其反思而言,可以看到人类及其历史都是极为复杂、微妙的,在许多时候都可能没有完全"黑""白"分明之界说,其"在场"者会充满着矛盾,随时空不同而有着各自的"身份"变化,形成种种难以捕捉或把握的流动。因此,如果我们肯定"世界汉学"的存在,并要对之加以弘扬和发展,那么就必须史海钩沉,换一个角度来审视以往历史,从世界汉学的缘起及其发展的脉络神髓,看到并重新评价传教士在沟通中西文化,创立并促进世界汉学上的作用、意义和价值。

为此,本章将以这种全新审视来从宏观上梳理传教士与世界汉学之渊源及其发展变迁的关系,大体从"传教士汉学"的创立、传教士与"专业汉学"(学院汉学)讲座之关系,以及传教士与当代西方汉学研究机构这三个层面来探究"中学西传"的线索,试图从文化传播与交流的积极意义上来评说来华传教士的功过,旨在找出或"再现"其"另一种形象"。

一 "传教士汉学"的创立及其承前启后的意义

"世界汉学"在此主要指"海外汉学",尤其是从"汉学"的早期

---

① 如顾长声《传教士与近代中国》,上海人民出版社 2004 年新版中,比其 1981 年初版增加了"《圣经》在中国的翻译与传播""传教士与近代中西文化交流""传教士对中国的贡献与存在的问题"这三章,其中显然补入了一些对之"积极"评价的内容。

发展来看，其大部分内容都属于"西方汉学"。在西方汉学发展的三阶段中，即"游记汉学""传教士汉学"和"专业汉学"阶段，①应该说"传教士汉学"乃真正代表着"汉学"作为一门学科在西方学术界的奠立。"游记汉学"虽早于"传教士汉学"，却因为其以"道听途说"为主，且其亲身经历也仅仅是"浅尝辄止"，没有特别或专门的关注，故缺乏坚实的学术基础和系统的资料准备。而且，"游记汉学"本身已包括了元朝乃至更早时期"东来"传教士的"游记"，故也有传教士的参与和积淀。"传教士汉学"则基本上克服了上述两个方面的不足，初步表现出其"深入性""专业性"和"系统性"。而且，"传教士汉学"不仅接触到中国语言文化的第一手材料，并有过初步梳理和最早的西文翻译。相关的传教士不仅以其"母语"来翻译介绍、系统探索和专题研究"中国"思想文化内容，形成"西方汉学"的雏形，而且还开始以"汉语"来写作，构成与中国思想文化更深层次的沟通与交流，从而使之成为最早的"汉语神学"家，以及更大范围之意义上的"汉学家"。他们用"母语"或"汉语"写作之研究成果，遂直接导致了西方"专业汉学"的诞生。

张西平对传教士汉学的特点有如下描述："首先，我们从西方学术和文化的角度来看，传教士汉学实际上是西方汉学的奠基石。……在欧洲的东方知识演进的过程中，入华的传教士所起的作用是至为关键的"；其次，"无论是天主教的传教士还是基督新教的传教士，他们中绝大多数人长期生活在中国，对中国的社会生活和文化内涵有着独特的理解和深入的研究"；此外，"传教士汉学的独特性还在于，作为一种对东方文化的介绍和研究，它与西方思想的变迁是紧密相连的"；这里，传教士汉学的影响乃双向性的，不仅对西方社会及学界有着重大影响，而且，"传教士汉学对中国的学术和思想来说，其影响力也大大超过了'游记汉学'"，"在学术上传教士的汉学研究也对近代中国学术的

---

① 参见张西平《传教士汉学研究》，第2页。

发展产生了重要影响"①。

历史上一般将耶稣会传教士罗明坚（Michaele Ruggieri，1543—1607）和利玛窦（Matteo Ricci，1552—1610）视为"传教士汉学"乃至整个"西方汉学"的奠基人。由于利玛窦汉学研究的系统性和丰富性，学术界一般曾以利玛窦为西方汉学之首。德国学者赫伯特·弗兰克（Herbert Franke，中文名为"福赫伯"）曾在《德国大学的汉学》（或译《德国大学中的中国学》）一书中认为，"自利玛窦始，汉学在近二百年中基本上是属于耶稣会士的一个领域"②。"专业汉学"的创始或奠基人物、法国汉学的最早代表之一雷慕沙（Abel Rémusat）亦认为利玛窦乃"西方汉学"的奠基人。但近来也有学者认为罗明坚在编纂中外词典、写作中文著作、西译中国经典上比利玛窦更早，故应有西方汉学的"第一人"或"奠基人"之位③。

大体来看，"传教士汉学"所涉及的领域乃包括以下方面：（1）译介中国哲学、文学艺术作品；（2）编纂汉外辞典；（3）开辟中国文法研究；（4）尝试中文拉丁拼音化；（5）概述中国历史和现状；（6）撰写汉语著作和汉译西方经典。

在译介中国哲学、文学艺术作品方面，"罗明坚是来华传教士中最早从事中国古典文献西译的人"④。据传罗明坚早在1582年就曾用拉丁文翻译《三字经》，后又翻译了"四书"中的《大学》，其部分内容于1593年在罗马出版。而利玛窦于1589年在韶州延师讲授"四书章句"时亦曾将之意译为拉丁文，并加注解；其全文于1594年译毕，为"四书"全文最早的西文译本，但未发表，其译稿亦如石沉大海，下落不明。此外，多明我会传教士高母羡（Juan Cobo，？—1592）在马尼拉华侨区传教时曾将流行当地华侨社会中的《明心宝鉴》译成西文，亦被

---

① 参见张西平《传教士汉学研究》，第3—4页。
② ［德］赫伯特·弗兰克：《德国大学的汉学》（Herbert Franke：Sinologie an Deutschen Universitäten，Wiesbaden1968），第5页。
③ 张西平：《传教士与汉学研究》，第3—28页。
④ 同上书，第12页。

认为乃译成欧洲语言的第一部中国书,其中包括孔子、孟子、荀子、老子、庄子、朱熹等人的言论。由此,形成传教士西译中国经典之风,其翻译介绍乃成为17世纪"传教士汉学"的重要内容。

在编纂汉外辞典方面,来华传教士做了最早的尝试,有筚路蓝缕之功。据传"第一部中外合璧的字典,是1575年到达福建沿海的西班牙奥斯定会会士拉达(M. de Rada)根据家州土音(闽南话)用西班牙文编著的《华语韵编》"①。而双语辞典的编纂则可追溯到罗明坚和利玛窦合作编成的《葡汉辞典》,其特点是汉语与西方语言(葡语)的对应,因此乃阅读这两种语言文献时非常有用的工具书。不同语言之间的翻译乃其交流的重要桥梁,而汉外辞典的编纂在世界汉语的发展中就起到了重要的桥梁、沟通作用。这种努力得以延续下来,从罗明坚和利玛窦的《葡汉辞典》到马礼逊(Robert Morrison, 1782—1834)的《华英字典》,编辑中外语言辞典一直被天主教和新教传教士所坚持,从而使"汉学"辞典的编纂中有着传教士的积极参与。

在开辟中国文法研究方面,卫匡国(Martinus Martini, 1614—1661)用拉丁文和中文等撰写的《中国文法》应为西方汉学的第一部汉语语法书;他于1653年将此文法书展示给了北欧的学者,但未能将之出版②。1703年万济国(Francisco Varo)用西班牙文所编《官话文法》在广州木刻出版。由此而论,在中国文法著作的编写和出版上,来华传教士都起了领先作用。此后,在巴黎的中国天主教徒黄嘉略于1716年完成其《汉语语法》(未出版)。马若瑟(Joseph Henri Marie de Prémare, 1666—1735)于1782年在广州用拉丁文写出《汉语札记》(1831年出版),此书乃西方人真正系统研究中国语法性质与构造的第一部专著,曾被法国汉学家戴密微(Paul Demiéville)誉为"19世纪前

---

① 吴孟雪:《明清时期欧洲人眼中的中国》,中华书局2000年版,第6页。

② 参见白佐良(Giuliano Bertuccioli):《卫匡国的〈中国文法〉》,《华裔学志》(Monumenta Serica)2003年51号,第629—640页。

欧洲最完美的汉语语法书"①。雷慕沙的汉学及汉语语法研究曾受马若瑟《汉语札记》的启发,并对其完成《汉文启蒙》有着重要帮助。此外,马若瑟的著作还对马建忠的《马氏文通》(1898)这部中国人自己撰写的中国语法书起了一定的影响作用。天主教传教士撰写中国文法之举,亦被新教传教士所延续,如来中国内地的第一位新教传教士马礼逊就曾在 1811 年写出其《通用汉言之法》,并于 1815 年正式出版。

在尝试中文拉丁拼音化方面,罗明坚和利玛窦编纂的《葡汉辞典》亦为最早的汉语之拉丁拼音探讨,其中开创的罗马字拼音系统乃是西方对汉语音韵学研究之端,由此提供了汉语拼音之思路。随后,利玛窦又写下了《西字奇迹》等四篇罗马拉丁文注音的文章,使汉语的拉丁字母拼音系统初步完成。而金尼阁(Nicolas Trigault, 1577—1628)亦于 1625—1626 年在王徵的帮助下完成《西儒耳目资》三卷,于 1626 年在杭州印刷出版。该书也是采用拉丁字母拼音方法来解释、表达中国音韵之理,从而对沟通中西文字有着创造性贡献。这套汉语的拉丁拼音方案从利玛窦到金尼阁有了比较系统和完整的发展,曾被称为"利—金方案"。所以说,传教士在"汉学"上的贡献还包括其在汉语语音学的开拓及创新。

在概述中国历史和现状方面,传教士亦起过先驱作用。其研究在西方汉学中开创了中国历史、通史通志、文化史,以及综合研究诸领域,使其视域得以拓展。例如,卫匡国曾编有《中国上古史》和《鞑靼战纪》,竺赫德(Du Hald, Jean‐Baptiste S. J., 1674—1743)亦曾主编出版过四卷本的《中华帝国全志》(亦译《中国详志》或《中国通志》)。这一领域的早期传教士著作还包括殷弘绪(Pére Franciscus‐Xaverius d'Entrecolles, 1662—1741)所著《中华风俗志》,钱德明(Joan‐Joseph Maria Amiot, 1718—1793)编写的《中国历代帝王纪年表》等。

而在撰写汉语著作和汉译西方经典方面,来华传教士更是走在

---

① 参见方豪《中西交通史》,岳麓出版社 1997 年版,第 963 页。

前面、且著述甚丰。第一部由西方人写出的汉语著作即罗明坚的《天主圣教实录》，此后利玛窦亦用汉语写出了《天主实义》等著作，形成了对西方神学、哲学、科学等最早的汉语诠释和论述。这些著述不仅是西方神学等领域的首次汉语叙说，而且也是"汉语神学"粗具规模的讨论，迄今仍对中国社会思想文化有着一定影响。其重要启迪乃是关涉中国思想文化全方位、多层面和颇有深度的研究、论述也可以用"汉语"这种不同于西方人"母语"的方式来展开，而且会成为"汉语"研习、讨论的重要内容及成果。甚至在海外华侨区，传教士亦有过汉文著述的尝试，如高母羡在马尼拉传教时就用汉语撰写了《天主教教义》《无极天主教真传实录》《中国指南》《中文字典》《中国语言的艺术》等著作。此外，在汉译西方经典方面，传教士更是有着全面、系统的参与。徐宗泽曾编著《明清间耶稣会士译著提要》，这只是对明清间耶稣会士的译著所进行的较为系统和详细的介绍[①]，尚不包括其他修会传教士和新教传教士的大量译著。这一领域的确值得系统整理、研习，以能窥视"传教士汉学"研究之资料、文献的翔实和充裕。

二 传教士与"专业汉学"讲座的创立及其学科机构的形成

18世纪，法国耶稣会传教士大量来华，并加强了对中国思想文化的研究，有力促进了"东学西传"之发展。这种努力使西方一度流行这样的说法，即认为法国人创建了欧洲的"汉学"。不可否认的是，正是上述交流和积累，使法国汉学水到渠成，发展到了"专业汉学"之开创的阶段。1814年12月11日法国法兰西学院正式开设汉学教授之位，雷慕沙（Abel Rémusat，1788—1832）任职于其设立的"汉语和鞑靼—满语语言与文学"讲座，于1815年1月16日正式开

[①] 见中华书局1989年版。

课①，由此标志着西方"专业汉学"的诞生，而雷慕沙的《汉文启蒙》亦成为"专业汉学"的代表性著作。此后，俄国于1851年、荷兰于1875年、英国于1876年、美国于1877年、德国于1912年先后在大学开设了"汉学"讲座，形成了世界"专业汉学"即"学院汉学"的最初阵容。

不过，"专业汉学"的奠立并没有使"汉学"与"传教士汉学"分道扬镳，而乃使二者有了密切的结合和相互促进的双向互动。其实，早在1723年，意大利传教士马国贤（Matteo Ripa，1682—1745）就曾带了首批四名中国天主教青年修士回到意大利，于1732年在那不勒斯城创建圣家书院，被视为欧洲最早的中国学院，形成汉学与传教学训练之综合，此应为最早的"学院汉学"之雏形。该院存在的历史达136年之久，先后培养出中国学生106人，形成最早的中国海外留学群体。直至1868年该院被意大利政府没收才停办。这种宣教与研习汉学相结合的模式遂形成传统，许多传教士因其在华经历和研习而成为西方著名的汉学家，其中不少人在回国以后则出现了身份的转变，即从"传教士"转为"专业汉学家"，在相关大学成为其"汉学"教授，主持新创立的"汉学"讲座。例如，英国传教士理雅各（James Legge，1815—1897）于1876年受聘为牛津大学第一任"汉学"讲座教授，主讲中国思想文化和语言文学。他曾将中国"四书""五经"译成英文，起名《中国经典》，于1861—1886年先后出版，并被收入缪勒（Max Müller）主编的《东方圣书集》。他认为来华传教士不要成为"使人讨厌且生反感的传教士"，而必须"透彻地掌握中国人的经书，亲自考察中国圣贤所建立的道德、社会和政治生活基础的整个思想领域，才能被认为与自己所处的地位和承担的职责相称"②。正是在这种研习、了解的过程中，他逐渐完成了其从"传教士"到"汉学家"的角色转换。美国传教士

---

① 参见戴仁主编《法国当代中国学》，中国社会科学出版社1998年版，第2页。
② ［英］理雅各：《中国经典》"前言"（James Legge: *The Chinese Classics*, Vol. I, Southern Materials center, Inc. Taipei 1985, Preface），第 vii 页。

裨治文（Elijan Coleman Bridgman，1801—1861）被尊为美国汉学的先驱，他在广州主编的英文《中国丛报》成为美国研究中国的最早资料，其现实社会、政治、经济关注亦为形成美国"中国学"研究特色奠定了基础。其同事卫三畏（Samuel Wells Williams，1812—1884）于1877年回国后则成为耶鲁大学的第一位"汉学"教授。其编著的《中国总论——中华帝国的地理、政府、教育、社会生活、艺术、宗教及其居民概况》也成为当时西方人了解中国的百科全书，被视为研究中国的必读之书。卫三畏在耶鲁的任职形成了耶鲁大学"汉学"研习的传统，并为该校"汉学"迄今在美国仍起着领先作用准备了重要的历史铺垫。而德国传教士卫礼贤（Richard Wilhelm，1873—1930）回国后也于1924年担任了法兰克福大学"汉学"讲座教授，并自1925年在德国创立了第一个汉学研究所。他在华几十年并没有让一个中国人经他而受洗入教，却将其主要精力投入翻译中国经典著作、研究中国古典文化及思想传统之中；他不仅认真翻译"四书""五经"，而且还对中国文化史、文学史，以及诗歌、童话、宗教、哲学有过深入研究，由此触摸到"中国之魂"，感悟出"中国文化心理"的特点。这样，不仅他本人有着从"传教士"到"汉学家"的移位，而且也促成了"传教"观念的转变，即从简单地让人"受洗入教"、增加信徒人数，而到达一种思想的交流、形成一种共融观念。

由此可见，西方"专业汉学"这一学科的创立及其相关讲座的设立，并非与传教士及其"汉学"脱节的发展。相反，传教士在这种"专业汉学"的奠基及其发展中有着重要的参与和积极的贡献。这一组合或汇聚实际上形成了西方学术界最早的"跨学科"态势。"专业汉学"的开放性使今日的世界汉学有宽广的涵括和丰富的内容，而传教士参与"专业汉学"的构建虽然使自身侧重由"传教学"转为"汉学"，却也使"汉学"中有了更多的宗教学和比较文化学的内容。传教士参与"专业汉学"的发展使这一新兴学科获得了强大的人员及知识支撑，而传教士自身角色的转换亦使其对"汉学"有了更多的理论思考和方法探究，而不再强调"汉学"乃其"宣教"的"工具"学科或实践"技巧",突出了"汉学"的自我意识。

三 传教士与当代西方汉学研究机构

1949年以来传教士停止了其在中国大陆的传教活动,其机构和人员的"传教"使命基本上结束。但是,许多传教修会及其相关机构并没有放弃其"汉学"研究,反而却因其"宣教"任务的消失而更为加强了其"汉学"意义的研究,从传教实践转向了思想反思和中国知识的研习,从而开始了"传教士汉学"发展的转型和延续。

必须指出,"传教"使命的结束并没有宣布这些传教修会及其传教人员整个使命的结束及其存在意义之危机。"传教士汉学"并没有并入或融入"专业汉学",却仍保持了与之并驾齐驱之态势。由于不再"传教"或以"宣教"为主要目的,这些机构和人员研习"汉学"的意识反而更加增强,其研究亦更系统化和"汉学"专业化。1949年之后,曾在中国大陆"传教"的修会、差会在其所在国和其教会及修会的相关地区建立起相应的汉学研究机构,这些机构也在中国台湾、香港和澳门等地存在。一批传教士或该修会的新一代修会或教会各机构的新生力量成为汉学研究的专职人员,并与大学等世俗机构的"专业汉学"有着交织或合作。由于这些教会及修会、差会机构历史较早,资源丰富、基础牢固、研究力量雄厚,而且许多大学和研究院所亦为其所创办、支持,因此它们及其相关人员在当代世界汉学研究中仍保持住其学术领先或引导地位。尽管这些教会人员不再被归入"传教士"之类,但其研习的教会传承,及其发展的"传教士汉学"轨迹仍清楚可辨。

在上述机构中,尤值得一提的应包括在美国、法国,以及中国台湾、澳门等地区设立的以耶稣会为背景的利玛窦中西文化研究所或称"利氏学社"。它们构成了强大的"汉学"研究力量和海外"汉学家"阵容,形成了在世界汉学中极为活跃的学术群体。以这些学术机构为轴心,在"汉学"研究中形成了以世界各地尤其是美国耶稣会背景之大学及其耶稣会士汉学家为主体的强大网络,其研究著作和工具书的出版在世界汉学中亦有较大比重。例如，由耶稣会士，著名汉学家钟鸣旦（Nicolas Standaert）和杜鼎克（Adrian Dudink）编辑的 12 卷本《耶稣会罗马档案馆明清天主教文献》，于 2002 年由台北利氏学社出版，在当今国际汉学领域就有着重要的史料意义。耶稣会传教士及其相关机构历史悠久的"中国情结"通过其"专业汉学"研究而得以保存、弘扬和升华，为今日世界汉学奉献了其硕果累累的园地。此外，在德国、意大利等地设立的以圣言会为背景的《华裔学志》（Monumenta Serica）研究所或学院等机构，也是世界汉学发展中的生力军，有着强大的声势及影响。其汉学研究成果卓著、令人瞩目，尤其是其编辑出版的《华裔学志》汉学杂志和由汉学研究专著所构成的"华裔学志丛书"乃当今世界汉学中的重要学刊和学术论丛。《华裔学志》是由圣言会传教士于 1935 年在原北京辅仁大学创刊的一份用外文出版的汉学杂志，迄今已有八十多年的历史，其办刊目的就是发表各国学者们有关中国历史、思想、文学、哲学、宗教、考古、艺术等方面的学术论文。《华裔学志》一名为当时辅仁大学校长陈垣先生所题，其解释即"华"指中国人、"裔"则指远方的人民，以形成一种中外比较与沟通；杂志西文原名 *Monumenta Serica* 本意为"丝域的史迹"也表明了中西交通、沟通的意向。这一杂志及其随后创办的学术丛书形成了其汉学研究中的独特风格，其特点是系统性、延续性和专论性，体现出非常高的"汉学"研究水准。这种持之以恒的系统出版和专题研究，已使其在世界汉学中确立了其不可动摇的重要地位。而且，圣言会传统熏陶下的当代汉学家亦在各个领域崭露头角，成为令人瞩目的专家、学者，有力地推动了当代世界汉学的发展。颇值一提的还有以圣母圣心会为传统的比利时学者亦于 1985 年在卢汶大学创办了"中国欧洲研究中心"，以开展系统的"汉学"或"中国学"研究。这些研究机构的一个重要特点，就是基于历史研究、专于历史研究，充分体现出世界汉学中的"古典"传统和"人文"特色。当然，这种学术"专攻"也不是封闭的、孤立的，而有着与现实需求的密切结合。这样，上述机构亦以办期刊、开研讨会等方式积极参与了当代"中国学"的研究。

综上所述，在总结世界汉学的发展历程，推动其进一步深入、广泛发展之际，我们有必要关注并勾勒来华传教士的"另一种形象"，对"传教士汉学史"加以系统研究，并对上述有其在华传教传统的教会汉学机构及其重要成果进行研习和评价，看到并肯定"传教士"对世界汉学发展、对沟通中西思想文化所起的积极作用、做出的有益贡献。从"传教士"到"汉学家"，从"宣教学"到"汉学"，其中既有观念的转变，亦有角色的转换。在观念上，"传教"并不局限于让人皈依、受洗信教，而是促成两种不同的观念及其背后的文化、社会对话，由此达成思想的转变或升华。在角色上，一些"传教士"通过学习中国思想文化知识而不再把"汉学"这一知识体系作为"宣教学"的工具学科，而是作为其教育自我、教育本文化传统民众的学科，因此其"身份"更多是"汉学家"而不再是"传教士"。这种结局是传教士在华的另一种收获，而且也影响到其"母体"文化，由此在当时社会政治冲突的背景下，也的确在一定程度上实现了文明之间的对话，达成了某种认知和共在的和谐，这在当前化"文明冲突"为"文明对话"上，是颇有启迪，意味深长的。

（原载张西平主编《国际汉学》第十九辑，大象出版社 2010 年版。）

第十七章

索隐派与中西文化认同

在基督教入华传教史研究中,中西学者曾从历史学的角度对清朝入华法国耶稣会士白晋(Joachim Bouvet,1656—1730)、傅圣泽(J. Franciscus Foucquet,1665—1741)、马若瑟(Joseph H. M. de Prémare,1666—1735)和郭中传(Jean-Alexis de Gollet,1666—1741)等人在中国文化氛围之传教过程中所形成的"索隐派"进行过颇为深入的研究、考证和批评。一般认为,索隐派这种将中国经籍和远古传说中的某些内容与基督教信仰相联结,从而在思想渊源和人文传统上肯定中西文化之一致性的认同之举在历史类比方面存有史实考证上的明显缺陷或失误,其作为"过度的"诠释而显得牵强附会。所以,无论从历史研究之意义上,还是从基督教传教学意义上,以往的观点基本上对索隐派认同中西文化的方式和方法加以否定。然而,从现代社会思潮和文化交流的新形势、新处境中重新反思基督教入华传教的漫长历史,推敲不同文化交流的可行性、局限性,以及其最佳途径或最容易的切入点,我们则有必要从文化哲学、文化传播学和宗教传教运动中必然出现的语言转换等角度,来对中国基督教发展史上的索隐派这一文化现象重新认识、重加评价。迄今为止,基督教的"中国化"问题尚未根本解决,基督教在中国多蹇的文化命运仍在延续。中西文化按其本质究竟是对抗还是认同这一争论不休的问题,犹如高悬头顶的达摩克利斯之剑使人坐立不安。因此,反省基督教入华传教历程的功过得失,在现代世界文化氛围中重提基督教与中国文化的相互契合及融摄问题，既有其历史意义亦有其现实意义。诚然，历史的事实不可能改变，但其经验教训则可为现实发展和未来可能提供启迪和契机。基于这一思路，笔者在此试图剖析以白晋为代表的索隐派对《易经》等中国典籍的研究及其深层意义的解说，阐述这种认同方法在历史学领域所陷入的绝境和与其宣教学初衷的矛盾，并指明其在思想理解和文化沟通上给人的启发及潜在的生机。

我们认为，索隐派通过从中国古籍中找寻基督教和《圣经》记载的踪迹，在当时曾为以基督教为载体的中西文化认同提供了一种新的思路及其交流的契合点，其方法乃一种典型的基督教在华之"文化披戴"。在思想沟通方面，这种认同实际上为弥合两种截然不同文化传统所必然存有的历史鸿沟做出了大胆而富有意义的探索。索隐派以其本有的基督教传统和话语对中国思想文化加以认知和诠释，这亦启迪不少中国学者以其思想传统和语言符号来界定和体验基督教本真。由此而论，这种从历史学理解上看似荒唐和不会成功的探讨，在思想交流上却曲径通幽，达到了一种超越历史认知的灵性沟通和契合。索隐派以其奇特的尝试而实现了一种在文化传播学上意义深刻的话语转换，给原本文化背景迥异的人们对话和共在创造了一种令人兴奋的灵境。但颇为可惜的是，在当时中国礼仪之争的阴影下和中国皇帝与罗马教宗关系日益恶化的时运中，索隐派及其他来华传教士认同中国文化的尝试因不断受挫而彻底失败，其基督信仰在华的"文化披戴"未能深化到"文化融入"之程度。其结果，基督教有可能在中国立足生根的这一历史机遇转瞬即逝。从上述考虑出发，本章不选择对索隐派史料考证的历史之探，而旨在阐明其认同方法的思想意义和精神价值。

一　索隐派认同中国文化的努力

"索隐派"（Figurists）一说，在西文中源自法国学者弗里热（Nicolas Fréret, 1688—1749）对上述法国耶稣会入华传教士的称谓。他本来是以此词来讽刺这些耶稣会士企图通过特别过度的解释来在古代儒家经典中找寻基督教上帝之神启的踪迹（figurae）。对此，当代比利时耶稣会汉学家钟鸣旦（Nicolas Standaert）认为，"索隐派的方法论主要奠定于欧洲神学的三个传统：（1）预表论释经法（typological exegisis），即相信在《旧约》文本的字面意思底下可以发现潜藏的深层寓意，它们后来明确地表现为《新约》中的诸种神迹。希腊文《圣经》（《新约》）里面的'typos'（拉丁文《圣经》译为'figura'）可以翻译为'example'和'sign'，后来的学者将其诠释为神迹之预表，或'深奥真理的象征与寓意'。（2）'古代神学'（prisca theology），即设想在犹太—基督教文本之外的'教外圣贤'身上可以发现神圣的上帝启示，……（3）犹太—基督教的神秘教义（the Judaeo-Christian cabala），它作为对犹太理性教派和塔木德宗（Talmudism）的一种反动（reaction），其目标正在于揭示圣经的隐含意蕴"①。不过，他们采用的所谓"索隐"方法在当时法国思想界颇为流行。人们认为救主耶稣基督通过相关的形象或象征已在《旧约》中"预先出现"，故《旧约》对《新约》福音有着"预表"意义。法国著名思想家帕斯卡尔（Blaise Pascal，1623—1662）就曾以此方法来解释《圣经》，认为《圣经》本身就有两层意义，其表层即"肉身"（物质）意义与其深层即"灵性"（精神）意义之间看似矛盾相悖，但人们应通过其表层的象征、隐喻而发掘、揭示出其深层的灵性真谛，此即一种"索隐"。"上帝既然是这样地隐蔽起来，所以凡是不说上帝是隐蔽起来了的宗教就不是真的；凡是没有对此讲出道理来的宗教，就不是有教益的。我们的宗教则做到了这一切：Vere tu es Deus absconditus（你实在是隐蔽的上帝。《以赛亚书》45章15节：'你实在是自隐的上帝。'）"② 法国耶稣会入华传教士中的中国索隐派则认为基督教的真理、其弥赛亚救主形象在中国古籍中亦已"预先出现"，中国远古传统中的确留有上帝原始启示之痕迹。他

---

① 刘耘华：《诠释的圆环——明末清初传教士对儒家经典的解释及其本土回应》，北京大学出版社2005年版，第259—260页。

② [法]帕斯卡尔：《思想录》，何兆武译，商务印书馆1995年版，第262页。

们故而试图通过象征、类比来使中国固有传统与基督教《圣经》相协调,以便其入华传教事业能畅通无阻。抱着这些想法的传教士被称为"索隐派",其使用的方法则被视为"索隐论"(Figurism)。此词西文原意本指"形象""象征",故中文亦有译为"形象派"或"象征派"之说。但因这些传教士的类比方法主要是在中国古籍中探赜索隐,故中国学者根据《易经·系辞》中"探赜索隐,钩深致远"之意而通常采用"索隐派"一词来对之界说。

中国索隐派观点的出现是入华传教士关于中国礼仪之争发生后的事情。当时入华耶稣会内部及与其他在华传教修会的矛盾和冲突正在不断升级,并在逐渐引发到天主教教宗与中国清朝皇帝的公开冲突。为了挽救天主教在华传教事业即将毁于一旦之厄运,并期望能说服曾对天主教信仰颇有好感的清朝皇帝康熙信教皈依,一些传教士推出了在中国古籍中索隐、认同的传教方法,以求调和在中国礼仪问题上出现的两种不同态度和对立意见,并想使中国人理解基督教信仰乃其悠久传统中早已存有的本质因素。索隐派的主要代表白晋曾极为乐观地指出,康熙皇帝"非常尊敬天主教,而且喜欢倾听我们讲解教义。同时,由于这位皇帝的行动早就带有天主教的色彩,所以我们期待上帝也将赋予他圣教的天资。以上述各点来看,即使说这位皇帝正在使自己的所作所为符合天主教的教义,也不为过分"[①]。"皇上根据天主教的教义判断这一宗教的价值,并根据天主教迄今在中国传播的情况,断言这一外来宗教,将来必定成为中国最大的宗教。"[②]由此可见,索隐派在中国古籍和文字中索隐求证之举有着极为明确的传教目的[③]。他们试图以此说明基督教对中国而言并非什么全新的、或陌生的东西,而早已潜在于中国古代文献之

---

① [法]白晋:《康熙皇帝》,赵晨译,黑龙江人民出版社1981年版,第2页。
② 同上书,第44—45页。
③ 冯·科拉尼认为索隐派这一体系目的有三:一为其信仰宣教,二为补充基督教经典,三为解决礼仪之争。见冯·科拉尼《道教与索隐派:论基督教在中国的本色化》(Claudia von Colani: *Daoism und Figurismus*, *Zur Inkulturation des Christentums in China*),载 Adrian Hsia ed.:《东西方对道之感受》(*Tao*, *Reception in East and West*, Peter Lang, 1974),第9页。

中；如果对这些古籍重新辨认和考证，则会使其遗忘得以回忆起来、达到"澄明之境"，从而中国人就很容易皈依基督教信仰。此外，他们还想以这种方法即借助于中国古籍的破译来补充基督教经典文献遗漏或忽略之处，从而通过这两种文献的对照、印证来解决中国礼仪之争的诸种问题。但这种种努力随着罗马教宗严禁中国礼仪的教令之颁布而付诸东流，成为一段令人遗憾的史话。

（一）白晋对中国文化的索隐

白晋乃入华传教士之索隐派的创立者。他于1687年来华，1688年抵北京，受康熙接见后留宫廷服务，从此开始其前后三十余年的在华传教生涯。这一经历使他得以测量绘制《康熙皇舆全览图》，编成《古今敬天鉴天学本义》[①]，著述《易学总旨》和用法文撰写《中国皇帝历史画像》（中译名《康熙皇帝》）等，成为中西文化交流史上的著名人物。白晋认为接近中国人以传播福音的最佳之途是借助于哲学和科学。他说："要教化中国人，尤其是儒士，使他们接受福音书的真理，最有效的方法，就是编写出优秀的哲学书籍。"[②] "根据百年来的实践，体会到传教士要把天主教传入中国并使之在那里发展，最好的办法就是宣传科学。"[③] 同当时其他入华耶稣会传教士一样，白晋传教之努力亦是走上层路线，即以皇帝、皇宫大臣和儒士为对象。而对这些人传教士只能走学术传道之路。他曾欣喜地发现，"康熙皇帝研究西欧科学的好学心，也导致这位皇帝对于我们天主教的研究。利用进讲西欧科学的机会，皇上在与南怀仁神甫闲谈时，了解到关于天主教的初步知识"[④]。与此同时，白晋等传教士亦深深体会到中国人对自己文化传统及其古代经典的坚信不疑。为了接近中国上流社会并求得其理解和认同，白晋觉得传教

[①] 即《古今敬天鉴》。方豪认为此书韩炎序文称其书名《天学本义》，则《古今敬天鉴》恐系后来改名。见方豪《中国天主教史人物传》（中），中华书局1988年版，第286页。
[②] ［法］白晋：《康熙皇帝》，赵晨译，第39页。
[③] 同上书，第61页。
[④] 同上书，第44页。

士首先应该研习中国语言文字、通晓中国古籍，然后还须从中找出与基督教信仰相一致、相吻合的内容，以证明基督教教义与以儒家为主的中国传统思想不相矛盾，"孔子及中国古代圣贤的学说和天主教不仅不相违背，而且相当类似"①。为此，白晋曾强调说："天主教的根本格言是自然法则的完美化，从根本意义上来看，儒教也体现了自然法则。我们且不谈大多数近代中国学者所持的儒教观，先从中国古代圣贤主张的正确道理来看，儒教与自然法则几乎没有什么不同，甚至可以说是完全一致的。所以说天主教和儒教的根本意义是相同的。我们确信，虽说康熙皇帝是个政治家，但他如果对天主教和儒教的一致性稍有疑惑，就决不会许可天主教的存在。"②

然而，对中国思想文化的认同不可能仅靠简单臆测或随心所欲来达到，而必须找寻确凿的根据以使人信服。因此，白晋等人将曾在欧洲思想界流行的索隐之法引入中国，开始其在中国文化古籍中索隐求证的艰难历程。依此方法，白晋宣称中国古籍亦有表层和深层这两种意义，读经解经就是透过中国人已理解的其历史记述和表层意义而象征性解释其隐藏的深层奥义。不过，他认为这一深层意义只能通过理解和信奉基督教、熟知《圣经》内容者才能真正发现。在他看来，中国古代经典的文本一方面有中国人以"一种错误的方式"所解释的那种给人以中国传统之独有的印象；另一方面则有索隐派所感悟并发掘的内在意义即宗教意义，而这种意义只有传教士才可能洞察和理解，因为他们拥有《圣经》信仰和相关知识以作为打开中国经籍迷宫的钥匙。根据这一论断，他宣称："真正宗教（指基督教的整个体系）都包含在中国的古籍经典中。圣子降生、救世主的生与死及其圣行等主要秘密，都以预言方式保存在这些珍贵的中国典籍中。"③既然如此，那么研究这些典籍、发

---

① ［法］白晋：《康熙皇帝》，第56页。
② 同上书，第56—57页。
③ 皮诺：《中国与法国哲学精神的形成》，(Pinot: *La Chine et La Formation de L'esprit Philosophique en France*，Ⅱ，Paris, 1932, p. 351)；参见许明龙主编《中西文化交流先驱》，东方出版社1993年版，第183页。

现其蕴藏的基督教信仰真理遂成为入华传教士义不容辞的使命。白晋编写《古今敬天鉴》的基本用意也正在于此。"上卷以中国经书所载之言，以证符合于天主教之道理，其宗旨在复明上古敬天之原意。取上卷开首之语以概其余：各节经书印符相对天主道理者列于左；天主道理：宇宙之内，必有一自有无形无像造天地万物之主宰。诗正月有'皇上帝'；易'帝出乎震'；中庸'上天之载无声无臭'，等等。下卷乃以经文、士俗、民俗印符相对者，以证与天主教之道理相合，如天必有主：民俗'头上有老天爷作主'，士俗"上有青天"；经文：'有皇上帝'。"①这种对比、考证和类推成为白晋等人研习中国思想文化的主要精力之所在。白晋的研究工作曾得到康熙皇帝的好评，故有"在中国之众西洋人，并无一人通中国文理者，惟白晋一人稍知中国书义"② 之说。白晋曾奉康熙之命研习《易经》，并推荐傅圣泽与之合作，傅圣泽故而得以奉召进京、协助白晋一同钻研《易经》。两人视《易经》乃中国经籍中价值最大、意义最深者，认为其中可以找到基督教的所有奥秘、其神学教义及伦理道德的一切真谛。梵蒂冈图书馆藏白晋与傅圣泽奉康熙帝命学习《易经》之文献第五件中有如此记载："臣白晋前进呈御览《易学总旨》。即《易经》之内意与天教大有相同，故臣前奉旨初作《易经稿》内，有与天教相关之语，后臣傅圣泽一至，即与臣同修前稿，又增几端。臣等会长通知，五月内有旨意，令在京众西洋人同敬谨商议《易稿》所引之经书，因寄字与臣二人云：'尔等所备御览书内，凡有关天教处，未进呈之先，当请旨求皇上谕允其先察详悉。'臣二人日久曾专究《易》等书奥意，与西士秘学古传相考，故将己所见，以作《易稿》，无不合于天教。"③这说明尽管白晋慑于其传教会之禁而不敢与康熙多谈《易经》与《圣经》相似之处，却仍然忍不住透露了其基本意向及其《易》学之探的主旨。

---

① 徐宗泽：《明清间耶稣会士译著提要》，中华书局1989年版，第132页。
② 故宫博物院编：《康熙与罗马使节关系文书影印本》，第十三通，1932年。
③ 方豪：《中国天主教史人物传》（中），中华书局1988年版，第282—283页。

具体来看，白晋在中国古籍中的索隐结果包括如下一些内容：

首先，白晋认为《易经》是伏羲所作，而伏羲其实即人类始祖亚当长子该隐的后代以诺（Henoch，亦译"埃诺克"）①，其事迹在《圣经外传》（Apocrypha 或 Pseudepigrapha）的《以诺书》中亦有记述。因此，伏羲知道上帝创世之初为世界确立的自然律法及和谐规则，并曾将之记录下来，以求在华得以传递延续。白晋断言，伏羲乃于公元前2952年成为中国皇帝，统一了华夏；据此推论，伏羲必然生活在摩西之前，甚至更为久远的时代。根据汤若望（Johann Adam Schall von Bell，1592—1666）对中国编年史的考证，入华传教士多认为中国帝尧时代始于公元前2357年，而在帝尧之前就已发生的大洪水乃是波及全人类的洪灾。这一大洪水亦冲掉了中国人本有的最古老思想观念和宗教信仰，因而当挪亚的后裔分散四方、来到中国时，所看到的乃是中国已出现一种灵性上的真空，即对其应具有的原始启示之遗忘和无知。入华耶稣会传教士为了解决《旧约》编年史与中国古代年表之历史空间不大一致的矛盾，曾参照通俗拉丁文本和七十士希腊文本《圣经》而认为在创世与亚伯拉罕时代之间约有一千五百年之广延，由此而断定全人类的文化必有一个共同的起源，各种文明都乃同一上帝之创造。

其次，白晋指出伏羲发明八卦亦是受上帝创世工程之启示，白晋借此把中国古代关于人类起源的传说及八卦的发明与基督教《圣经》所记载的创世之说相比附，使中国古代文献《易经》可以与《圣经》中最早的《旧约》文献相关联。按中国古籍之说："古者包牺氏之王天下也，仰则观象于天，俯则观法于地，观鸟兽之文与地之宜，近取之身，远取诸物，于是作八卦，以通神明之德，以类万物之情。"②白晋则按八卦图每一单位之六线形而索隐道，伏羲乃是根据上帝六天创世之数"六"来创作出其八卦图中每一六线形，这说明伏羲乃确知创世的秩序。白晋进而解释伏羲发明的这些系列图形与远古智者之象形文字的形

---

① 《旧约·创世记》4 章 17 节。
② 《易经·系辞传》。

象相吻合，通常这些图形乃是以具有独特道德禀性的英雄形象来对神圣律法作生动形象的解释。为此，白晋还曾将伏羲之名与埃及智慧之神特利斯墨吉斯忒斯（H. Trismegistos）[①] 相类比。在其1701年11月4日写给莱布尼茨（G. W. Leibniz, 1646—1716）的信中，白晋指出："他的姓名之两个象形字甚至已为某种必然关联留下一些空间；因为第一个象形字'伏'乃由另外两个文字符号所组成：'人'和'犬'，……正如特利斯墨吉斯忒斯一样，这位象形文字的发明者被形象地描绘为狗头人身者。第二个文字符号'羲'意指献祭，这一表述指明伏羲乃主持献祭的祭司或大祭司，而且他也是那献祭秩序及宗教崇拜之规定者。对此，……人们在经籍中给他以'太皞'之称，意即极大和三倍之大，或称特利斯墨吉斯忒斯。"[②]这样，中国神话谱系亦可与西方熟悉的古埃及和希腊罗马神话谱系关联、会通起来。

再次，白晋强调《易经》中伏羲八卦图暗示着"阴阳""善恶""有无"之二元观念。白晋以八卦图乃其基本符号"爻"即连线"—"阳爻和断线"— —"阴爻相配合而构成为例，指出其阳爻"—"乃等同于"完善"，而阴爻"— —"则等同于"不完善"，由此认为八卦图之变幻莫测与《创世记》中关于创世后人类存在善以致福、恶以致祸的多变命运相符合，伏羲以这种方式来宣讲上帝的原初律法，也是适应当时人类认识能力之举。在与莱布尼茨的通信中，白晋亦就伏羲"先天八卦"与莱布尼茨创立的二进制以及二者与《圣经》创世说的类比进行了讨论。莱布尼茨从二进制可以"1"和"0"这两个数来创造一切数的构想向白晋谈到了上帝原初创世之神学意义，认为"1"代表着完美无缺的"上帝"，"0"则指虚、空之"无"，上帝由虚无创造出宇宙，

[①] 赫耳墨斯·特利斯墨吉斯忒斯（H. Trismegistos）是将希腊神话主通信联络和商贸交通之神赫耳墨斯（Hermes，即罗马神话中的墨尔 Merkur）与古埃及神话中鹮头人身的智慧及文艺之神透特（Thot）相等同之说。特利斯墨吉斯忒斯意为"三倍之大"，此称故指"三倍之大的赫耳墨斯"。

[②] 札歇尔著：《莱布尼茨论二进制的主要著作》（H. J. Zacher: *Die Hauptschriften Zur Dyadik won C. W , Leibniz* , Frankfurt, 1973），第272页。

二者构成万物的存在。而白晋在给莱布尼茨回信中则附寄了伏羲八卦的六爻图，建议用阳、阴二爻的组合变化来说明二进制，因其内在的基本结构与二进制相吻合①。他把阳爻"—"比作二进制的"1"，把阴爻"--"比作其"0"，提醒莱布尼茨对伏羲卦爻的关注和敬重，认识中国与西方智慧的类同。

此外，白晋还从对《诗经》的研究中索隐到中国古代神话传说人物与圣母玛利亚和耶稣基督的关系。《诗经》中有关"姜嫄"生"后稷"的记载曰："厥初生民，时维姜嫄。生民如何？克禋克祀。以弗无子，履帝武敏，歆。攸介攸止，载震载夙。载生载育，时维后稷。"②此段内容本指第一代周人之母姜嫄怎样降生周人的故事，说姜嫄因为无儿而行禋祭以求上帝，她踩着上帝的脚踇指印，心中欢喜而在那里停下来休息，由此而怀孕生下后稷。但白晋则将之解释为，姜嫄以崇高之爱的意愿而献上牺牲，并缓步踏着上帝的足迹前行，其内心纯真的祭献之情达至上帝，神灵的美德遂于瞬间进入她的体内，其处女之腹突感一阵骚动，由此她便怀上了后稷③。这样，白晋就断言《诗经》中的姜嫄即圣母玛利亚，而后稷则为耶稣，有着神人二性。

根据以上种种索隐，白晋认为中国人在远古时代就已获知关涉基督教信仰的全部真理，并曾将之记入其古代经籍；因此，中国与西方的宗教及伦理观念同源。世界之初的古老律法乃体现出上帝对世人启示之本质所在。这一古老律法在人类社会发展中出现了变异或已被人遗忘，人类的恶行玷污了神名，洪水降世灭绝人类即对世人之恶的惩罚。挪亚的后代闪抢救了这一古老律法，使之免遭破坏。但挪亚后裔因建造巴别塔之举而触怒上帝，人类语言由此变乱，各支系的人们分散四方，从而也将其传统中的古老神律带往东方。白晋相信，神圣逻各斯实际上已通过

---

① 参见魏德迈尔《莱布尼茨的中国通讯》（R. Widmaier: *Leibniz Korrespondiert mit China*, 1990），第149—163页。

② 《诗经·大雅，生民》。

③ 参见许明龙主编《中西文化交流先驱》，东方出版社1993年版，第183—184页。

伏羲而保住其完整和纯洁，所以在中国古代经典中不难发现基督教的基本内容。他在写给比尼翁（A. Bignon）的信中曾说："基督教的任何奥秘，我们神学中的任何信理，我们道德神圣性之任何准则，都可以许多方式极为清楚地在这些书籍中提示出来，它们如同在圣书中一样充满创造性和精微之义，而借助于相同的形象和象征也可以通俗易懂。"[①]但在中国历史漫长的流变中，这一信仰真谛被中国人所遗忘。对其先祖所撰写的书籍，中国人遂只能读懂其表面之意而未能察觉其深蕴之义。因此，白晋觉得只要把这层道理向中国人讲透，那么其在华传教事业则会事半功倍，一帆风顺。实际上，这些耶稣会士在神学理论上也呼应了天主教中的"原始一神论"之说，即认为人类宗教的发展不是一种"进化"而实乃"退化"，创世之初人类所接受的乃是"绝对一神论"，但因为人类的"犯罪""堕落"而使其"抛弃"或"遗忘"了这种原初之绝对一神论，反而退化为多神崇拜及偶像崇拜的宗教现象。

（二）索隐派其他人对中国文化的认同

受白晋的影响，傅圣泽、马若瑟、郭中传等人亦采取了对中国文化探赜索隐、以使之与基督教信仰认同的立场和方法。

傅圣泽于1699年来华，初在厦门，后至江西抚州一带传教，1707年曾到北京领取久留中国之票，返回江西后，于1711年经白晋推荐而奉旨进京协助白晋从事《易经》研究，为康熙服务。他在京期间与在华耶稣会负责人殷弘绪（F. X. d'Entrecolles，1662—1741）、汤尚贤（P. V. de Tartre，1669—1724）意见不合，与白晋在《易经》研究上亦有不同看法，故于1720年离京赴广东，1722年返欧，随之于1723年脱离耶稣会。通过对中国古代典籍和上古史的研究，傅圣泽亦形成了索隐派看法，主要观点见于其1709年发表的《论人们所称的在尧与秦之

[①] 参见罗博瑟姆《耶稣会索隐派与十八世纪的宗教》（A. Rowbotham：*Jesuit Figurists and Eighteenth - Century Religion*），载《思想史期刊》（*Journal of the History of Ideas*，New York，1956），第475页。

间曾治理中国的三个朝代》之文、1718 年发表的《向热心于耶稣基督的光荣的学者们和在中国传布福音的使者们提出的神学问题》之文,其返欧后于 1729 年发表的《中国历史年表》,以及与之相关的《中国历史新年表诠释》《中国历史新年表导读》等文。

为了证明中国典籍与基督教记述之一致性,傅圣泽侧重于对《易经》的索隐研究,同时亦旁征博引《道德经》《列子》《荀子》《汉书》等经籍。他认为《易经》深藏有基督教的本真,如猜测构成八卦之爻的"这些短线可能各自表示一个数,而每一个数都具有类似救世主的某一种品德或某一种奥秘的性质,也可能是用以表示某一重要事情的"①。在其《中国历史年表》之前言"古经理解引论"中,他将伏羲与古希伯来律法之颁布者以诺(Henoch)相等同,其理由:一是认为根据圣书传统,二者乃同时代人;二是两人都在其相关谱系中位于古代圣祖的第七位②;三是两人都被尊为逻各斯的守护者,以及科学、美德、技艺和文学的祖先;四是二者都以书写形式论及宇宙从原始物质之生成及发展的问题;五是二者都谈到未来将实施的奖惩;此外二者还都被描述为在其生命终结时已被引往另一种未来生活③。

在傅圣泽看来,中国古代经籍并非世俗之作,而乃"天"赐神书;《易经》中的"易"字即耶稣基督之名,中国典籍所论之圣人就是《圣经》中预言的救世主(弥赛亚);《道德经》等古籍中言及的"道"或"太极"则指"上帝"或"天"。他推断中国古籍中必有上帝的启示和救主的许诺,因此犹太人的古训和中国人的古训应等量齐观。不过,这些古代典籍在历史演变中已被人篡改、删节,失去其原初之貌和清楚明

---

① 许明龙主编:《中西文化交流先驱》,第 226—227 页。
② 参见《创世记》5 章 1—23 节所载人类先祖之排列为亚当、塞特、以挪士、该南、玛勒列、雅例、以诺。
③ 参见傅圣泽《古经理解引论》,《中国历史年表》(Foucquet,: *Essai d'introduction Preliminaire a L'intelligence des Kings*, Tabula Chronologica historiae Sinicae, 1729);相关内容参见冯·科拉尼《中国传教中的索隐派》(Claudia von Colani: *Die Figuristen in der Chinamission*, Peter D. Lang, 1981),第 35—36 页。

确之义，故后人感到其晦涩难读、捉摸不透。倘若能够找回打开这些典籍迷宫的钥匙、破解其奥义，则会弄明白中国经典原为基督教的神书，而远古中国人亦具有与基督徒一样的绝对一神信仰。他甚至强调，如果仔细辨认和反复推敲这些典籍，人们在其中或许还能找到在西方都早已湮灭的神圣真谛。

不过，傅圣泽不同意中国信史之久远悠长，而断言其发端乃公元前425年的周威烈王时代，在此之前的中国历史记载并不可靠。这样，他就否认了白晋等人关于中国历史在《圣经》记述的洪水降世之前就早已存在的说法，由此而试图将中国历史纳入《圣经》勾勒的整个世界历史之发展线索和大体框架之中。基于这种看法，他认为尽管中国人在人类早期曾接受过关于救世的纯真信仰，但已将之丢失很久，从而陷入了迷茫，其远古宗教亦已沦落为偶像崇拜等迷信举止，故此天主教在华的传教使命就更显得必要和必需。

马若瑟于1698年来华后亦被派往江西传教，直至1724年被禁传教、逐至广州。从此他"潜心治学，专务著述，又广搜书籍，寄回法富尔蒙王室图书馆，以沟通中西文化"①。1733年他离开广州抵澳门定居。马若瑟在华传教之余亦曾"精究中国经书，知我国古先王昭事上主，有迹可寻，因著书以阐明之"②。其编著包括《圣母净配圣若瑟传》《六书析义》《信经直解》《杨淇园行迹》《真神说论》《神明为主》《儒交信》《经传议论》《书经以前时代及中国神话之研究》《中国语札记》等。集中反映他的索隐思想及其基本思路的，则为其拉丁文著作《中国古籍中基督教主要教理之痕迹》③。

马若瑟以与白晋类似之思路钻研中国古籍达三十余年之久，旨在从

---

① 徐宗泽：《明清间耶稣会士译著提要》，中华书局1989年版，第402页。
② 同上。
③ ［法］马若瑟：《中国古籍中基督教主要教理之痕迹》（J. H. - M. de Prémare：*Selecta quaedam vestigia Praecipuorum religionis Christianae dogmatum ex antiquis Sinarum Libris eruta*，Canton, 1724）。其法文版于1878年在巴黎由博尼蒂主编出版，题为《中国古籍中基督教教理之痕迹》（A. Bonnett：*Vestiges des domes Chretiens tires des ancens Livres Chinois*）。

《易经》《春秋》《道德经》等古籍中寻得与天主教教义类似的词句。正如博尼蒂（A. Bonnett）所言："马若瑟神父相信，所有中国传教士在这些古籍中将一致寻找其原初传统之遗迹的那一天会到来。因此，他上百次地反复阅读经书，包括经典文献和古代中国历史记载。他将所有在他看来包含有这种原初基督教之暗示的地方汇集起来，并借助于这些文献来为中国撰写最美妙、最深奥的天主教护教论文。为此，他用了三十年时间来耐心研究。"①马若瑟认为，"中国的宗教全部存在于'经'之中"，在中国古经中不仅能找到上帝关于统一性和灵性的学说、找到关于人类原初纯洁无罪之状的追忆，而且还能找到人间乐园和始祖堕落的记载。他相信，在这些远远早于基督史实的古经中可以发现与福音宣讲相吻合的关于世界救主降临之说，以《易经》为典型代表的中国古籍是从人类原初时代保留下来的圣书，其存在可以追溯到洪水灭世之前远古神圣族长时代。

按其认同中国文化的索隐方法，马若瑟断定在中国典籍中可以找到如下一些基督教学说：堕落天使的历史、人的堕落犯罪、拯救精神、彼岸观念、救世主、圣母无玷受孕、圣礼等。他曾用中文数字"十"来与基督教的十字架象征相比较，并认为太阳、东方、羔羊、龙、麒麟、凤凰、乌龟、宝石等符号象征均与神性观念相联系；如果人们对中国古书中的这些蛛丝马迹加以很好地理解和运用，则能有助于在华的传教事业。例如，他在《诗经》中所描绘的下述羔羊图中即看到了这种信仰意义的预表："羔羊之皮，素丝五紽"；"羔羊之革，素丝五緎"；"羔羊之缝，素丝五总。"② 其中所言羔羊身上的五处缝口，他认为即预表着基督被钉十字架受难时在身上的五处伤口。此外，他把《书经》所反映的夏朝作为亚当未堕落犯罪之前人类存在之象征，认为其臣民的和

---

① [法]博尼蒂主编：《中国古籍中基督教教理之痕迹》，第289页；参见冯·科拉尼《中国传教中的索隐派》（Claudia von Colani: *Die Figuristen in der Chinamission*, Peter D. Lang, 1981），第57页。

② 《诗经·召南·羔羊》。

谐、富裕反映了人类原初所享有的超自然之幸福状态。他还宣称《道德经》中"道生一，一生二，二生三，三生万物"之言亦意味着对基督教圣三位一体之奥秘的某种领悟和预知。

马若瑟将这种内容之记载与基督教信理和道德律相类比而推出结论，即断定中国古书所提供的上述线索乃人类最初所得到的上帝原始启示之痕迹。他由此而设想在中国经籍的字面和自然意义的背后还隐藏着一种被后人迷失的灵性意义。马若瑟指出，以这种象征性解释即索隐的方法，人们不仅可以抢救这些经籍，而更重要的是在许多世纪之后又使这些经籍得以抬高到古代先知书一般的地位。按照他的解释，这些古代典籍所包含的精微学说在时间的流逝中被遮蔽，中国人已忘掉了原初对其曾有过的真正理解，而只是把它们视为传统礼仪的记载和远古宗教的象征表述。其奥义隐藏于各种形象和象征性外表之后，就如同有一层外壳将之紧紧包住一样。中国人只看到了这层外壳，同时亦隐约感到其中可能藏有奇迹。至于这种奇迹究竟藏在何处，中国人却无法知晓。马若瑟为此断言，既然中国人只知道他们已失去了对其圣书的本真理解，那么基督教传入中国则正是给中国人带来了这种认知的钥匙；一旦人们揭破这些古代之谜的象征性、触及救世主的奥秘，其理解的困难就会消失，思想上的矛盾也会化解，中国人从而会重新获得他们曾失去的关于神圣天国的学说。

入华耶稣会索隐派的另一代表是郭中传。他于1700年来华后也在江西一带传教，1727年因中国教禁而被逐至广州，后在澳门去世。他曾将中国古代年表与希伯来《圣经》文献和通俗拉丁文《圣经》相比较，并企图悟出希伯来喀巴拉与中国早期象形文字的神秘意义及二者之间的关联。另外，他还将中国上古史记载的帝尧等同于《圣经旧约》所载闪的第四代子孙法勒的兄弟约坦（Joktan）[①]，以昭示这两种文化传统之同根同源。

[①] 《圣经旧约·创世记》10章25节。

二　索隐派对中西文化认同的意义

索隐派认同中国文化的这一立场，乃基于当时基督教会的下述普遍救赎的信念：救主基督和整个教会的意义早在《旧约》中就已被预示。他们坚信《旧约》乃《新约》的预表，《新约》乃《旧约》预言的完成和实现。所谓《圣经》研究的预表法，即以这种寓意性解释来彰显出《旧约》与《新约》的连续性和统一性，认为在《旧约》的文本和叙述中已蕴含有《新约》的福音，基督教信仰已以一种"隐蔽"的形式潜藏于《旧约》之中，《新约》乃是这一信仰由"隐"至"显"的结果，也就是现代哲学所论及的文献研究中因"语言"的转换而达到的"解蔽"（aletheia）。索隐派强调，《旧约》与《新约》这两约之中乃有着同一上帝，其先知所言亦出自同一圣灵。《旧约》中难解之处必须依赖圣灵的帮助才能辨识，从而得以弄清其本来意义。也就是说，只有以基督信仰为核心，才可能正确理解《旧约》、把握其真正的历史和灵性意义。

从这一原则出发，索隐派开始深入探讨《圣经·旧约》与中国古代经籍的关系。若能找出二者的类似和关联之处，索隐派则可按前述预表法进而推断并阐明中国古籍与《新约》信仰的内在联系和共有信仰，看到中国古代经书在中华文明这一氛围中与《旧约》在西方文明中所处的地位相当，其对中国人而言亦有对《新约》之预表意义和作用。此即该派在中国典籍中苦心索隐的动机和目的之所在。

从宣教学意义上来看，传教士在一个异域文化中传播福音（基督教信仰），需要了解这一文化中人们本有的宗教观念和哲学思想，这样才能较为恰当地与之对话、交流和沟通。西方传教士必须排除一种偏见，即认为除了古以色列民之外，所有其他民族都已忘掉了原初关涉唯一真上帝的重要认知。基于这一考虑，一些来华耶稣会士相信中国亦应体现上帝创世之善行。而他们若能向中国人证实这一点，那么中国人则会感到高兴，并由此乐于接受传教士所传递的新信仰。甚至有的传教士因等同《旧约》与中国古籍的意义而认为，早在两千年之前，中国人就已知道存有这一真上帝，并对之祈祷、奉献，在其修建的世界上最古老的神庙中向上帝献祭、敬拜。有些传教士还以一种反省和自我批评的口吻指出，当这些中国人在奉行和持守一种纯洁的道德基准时，欧洲及其他世界尚处于其信仰崇拜所出现的错谬和败坏之中。

正因为当时传教士自认为已拥有《新约》作为打开中国古代经籍之迷宫的钥匙，所以索隐派才会意欲以此来剥掉中国古典文献的所有表层、破解其象征符号，以达到其深蕴、隐秘的真实意义，即打破其语言外壳、找到其真理内核。他们相信，只要他们发现中国经文中所预表或预示的基督教信仰真理，并将之向中国皇帝和学者加以证实，指明中国古经蕴含有如《旧约》一样的预言，而在《新约》中又已经发现这些圣书所载预言之实现，那么，中国皇帝和学者就会皈依基督教；而中国上流社会的认信之举势必会对整个中国产生极为重要的影响，或许能带来其全国范围之皈依。

中国古籍和中国以象形性为根基的文字，使索隐派感悟到汉字之"象形思维"的深奥和魅力。由于"汉字字形对字义的影响，大于字音对字义的影响"，以及其"字形所产生的联想作用，远较字音的作用为大"①，索隐派推测中国古籍之象形文字所表现的象征中已经隐蕴着宗教的根本真理，中国经典在世界之初即已预告了基督教真理的存在。当然，索隐派声称中国人因历史上之种种变故而未能找到这一解释的钥匙，所以没有发掘出这种深蕴的意义，从而为传教士留下了显其身手和才能之地。其有为之可能，乃因中国古籍所记载的史实并非中国人所独有的历史，而是世界起源之历史本有的普遍事实。

索隐派所坚持的这一方法和由此推出的论断，无论从常情来判断、

---

① 刘廷芳语，转引自高尚仁、郑昭明主编《中国语文的心理学研究》，台北，文鹤出版有限公司1982年版，第3页。

还是从传统历史学研究意义上来看,都是一种颇似荒唐之举,很难令人置信。因此,所谓"索隐"遂成为其"过度"发挥和解释的代名词。当时在华的多数传教士包括许多耶稣会士,都反对索隐派的这种毫无根据和原则的认同态度及传教方法。比如,法国耶稣会士宋君荣(Antonius Gaubil, 1689—1759)曾批评说,索隐派这种将中国古籍与《旧约》记载相关联的理论体系是靠不住的。他认为,精通中国文化的传教士与其在中国古籍中探赜索隐,还不如抽出时间来编写中文词典或直接翻译中国经典,以帮助欧洲学者更全面、更精确地理解这些充满神秘意义的中国古经,而不至于误入歧途,对中国典籍中尚未弄明白的那些迹象作牵强附会的解释,硬把它们与三位一体的上帝、基督教的圣礼和《旧约》中的圣人等《圣经》信仰内容扯在一起[1]。德国耶稣会士纪理安(Kilian Stumpf, 1655—1720)亦反对索隐派的主张,认为没有必要找出一种"中国神学"来为其传教铺平道路[2]。按照传统历史学的一般观点,尽管这些索隐派本人可以丝毫也不怀疑在《易经》等中国经籍中保存有基督教信仰的所有奥秘,承认孔子作为上帝的使者早已具有基督教的爱之观念,然而作为学者,他们必须通过认真比较《圣经》和中国典籍而加以确切证明,不能毫无根据地,或仅凭借自我想象中已获之"钥匙"来加以臆测或推断[3]。

不过,若从宗教信仰的灵悟来看,索隐派的立场及方法则颇有超越历史学之限的思想意义。换言之,索隐之法乃是一种使其信仰的普遍性或普世性得以"无蔽"、达乎"显现"的努力或解读。本来,按照不同民族之文化和语言的内在本质,严格意义上的相同和转译是很难成立的。但人类文明的共性以及人类发展所导致的共在,又使这种文化类比和认同、语言翻译和转换成为必要。文化之间有同有异,故中西文化彼

---

[1] 参见[法]西蒙《1722—1759,北京书信集》(Renee Simon: *Correspondance de Pekin 1722 - 1759*, Geneve, 1970),第363页。

[2] 纪理安曾于1715年11月6日给耶稣会总会长写信,表示其拒绝索隐派之态度。

[3] 参见[德]冯·科拉尼《中国传教中的索隐派》,第54页。

此也面临着认同或求异的难题。传教士入华传教，按其本质乃是求异即为中国文化输入某种新的、尚没有的因素。文化交流之活动和动力本在于识异、求异，此即一些人至今仍不同意利玛窦（Matteo Ricci, 1552—1610）之入华传教方法的根本原因。然而，历史的经验教训告诉我们，以求异为开端或手段的文化交流通常都会碰壁或失败。认同则为达到文化沟通的重要或者说唯一途径。只有通过宗教、神话、语言、象征等文化历史形式之"形似"，才可能找到两种异质文化的契合点和交流的突破口。以这种外在的、看似浅薄或不真实的求同性"文化披戴"作为文化交流的初级阶段，则可以较容易地在异域文化中找到知音、获得共鸣，从而立住脚跟，为其立异标新、旨在重构并达到升华的"文化融入"之高级阶段提供前提和保障。所以说，索隐派在这种中西文化交流的前期所采用的认同态度和方法，虽然是一种"强求"、且显得非常勉强，却仍是应该加以肯定和承认的，因为它是以其历史存在和认知能力为当时中西双方的接近、沟通找寻一种参照系统。实际上，其索隐方法乃利玛窦等入华耶稣会士认同中国文化之传统方法的延续和更为大胆及彻底之举，且在当时曾取得明显的成功、并有着潜在的希望。这在我们评价索隐派在中西文化认同历史上的意义时是应该充分考虑和高度重视的。从当时情形来看，索隐派有为之际正是康熙当政、且对基督教颇有兴趣和好感之时。在传教士中国礼仪之争的阴影下，基督教在华生存的危险和机遇并在。但如果强调基督教与中国文化之异，且固执己见、一意孤行，则会失去这种机遇并陷入危险之中。而随着雍正时代的开始，清朝官方对基督教的态度发生了根本改变，雍正皇帝对基督教的反感和镇压举措，使索隐派的认同之行为亦失去了可能和空间。此后的基督教在华发展一直停留在"文化披戴"之初级阶段，迄今尚未达其本质性突破。从这一意义上讲，否认索隐方法对中国文化之认同意义，则已从根本上否认了基督教在华的存在意义。

就是从历史学角度来看，我们对索隐派之方法亦不应过于苛求或嘲笑。在当时的历史处境和人们的历史理解程度上，索隐派的解释和推测并不使所有中国学者感到荒唐或不可思议，因为索隐派所触及的中国远古夏商周三代本身就是中国史学中的一大难题，今天的中国古史学家们仍未能将其起止、断代，及其发展的脉络神髓道个清楚、说个明白，故才有"超越疑古、走出迷茫"之呼吁[①]。此外，今日不少学者仍沿着当年索隐派的思路而推测、谈论已失传的中国原始八卦图及八卦历与墨西哥古历、阿斯台克太阳历的关联，找寻中国与墨西哥文化是否"同根"之答案。[②]由此观之，那貌似经不住历史考证之推敲的索隐方法在人们的历史认知上却也有着顽强的历史广延性和逻辑一致性。

回顾中国基督教发展的漫长历史，乃是中西文化相互认同的一段曲折经历。在这种认同之"文化披戴"的层面上，既有与索隐派相似的"历史性披戴"，也有更具抽象或超越之意的"精神性披戴"。从与前者相关的历史性索隐来看，白晋、傅圣泽等人将中国古代历史年表与《圣经》年表相对照、相关联的方法，被中国基督徒及其学者所肯定和沿用。在现代思高版中译本《圣经》附录中，有"圣经与世界大事年表"[③]，即把《圣经》年表、中国历史年表和世界其他民族历史年表相并列、相对照，以喻示它们之间的关联，指明《圣经》历史与世界历史的统一性。从与后者相关的精神性索隐来看，索隐派这几位主要代表的基本思路和类比方法亦为中国人所熟识，并得到畅通无阻的运用。例如，中国基督教学者曾将《圣经》中所描述的上帝与中国"四书""五

---

① 当代中国史学界曾将"夏商周断代工程"列为史学研究的重点；参见宋健《超越疑古，走出迷茫》一文，《光明日报》1996 年 5 月 21 日第 5 版。但这一"工程"结束之后，人们的分歧、疑问也并没有得到彻底解决。

② 有人断言，"中国和古墨西哥文化具有整体、序列、共时、历时特殊指向的同一性"；其"龙凤文化、太极八卦文化、五方五行五色五音五气文化都浓缩在墨西哥国宝阿斯台克太阳历中，其间显示出鲜明的中华本土文化的基因"；"不仅美洲印第安人使用的乐器阳埙、排箫、螺号、人骨笛与中国的古美人、西藏人的乐器功能相同，而且在五声音阶和五声调式上也与中国的宫、商、角、徵、羽完全相同"。其呼之欲出的结论是："莫非，美洲印第安人的祖先，是五六千年东迁的中华先人？"参见小月《中国、墨西哥文化本是同根？》，《光明日报》1996 年 7 月 24 日第 5 版。类似的推测还有摩门教关于最早的美洲居民乃巴别塔变乱口音后迁徙而来的雅列人，故印第安人为希伯来人直系后裔等说。

③ 见思高圣经学会译释《圣经》，香港 1968 年，第 2017—2042 页。

经"所言之上帝相等同,宣称东方的中华文明与西方流行的基督教文明本有着"共同的上帝"①。在基督教信仰中,"羔羊"有着独特的意义:因为耶稣基督被视为"上帝的羔羊"。为此,不少中国基督徒也如马若瑟那样从汉字"羊"的象形意义和《诗经》对羔羊的描述上来索隐求证,指出汉字的"美"乃"羊大为美"、汉字的"善"乃"羊言为善"、汉字的"义"(義)乃"我有羔羊才能称义"、汉字的"祥"乃"敬仰羔羊才得吉祥";并宣称《诗经》已预言了"救主到世界来会像无罪的羔羊为世人牺牲生命"。陈慰中将《诗经》中的下述诗文"羔裘如濡;洵直且侯。彼其之子,舍命不渝"②译述为:"带上羔羊者温柔光荣,这人确实公义且美好。谁能述说这人子世代,肯为人类舍命施博爱。"③凡此种种都充分说明,在中国近现代基督教认识史上,索隐派仍大有人在。

反之,一旦来华传教士不在中国文化中索隐、认同,强调其独特性和排他性,就会遭到中国文人及百姓的坚决反对和抵制。针对传教士求异、存异之举,不少中国人则指责其传教乃"奸夷觊中华,乱学脉,出神没鬼,为开辟未有之变"④;"最惨而毁圣斩像,破主灭祀,皆以貌我君师,绝我祖父,举我网常学脉而扫尽者也"⑤。其结果是基督教传教遭到中国朝野的一致反对和谴责。

明清间中国著名士大夫徐光启、李之藻、杨廷筠、王徵等人的皈依天主教,均是出于对"耶儒相通"、基督教之论"多与孔孟相合",以及基督教之"天主"实乃中国古书之"上帝"这种中西文化认同的动机。认同中国文化的耶稣会士及其索隐派参照中国历史和经典来宣讲基督教教义,被当时的一些士大夫视为是向中国远古文化本源的回归,因

---

① 参见陈慰中《共同的上帝——上帝在〈圣经〉和中国四书五经》,加拿大维多利亚中华学院出版社1994年版。
② 《诗经·国风·郑风·羔裘》。
③ 参见陈慰中《共同的上帝——上帝在〈圣经〉和中国四书五经》,第97页。
④ 黄贞:《十二深慨序》。
⑤ 苏及宇:《邪毒实据》,《破邪集》(卷三),第33页。

而为其所接受。徐光启就认为天主教作为"至美好"的真实道德价值"使人尽为善",从而"真可以补益王化,左右儒术,救正佛法者也"①。王徵曾以"畏天爱人"来概括天主教信仰,认为其与中国文化精神并无二致。他指出传教士"学本事天,与吾儒知天畏天,在帝左右之旨无二"②。在这些士大夫看来,他们作为天主教徒和中国儒生二者可以并立并行而毫无矛盾。王徵相信"人亦不问中西,总期不违于天"。③而李之藻也强调"东海西海,心同理同,所不同者,特语言文字之际"④。

自近代基督教新教入华传教以来,林乐知(Young John Allen, 1836—1907)率先提出"孔子加耶稣"的主张。他将基督教教义与儒家思想精神加以对照、比较,从而使索隐派等耶稣会士的入华传教方法得以重视和拓展。在近现代天主教"中国化"和中国新教教会"本色化"及"本土神学"运动的发展中,这种认同之法重新得到肯定和强调。在部分传教士的倡导和中国教徒的回应中,中西文化精神之认同得以延续和深化。不少中国人本着这种态度而认为基督福音与中华儒学并不相悖,指出"中西之教,固有符节相合者,如大化圣神及天之生是使独,即西教圣父、圣子、圣灵合为独一之上帝也;欲立欲达,己饥己溺,即西教洗礼之意也;每食必祭即西教圣餐之意也;三省内讼,月吉定讲,即西教礼拜之意也"⑤。可以说,在天主教和新教入华传教的经历中,这种认同方式往往要比其求异方式更为顺利和成功。

毋庸讳言,认同之法虽然解决了"怎样传"的困难,却亦会陷入"传什么"的矛盾。以天主教东传为代表的明末清初中西文化交流常被一些传教士和中国学者视为是双方建立在误解基础上的默契。耶稣会士

---

① 徐光启:《辨学章疏》。
② 王徵:《西儒耳目资叙》。
③ 王徵:《远西奇器图说录最序》。
④ 李之藻:《天主实义重刻序》,见徐宗泽《明清间耶稣会士译著提要》,第147页。
⑤ 赖国华:《中教西教异同论》,《教会新报》第四册,第1819页。

龙华民（Niccolo Longobardi，1559—1654）就早已指责利玛窦的传教方法失去了基督教的本真，是一种信仰嬗变和蜕化，而信奉天主教的中国士大夫也没能弄懂天主教之真谛，只是在其思想上形成了儒教和天主教诸观念之混合和"杂烩"，所以谈不上真正的皈依。这种态度此后也自然使索隐派的认同方法从根本上被否定。但所谓原汁原味之信仰或其绝对精神之纯正，按其本质是不可传、不可译、不可言的，即"道可道，非恒道"之理。离开相关媒介即一定的语言文化载体，单向性地传入和引进亦根本不可能。

从文化哲学、文化传播学、哲学诠释学和语言转换学的视角来看，"传"在事实上很难是一种"单向性运动"，而多为"双向性契合"。"传"之中势必有转化、借鉴、吸纳和扬弃；"传"不可能是"独白"而只能为"对话"。其结果自然会你中有我、我中有你，以此构成在某一时空及其思想文化氛围中的"新的共同体"。因此，在保持其基本信仰精神的前提下，中西文化交流尤其是宗教层面的交流，应允许保留对其历史或思想之"合法的偏见"或"合法的误解"，它乃达到最后"澄明之境"的前阶段和过渡期。

总结基督教在中国的曲折经历和复杂遭遇，当代中国神学家赵紫宸曾深刻指出："中国基督徒乃觉悟基督教本真与中国文化的精神遗传有融会贯通打成一片的必要，基督教的宗教生活力可以侵入中国文化之内而为其新血液新生命；中国文化的精神遗传可以将表显宗教的方式贡献于基督教。"[①]在这一视域中，索隐派对中西文化认同所采取的方式方法则对我们反省和反思基督教入华传教史颇具启迪意义。其在当时文化历史环境下所用求得"形似"之方法，本有着更深刻的动机和指归。尽管这种"形似"显得肤浅或荒唐，却有其历史合理性和超越历史的认知意义，因为它探寻了一条当时基督教在华可能生存和继续发展之途。当然，由于历史之局限，索隐派认同中西文化之举也仅仅达到其表面的

---

① 赵紫宸：《基督教与中国文化》，林荣洪编《近代华人神学文献》，香港，中国神学院1986年版，第423页。

"形似"而已，其勉强程度和非历史性显而易见。至于基督教在中西文化交流中可能的"神似"，尚是未来追求的理想目标。它对我们而言，仍然是一个未被揭开之谜。

（原载《道风汉语神学学刊》1998年第8期）

第十八章

基督教与当代中国社会文化的对话

　　基督教与中国社会文化的对话是一个经典的话题，也是一个漫长的过程，其中有历史的厚重，也有哲学的睿智，更不能回避政治的诡谲。在基督教与中国社会及其精神对话上，人们在思辨、形而上、语言、艺术等领域可相互对唱；置身其中乃会觉得眼前异彩纷呈，感受到美的历程。毫无疑问，我们在抽象意义上已经可以深入讨论基督教及其思维特色，获得神学美学之美。但回到现实，总感到仍是一种隔着鸿沟唱山歌的场景。我是来自张家界大山的土家族，我们民族有一个风俗，就是大家在不期而遇、隔山相望时会产生互动，尤其是青年男女山歌传情，大胆无忌，敢吐真言；双方声音很大，传得很远，而且嗓音很甜，非常感人。这种隔山相望有着"距离美"，能够很好地唱和。但"相望"而不能"相会"，彼此在实际上却"走不到一块儿"，因为两山之间没有桥梁，山下悬崖峭壁，险象频生，要绕过去设法相会则会走得很远很远，几天、几十天都不一定能够到达，甚至根本就找不到相会之路。基督教在当代中国社会中的处境似乎就是这种状况，精神上的浪漫很容易被现实中的苦闷所取代。我们的言述已能"相望"，但我们的立足却仍不能"相会"。徐绵尧神父谈到海外、特别是西方国家看中国的基本眼神就是一个"无神论的国家""共产党的国家"，认为中国不可能成为西方社会的"真正朋友"。同样，我们在中国也能感受到对西方社会的怀疑和警惕，相信其有"亡我之心"，因此双方有合作也是权宜的、并非根本的。故而一般都是各唱各的、各抒己见，基本没有，甚至不想倾听、沟通和交流。这种态势正在加剧，而且很难看到缓解的希望。所以，我想忍痛割爱那"美丽的歌声"和"动人的语言"，在此从现实"直白"的层面来看"沟"（差异所在），探"路"（如何解决这些差异问题），为筑"桥"提供些思路和建议。这是基督教跨越两种社会之处境所决定的，因而其可能空间及突破只能始于文化，我们所以有必要更多地将眼光转向其文化领域。自中国推行改革开放以来，基督教在当代中国社会重新活跃、且迅速发展。这种"复兴"并非完全是基督教本身的"觉醒"或独立发展运动，而更多的是揭示了在"全球化"的氛围和中国努力融入当代国际社会之处境中，基督教与中国社会文化新的相遇。回顾以往交流的历史，二者的关系一直仍处于"未结束的相遇"这种状况之中，而现在新的形势显然给二者的进一步对话、沟通，从而给其基于双向互动的求同、共存也提供了新的机遇。

一　对话的外部环境和条件

（一）有利的外部环境和条件

1. 中国参加了许多国际组织，在国际舞台上起着负责任的大国的作用，现在客观上在与西方大国"共舞"。由于西方一些国家对中国的发展带有偏见，尤其对近四十年来中国所取得的成就有着复杂的感情，在政治、经济、贸易往来和文化交流上对中国设置障碍、增加壁垒、故意刁难，中国老百姓对此故而也颇有"与狼共舞"的感觉。不过，发展中的中国从内心希望和谐、和睦，对外开放已经有了非常积极的姿态，由此主动扩大、并加深了与世界各国政治、经济、社会、文化、思想、信仰等方面的沟通和交流，获得了一个积极对话的平台。目前这种发展已经走到十字路口，"往何处去"对于大家都乃生死攸关。

2. 世界各国尤其是西方发达国家来华投资、经商、合作、创业，获得了对中国文化、当前国情更全面、深入的了解，由此带来了相互关系从"对抗"到"对话"的积极转变。虽然尚有"乍暖还寒"之感，在许多领域却已从对中国的冷漠、冷淡转到了新的"中国热"。不过，我们也需冷静地看到，这种"热"主要是在文化领域，而且在"蜜月"之后"热"度会减，若无新的发现则可能出现"审美疲劳"。在经过几次反复之后，双方已有"累"的感觉，彼此正在出现倦意，故而需要某种机遇带来新的"激活"。

（二）存在的问题

1. "冷战"的思维在政治、意识形态、文化战略领域仍然残存，而且在遇到某一层面的冲突、形成相应热点、焦点时则更为明显和突出，中国在与一些西方国家的政治、经济、文化交往中仍然有着彼此在深层次上、在心理底蕴中的不信任，难以建立全方位的真诚合作。而现在虽然慎谈政治冲突，但"文明的冲突"却似乎正成为世界的共识。

2. 对宗教、宗教自由、宗教信仰自由等方面的理解上存在明显分歧，对宗教的价值判断、社会功能、文化影响的评说和态度上亦颇有差别。中国知识界、政界和社会舆论上对宗教的认知仍各有不同，褒贬不一；这种分歧、矛盾甚至在加剧而没有缓解的迹象。在我们的社会究竟应该如何处理无神论与宗教的关系，二者应如何共处，或有无可能共处，其界限仍很模糊，人们态度各异，对之颇有"盲区"或"雷区"之虞。

3. 对基督教与中国社会文化的关系究竟是"适应""融入"，还是"抗争""取代"，究竟是突出基督教在华的"本色化""处境化"，还是坚持以基督教作为"普世价值""普世宗教"来在华推广、覆盖，以求"万流归宗"，教内教外对之亦各有说法，难达成一致。基督教在宣教、传道，以及社会慈善福利等方面的热情在中国社会则经常受挫、碰壁。不少"传教士"或"传道人"对之一头雾水，不知所措。其自我定位究竟是"仆人"还是"先知"亦众说纷纭。

要解决这些问题，形成真正有利于二者对话、沟通的环境或背景，则仍有待于中国与西方一些基督教大国在政治、经济关系上出现根本改善，及其在文化、思想交流上建立起真诚信任和相互尊重。双方应该

"共建",而不是相互"拆墙"。这在目前处境中似乎是一个遥远的"童话",因而直接涉及基督教当下的立意及选择。

二 基督教在当代中国所面对的基本"国情"及其政治文化传统之延续或演变

(一)"社会主义"体制的国家政体及其文化

1. 基督教与"社会主义"的关系怎么理解,这是既老又新的问题。按照马克思主义经典作家的观点,社会产生宗教,决定宗教存在的性质,其对宗教及其社会都颇有批判之意。不过,按照具体问题具体分析的原则,"中国特色"之社会主义初级阶段所"产生"的宗教,所影响的宗教"存在",与其他社会体制下宗教的产生与存在是有着差异和区别的;这里有一个社会文化之统一性的问题。所以,基督教在当今中国也应是"普遍性"与"特殊性"的有机结合。一方面,必须看到宗教乃相关社会文化的产物及象征;另一方面,基督教从其历史传承来看却有着"跨社会""跨文化"的特点。其在当代中国得以存在与发展本身已说明了基督教对"社会主义"社会的某种"适应",但从其现状来看,则仍有不足之处,同样也仍然存有发展的潜力。

2. 中国社会主义社会所实行的是"宗教信仰自由"政策;其政权与宗教的一大特点就是强调"政治上团结合作,信仰上相互尊重"。这样,中国社会应该是处于一种"宗教宽容""宗教包容"的文化氛围中,基督教故此仍有与执政党、政府对话和交流的空间,而且也可以在宗教信仰上保持住其信仰独立性和宗教传统。相互尊重、和平共处,这是当今中国提倡"和谐"的真谛。因此,基督教在积极适应社会上还是有较大的空间,在其社会文化适应上也可以有相应的构设。

3. 从历史发展来看,中国社会有着漫长和复杂的发展过程,经历了与各种文化的相遇、碰撞、对话、沟通,甚至共构。中国的文化发展也是在这种社会变迁过程中不断充实、不断重塑、不断成熟的。基督教在中华社会文化氛围中可以总结、反思过往的经历，梳理一下其文化适应、文化融入和文化创建的思路与途径。以往的适应可能在文化的具体运作上比较多，比较注重在文化各相关领域的作为，然后从根本上来看，基督教还必须思考在中华文化中如何形成其相应的文化气势，塑建恰当的文化气质和禀赋，体现出中华文化的本真及风骨。

（二）"信仰"理解从"单一性"到"分层并行"

1. 中西古代传统都过于强调信仰的"单一性"，认为"单一""唯一"才是信仰纯正的表现。明末清初天主教在华因其宗教的排他性而不允许中国天主教徒仍保持传统儒家信仰，甚至利玛窦把儒教不视为"宗教"的权宜之计也不管用，结果导致所谓"中国礼仪之争"，形成文化和政治冲突。如果只从一个层面来看待信仰，就会出现宗教"信仰"的"政治化"倾向，将宗教与政治置于不可避免的对峙、对立局面，从而形成非此即彼的"排外"或"排他"性。因此，有必要对中华文化氛围中的信仰理解加以探究，找好基督教本身的宗教信仰之定位。

2. 当今信仰理解已不再是单一的，而可将之加以多层区分：在"信仰"的范畴中涵括政治信仰、文化信仰、民族信仰、宗教信仰、哲学信仰（知识论）、科学信仰（规律论），以及可能存在的民俗、大众等层面的信仰，使它们具有并行不悖，和平共处的可能性。正如在现代航空航海之交通发展上，人们可以充分利用海阔天空，多分出一些航线，多开拓一些航道，使之不必挤在同一个层面而相撞、排斥。多层信仰因为分层而可以共处，从而避免在传统认知中似乎不可回避的矛盾与冲突。一旦达成这种信仰分层，人们的选择性及灵活性就可能更多更大。当然，必须面对我们社会中对单一信仰或唯一信仰之诉求，但同时也必须让社会能够意识到大千世界、大众社会基本上不可能统归于"一种信仰"，尽管基督教在西方历史上看似有过这样的"成功"，但其"一"中充满着"异"就是其历史的生动写照。人类社会如何保持"多"与"一"的和谐共在及可能共构，乃一直实践着的历史辩证法。

(三) 传统政教关系的延续或文化演变

1. 基督教经历了政教关系的复杂发展和演变，自其创立时的政教冲突，在数百年中受到多次政治迫害，教会就在不断调整其与政治的关系，并先后有着从古罗马帝国至中世纪欧洲国家的"政教合一"，经近代发展的"政教协约"，到现当代的"政教分离"等复杂经历和丰富经验。尽管基督教在西方社会政治舞台已经基本谢幕和退隐，却在一定程度上仍然代表着其社会的良心、慰藉和德行。所以说，基督教会在处理政教关系、政社关系上已经积累了各种经验教训，但因过去其力量较为强大而在政教关系中往往表现得比较强势，因而在与中国政治的关系中多有冲突和碰撞。迄今双方在全球范围内都较为强势的态度并未出现根本改变，故此在相互关系上也较难达到质的突破和更好的提升。对此必须要有所反思和反省。

2. 中国古代"儒教"官方意义上的"政教合一"虽已基本结束，而其传统观念、方式依然在一定程度上得以保留。按照这种传统原则，中国政教关系一般表现为由政权掌控宗教的"政主教从"模式，即强调以政统教，以教辅政，而不允许以教控政。而历史上基督教在与中国政治交往的进程中同样也少不了与儒家思想的文化对话，这二者乃同步的。基督教与中国文化的对话过去主要是与儒家文化的对话，与佛道文化对话的展开则要晚很多，而且也弱很多。当今中国政治形态中以政权来掌控宗教这一"政主教从"的局面并没有根本性改变，因而必须提醒人们注意到当今中国政教关系上这种传统复杂延续、仍然留存的现实和真实。而与此同时，儒家的"风光"不再，文化对话上显然有着空白。中国当代文化正处于其建构、形成之中，或许这也给了基督教"参与"中国当代文化建设的机会。不可否认，这种当代中国文化尤其是其政治文化乃中西合璧，其典型的"西方"元素是不言而喻的。既然如此，曾参与了西方政治文化塑造的基督教，特别是已经成为西方文化品牌的基督教文化元素，在当今中国社会文化中是否可以有所贡献，都是值得研讨的。基督教在其文化领域是否可能回归社会信仰领域和人们的"精神世界",这一点在当代中国尚未完全得到展示。

3. 相比而言,佛教在传入中国几百年后就逐渐适应了这种中国特色的社会存在模式,在很大程度上走向了"依国主""入乡随俗"的适应性发展。其对社会政权层面的积极适应和在社会民众基层的大力发展,形成了中国佛教文化的独特景观,其规模和影响甚至远超本土形成及发展的道教。但基督教仍在与中国社会有着张力、博弈,在面对中国社会文化时并不想低下自己在以往历史上曾经"高昂的头",故而彼此张势未消弭,对峙未结束。其融入中国社会文化之路也可能仍然比较漫长。随着"全球化"意向的结束,各国家文化重新走向可能的封闭及保守,习惯于国际社会之开放性、流动性的基督教,也许要重新有其文化审视及谋划。

三 基督教在当代与中国社会文化对话的必要及进路

基督教在当代发展中已经重新"进入"中国社会文化,或者说其在改革开放的全新氛围中在中国社会得以"恢复"或"复兴"。因此,基督教在当代中国的重新崛起中有必要展开与中国社会文化的对话。这种对话既是历史对话的延续,也是当代对话的创新。一方面,基督教的文化资本与过去历史相比似乎已经大大减弱,故而需要思考以什么文化元素来作为其文化对话及交融之基。另一方面,开放性的当代中国文化"重建"或"新建"也似乎内涵不清、外延无限,同样也充满机遇和挑战。因此,在这种新形势下的对话中,似乎有下面一些问题值得关注。

其一,对话共存而可达双赢,真诚对话带来的沟通可以使基督教在当代中国达其理想存在与发展,从而亦使中国文化思想得以充实丰富;就像19世纪末至20世纪初基督教曾参与当时中国"新文化"的建构那样,今天基督教对"新时代"中国文化的建设也有可能贡献的机遇。所以,基督教应认识到中国社会文化当今开放性、对外引进和吸纳的现实意义,抓住这一难得机遇。

其二,基督教在中国之二者关系不是彼此竞争、谁战胜谁、谁吃掉谁的关系，斗则两败俱伤，和则获得双赢。基督教不可能取代中国思想文化，而有可能融入中国思想文化，从而带来中国思想文化的更新发展，这样，双方可以消解"二者"关系而实现"合二为一"，尝试共构一个"新的自我"，由此而实质性地参与当今中国文化重建的工作，凸显其中华文化意识及要素。基督教因而有必要走"进入""融入""化入"中国社会文化之路，这一过程并非基督教的"消解"或"消亡"，而乃其在中国的"新生""重构""创新"，即"道成肉身"的现实实践。

其三，作为一种积极互动，中国社会文化应以海纳百川的宽阔胸襟来欢迎、吸纳基督教"入华""融华"，而不能搞文化排外，保守、封闭那一套，不可仍把基督教视为政治及文化"异类"；我们应总结历史经验教训、避免导致自吃其亏的败局。可以说，强势文化是在吸纳、整合、补充、扩大中形成的。所以，有五千年积淀的中国文化应有"有容乃大"的自信和气魄，完全可以在文化层面及意义上实现对基督教的真正涵容和包容。

其四，由于"鸦片战争"所导致的平等宗教文化对话的中止和被歪曲，基督教应该以这一历史意识来处理其对中国社会文化的意识、情绪、态度等关系，不再以咄咄逼人的"传"为进路，更不能以对中国现状的"指责"而试图证明自己的公义、公正。基督教要以谦卑、悔罪之态来开始与当今中国社会文化的全新交往，以高扬"仆人精神"来"非以役人，乃役于人"，而且，也只有如此才会为其"先知精神"的弘扬创造条件、奠立基础。在今天中国社会氛围中，基督教绝不可有颐指气使、居高临下之念。其实，"爱的神学"与"因信称义"的关系很简单：信就是爱，爱的实践体现出信的真谛，爱的姿态就是"屈己""虚己"，这是基督"道成肉身"、替人赎罪的真实意蕴，故此而真正得以"称义"。

其五，中国改革开放以来的宗教政策已为新的对话创造了有利条件，亦对基督教有了更为客观、积极的理解和评价。基督教从世界整体来看作为一种"强势"信仰文化的代表，在新的形势下大可不必延续以往那种对峙、抗衡的"张势"或"张力"，在文化交往上也应有"退一步海阔天空"的"忍让"姿态，从而营造一种谦让、说理、和谐的氛围。或许可以视此为基督教在社会文化交流中的"濯足"礼。若不迈出这一步以回应当前中国改革开放以来对待基督教态度上的改善或改观，则可能使双方的对话重新陷入僵局，贻误历史提供的良机。同理，中国当代社会也应调整以往主要以传统政治视域来看待基督教的认识角度，走出历史的阴影及其带来的恩恩怨怨，以开放、平和、客观、公正的心态及眼光来审视基督教在华的存在与发展，即以一种认为宗教乃社会的客观存在之"平常心"来看待和对待基督教，从而能使基督教的存在与传播不再为"政治渗透"、而主要为"文化交流"，是积极、正常的信仰精神之宣扬，而非功利性的社团势力之争夺。

总之，当今基督教与中国社会文化的对话机会难得，弥足珍贵。其关键在于彼此对话和对待对方的根本态度。只要这种态度达到积极意义的质的改变，对话内容及如何对话的问题或困难则会迎刃而解。由于历史的障碍，人们也有着种种心理上的障碍，使彼此疏远、陌生。但"全球化"的共在及挑战使我们又一次走近，得以正面相望。我们应以此契机来积极筑桥修路，从而争取真正形成在新时代双方对话的"无障碍"之旅。

（本文为2009年11月3—6日在浙江大学"基督宗教在当代中国的社会作用及其影响"高级论坛上的发言）

第十九章

基督教思想的中国处境及其文化适应

  基督教思想与中国文化的关系是中西对话中的一个重要话题，同时也深深影响到社会政治层面的中西关系。为此，笔者在这里尝试探讨基督教思想在中国历史上的处境化及其遇到的张力和问题，认为中西双方的社会政治关系及文化交往影响到中国人对基督教思想的理解，而基督教传教士对基督教信仰及其核心思想的传播也不离中西社会、政治、文化交往的历史背景。中国政治的一点儿风吹草动，对于其中的基督教个我就是暴风骤雨；如果没能达到风平浪静，则有可能处于风口浪尖。过去西方政治、经济和军事的强势曾使这种交流成为一种"不平等"交流，从而带来了中西双方基于当时这种处境下的误解和误读；因此，对基督教信仰思想的理解在当代中国仍然是一个没有根本解决的问题。人们对于如何客观理解基督教信仰，正确解释其思想文化体系仍存有不少疑虑和困惑。不过，笔者觉得，在当今社会打破这一思想交往僵局的有效之途则应在中国处境中基督教思想如何达其文化适应中找寻。虽然仍有人坚持对基督教思想的理解不以其中国文化适应为前提，基督教信仰思想以其跨越文化的"普世性"为特征，我们却深感没有这种文化适应则找不到其思想文化交流的入口。跨越文化乃以进入文化为前提，只有适应相关文化并在其中得到弘扬，才可能真正体现这种"普世"意义。所以，基督教信仰及其思想体系在华仍然显得"边缘""另类"或难以深入的根本原因还是其在中国处境中的文化适应问题。因此，对于仍在西方社会起到文化主导或思想引导作用的基督教信仰体系而言，我们寄希望于其"放下身段"，尊重并真正研习中国文化，走文化适应之路；特别值得注意的是，基督教在中国处境中文化适应的成功将有效改善中西社会政治关系，为中西政治对话创造有利条件，排除双方真诚沟通的深层面精神障碍，从而形成精神信仰层面对社会政治关系非常积极的反作用。可以说，基督教思想对中国文化的适应及融入不仅具有宗教文化交流的意义，而且还可以为缓解甚至消除中西政治张力提供思路及经验，从而为推动世界和谐做出贡献，尽早让"地上有平安"。

导论

基督教思想体系历史悠久，博大精深，在整个世界思想文化体系中亦有着非常重要的地位。它作为西方文化的主流体系曾多次与中国思想文化相遇和交流，但二者交流之态乃体现为两种强势文化的接触和对比，故而在社会政治意义上交锋多于交流，彼此迄今仍存有张力。由于各自都强调其文化自觉和自我意识，并持守其基本精神理念和原则立场，因此，二者在思想文化领域的交流也很难一帆风顺，从而使其历史上的"相遇"多变为有着矛盾冲突的"遭遇"；双方虽有千年之久的"相遇"，却没有真正"相知"或"相识"。这样，基督教在中国就有了颇为复杂的处境，而中国人对基督教亦产生了极为微妙的心境。今天中国社会抵制境外宗教渗透，应该说主要就是防范基督教的"非法"传入。如何从基督教立场去了解中国文化，是批评和改造、还是认知和承认？这是历史上东来中国之基督教传教士必须考虑和决定的问题。而如何从中国文化角度去了解基督教，是抵制和排斥、还是理解和吸纳？这则是中国人面对基督教而必有的表态和选择。其实，在二者的相遇中，既有"对话"亦有"对抗"，既有"求同"亦有"存异"，既有"共识"亦有"分歧"，由此构成了今日中国基督教及其在中国社会的复杂现状。"中国基督教"或"中国基督徒"实乃两种精神主体和两种文化载体的并立与相融。但它迄今并没有彻底、或较为理想地解决基督教在中国生存与发展的问题，亦未达成基督教与中国文化的理想共构和完美关系。对之展开深入探究，就体现出我们关注基督教思想的中国处境及其文化适应的问题意识。

有没有基督教"中国化"的需要和必要，人们分歧颇大、争论激烈。从基督教方面来看，其作为一种"普世宗教"在世界各地都有着广泛的传播，其"传入"是"输入"和单向性"赠予"，好似不存在自身却被"同化"的问题。不过，既然是在异域的传播，基督教自然也会接触各种不同的文化，使用与己相异的语言，从而不可避免地涉及其"本土化""处境化"的问题。这种"本土化"或"入乡随俗"的思想实际上就是基督教内的有识之士率先提出来的。当然，在这一过程中，势必产生政治、社会、思想、文化、习俗、心理等复杂问题，基督教必须学会与其所在的各种思想文化传统及其流行潮流打交道，从而也就要深入其内，窥其堂奥，自然也会出现彼此对话和双向交流。从中国文化传统方面来看，中国文化有其超稳态的封闭性"内涵式"发展，其自我完善和精神充足也好像不需要任何外来的"输入"，可以"洁身自好"。这种"华夏"优于"蛮夷"的自我感觉直至近代才被西方的洋枪洋炮所打破。但现代缺乏"文化自信"的一些中国人却又害怕基督教如佛教那样在"中国化"后更为强势，会在思想精神文化信仰领域"取而代之"。在这种矛盾心境中，中国基督教内外的不少精英人士对基督教适应中国文化的理论及实践进行了探讨，有着不少反思和真知灼见。在中国实行改革开放以来的当代社会，一些研究者继续这种回溯及思考，对基督教思想文化的中国处境有着鲜活的感悟和生动的体会。

对基督教思想的中国处境及其文化适应的正确认识和客观分析，不仅是对基督教在华生存及发展的把握，而且也是对中国社会文化如何对待、处理外来思想文化的判断和评价。由此亦可找出中外文化交流中应该吸取的种种经验或教训，以历史之镜、前车之鉴来启迪、引导我们避免再犯错误，走出在弯道中的徘徊。应该说，在信仰的理想意义上，人们对基督教在文化和精神价值层面的意义有较高的期盼，其对"两希文明"的综合及升华使之给人类留下了宝贵的精神遗产，而其在中国的存在及发展也有益于中国"海纳百川"的传承和其开放之态,可促成中国文化的自我更新和往前推进。为此,我们在中国当代社会开放发展的形势下理应对基督教有客观、全面、正确的理解,从吸收人类一切文明精华的角度让中国文化吸纳而不是排拒基督教,对之加以积极的改造利用,以增强我们文化的精神底蕴和理论厚重。不过,多数中国人对基督教在华的现实存在还是颇感失望,而对海外基督教会对华的总体态度亦深为不满。在重新开启中国与基督教的思想文化交流时,双方都应该对以往历史有所反思及反省,持开放对话的姿态。在今天"全球化"的新形势下,基督教与中国的友好相待和深入交流有了新的机遇和较佳条件,我们理应努力推动其对话和理解。在此,通过一种外在于基督教会的当代中国学人的视域来讲述基督教与中国文化的精神历程,找寻其存有的障碍及打通的可能,或许能体会到另一种参照和比较。这是一种观察和参与的双重身份,因而既体现出其责任,同时也更能达到一定的超越。实际上,基督教与中国文化之相遇和对话的成功,取决于一种更开阔的视域和更积极的双向互动。而这些条件在今天已经基本成熟。

探讨基督教思想的中国处境及其文化适应,在华人学者内也有不同的处境定位和参考系数。海外华人基督教的存在处境和发展机遇与中国内地颇为不同,虽然其也面临着多文化的共聚和碰撞,却在跨文化对话上相对容易和简单。但若"回归"到中国大陆的社会政治及思想文化处境,则会有着不同的问题要面对,其体验和体悟也远为复杂,曲折。所以,关于基督教与中国文化的对话,不只是双面的对话,而乃多层面、多视域、多角度的对话与交流,因而也就会有更多的戏剧性及个殊性。过去人们习惯于在对话相遇的场合各自"独白",从而实质上把本应有更多"倾听"的"对话"缩减为没有"倾听"意向之共在的"独白"。基督教与中国文化的对话在过去有不少时机曾嬗变为各自独白或彼此争吵,而如今要想展开真正的对话则需要倾听对方。这在中国范围展开的对话,也就要认真了解和思考基督教教会社团及其神学思想的中国处境,以及其由此所需的社会与文化适应。基督教信仰及文化体系的重大意义乃不言而喻,但其对中国文化建设及发展的重要意义和独特价值却并没有得到真正彰显；同样，基督教应如何准确表达对源远流长、底蕴深厚的中国文化之应有尊重，也不是十分清晰。双方的先驱者都有筚路蓝缕之功，但这一问题尚未获得根本解决。对此，大家虽然悟"道"不一，见解不同，却对这一现实能够点头默认，心领神会。

基督教作为世界第一大宗教现已有近22亿信众，占世界人口的三分之一，其广泛传播亦使其覆盖面达到在世界230多个国家和地区的存在及发展，并且是整个欧美和亚非部分地区文化价值体系的主要构成，形成深远影响；这些因素都理应值得当今作为世界文化大国之一的中国高度重视。我们现在谈怎样推动中国文化建设及繁荣，让中国文化走出去，思考应如何促进世界的和平与和谐，都离不开与基督教的交往和对话。中国文化想要真正走出去，其重要准备之一就是需与在中国历史上已经不请自来的基督教打交道。研究基督教，则应特别探讨如下三个层面，一是基督教信仰体系的核心价值观念和基本神学教义思想，了解这一核心层面如何与中国思想文化关联；二是基督教与人类历史上相关社会及民族的关系，即对基督教的政治史、社会史解读，以及这种解读在中国处境的意义与作用；三是基督教与中国社会文化相遇相处的状况，应如何走出困境、向前推进。只有相对深入、透彻地认识好这三个层面，将这三方面联系、综合起来分析评价，我们才可能会正确理解基督教思想的中国处境及其文化适应和融入的必要，使基督教与中国社会文化有更多积极、正面的关联，从而得以走出其近代阴影，迈入可能获得阳光普照的当代。

一　基督教信仰核心思想及其中国处境

基督教信仰体系的核心价值观和基本神学教义思想发源于古代闪族的原始宗教观，经过犹太教文化传统综合古代文明核心要素而有其基本内核和思想雏形，在与古希腊罗马文化的汇聚、交融中得以升华和完善，形成其基本文化体系和信仰精神，并有了最早的理论构建和哲学思辨。这种信仰核心思想包括"绝对一神"的观念，"三位一体"的表述,"道成肉身"的体现,以及人的存在是照着"神的形象"、却因犯"原罪"而导致神人隔绝的思考,既有其神学思维的独特性,亦反映出在各宗教信仰中的某些相似性。这种"神性"思维及其"神话"表述使世俗化语境中的人们、包括大多数当代中国人很不习惯,甚至被视为"荒唐"的奇思怪想,由此形成教内外人士在此认识上有着精神层面的隔阂及不解,导致在中国处境中其信仰追求上的"思想斗争"。中国思想传统中神人之间并无绝对的距离,多神观念与仙人思想有着复杂交织,作为"绝对神"的"天"亦与"人"有着关联,据传"天人合一"的表述最早乃"人天合一",而作为"天子"的人间帝王也与"道成肉身"的神秘观念形成鲜明对照。与基督教思想神人二元对立、此岸彼岸迥异、超然与尘世相分的观念不同,中国神学思想基本上以圆融一体的整体宇宙观为基础。这样,基督教信仰核心思想在中国处境中要想得以体现,则绕不开与中国神明观念的对话、对比和独特意义的相互打通。

此外,基督教思想结构也一直在尝试用理性的逻辑、哲学的体系来规范、整编其神性思维和神话语言,由此构建起博大、复杂,甚至烦琐的"形而上"之"玄学",并最终对之冠以"神学"之名。这与西方哲学紧密相连,而"形而上学"实际上也是其"哲学"的代名词。西方神哲学有着自然的关联,如在今天的天主教思想体系就仍沿用"神哲学"的表述。但在中国思想意识中,则好像神学与哲学本质有别,不可互通。而且,在中国"形而之上为之道"的"形而上学"之表述,已在近现代被负面化,成为否定性术语。多数中国人并未真正意识到这种"形而上"思维方式的缺失对中国文化精神发展的消极影响,当人们因"唯物"而自豪时却不知被"物"所缠而难有超越或超拔,结果会因"物"的压力而"下沉",失去摆脱物欲而"向上"的升华。迄今仍有人对本来源自柏拉图的"神学"表述有着天然的敌意和反感,显出谈"神"色变的敏感。因此,基督教思想体系在中国处境中会步履维艰,其"神学"之神奇在"神州"竟鲜有人欣赏。这种思想体系的对话更为艰难,亦更为根本。而基督教宣称其思想体系的"绝对性"

这种优越感也自然会在中国处境中碰壁，所以其对话必须小心翼翼，不断探索。在改革开放的当代中国，人们与基督教的交往中所表现的开明性，即表现在对这类思想表述体系已在看到其局限性的同时，也承认其在人类思想史进程中有相对的合理性及其存在的现实价值。人们开始承认这种思维是人类保留至今的一种重要思想方式，而且为西方文化氛围中的大多数人所习惯。

实际上，在今天中国与基督教思想体系的对话和沟通中，不少人已觉察到，在我们现实世俗层面的认知表达上，也有不少"隐性"的神话或神学表述，其有限性、相对性及其存在意义和价值乃是并存共立的。基于人在根本意义上的"有限性"，我们对各自的精神、信仰的表述体系理应相互尊重、理解和宽容。绝对的非此即彼最终也会使其坚持者陷入荒唐。因此，在信仰精神层面，应以对话来求得理解，放弃对自我见解的绝对诉求和宣称。只有抱着这种态度，我们才可能真正展开与基督教及其他宗教信仰的平等对话，而不再因持有指责、嘲笑、轻蔑、贬损之态而导致"思想冲突""文化斗争"，使各自差距加大，结果只能分道扬镳，渐行渐远。其实，基督教的"神学"表述反映了世人"超越自我"、寻求升华境界的努力。对于这种宗教思想，我们应该以信仰超脱之态而深入信仰体认之境，这样才能真正窥其堂奥。所以，今天中国文化与基督教信仰体系的对话，其立足点已不应该仍是"精神批判""信仰否定"，而应以开明、开放之态去认识、了解和理解。而这种意义上的对话，我们刚刚认识到，但还远远没有真正展开。最近在尼山论坛等展开的中西"耶儒对话"，其实质和效果仅仅是在努力营造这种对话的气氛，表达出良好愿望。当然，既然路已开出，我们当勇往直前。

二 基督教社会政治意义的中国处境

在基督教两千多年的社会历史发展中，基督教卷入政治、民族等错综复杂的社会领域乃是不争的事实，包括"刀光剑影"的政治斗争和宗教战争，因而很难否认这一"血与火"的历史。社会政治领域中的基督教已不纯为抽象的思想信仰存在，而是社会群体存在，其社团组织形式有着生存利益诉求和社会政治主见及相应选择，从而也的确乃一种政治存在和社会势力。这样，基督教的社会史与相关国度及地区的政治斗争史脱不了干系，其在人类的宗教战争史中也占有相当比重。对于基督教卷入社会政治的这种历史事实，我们没有必要也不可能回避或掩饰，而应该对之做出其社会政治史的参与究竟是推动了历史发展、带来了社会进步还是完全相反等客观判断。

无论是在最初的犹太社会、古罗马社会，还是其后的欧洲中世纪社会及近代以来世界各地的相关社会，基督教从来就没有离开过社会政治领域，可以说基督教一直都是"政治性"很强的宗教，所以对基督教"讲政治"也是情理之中的考虑。一些人强调宗教的"非政治性"，尤其是反对宗教在社会政治领域"被利用"，因此也宣称基督教乃"非政治的"宗教。实际上，这种想法只是非常幼稚的想法，而且也脱离了社会历史事实。回顾基督教的社会历史，可以看到基督教早在公元4世纪成为罗马帝国"国教"之前，就有其明确的政治态度及选择。正因为如此，马克思、恩格斯等人曾将早期基督教与早期工人运动相比较和对照。而当基督教由非法转为合法，从地下转为地上，由被打压转为被扶持，其与社会政治的关联就更为明显，也更加直接。自罗马帝国后期，人们开始认真地将基督教作为一种"政治势力"来看待。这种看法在西罗马帝国灭亡后得以延续，如对基督教在中世纪西欧作为一种独特的社会政治力量之审视，对基督教以宗教改革等形式参与西方从中古到近代社会政治转型之分析，以及对基督教在西方政治势力在全球扩张中的作用之认识等；基督教与政治的关系从古到今虽多有嬗变，却延续下来。这是其社会政治层面的一大特色。

基督教在世界各民族中的传播，亦与这些民族的社会政治史有着复杂的交织。虽然在近现代社会的"世俗化"进程中，基督教好像已经从直接的政治掌权上退隐，但其社会政治影响仍然存在，而且还成为不少民族经济社会发展之"潜在的精神力量"，影响甚至制约着这些国家或地区的社会政治发展，使之形成相关的政治特色。所以，我们必须务实地看待基督教在社会政治层面与世界相关民族、相关国度及地区的复杂关系，将之视为一种有着强大力量的社会政治实体。这种从世界史意义上对基督教的政治认知，是我们了解基督教在中国处境亦具有社会政治意义的时空背景和历史实况。

在中国社会历史发展中，基督教的中华之行不是作为单纯的宗教信仰体系而来，其本身乃承载着西方及相关社会的政治、文化因素。如果说唐朝时景教东来的政治意义及影响尚不够明显的话，那么自元朝"也里可温"的入华就已经明显增加了其社会政治上的蕴涵。据传天主教入华传教的动力乃在于说服东方"约翰王"（约翰长老）这样的君主皈依正统天主教信仰，并希望在东方能形成对西方天主教十字军"东征"的呼应及配合。尽管这种希望终成泡影，人们只是将之视为早已消失在尘封的历史之中的传说，却仍可体悟到其中的政治蕴涵。而且，当时元朝统治者之所以接受各种外来宗教，也有着以这些宗教来维系、保障其社会统治的政治考量。

明末清初天主教的入华则有了更多的社会政治因素，以基督教的东传而突出的中西双方文化交流，却逐渐让位于其社会政治意义上的冲突，这在"中国礼仪之争"上达到了总爆发，天主教教宗与中国皇帝的对抗更主要乃是政治意义上的，而且其负面影响流传至今仍未彻底消散。据传，以西班牙、葡萄牙为主的西方殖民者本来也想靠武力来支持其远东传教，但因在争夺海上霸权的战争中西班牙"无敌舰队"被英国摧毁，使之失去了炫耀武力的资本，对远东的武力威慑已是鞭长莫及，随后只好任其传教士以和平、对话之态来华，被动地"入乡随俗"、周旋在帝王、官绅的政治圈子之中，设法适应中国的社会文化。但仍有一些传教士难以掩藏其政治、文化的优越感，所谓"礼仪之争"最终扩展到西方罗马教宗与中国皇帝之争，实际上已经成为政治权力的宣示和诉求。基督教在中国的这种"教义之争"以"政教之争"而告终，则意味着基督教在华的宗教层面已经让位给政治层面，而随后其文化对话也被"文明冲突"所取代。这在"鸦片战争"后西方政治军事势力以"船坚炮利"而在中国取胜，基督教传教士亦以"不平等条约"为保障再次全面来华中得到典型体现。此后的入华传教士多持有"基督教占领中华"的帝国思想，在中国人面前表现出其政治、文化的优越性。但基督教在华由此也就有了迄今仍未解开的政治之结，形成对基督教在华发展极为不利的社会政治处境。这是历史留给我们的政治遗产，我们在谈论基督教社会政治意义的中国处境时不可能对之加以回避。问题是我们今天应该如何来面对，并怎样来打破这一僵局，走出其发展困境或可能陷阱。

三 基督教与中国社会文化相遇的现状

以上述历史积淀来重开基督教与中国文化的对话，这是我们的当前处境。我们要想重新给基督教在中国的生存与发展定位，就不可能脱离这一氛围，也必须处理好这笔遗产。现在的有利条件是，中国社会发展已融入世界当代发展的潮流之中，中国以其政治经济的迅速崛起而在国际社会中已经担当起相应的责任、发挥着其重要作用，中华民族已不再被排斥在"全球化""地球村"之外，而中国文化的复兴及弘扬也已经回到其"海纳百川、有容乃大"的原点。这样，基督教与中国社会文化的重新对话已经有了更好的条件，彼此在平等地位上也能够更加冷静、更为睿智地认识和评价对方。

在解开历史心结之际，中国社会对基督教有了更多的开放和包容，对其在华历史也有了更积极和正面的审视及评价。例如，当下已有越来越多的人承认，基督教入华不只是政治上、社会上的"负面"卷入，而也带来了中国社会事工、慈善公益、文化教育、新闻出版、支边支农等方面的转变，有着破旧习、立新风的进步，这些贡献促进了中国的政治开明、社会进步。而在今天，这种肯定不只是对历史的客观评价，而也对基督教在中国未来如何发展有着重要启迪。相比之下，尽管中国当代社会对基督教在华存在及发展仍有种种顾忌和猜测，其对基督教的态度比西方社会及西方教会对当代中国的态度要远为积极、中肯和开明。

根据以上分析，我们大致能体会到在基督教与中国社会文化的关联上给我们留下了什么样的遗产，我们现在必须面对的有哪些问题，以及我们今天应如何来正确处理与基督教的关系。很显然，基督教至今在世界各个领域都影响仍存，这关涉中国走向世界后与相关国家及民族的交往问题，因而既要考虑到政治层面，也需更为广泛的文化之思。虽然中国是一个文化大国，我们在这些交往中却必须克服以往"夷夏"之分的偏见，不要把"非我族类"的其他民族及国家就视为"其心必异"而轻视、排拒。世界是大家的共在，地球村是"全球化"的真实写照，我们必须以邻为友，而决不可以邻为壑。这样，当我们走出去进入国际舞台后，我们会接触到基督教的国际形象，会与其信仰者共舞。这就需要一种世界意义上的和谐、共在。中国社会文化内涵式的和谐发展必须开放为外延式的和谐发展。

为此，我们今天应该以一种开放性心态、开明的举措来欢迎基督教来到华夏家园，使之由客人而逐渐同化为我们家庭的有机构成，这也就是实现基督教"中国化"的积极变化。为此，必须鼓励基督教在华以其"神学"基础来与"马学"（马克思主义理论体系）和"国学"（中国学术传统理论）对话。其实，基督教与"马学"的对话已经有其西方学术传统体制之内在可能，可以是积极的、丰富的、建设性的。这在西方当代社会的"西方马克思主义"研究中已有一定的示范作用。而基督教与中国"国学"的对话则至少可以回到明末清初因"中国礼仪之争"而中断的"西学东传，中学西渐"，在真正平等的地位上重新开始中西思想文化对话。所以说，基督教今天在华的这种"中国化"，旨在基督教能在当前中国社会文化中积极适应和积极作为，而不会成为在中国现实处境中的"另类"，也不至于给中国的未来发展带来问题或障碍。考虑到历史的经验教训，我们在华促进基督教的"中国化"乃是合理的、正常的、应该的，大可不必忌讳或敏感。若从更为开阔的视域来看，在当代基督教发展中，其在世界不同地域、不同时间的"地域化""本色化""处境化"，也乃其正常之态、应尽之力。在有着丰富文化积淀、悠久文明历史的中国社会中，基督教的"中国化"应是对基督教本身的充实和完善，基督教对之也理应欢迎和采取积极的步骤及举措。

不过，在对现实的冷静考量中，我们发现基督教范围和中国社会范围内对之都有着认识上的模糊和准备上的不足，结果使本来不应该成为问题的话题硬是变成了问题和纠结，出现了一些新的误解，甚至矛盾冲突。在目前中西双方有可能重新从"对话"走向"对抗"的当下形势下，西方的基督教在对华态度上也正出现一些负面的波动。这是颇令人遗憾、也必须调整纠正的。对此，我们需要理论上、学术上、实践上、政治关系上等多方面的努力。我们理应鼓励基督教在今天参与中国走向世界、海纳百川。这也就是说，基督教的"中国化"不是到此为止，而因其"中国化"能使基督教作为沟通的桥梁来促进中国走向世界、更加开放地认识并参与世界文化的共建。在当今发展中，中国需要世界，世界也需要中国；在妥善、积极处理好中国与世界的关系上，对基督教的态度、基督教在其中所扮演的角色实际上非常重要。当我们谈到"文化软实力""潜在的精神力量"时，都不可能回避或忽视基督教的存在。如果我们要选择在中国社会"孤立"基督教、仍将之看作如"洋教"那样的另类，那么我们就可能恶化我们的外部环境，中国社会在世界范围就会受到"孤立"，就谈不上中国的开放、对"全球化"的参与，也不可能在世界事务中发挥中国重要而积极的作用。但如果我们不加区别地对基督教"照单全收"，让其带入以往历史中存在的问题、诟病，则会使今天的中国社会复杂化，会激化一些矛盾，并可能使历史的沉渣泛起，让我们纠缠在以往的恩恩怨怨中难以自拔。所以，中国社会与基督教都必须冷静反思其以往的交往，克服在这一历史过程中留下的矛盾和障碍，力争能达到超越自我，实现双赢。于是，中国在对基督教持"开放"态度的同时，也必须要求、帮助在华基督教的"中国化"。无论这一过程多么困难、多么复杂，我们都必须坚持这种努力，争取消除基督教与中国社会文化之间存在的张力，因为这是基督教在华顺利、正常生存及发展的底线要求，也是基督教对中国社会文化所表示的友好、融入态度。从这种意义上来说，中国的"开放"及"走向世界"，与基督教在华的积极文化适应和"中国化"，二者一个都不能少。

总之，基督教与中国社会文化的关系在今天又处在了历史的十字路口。这一机会弥足珍贵，但也可能稍纵即逝。回顾历史错综复杂的发展，总结以往的经验教训，我们希望中国文化与基督教文化双方能够获得更为睿智的相遇，实现更加和谐的相处。而与其消极坐等，则不如积极行动。

（本文为 2013 年 8 月 23 日在英国牛津大学"中国神学论坛"第六届研讨会的发言）